Laurenz Lütteken

MOZART

Laurenz Lütteken

Mozart

Leben und Musik im Zeitalter der Aufklärung

C.H.Beck

Mit 12 Abbildungen und 7 Notenbeispielen

Die erste Auflage dieses Buches erschien 2017.

2., durchgesehene Auflage. 2018

Satz: Janß GmbH, Pfungstadt
Druck und Bindung: CPI – Ebner & Spiegel, Ulm
Umschlaggestaltung: Rothfos & Gabler, Hamburg
Umschlagabbildung: Wolfgang Amadé Mozart. Portrait von Barbara Krafft (1819).
Wien, Gesellschaft der Musikfreunde; © akg-images
Gedruckt auf säurefreiem, alterungsbeständigem Papier
(hergestellt aus chlorfrei gebleichtem Zellstoff)
Printed in Germany
ISBN 978 3 406 71171 8

www.chbeck.de

Für Karol Berger

Inhalt

Einleitung

Mozart und das 18. Jahrhundert

Ein neues Buch über Mozart mag als aussichtsloses Unterfangen erscheinen. Was wäre der erdrückenden Fülle des Geschriebenen und Gesagten noch hinzuzufügen? Bedenken und Zweifel lassen sich nicht leicht beiseiteschieben. Eine vollmundige Ankündigung neuer Deutungen, spitzer Thesen oder aufsehenerregender Funde verbietet sich ebenso wie der naive Vorsatz, lediglich zu den ‹Fakten› zurückzukehren. Selbst der wohlfeile Hinweis, jede Zeit bedürfe doch ihres eigenen Mozart-Bildes, taugt als Verteidigung nicht, enthält er doch die unausgesprochene Behauptung, man habe so ein ‹eigenes› Bild überhaupt zu bieten, vom Anspruch ganz abgesehen, daß dies dann auch noch der Mitteilung bedürfe. Die Beweggründe, die zu diesem Buch geführt haben, sind viel bescheidener. Mozart war ein Kind des 18. Jahrhunderts, in ihm hat er sein ganzes Leben verbracht. Es war das Jahrhundert der Aufklärung, der begeisterten, vielfältig gestaffelten und über die Jahrzehnte sich verwickelt auffächernden Bemühungen, die Dinge des Geistes und des Lebens auf den Begriff der Vernunft zu bringen. Diese Zugehörigkeit zum Zeitalter der Aufklärung hat jedoch in der weitverzweigten Auseinandersetzung mit Mozart bislang allenfalls eine untergeordnete Rolle gespielt. Sie erschien vielen Spezialisten als beiläufig,[1] sie wurde, wenn überhaupt, eher pauschal verhandelt[2] – und war zuweilen sogar überschattet vom Willen zum strengen und blinden ideologischen Vorurteil.[3] Die wenigen Versuche, die Zusammenhänge zu differenzieren, sind indes so vereinzelte Ausnahmen geblieben,[4] daß sie sich nicht zu einer Systematik fügen wollen. Dennoch ist die Feststellung nicht trivial: Mozart und mit ihm seine Musik existierten nicht neben, sondern in seiner Zeit – und dieser Zeit gehören sein Leben, sein Denken und sein Komponieren auf eine nicht bloß banale Weise an.

Das allerdings ist die Grundüberzeugung, die dieses Buch trägt: Es soll folglich darum gehen, das Verhältnis Mozarts zu seinem, zum 18. Jahrhundert näher zu bestimmen – und somit, umgekehrt, das Verhältnis dieses Jahrhunderts zu ihm. Damit sind nicht bloß die Umstände der äußeren Lebensführung gemeint wie seine Reisen, seine Lebensorganisation, seine Einkünfte oder seine Familie, sondern alle Aspekte seiner Existenz, seines Denkens und Handelns, also auch und vor allem seine Musik. Das Risiko eines solchen Versuchs ist nicht gering, wird doch nicht selten daran gezweifelt, ob Musik überhaupt über sich selbst hinauszuweisen in der Lage sei, also eine mehr als oberflächliche Beziehung zu jenen historischen Lebenswirklichkeiten, in denen sie entstand, zu entfalten vermöge. Gerade diese Denkfigur – Musik sei ‹absolut› – ist jedoch nicht eine Voraussetzung von Mozarts Zeitalter, sondern eines seiner folgenreichen Ergebnisse. Es gibt also gute Gründe, Mozarts Verhältnis zu seiner Zeit nicht nur vordergründig, bezogen auf die sozialen Bedingungen seiner Existenz, sondern in der denkbar tiefsten Weise, also im Hinblick vor allem auf sein Schaffen zu bestimmen. Wie und auf welche Weise hat seine Musik an seinem Zeitalter teil – und wie wirkte sich diese Teilhabe aus? Mozart besaß als handelndes Individuum höchste Sensibilität für die inneren Bewegungen seiner Gegenwart, wovon besonders seine Briefe ein eindrucksvolles, musikgeschichtlich sogar einzigartiges Zeugnis ablegen. Der spektakuläre Entschluß, seinen Lebensmittelpunkt nach Wien zu verlagern, läßt sich daher auch als Ausdruck des Willens verstehen, an diesen Bewegungen teilzunehmen, in sie gestaltend einzugreifen, und zwar als Musiker und durch Musik. Es ist demnach für ein angemessenes Verständnis von Mozarts Musik alles andere als beiläufig, sich dieser Zusammenhänge bewußt zu werden – und nach ihren Reflexen in den Kompositionen zu suchen, selbst wenn diese Suche ungewöhnlich und schwierig erscheinen mag.

Die Frage, um die es hier geht, ist daher in gewisser Hinsicht experimentell – und sie bedarf deswegen einer experimentellen Versuchsanordnung. Jede Biographie ist, dies ein Allgemeinplatz, Erzählung. Im Falle Mozarts haben die Erzählmuster bereits zu einem frühen Zeitpunkt, vor allem durch die monumentale Darstellung von Hermann Abert,[5] eine gewisse Stabilität und damit zugleich eine normative Dichte erreicht, die sich in nahezu jedem Einzelfall nur schwerlich korrigieren ließ, was sich besonders deutlich im Mozart-Buch des um psychologische Deutungsmuster bemühten Wolfgang Hildesheimer zeigt.[6] Bewußte Verzerrungen, wie in Miloš Formans *Amadeus*-Film nach Peter Shaffers Theaterstück (1979 bzw. 1984), waren zwar außerordentlich wirkmächtig, vor allem in der ‹Infantilisierung› des Mozart-Bildes. Doch haben sie eher zur Verschärfung denn zur Klärung der Problemlage beigetragen.[7] In diesem Buch soll daher nicht nochmals eine Biographie erzählt werden, auch nicht innerhalb des Koordinatensystems des 18. Jahrhunderts. Im Mittelpunkt steht vielmehr der Versuch, bestimmte, besonders auffällige und signifikante Charakteristika von Mozarts Existenz in einen engen Zusammenhang mit Verständnismustern zu bringen, wie sie das 18. Jahrhundert bereithielt. ‹Äußere› und ‹innere› Bezirke, also Dasein und Schaffen werden dabei absichtsvoll und unentwegt miteinander vermischt, nicht im Sinne einer ‹romantischen› Überblendung von Leben und Werk, sondern in der Überzeugung, daß die Versuchsanordnung nur auf diese Weise ihren Sinn zu entfalten vermag: die Musik im Allgemeinen und Mozarts Musik im Besonderen in den Zusammenhängen des 18. Jahrhunderts verstehen zu lernen. Daß mit diesen Zusammenhängen ausdrücklich nicht die in der Musikforschung (und in der populären Auseinandersetzung mit Musik) für lange Zeit, zum Teil noch heute dominierenden Fragen der ‹Stilgeschichte› gemeint sind, versteht sich von selbst.

Das alles soll und kann keine schlüssige, zusammenhängende Erzählung, eben kein ‹Mozart-Bild› ergeben, es kann nur eine bunte Fülle heterogener Mosaiksteine bleiben. In ihnen sollen Anhaltspunkte für ein anderes, für ein bisweilen vielleicht überraschendes Mozart-Verständnis erkennbar werden, ein Verständnis vor dem Hintergrund jener geistesgeschichtlichen Prämissen, die im 18. Jahrhundert zur Verfügung gestellt wurden. Die Versuchsanordnung ist also nicht systematisch auf die Erkundung spezifischer Abschnitte der Biographie (wie ‹Mozart in Paris›) oder des Schaffens (wie ‹Mozarts Klavierkonzerte›) gerichtet, sondern auf die Herausarbeitung möglichst aussagekräftiger Handlungszusammenhänge. Das Verfahren gleicht daher, um ein berühmt gewordenes Schlagwort von Jan und Aleida Assmann abzuwandeln, einer ‹Archäologie der musikalischen Kommunikation›, in der es zunächst keine Hierarchie der Spuren geben kann. Das angestrebte Ergebnis läßt sich vielleicht am ehesten (und zugegebenermaßen etwas unbeholfen) als ‹intellektuelle Biographie› bezeichnen, als Versuch, Prägungen, Motive und Resultate in und von Mozarts Handeln in das Geflecht der Denkformen des 18. Jahrhunderts einzufügen.

Die Voraussetzungen dafür sind ausgesprochen günstig. Der Differenzierungsgrad der musikwissenschaftlichen Forschung ist so groß wie bei nur wenigen anderen Komponisten, am ehesten vielleicht noch bei Bach und bei Schönberg. Mit den gewaltigen Anstrengungen der inzwischen abgeschlossenen und überdies digital verfügbaren *Neuen Mozart-Ausgabe* wurden gänzlich veränderte philologische Grundlagen geschaffen – bis hin zu Schriftchronologie und Skizzenforschung, mit denen insbesondere Fragen der Werkentstehung in mitunter gänzlich neuem Licht erschienen.[8] Die philologischen Bemühungen haben zudem zu einer einschüchternden Quellensammlung geführt, die weit über primäre Dokumente hinausreicht und für Fragen der Wahrnehmung, der Kontexte und der Rezeption von entscheidender Bedeutung ist. Auch wenn hier stets weitere Verfeinerungen zu erwarten sind, etwa im Hinblick auf eine Neuausgabe des Köchel-Verzeichnisses oder des Dokumentenbandes,[9] wird es zu grundsätzlichen Korrekturen wohl nicht mehr kommen. Daneben steht die reiche, unüberblickbare Zahl werkanalytischer Studien, die sich, auch wenn sie oft von einem musikhistoriographischen Telos ‹Wien› überwölbt waren und sind, als doppelt bedeutsam erweisen: für Einsichten in das Komponieren Mozarts ebenso wie für die Rezeptionsgeschichte, deren wesentlicher Bestandteil sie geworden sind. Und nicht zuletzt sind inzwischen bald neunzig Jahre des Umgangs mit der Musik von Mozart auf Tonträgern dokumentiert, also ein gutes Drittel der gesamten Rezeptionsgeschichte seit 1756 – was für die bei einem ‹archäologischen› Unternehmen nicht unwesentliche Frage nach historischen Veränderungen der Wahrnehmung ebenfalls bedeutsam ist. Denn der in den 1970er Jahren begründete Anspruch einer ‹bereinigten›, einer ‹authentischen› Mozart-Interpretation, der nicht ohne Einfluß auf die Wissenschaft blieb, erweist sich bei genauerem Blick auf die erhaltenen Klangdokumente als unhaltbarer Mythos einer furiosen Selbstinszenierung, was nicht unwichtig ist für die Ansprüche aller Auseinandersetzungen mit dem Komponisten. Und schließlich, auch dies ist von großer Bedeutung, läßt sich auf der anderen Seite eine inzwischen außerordentlich vielschichtige und weit ausgreifende Aufklärungsforschung beobachten.[10] Sie macht es dem Musikhistoriker vergleichsweise leicht, jene Kontexte, die hier maßgeblich sind, zu rekonstruieren und zu bewerten. Im Zentrum steht dabei die immer stärkere, in den 1990er Jahren sich durchsetzende Historisierung, mit der es gelingen konnte, die Epoche der Aufklärung von allen heilsgeschichtlichen Erwartungen definitiv zu trennen.

Um dieses Vorhaben nicht über Gebühr zu befrachten, waren einschränkende Entscheidungen notwendig. In der Versuchsanordnung konnte nur eine Reihe besonders signifikanter Aspekte berücksichtigt werden. Diese Auswahl ist zwar fragmentarisch, beansprucht jedoch – vor allem in der vorgenommenen Anordnung – eine gewisse Schlüssigkeit. In den werkanalytischen Überlegungen konnte nicht auf ein ‹technisches› Vokabular verzichtet werden, doch handelt es sich absichtsvoll um nur punktuelle Abschnitte, die zudem nach Möglichkeit mit Notenbeispielen illustriert wurden. Die unübersehbare Fülle der Mozart-Literatur machte Kompromisse bei den Nachweisen erforderlich, die um der Lesbarkeit willen einerseits auf Quellen, andererseits auf jene für den Argumentationszusammenhang unerläßlichen Forschungsarbeiten zu beschränken waren. Der Band hätte zudem mit vielen Abbildungen anschaulicher gemacht werden können, herausgegriffen wurde dagegen aus pragmatischen Gründen nur eine kleine, allerdings besonders aussagekräftige Auswahl. Ein biographischer Index soll die Orientierung in der Fülle der Namen erleichtern.[11]

I.
Voraussetzungen

1. Musik und Nachahmung

Das Jahrhundert der Aufklärung galt lange Zeit, insbesondere unter dem Eindruck der Hegelschen Dialektik, nicht einfach als eine ‹Epoche›, als ein in sich geschlossener historischer Zeitabschnitt, sondern als offene Verheißung, als ‹Projekt›. Max Horkheimer und Theodor Adorno behaupteten 1944 die «Dialektik der Aufklärung» gegen die düstersten Seiten des 20. Jahrhunderts. Sie erblickten in ihr einen Prozeß «fortschreitenden Denkens», der zwar gebrochen, aber letztlich, in der «Entzauberung der Welt», linear verlief, sich folglich nicht aufhalten ließ.[1] Aufklärung war in dieser Sichtweise keine fest umrissene Größe, sondern eine geschichtsphilosophisch begründete Logik des grenzenlosen Erkenntnis- und damit des Gesellschaftsfortschritts, der sich gegen seine Kehrseite behaupten mußte und konnte. Gegen diese wirkmächtige, auch in den historischen Disziplinen nicht folgenlose Deutung wurde schon seit Ernst Troeltsch eine ganz andere Perspektive geltend gemacht, nämlich die Betrachtung des Phänomens unter den geschichtlichen Voraussetzungen einer wie auch immer gearteten Geschlossenheit. Rudolf Vierhaus fragte deswegen 1996 nach dem Wesen der Aufklärung provokant im Präteritum: «Was war Aufklärung?» Seine Antwort ist ebenso einfach wie komplex: Aufklärung gilt ihm als eine «Denkbewegung, die prinzipiell alle Bereiche des Wissens und der individuellen und sozialen Lebenspraxis erfaßte oder doch erfassen wollte».[2] Sie bezog ihre radikal gemeinte Innovationskraft aus dem Willen, diese beiden Bereiche, Wissen und Lebenspraxis, in ihrer Gesamtheit denkend zu durchdringen und auf diese Weise auf den Begriff der Vernunft zu bringen. Aufklärung ist demnach kein Prozeß mit offenem Ende, sondern eine historische Figur. Die Aufklärung war damit von der geschichtsphilosophischen Last befreit, einen bis in die Gegenwart unabgeschlossenen Vorgang beschreiben zu müssen.

Die Auffassung einer historisch begrenzten Epoche läßt auch eine Distanz zur Terminologie zu. Die in allen Sprachen anzutreffende Lichtmetaphorik (lumières, enlightenment, illuminismo) entspricht dem Willen zur Vernunft ebenso wie die Idee einer unaufhaltsamen Fortschreitung, gebannt im Bild des durchbrechenden Sonnenlichts bei bewölktem Himmel, des meteorologischen ‹Aufklärens›.[3] Die Vorstellung, das eigene Zeitalter erweise sich als ein dynamischer Weg, ein Gang zum Besseren, ist ein Produkt des 18. Jahrhunderts – und blieb in ihm bestimmend. Sie bildet sich anschaulich ab in der berühmten Preisfrage der Berliner Akademie nach dem Wesen der Aufklärung, die Moses Mendelssohn und Immanuel Kant 1784 zu Antworten in der *Berlinischen Monatsschrift* veranlaßt hat. In beiden Aufsätzen ist, trotz ihrer Unterschiedlichkeit, das Bild des ‹Gehens›, also der Fortbewegung bestimmend. Und doch erweist sich, dies die skeptizistische Pointe bei Vierhaus, gerade dieser Gedanke der Fortschreitung ungeachtet der vermeintlichen Dynamik eben nicht als überzeitlicher Tatbestand, sondern als unlösbar an jene historische Epoche gekoppelt, der er sich verdankt. ‹Erleuchtung› und ‹Aufklärung› sind kein Prinzip, sondern eine historische Größe.[4]

Die Teilhabe der Musik an diesem historischen Prozeß, wiewohl sie namentlich in ihrer höfischen Wirklichkeit sowohl als Teil des kanonisierten Wissens als auch der täglichen Lebenspraxis stets anerkannt war, bereitete von Beginn an nicht unbeträchtliche Schwierigkeiten. Ihre Zugehörigkeit zu einem Komplex der auf die Sinne des Menschen wirkenden äußeren Reize, zu einem sich formierenden System der ‹beaux arts›, der ‹schönen Künste›, war nicht unumstritten: nicht, weil sie nicht auf die Sinne wirkte, sondern weil es so schwierig war, dieser

Wirkung rational habhaft zu werden. Das Verhältnis der Musik zu den menschlichen Sinnen wurde im englischen Sensualismus diskutiert. Den ersten Höhepunkt fand diese Diskussion jedoch beim hamburgischen Komponisten und Schriftsteller Johann Mattheson, der sich in seiner 1713 veröffentlichten Abhandlung *Das neu-eröffnete Orchestre* ausdrücklich auf englische Autoren, insbesondere John Locke, aber auch auf Gottfried Wilhelm Leibniz berief.[5] Mattheson war nicht an der musikalischen Gelehrsamkeit interessiert, sondern am akustischen Ereignis. In seinem Verständnis richtete sich die Musik vor allem an die Sinne des Menschen, der diesem Eindruck mit dem Vermögen seiner Urteilskraft begegnen mußte.

Gleichwohl war damit die Zuordnung der Musik zu den ‹schönen Künsten› nicht leichter geworden. Dieses System, dem Malerei, Skulptur, auch Dichtung, sogar Architektur angehörten, sollte geeint werden durch die Verpflichtung zur Nachahmung der äußeren Natur, zur Mimesis. Dies hat der Jesuit Charles Batteux 1746 normativ in den Mittelpunkt seiner vor allem im deutschen Sprachraum folgenreichen Darlegung zu den Künsten gestellt.[6] Für die Musik ergab sich damit jedoch eine besondere Schwierigkeit, weil man sie gar nicht auf die äußere Natur beziehen konnte. Es gab dort nichts, was sich in der Musik einfach ‹nachahmen› ließ. Deswegen ging Batteux einen Umweg über das, was man vielleicht ‹indirekte› Mimesis nennen könnte, also die Nachahmung der Seelenbewegungen des Menschen, der Affekte: Die Natur, welche die Musik nachzuahmen vermag, ist demzufolge eben nicht die äußere Natur, sondern die innere jener Affekte, die René Descartes schon 1618 systematisiert und rationalisiert hatte.[7] Damit war jedoch das Problem keinesfalls gelöst; es trat ein Defizit besonderer Art hervor. Denn die Darstellung dieser Affekte ließ sich in der Musik, die ja kein erkennbares Verhältnis zur äußeren Natur aufzuweisen schien, aber eben auch keine Begriffe kannte, nur dann genau bestimmen, wenn man Sprache hinzuzog. Die musikalischen Affekte galten als ungenau, unscharf, unpräzise, sie bedurften solcher Begriffe, die außerhalb der Musik lagen, in der Vokalmusik aber hinzugefügt werden konnten. Wenn ihnen diese jedoch fehlten, wie in der Instrumentalmusik, dann galt dies als ein nahezu unüberbrückbarer Mangel.

Dieses vermeintliche Defizit der Musik, ihre Verweigerung gegenüber einer äußeren Nachahmung und gegenüber einer affektiven Präzision aus sich selbst heraus, spielte jedoch in der Diskussion ab den späten 1750er und den 1760er Jahren auf einmal eine zentrale Rolle. Vor dem Hintergrund der zunehmenden Erosion des klar konturierten Affektbegriffs, vor allem in der Vorstellung der ‹vermischten Empfindungen›, galt nämlich die mimetische Unschärfe der Musik nicht mehr als unüberwindbarer Nachteil, sondern als ein genuiner Vorzug, der nur ihr allein zu eigen war. Ihre Sonderstellung innerhalb der ‹beaux arts› gründete also nicht mehr in einem angenommenen Defekt, sondern darin, daß man diesen Mangel als Quelle unerhörten Reichtums begriff. In zwei Argumentationszusammenhängen kam dieser Wendung eine besondere Bedeutung zu: bei der Rechtfertigung der gerade in der aufgeklärten Poetik umstrittenen Gattung Oper auf der einen Seite, bei der ästhetischen Begründung einer ursprünglich für unsinnig, da vernunftwidrig gehaltenen Musik ohne Worte, also der Instrumentalmusik auf der anderen Seite.

Bereits um 1700 diskutierte man in Paris über die Oper, über die Vorzüge der italienischen oder der französischen Form, mit den Protagonisten Jean-Laurent Le Cerf de la Viéville und François Raguenet. Eine radikale Haltung nahm dabei Charles de Saint-Denis de Saint-Évremond ein, der den Streit deswegen für überflüssig hielt, weil die Oper ohnehin gegen alle Vernunft verstoße und daher ganz abzulehnen sei. Diese Debatte, die sogenannte ‹erste Querelle›, wurde vom Leipziger Professor für Poetik, Johann Christoph Gottsched, 1728 in den deutschen Sprachraum getragen. Gottsched lehnte die Oper, wie Saint-Évremond, als völlig unvernünftig ab und protegierte die französische Tragödie von Corneille und Racine. Dies löste heftige Diskussionen aus, welche schließlich von Lorenz Christoph Mizler in einem Band seiner *Musikalischen Bibliothek* zusammengetragen wurden;[8] Mizler war Begründer der korrespondierenden *Societät der Musikalischen*

Wissenschaften, in die auch Leopold Mozart berufen wurde. Die berühmtesten der von ihm versammelten Gegenschriften zu Gottsched stammten ebenfalls von Literaten, und zwar aus dem Umfeld der hamburgischen Oper, und sie nahmen dessen Argument der Unvernünftigkeit aufs Korn. Der holsteinische Jurist und Literat Ludwig Friedrich Hudemann meinte, Gottscheds Bevorzugung der Tragödie sei sinnlos, denn die Welt sei ohnehin so traurig, daß kein Mensch sich weitere traurige Stunden im Theater erkaufen wolle; der Frankfurter Patrizier Johann Friedrich von Uffenbach, ein Freund Telemanns, behauptete, jedes Theater an sich sei bereits so unvernünftig, daß man daher auch gleich Oper spielen könne.[9]

Vor dem Hintergrund solcher Argumente wurden zwei bedeutsame wirkungsästhetische Kategorien ins Feld geführt: das Vergnügen an übernatürlichen Gegenständen, also am Wunderbaren, wie es vor allem die französische Tragédie lyrique bereithielt, und das Vergnügen an Gegenständen, die eigentlich schrecklich waren – vor allem an der zwar von Gott geschaffenen, aber an sich furchtbaren Natur zum Beispiel der Alpen; bei einer solchen Art von Vergnügen handelt es sich um das Erhabene. Neben der Hinwendung zum Wunderbaren und zum Erhabenen, die auch die Instrumentalmusik als ‹Ausnahmezustand› rechtfertigen konnte, gab es noch ein anderes Argument. Vor allem in England, zuerst wohl beim in Newcastle wirkenden schottischen Organisten Charles Avison, verglich man die zur Naturnachahmung besonders ungeeignet erscheinende Musik mit der ‹nachahmendsten› aller Künste, der Malerei. Durch diesen Vergleich sollten die formalen Eigengesetzlichkeiten der Musik erkennbar werden. Für Avison und seine Nachfolger ähnelte die Funktionsweise der Musik nicht jener der Sprache, vielmehr funktioniere sie selbst *wie* eine eigene Sprache. Deswegen vermöge sie, obwohl nicht nachahmend, dieselben Wirkungen hervorzurufen wie die nachahmende Malerei. Gegen die Vorstellung, Musik ereigne sich, wie im Wunderbaren und Erhabenen, vor allem in der Normverletzung, stand nun der Gedanke, Musik könne eine eigene Logik aus sich selbst heraus entfalten – also das, was später Formalästhetik genannt werden sollte.[10]

Abb. 1: Mitglieder der ‹Societät der musikalischen Wissenschaften› (1746)

356 Nachricht von der Societät

ein treten, und lieget solchem sonderlich ob, über die Gesetze eifrig zu halten.

XXXI. Wenn ein anderes Mitglied, so noch nicht verdient ist, so wohl im Arbeiten als Lieferung der gesetzten wenigen Gelder zur Casse ein ganzes Jahr saumselig ist, so soll solches vom Secretar deswegen bescheiden erinnert werden. Ist es 2 Jahre nachläßig, so soll er wieder bescheiden seine Schuldigkeit zu beobachten erinnert werden, und deswegen 1 Rth. besonders zur Casse zu liefern gehalten seyn. Hat dieses noch nicht gefruchtet, so soll es nach Verlauf des dritten Jahres zum dritten und letztenmale ernstlich erinnert werden, und deswegen 2 Rth. zur Casse zu liefern schuldig seyn. Wenn es alsdenn binnen 6 Monat seine Schuldigkeit nicht beobachtet, so soll dessen Name aus dem Buche der Societät, worinn die Namen der Mitglieder stehen, ausgestrichen, von der Societät ausgeschlossen, und wenn, wie und warum solches geschehen, von dem Secretar registrirt, und als eine Person eingezeichnet werden, die nicht ehrlich gehandelt, ihr Versprechen nicht gehalten, und eine ganze Societät beleidiget hat. Langwierige Krankheiten und Reisen in fremde Länder entschuldigen.

XXXII. Die Societät behält sich vor, diese Gesetze nach Beschaffenheit der Umstände zu vermehren und zu bessern.

Die sämtlichen Mitglieder der Gesellschaft
folgen in dieser Ordnung auf einander.

1. Graf *Giacomo de Lucchesini*, von Geburt ein Italiener, war Rittmeister in Diensten Sr. Kaiserl. Majestät Carls des VI. unter dem Sehrischen Cürassierregiment, blieb aber in der unglücklichen Schlacht bey Krotzka in Ungarn wider den Türken im Jahr 1739. Er war ein geschickter Componist, der verschiedene Cantaten, Concerten und Einstimmige für hohe Personen gesetzt. Er war auch in Wissenschaften bewandert, und im Umgange sehr leutselig. Lorenz Mizler hatte das Glück, dessen vertrauter Freund zu seyn, für welchen er auch verschiedenes auf die Querflöte gesetzt, wovon der letztere ein

Lorenz Christoph Mizler gründete *1738 seine* Societät der musikalischen Wissenschaften, *gemeinsam mit Giacomo de Lucchesini und Georg Heinrich Bümler. Die* Societät *verstand sich wegen der großen geographischen Entfernung der (auf zwanzig begrenzten) Mitglieder als ‹correspondirend›, sie trat also nicht physisch zusammen. Ihr Ziel war die Vereinigung herausragender Musiker zum Zweck eines gelehrten Austausches, dessen Spiegel die von Mizler herausgegebene* Musikalische Bibliothek *gewesen*

der musikalischen Wissenschaften rc. 357

ein Concert auf die Querflöte in Leipzig, in Kupfer gestochen, herausgegeben.

2. Lorenz Mizler A. M. ist dermalen bey dem pohlnischen Kronstaatsminister Grafen Malachowski Hofmathematicus, und der Gesellschaft beständiger Secretär.

3. Georg Heinrich Bümler, Hochfürstl. Brandenburg. Onolzbachischer Capellmeister in Anspach. Starb den 26 August 1745, nachdem er sein Leben auf 75 Jahre und 10 Monate gebracht.

4. Christoph Gottlieb Schröter. Componist und Organist an der Hauptkirche zu Nordhausen. Trat in die Gesellschaft im Jahre 1739.

5. Heinrich Bockemeyer, Cantor zu Wolfenbüttel. Trat in die Gesellschaft 1739.

6. Georg Philip Telemann, Capellmeister und Musikdirector in Hamburg. Trat in die Gesellschaft 1739.

7. Gottfried Heinrich Stölzel, Capellmeister in Gotha. Trat in die Gesellschaft 1739.

8. George Friedrich Lingke, Königl. Pohlnischer und Churfürstl. Sächsischer Bergrath. Trat in die Gesellschaft zu Ende des 1742 Jahres.

9. *P. Meinradus* Spieß, Prior des Reichsgotteshauses zu Yrrsee. Trat in die Gesellschaft im Jahre 1743.

10. Georg Venzky, Rector der Schule zu Prenzlau, im Brandenburgischen. Trat in die Gesellschaft im Jahre 1743.

11. Georg Friedrich Händel Sr. Königl. Majestät von Großbritannien Capellmeister. Ist von den sämtlichen Mitgliedern aus eigener Bewegung erwählet, und solchem die erste Ehrenstelle eingeräumet worden im Jahre 1745.

12. *P. Vdalricus Weiss*, Prof. im Benedictinerkloster des Reichsgotteshauses zu Yrrsee.

Es ist im Werke, daß nächstens diese Gesellschaft wieder mit drey ansehnlichen Mitgliedern soll vermehret werden, die zu seiner Zeit in der Fortsetzung der Nachrichten von der musikal. Gesellschaft werden angemerket werden.

Nun

ist. In deren drittem Band (1746) findet sich die ausführlichste Darstellung der Societät mit einem zusammenhängenden Mitgliederverzeichnis, das 1754 (im vierten Band) nochmals ergänzt worden ist; die Geschichte der Vereinigung ist demnach nicht leicht zu rekonstruieren. Leopold Mozart, für den Meinrad Spieß das wohl wichtigste Mitglied war, wurde 1755, also noch vor dem Erscheinen der Violinschule, zur Mitgliedschaft eingeladen. Es ist aber offenbar nie zu einer förmlichen Mitgliedschaft gekommen.

Diese ästhetischen Debatten, an deren Ende auch die Herausbildung einer selbständigen Musikästhetik steht, bilden gewissermaßen die Folie für die gravierenden Veränderungen des Musiklebens im späteren 18. Jahrhundert. In der Neuformierung der musikalischen Öffentlichkeit wurde das ständische Privileg der Teilhabe an ihr durch das materielle der Leistung, also den Kauf einer Eintrittskarte ersetzt. Dieses Leistungsprinzip – Geld gegen die Aufführung, schließlich den Erwerb gedruckter Musik – mußte zugleich die Struktur dieser Öffentlichkeit verändern. Einerseits teilte sie sich endgültig in Aktive und Passive, in Handelnde und Zuhörer; andererseits bedurfte es in dieser neuen Konstellation eines Urteils darüber, ob Leistung und Gegenleistung in einem akzeptablen Verhältnis zueinander standen. Die Grundlage der auf diese Weise sich herausbildenden ‹Critic› war die Rückführung der Musik auf das zuvor geringgeschätzte Sinnesorgan des Ohres; das von ihm abhängige Urteil wurde gleichwohl durch die Annahme eines dem Menschen eingeschriebenen ‹sechsten Sinnes› zur ethischen Unterscheidung, des ‹moral sense›, einer moralischen Instanz unterworfen – mit der Folge einer sich im 18. Jahrhundert immer weiter zuspitzenden Frage, ob das Schöne immer auch das Gute sein müsse bzw. ob die Künste selbst, also auch die Musik, immer ‹schön› in diesem Sinne sein könnten.

Eine weitere Folge der solchermaßen begründeten ‹Critic› war die Herausbildung eines differenzierten Musikalienmarktes, der mit dem zwar nicht ausschließlich, aber doch zunehmend kommerziell kalkulierten Gegenstand Musik immer vielfältiger bedient wurde, wobei die Reduktionsfassungen größerer Werke – Klavierauszüge von Opern und Oratorien, Kammermusikfassungen großer Instrumentalwerke – genuine Produkte dieses Marktes sind. All dies betrifft Denkzusammenhänge der Aufklärung – und im Blick auf die Musik keineswegs nur Äußerlichkeiten einer sozialen Konfiguration. Es sind also entscheidende Voraussetzungen für das Wirken Mozarts. Er war mit ihnen nicht nur durch seine Umgebung, sondern auch durch seinen ebenso gebildeten wie belesenen Vater vertraut. Sie berühren offenbar sein eigenes Verständnis von Musik auf eine grundlegende Weise, sie bestimmen zudem den spektakulären Entwurf seiner eigenen musikalischen Existenz in Wien – und gerade dieser Lebensentwurf zeigt, auf welch komplexe Weise Mozart diese Voraussetzungen reflektierte und nutzte. Er strebte ja danach, sich mit einem genau definierten Marktwert in Wien zu positionieren – erfolgreich, wie sein so generiertes, exorbitantes Einkommen, das dem Mehrfachen des Durchschnitts entsprach, bewies. So konnte er letztlich zu der Auffassung gelangen, die Musik, seine Musik, könne gewissermaßen den Fokus des josephinischen Jahrzehnts insgesamt bilden.

2. Komposition und Einbildungskraft

Welche Konsequenzen hatte die Neubestimmung des Nachahmungsbegriffs für die kompositorische Praxis? Im Jahre 1748, kurz nach dem Ende des Zweiten Schlesischen Krieges, wurde im friderizianischen Berlin eine publizistische Kontroverse über Musik angestoßen. Im Mittelpunkt stand zunächst die Oper, ausgehend von der erwähnten französischen Debatte der Jahrhundertwende, die von Gottsched nach Deutschland gebracht worden war.[11] Doch anders als in Paris oder im Umkreis Gottscheds stritten nun nicht mehr musikkundige Gelehrte, sondern Musiker, nicht mehr also musikalische Liebhaber, sondern musikalische Kenner. Zwar schalteten sich auch in Paris gelegentlich Komponisten in die Diskussion ein, wie etwa Jean-Philippe Rameau, doch taten sie dies nur mittelbar, also in der Form des gelehrten Traktats. In Berlin verhielt es sich anders. Aus dem poetologischen Streit über die Ausrichtung der Oper war nun eine Auseinandersetzung unter Musikern über Musik geworden. Der zögerliche Beginn, in anonymen und kleinen Broschüren, verweist darauf, daß die Darstellungsformen dafür erst geschaffen und erprobt werden mußten.[12] Tatsächlich wurde diese Diskussion 1748 mit einer anonymen Schrift über den Unterschied zwischen französischer und italienischer Musik eingeleitet, vielleicht stammt sie von Christian Gottfried Krause, auch er letzten Endes noch ein allerdings kundiger Liebhaber.[13]

Im Jahr darauf hingegen debattierten dann tatsächlich Fachleute, nämlich Friedrich Wilhelm Marpurg, der noch kein höfisches Amt bekleidete, und Johann Friedrich Agricola, der spätere Hofkapellmeister. Man stritt über den Vorzug von italienischer oder französischer Musik. Das Besondere der durchaus heftigen Kontroverse, die zudem in Marpurgs Musikjournal *Der Critische Musicus an der Spree* eingeflossen ist, lag jedoch darin, daß nun nicht mehr, wie in Paris, poetologische, sondern genuin musikalische Argumente im Vordergrund standen. Auf diese Weise wurde der Streit rasch über seinen ursprünglichen Anlaß, die Oper, hinaus ausgeweitet, erst zur Instrumentalmusik, dann zur Musik an sich. Das Hauptinteresse galt dabei nicht mehr den Normen (und ihren Grenzen), sondern der Bestimmung der musikalischen Phantasie, also der Rolle dessen, was man ‹Einbildungskraft› nannte – auch in der Musik. Marpurg verstand die französische Musik als Möglichkeit, die Einbildungskraft zu domestizieren, denn es würden «die meisten Italiäner das wahre verlassen», «ihrer Einbildung zuviele Freyheit erlauben» und sich daher «gar zu oft vergessen und dabei ein dunckles Nichts schreiben».[14] Sein Gegner Agricola hingegen verteidigte die italienische Musik, weil «die meisten Französischen Setzer [...] ihrer Einbildung in der Musik allzuwenig Freyheit erlauben».[15] Eine solche Diskussion war nicht denkbar ohne den Einfluß von Christian Wolff, dessen Philosophie immer wieder im Hintergrund erkennbar ist, am deutlichsten in den Diskussionen über das Wesen der Melodie, die in der Mitte der 1750er Jahre von den Hofmusikern Ernst Gottlieb Baron (dem Lautenisten) und Christoph Nichelmann (dem Cembalisten) geführt wurden.[16]

Es ist bemerkenswert, daß erst diese fachkundige Diskussion Rückwirkungen auf die allgemeine ästhetische Debatte hatte. Karl Wilhelm Ramler, Moses Mendelssohn und andere haben sie wieder in einen breiteren Kontext überführt.[17] Dies wurde begünstigt durch die besondere Situation in Berlin, wo es zwar ein entwickeltes Verlagswesen für das Schrifttum über Musik gab, nicht aber für die Musik selbst. So hat die allgemeine Ausdifferenzierung auch zu pragmatischen Lösungen geführt, in Instrumental- und Satzschulen, mit derjenigen zum ‹königlichen› Instrument der Flöte an der Spitze, verfaßt (in den praktischen Teilen) von Johann Joachim Quantz (er fungiert auf der Titelseite auch als Autor), in den ästhetischen von Agricola.[18] Für das wichtige Instrument der Violine fand man allerdings keinen Verfasser aus dem direkten Umfeld der friderizianischen Hofkapelle. So wurde Leopold Mozart in Salzburg von den Berliner Schriften zu seiner eigenen Violinschule angeregt, und spätestens mit dem Erscheinen seines *Versuchs einer gründlichen Violinschule* im Jahr 1756, geschrieben, «um durch Regeln des guten Geschmackes einen vernünftigen Solospieler zu bilden»,[19] kam es zum persönlichen Kontakt zwischen ihm und den Berlinern, aller Wahrscheinlichkeit nach bestand er aber schon vorher. Als etwa Marpurg, auf den er sich 1756 ausdrücklich berufen hat, 1754 die Konversion zum Katholizismus und den Eintritt in den Benediktinerorden erwog, vertraute er sich dem Irseer Prior und Musiktheoretiker Meinrad Spieß an – einer auch für Leopold Mozart maßgeblichen Persönlichkeit.[20]

Leopold Mozart, der aus Augsburg stammte und das dortige Jesuitengymnasium besucht hatte, war nach Salzburg gegangen, um an der Benediktiner-Universität zu studieren, einer der liberalsten Hochschulen in der südlichen Reichshälfte, die von jesuitischer Dogmatik weit entfernt war. Dort las man deutsche philosophische Autoren wie Wolff und Gottsched, aber auch italienische wie Vincenzo Gravina und Lodovico Antonio Muratori.[21] Prägende Gestalten waren der Mathematiker und Wolffianer Berthold Vogl, der 1744 zum Rektor gewählt wurde, sowie der Philologe Placidus Amon, der ab 1735 mit Gottsched korrespondierte. Warum Leopold Mozart von der Universität, an der er noch das Baccalaureat erwarb, erst an eine adlige, dann in die fürsterzbischöfliche Kapelle wechselte, ließ sich nie wirklich klären. Seine musikalische Laufbahn dort verlief zudem wenig spektakulär, beginnend als vierter Violinist (1743), aufsteigend zum zweiten (1758, offenbar unter dem Eindruck seiner zwei Jahre zuvor erschienenen Violinschule) und schließlich zum Vizekapellmeister (1763, offenbar im Blick auf die bevorstehenden Reisen). Der an der Universität erworbene Bildungshorizont blieb für ihn allerdings prägend, und er dürfte, als einziger wirklicher Lehrer seines Sohnes, das meiste davon weitergegeben haben.

Muratori, der wohl bedeutendste Vertreter einer katholischen Aufklärung, war in Salzburg durchaus eine Instanz, einer seiner Vertrauten, Giovanni Battista Caspari de Nuovomonte (Johann Baptist de Caspari), wurde 1737 sogar zum Salzburger Hofhistoriographen ernannt – in jenem Jahr, in dem Leopold Mozart an der Universität zu studieren begann. Und sein letztes Werk, *Della pubblica felicità*, widmete Muratori 1749 dem Salzburger Fürsterzbischof Andreas Jakob von Dietrichstein selbst. Er war bestrebt, in seiner Dichtungstheorie die Einbildungskraft als zentralen Ort der kreativen Hervorbringungen des Menschen und damit des Schönen überhaupt zu bestimmen. Bereits 1706 erschien in Modena *Della perfetta poesia italiana*, wo dieser Zusammenhang grundlegend ausgeführt wurde, 1745 dann in Venedig eine Zusammenfassung in *Della forza della fantasia umana*, von der sich noch heute ein Exemplar in der Salzburger Universitätsbibliothek befindet. Gewissermaßen im Nebengang beschäftigte er sich dabei aber vor allem mit einer schrankenlos freigesetzten Phantasie, wie sie sich bevorzugt im Traum und seinen Phantasmagorien zeigt. Der Göttinger Theologe Georg Hermann Richerz, der 1785 eine weitverbreitete (und ebenfalls in Salzburg verfügbare) deutsche Ausgabe von Muratoris Werk über die Phantasie besorgt hat, verteidigt in seinem ausführlichen Kommentar dessen Hinweis auf die intrapsychische Wirklichkeit solcher gespenstischer Traum-Imaginationen: «Es wäre die äußerste Ungerechtigkeit, solchen Personen, welche von Erscheinungen der Gespenster durch ihre eignen Sinne überzeugt zu seyn behaupten, [...] die Würklichkeit solcher ihrer Sensationen hartnäckig abzustreiten.» Richerz erläutert das in seinem Kommentar sehr präzise: «Wer erst anfängt, sich zu fürchten und aus seiner Fassung zu kommen, dessen Einbildungskraft wird, erhitzt und überspannt durch den Affekt, ihm den vermeinten Gegenstand seiner Furcht bald vollausgebildet und lebhaft darstellen.»[22] Der bevorzugte Zeitpunkt solcher imaginativ-überwältigender Erfahrungen sei, so Muratori, die Nacht, in der die Imagination zur Schreckensimagination werden könne. Der intrapsychische Wirklichkeitscharakter solcher Vorstellungen wird dabei nicht geleugnet, im Gegenteil. Je angespannter die solchermaßen belastete Einbildungskraft sei, desto größere Wirklichkeitsnähe zeichne die Hervorbringungen aus. Schon Vivaldi hatte in seinem bizarren Concerto *La notte*, gedruckt 1728, die Konsequenzen daraus gezogen – und zudem aufgezeigt, daß die Musik für solche Art der Einbildungskraft besonders prädestiniert sei.[23]

Als Leopold Mozart sich an der in Berlin angestoßenen Debatte mit seiner Violinschule beteiligte, tat er dies unter den besonderen Voraussetzungen der Aufklärung in Salzburg. In der Korrespondenz mit seinem Verleger Johann Jakob Lotter in Augsburg spiegeln sich die weitgespannten Lektüreerfahrungen, die diesem Unternehmen zugrunde lagen: Gottsched und Gellert ebenso wie Bodmer, Breitinger oder Diderot.[24] Mit der Verlagerung auf Fragen der Einbildungskraft, was ihn für die auf Wolff fixierten Berliner so interessant gemacht haben dürfte, konnte auf eigenwillige Weise die Loslösung von allen Fragen der Nachahmung gelingen. Die *imaginatio* als entscheidende Kraft der Hervorbringung, auch in der Musik, ebnete die Diskrepanz zwischen dem Wahrscheinlichen und dem Unwahrscheinlichen weitgehend ein. Leopold Mozart hat eine Reihe von ‹programmatischen› Musiken geschrieben, in der er dies ausdrücklich zum Gegenstand machte. Es geht dabei nicht um die Nachahmung außermusikalischer Dinge in der Musik, sondern um die spielerische Erkundung eines bloßen ‹Ausnahmezustands›. So ist die Zahl dieser (oft als naiv unterschätzten) Werke nicht sehr groß, aber sie alle zielen auf das ‹Charakteristische› in diesem Sinn: eine *Sinfonia Pastorale* (LMV VII: G 3), eine *Sinfonia Burlesca* (LMV VII: G 2) sowie eine *Sinfonia da Caccia* (LMV VII: G 9), verloren ist zudem eine weitere

Pastorell Synfonie (LMV VII: X 2). Unter den Divertimenti gibt es ein *Militare* (LMV VIII: 5), eine *Bauern Hochzeit* (LMV VIII: 6), eine *Musikalische Schlittenfahrt* (LMV VIII: 8), verloren sind dagegen eine *Chinesische Music* (LMV VII: 12) sowie eine *Jagd Parthia* (LMV VII: D 23).

Schon 1752 bestimmte Christian Gottfried Krause den besonderen Rang der Musik durch ihre Nähe zur Poesie, und zwar im Anschluß an Johann Jakob Bodmer und Johann Jakob Breitinger, aber auch Muratori. Bereits im Vorwort zu seinem Versuch *Von der musikalischen Poesie* verweist er auf die «beyden höchsten Arten der poetischen Nachahmung», «nemlich die Fabel, und die Sprache der Empfindungen».[25] Im Laufe seiner Untersuchung wird dann der Gedanke von «zwo Arten der Nachahmmung» musikspezifisch geweitet und ausführlich erläutert: «Aber Herr Breiti[n]ger hat gewiesen, daß ein Mahler nicht mehr als eine oder zwo Seiten, und alles nur in einer Stellung zeigen, auch die Affecten bloß in so weit ausdrücken könne, als sie sich durch Minen, Geberden und Stellungen des Leibes sichtbar machen. Gehet man auf den Geist, auf die Bewegung und Schnelligkeit der Empfindungen, auf die Zeugung, den Schwung und die Verwirrung der Leidenschaften, so kan dieß weder der Mahler noch der Bildhauer nachahmen; dem Musikus und dem Poeten aber ist es möglich. Der Musikus hat das Ohr zu seinem Empfindungsmittel».[26] Aufgabe des Komponisten sei es daher nicht, «bloß auf die wahrgenommene Ubereinstimmung mit einem cörperlichen Urbilde» (also die Nachahmung) zu achten, sondern auf das, «wodurch unser Geist zu heftigen Leidenschaften fortgerissen wird. Und dieß ist der wahre und höchste Zweck der Musik.» So begründet sich der Rang der Musik: «Die Musik hingegen rühret unmittelbar, und übertrift darinn die Mahlerey unendlich»; und weiter: «Bey Anhörung eines musikalischen Stückes bekümmert man sich nicht, ob es eine Bewegung in der Cörperwelt nachahme, sondern nur, ob es schön sey, gefalle und rühre?»[27]

Leopold Mozart hat, als Muratori-Leser, daraus die Konsequenz gezogen – und wollte offenbar die Einbildungskraft zum Maßstab des Komponierens erheben. Die Vorstellung, daß die Richtschnur des Gelingens allein das Geschmacksurteil des Hörers sei (Krauses «ob es schön sey, gefalle und rühre»), hat sogar Eingang in eine seiner Kompositionen gefunden. Ungefähr 1760, wahrscheinlich nach Abschluß seiner Violinschule, schrieb er vier offenbar zusammenhängende Sinfonien (besetzt mit zwei Hörnern, zwei Violinen und Baß), die er in zwei Gruppen anordnete. Die ersten beiden tragen auf dem Umschlag den lateinischen Titel *De gustibus non est disputandum*,[28] die dritte und vierte den italienischen *Non è bello quello che è bello ma quello che piace.*[29] Mozart bezieht sich damit auf eine Opera buffa von Carlo Goldoni, die 1754 im venezianischen Teatro S. Cassian aufgeführt wurde, mit der Musik von Giuseppe Scarlatti, der von 1757 bis zu seinem Tod 1777 in Wien gewirkt hat. Sie trägt den Titel: *De gustibus non est disputandum* (Über Geschmäcker läßt sich nicht streiten).[30] In einer längeren Vorrede rechtfertigte Goldoni nicht nur den ungewöhnlichen lateinischen Titel seines Stückes, sondern auch die Bedeutung der Opera buffa als Darstellungsform. In ihrem Mittelpunkt steht tatsächlich die Wichtigkeit von Geschmacksurteilen in einer bunten Welt, der man nur mit stoischer Ruhe begegnen könne. Gleich zu Beginn singen daher alle Akteure proklamatorisch jene Maxime, um deren Auslegung die Komödie dann kreist:

> «*Il mondo è bel, perch'è di vari umori.*
> *Vari sono degli uomini i caprici.*
> *A chi piacciono l'armi, a chi gli amori.*
> *A chi piaccion le torte, a chi i pastici.*
> *De' gusti disputar cosa è fallace;*
> *non è bel quel ch'è bel ma quel che piace.*»[31]

Also etwa: ‹Die Welt ist schön, weil es verschiedene Gemüter gibt. / Verschieden sind die Launen der Menschen. / Den einen gefallen die Waffen, den anderen gefällt die Liebe. / Den einen die süßen, den anderen die pikanten Speisen. / Über die Geschmäcker zu diskutieren, ist eine trügerische Sache: / Nicht das ist schön, was schön ist, sondern das, was gefällt.›

Das bedeutet: Nicht das also ist schön, was objektivierbar schön ist, sondern nur das, was die Zustimmung der Urteilskraft erhält. Der auch in der Violinschule beschworene Zusammenhang von Einbildungs- und Urteilskraft, gekoppelt an den Primat der Wirkungsästhetik, war für Leopold Mozart so wichtig, daß er es nicht bei theoretischen Überlegungen belassen wollte, sondern daraus eine ausdrückliche Maxime seines kompositorischen Handelns machte.

Diese entscheidende Weichenstellung dürfte für Wolfgang Amadé Mozart prägend gewesen sein, insbesondere, wenn man bedenkt, daß sein Vater über Jahre sein einziger Lehrer und Gesprächspartner war. In einem der berühmt gewordenen Briefe über die Entstehung der *Entführung aus dem Serail* kam der Sohn und Schüler Leopolds auf das Problem zurück. Er rechtfertigt darin unter anderem seine Auseinandersetzung mit der Dichtung von Johann Gottlieb Stephanie: «doch ist die Poesie dem karackter des dummen, groben und boshaften osmin ganz angemessen. – und ich weis wohl daß die verseart darinn nicht von den besten ist – doch ist sie so Passend, mit meinen Musikalischen gedanken |: die schon vorher in meinem kopf herumspatzierten :| übereins gekommen, daß sie mir nothwendig gefallen musste.»[32] Mozart verwendet hier für die Hervorbringungen der Einbildungskraft den Terminus des ‹musikalischen Gedankens› – und unterscheidet sich in dieser Begriffsverwendung von den meisten Autoren der 1760er und 1770er Jahre, bei denen ‹Gedanke› im Sinne von musikalischem ‹Motiv› Verwendung findet, also bezogen ist auf die musikalische Syntax und nicht, wie bei Mozart, auf die Einbildungskraft. Mozarts Annahme, Hervorbringungen der Einbildungskraft könnten auch in der Musik über die feste Struktur eines ‹Gedankens› verfügen, erweist sich daher als ebenso neu wie ungewöhnlich. Die Auffassung, derlei Gedanken führten gewissermaßen ein Eigenleben, spazierten also im Kopf herum, bezieht sich auf Theorien der Einbildungskraft, wie sie sich bei Muratori finden.

Diese Gedanken werden jedoch durch die Urteilskraft des Hörers kontrolliert, sie unterliegen also einem wirkungsästhetischen Kalkül:

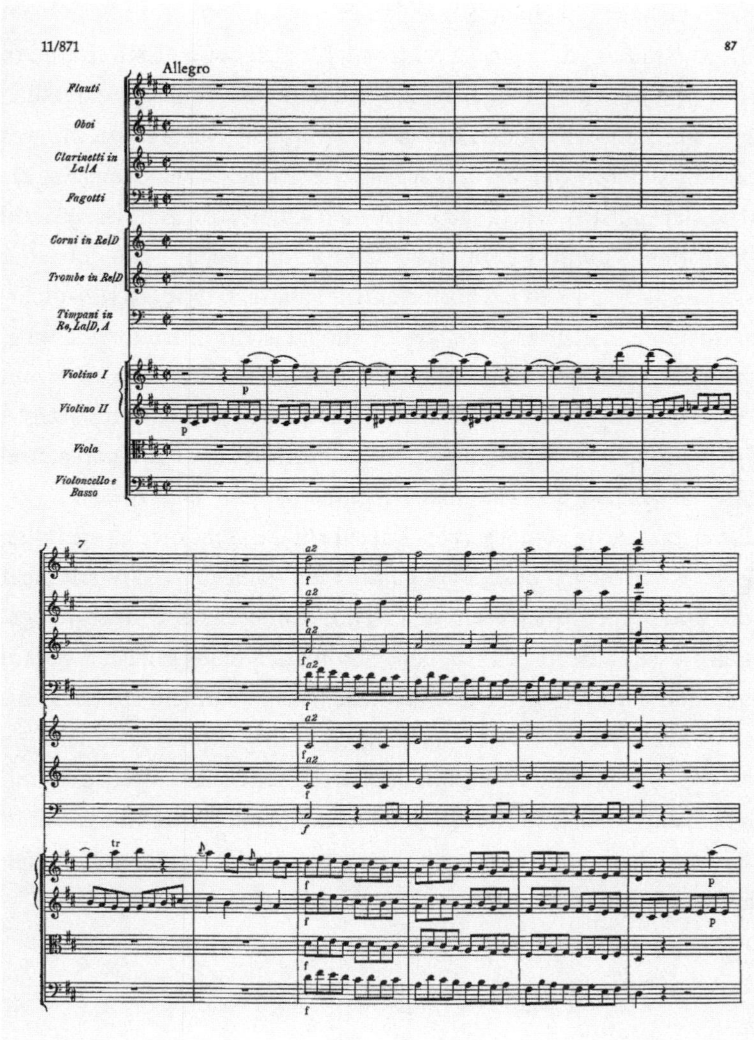

Notenbsp. 1: *W. A. Mozart, Sinfonie D-Dur (KV 297), 3. Allegro, T. 1–12*

«Non è bel quel ch'è bel ma quel che piace.» Immer wieder ist er in seinen Briefen auf den Zusammenhang von Einbildungskraft, Gedanken und Urteilskraft in diesem Sinne zu sprechen gekommen, am deutlichsten vielleicht in einem Schreiben vom 3. Juli 1778. Dort beschreibt er die Entstehung der ‹Pariser Sinfonie› KV 297: «und gleich mitten in Ersten Allegro, war eine Pasage die ich wohl wuste daß sie gefallen müste, alle zuhörer wurden davon hingerissen – und war ein grosses applaudissement – weil ich aber wuste, wie ich sie schriebe, was das für einen Effect machen würde, so brachte ich sie auf die lezt noch einmahl an – da giengs nun Da capo. das Andante gefiel auch, besonders aber das lezte Allegro – weil ich hörte daß hier alle lezte Allegro wie die Ersten mit allen instrumenten zugleich und meistens unisono anfangen, so fieng ichs mit die 2 violin Allein piano nur 8 tact an – darauf kamm gleich ein forte – mit hin machten die zuhörer, | wie ichs erwartete | beÿm Piano sch – dan kamm gleich das forte – sie das forte hören, und die hände zu klatschen war eins» (Notenbsp. 1).[33]

Ein derart gezielt eingesetztes Kalkül auf das Schöne, das «gefallen müste», ist deswegen besonders kompliziert, weil sich das Werk nicht in der einmaligen Überraschung erschöpft und erschöpfen soll (weswegen die von Mozart beschriebene Stelle des Finales ja auch zweimal hintereinander erklingt). Die ‹musikalischen Gedanken› sollten demnach über den Augenblick hinaus eine tragfähige Struktur bilden. Die enge Verschränkung von Einbildungskraft, Gedanken, Wirkung und Urteil bedurfte nicht nur einer hohen kompositorischen Virtuosität, sondern auch einer ästhetischen Grundlegung. In diesem Sinne blieb diese Verschränkung für ihn zeitlebens prägend.

3. Kunst und Künste

Die Vorstellung, die ‹schönen Künste› bildeten ein zusammenhängendes System, war kein Produkt des Aufklärungsjahrhunderts. Die Annahme, daß Hervorbringungen wie Malerei, Musik oder Poesie auf die Sinne des Menschen wirken und daß sie in dieser Wirkmächtigkeit miteinander verbunden seien, stammt aus dem 15. Jahrhundert. Bestimmend dafür war ein wirkungsorientiertes Kalkül: Sollten diese Schöpfungen zunächst durch ihre Wirkung auf die Sinne des Menschen geeint sein, bedurfte es einer normativen Kontrolle und Steuerung dieser Wirkungskraft. Dafür stand das aus der Antike stammende Regelwerk der Rhetorik zur Verfügung, denn mit Hilfe der Rhetorik ließ sich die Hinwendung an (und die Wirkung auf) andere steuern. Die Unterwerfung unter ihre Mechanismen sollte die Künste einen, und diese Maßgabe aus dem 15. Jahrhundert blieb durch die ganze Neuzeit hindurch bestimmend. Die Darstellung von Affekten ließ sich dadurch mit einem normativen rhetorischen Regelkanon in Verbindung bringen – und erst auf dieser Grundlage wurde es möglich, diesem Kanon im 18. Jahrhundert als einigendes Band die Verpflichtung zur Naturnachahmung hinzuzufügen.[34]

Die beschriebene Sperrigkeit der Musik gegenüber der Nachahmung wurde also stets zugleich überwölbt von der Vorstellung, sie sei dessen ungeachtet vor allem Mitteilung, Ansprache. Der Umstand, daß die Fähigkeit der Musik zu ungenauen, zu ‹unscharfen› Affekten nicht mehr als Nachteil, sondern als Vorzug galt, isolierte sie deswegen nicht weiter im System der ‹schönen Künste›, sondern setzte sie an dessen Spitze. Musik war, mehr als die anderen Künste, zu einer genuinen ‹Seelenkunst› geworden, und zwar in einer Zeit, in der man sich immer stärker für die Erkundung der menschlichen Psyche, auch ihrer Schattenseiten interessierte. Dafür prägte man den Begriff der ‹Erfahrungsseelenkunde›.[35] Musik bildete also nicht irgendetwas ab, sie bediente sich nicht rationaler Begriffe, sondern man traute ihr zu, menschliche Seelenlagen jenseits solch klarer Beziehungsgeflechte zu ergründen. Dies tat sie in doppelter Form: Es handelte sich um eine Erkundung ‹nach innen›, also den Versuch, komplexe psychische Befindlichkeiten überhaupt ‹darstellbar› zu machen; zugleich wandte sie sich aber ‹nach außen›, als Mitteilung an den Hörer. Wirkungsästhetisch blieb diese Koppelung indes stets heikel, gerade dann, wenn es um unklare, ja fragwürdige Seelenlagen ging. Denn es war zweifelhaft, wie weit, ja ob man sie überhaupt dem Menschen mitteilen sollte. Deswegen berührte dieses Problem immer auch die grundsätzliche Frage nach der Wirkmächtigkeit der Künste. Mozart scheint übrigens, vielleicht gerade wegen des fundamentalen Charakters dieses Problems, der Darstellung extremster Seelenlagen mit einer gewissen Skepsis begegnet zu sein. So strich er beispielsweise die große Szene aus dem *Idomeneo*, in der Elettra dem Wahnsinn verfällt (D'*Oreste*, D'*Aiace*), für die Münchner Uraufführung 1781.

Die Sonderstellung der Musik unter den Künsten hat Mozart aber offenbar nicht nur herausgefordert, er hat aus ihr schließlich sogar die Grundlagen seiner Existenz abgeleitet, am deutlichsten in seinem Wiener Lebensentwurf: Die Annahme, er könne als Komponist gewissermaßen zu einem, ja sogar *dem* zentralen Gravitationsfeld der josephinischen Aufklärung werden, basiert auf der Überzeugung, die Musik und nur sie allein mache dies überhaupt möglich. Entgegen einer lange verbreiteten Einschätzung und trotz aller damit verbundenen Unwägbarkeiten war dieser Entwurf letztlich erfolgreich. Mozart hat, in zunehmender Deutlichkeit, das erfahrungsseelenkundliche Potential der Musik immer wieder ausgelotet, am vielschichtigsten vielleicht in der Finalszene des *Don Giovanni*. Denn dort geht es nicht nur um das Verhältnis von Affekt und Darstellung, von psychischer Erkundung und Imagination, um die Grenzen zwischen Schönheit und Schrecken, sondern auch um die Stellung der Musik im System der Künste. Daß Lorenzo Da Ponte bei solchen Erkundungen ein zentraler Gesprächspartner gewesen sein muß, läßt sich plausibel vermuten – Briefe, die dies veranschaulichen könnten, gibt es wohl aus den Gründen der örtlichen Nähe jedoch nicht. Mozarts Briefe an den Vater lassen jedoch erkennen, auf welchem Niveau er solche Fragen reflektiert hat und reflektieren wollte.

Don Giovanni begegnet am Ende des Dramma giocoso dem steinernen Monument jenes Komturs, den er zu Beginn der Oper ermordet hat. Zweifellos gründet die Sprengkraft des Werkes vor allem in dieser ganz und gar ‹unwahrscheinlichen› Szene, die möglicherweise für den

Prager Erfolg, sehr wahrscheinlich aber für die zurückhaltende Aufnahme des Werkes in Wien sowie im Norden verantwortlich war – mit der bezeichnenden, noch zu diskutierenden Ausnahme von Goethes Weimar. Der Komtur war eben nicht nur ein singender Akteur wie die anderen Darsteller, sondern eine singende Statue. Doch dies war nur auf den ersten Blick befremdlich, denn dem Zuschauer des 18. Jahrhunderts war das Phänomen einer auf der Bühne agierenden, belebten Marmorstatue durchaus vertraut. Die Wurzeln dafür reichen in die Antike zurück. Im zehnten Buch von Ovids *Metamorphosen* findet sich die Geschichte des Königs Pygmalion, der sich als Bildhauer betätigt. Seine aus Elfenbein geschaffene Frauenskulptur gelingt so vollkommen, daß sie von der staunenden Venus zum Leben erweckt wird. Ab den 1740er Jahren war dieser Stoff in der europäischen Literatur präsent, 1748 erstmals auch in der Musik, in Jean-Philippe Rameaus ‹Acte de ballet› *Pigmalion*.[36]

Ovids Geschichte war deswegen so attraktiv, weil es in ihr um die Rolle der menschlichen Schöpferkraft und der damit verbundenen sinnlichen Wahrnehmung geht, veranschaulicht in der zum Leben erweckten, beseelten Skulptur. Die Rezeptionsgeschichte des Pygmalion-Stoffes im 18. Jahrhundert ist breit und weit verzweigt.[37] Eine besondere Rolle spielt dabei der Priester und Philosoph Étienne Bonnot de Condillac mit seinem 1754 veröffentlichten *Traité des sensations*. Es ging ihm darum, das menschliche Erkenntnisvermögen auf der Grundlage der so geschaffenen Bedingungen zu klären. Condillac, dessen Abhandlung 1791 in Wien auch auf Deutsch erschien, wollte beweisen, daß alle geistigen Bewegungen des Menschen Produkte der äußeren Wahrnehmung sind.[38] Für ihn glich der Mensch einer unbelebten Marmorstatue, der erst allmählich Sinne verliehen werden und die erst so zum Leben erwacht. Pygmalions Statue war für ihn das Sinnbild einer sensualistischen Erfahrungstheorie – und der Bildhauer die Metapher desjenigen, der solch sensualistische Belebung hervorzubringen begabt ist. Denn, so Condillacs Überzeugung, es ist ja erst die Einbildungskraft des Pygmalion, die sein Objekt zu erschaffen und schließlich zu verlebendigen vermag. Im Jahre 1762 schrieb Jean-Jacques Rousseau ein Melodrama, in dem genau dies zum Gegenstand geworden ist, bezogen nun auf die Künstlerthematik: Pygmalion ist hier der Künstler, dessen Einbildungskraft sein vollkommenes Geschöpf zum Leben erwecken kann. Dieses Geschöpf heißt bei ihm Galathea und berührt sich zum Beweis ihrer Verlebendigung selbst. Damit verbunden ist auch die neue Darstellungsform des Melodramas mit ihrer Mischung aus gesprochener Sprache und Instrumentalmusik, die übrigens auch Mozart faszinierte. In Mannheim nahm er 1778 ein eigenes Melodrama *Semiramis* in Angriff, von dem sich möglicherweise Spuren in den Instrumentalstücken seiner *Thamos*-Musik finden.[39]

Mit Rousseaus *Pygmalion* allerdings war ein folgenreicher Schritt getan, da sich das Sinnbild der künstlerischen Tätigkeit zum Modell der kompliziert verwobenen ästhetischen Wahrnehmung insgesamt geweitet hatte. Die Wirklichkeit der Statue ist Produkt zunächst der Imagination ihres Schöpfers, dessen eigene Wirklichkeit nun unwiderruflich mit seinem Geschöpf zusammenhängt, dann aber auch desjenigen, der sich des Kunstwerkes bloß als Betrachter annimmt. Johann Gottfried Herder nahm diesen Gedanken auf und hielt in einem 1769 entstandenen Beitrag über *Nachahmung und Illusion* fest: «Wenn *Bildhauerei* den Anblick einer lebendigen Natur gewährt, wenn ich im Gefühl meiner Einbildungskraft endlich keine Bildsäule mehr, sondern als ein zweiter Pygmalion eine Elise zu umarmen glaube: wie heißt diese Täuschung besser als, *Gefühl einer lebendigen Gegenwart*.» Artifizielle Einbildungskraft und ästhetische Wahrnehmung finden damit im Bild der sich belebenden Marmorstatue (die bei ihm, wie vorher bei Johann Jakob Bodmer, Elise heißt) zusammen.[40]

Im hier gegebenen Zusammenhang sind zwei Auswirkungen dieses Zusammenwirkens von ‹artifizieller Einbildungskraft› und ‹ästhetischer Wahrnehmung› zu bedenken. Zum einen geht mit der Darstellung die Aufwertung des bis dahin eher geringschätzig beurteilten Tastsinnes einher. In Condillacs Denkfigur einer allmählich mit Sinnen begabten Statue kommt dem Taktilen die entscheidende Bedeutung zu, und der

Autor knüpft damit an eine sensualistisch-empiristische Auseinandersetzung an, die seit dem Brief des englischen Naturphilosophen William Molyneux an John Locke über den Status des Tastsinnes von 1688 sowie der Heilung eines Blinden durch den Arzt William Cheselden geführt worden ist. Diese Vorstellung kulminiert in der pygmalionischen Verknüpfung von Berührung und ästhetischer Wahrnehmung bei Rousseau, der seine Galathea sich endgültig selbst definieren läßt, indem sie Pygmalion die Hand auf die Brust legt. Zugleich bedeutet diese Hinwendung zum Tastsinn im Zusammenhang der künstlerischen Hervorbringung eine entscheidende Verlagerung der Verlebendigung: Die beseelte Materie ist Produkt der menschlichen Einbildungskraft und gewinnt erst durch sie wahrnehmbare Wirklichkeit.

In Étienne-Maurice Falconets Skulptur *Pigmalion au pied de sa statue*, die im Pariser Salon von 1763, also während der Anwesenheit der Mozarts, gezeigt wurde, sollte exakt das Moment solcher Verlebendigung im ambivalenten Sinne ‹festgehalten› werden, um die Belebung der Materie gewissermaßen zum bildhauerischen Programm zu erheben – und damit den tradierten Rahmen der Skulptur gleichsam von innen her zu sprengen. In einer begeisterten Besprechung der Arbeit durch Diderot wurde dieser Akt der Verlebendigung hervorgehoben: «Non, ce n'est pas du marbre; appuyez-y votre doigt, et la matière qui a perdu sa dureté cédera à votre impression»;[41] also: ‹Nein, das ist nicht aus Marmor, drückt Euren Finger hinein, und die Materie, die ihre Härte verloren hat, weicht Eurem Druck›. Bei Rousseau hingegen zeichnet sich eine andere Möglichkeit der ‹malerischen› Weitung von Plastizität ab. Die sinnliche Erfahrbarkeit des begrifflich so schwer zu bannenden Außerordentlichen, des ‹Wunderbaren› der Verlebendigung wird hier mit einer Kunst verbunden, die sich eben der ‹Nachahmung› des bildhauerischen Schöpfungsaktes ganz verweigert, also der Musik. Musik in diesem imaginativen Sinne ist in solchem Verständnis physisch positiv erfahrbar, die Schwingungen, die sie im Hörer auslöst, gleichen denen einer taktilen Empfindung: Musik ‹rührt› nicht nur, sie ‹berührt› auch. Bereits Condillac hatte in seinem 1746 erschienenen *Essai*

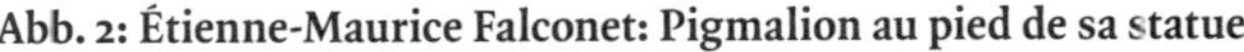

Abb. 2: Étienne-Maurice Falconet: Pigmalion au pied de sa statue

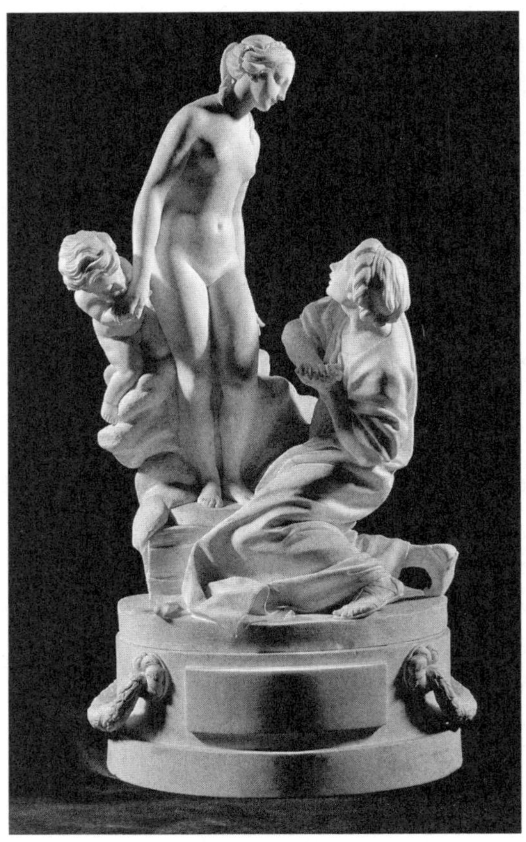

Étienne-Maurice Falconet (1716–1791), Direktor des Skulpturenateliers der Porzellanmanufaktur von Sèvres, wollte in seiner Plastik den Moment der Verlebendigung der toten Materie darstellen. Er wählte dazu die bei Ovid überlieferte Geschichte des Bildhauers Pygmalion, dessen Marmorgeschöpf (das bei Falconet Galathea heißt) von so vollendeter Schönheit war, daß er sich in es verliebt und dieses zum Leben erwacht ist (durch Venus, die hier durch Cupido vertreten ist). Die kleine Statue (nur 58 cm hoch) wurde auf dem Salon 1763 in Paris gezeigt und hat eine begeisterte Stellungnahme von Diderot hervorgerufen. Das Thema findet sich auch in Rousseaus nahezu gleichzeitigem Pygmalion-*Melodrama. Da Ponte und Mozart haben darauf reagiert mit der Darstellung der lebenden Statue im* Don Giovanni, *die sich nun nicht der Imagination der Schönheit, sondern des Schreckens verdankt.*

sur l'origine des connaissances humaines behauptet, daß die sensualistisch erfahrbare Musik, hier in der Übersetzung Johann Adam Hillers von 1767, «an sich selbst eines genungsamen Ausdruckes fähig sey».[42]

Die mit der Pygmalion-Rezeption verbundene Aufwertung des Tastsinns einerseits sowie die Beglaubigung einer neuen, psychologischen Dimension der Musik andererseits waren anscheinend jedoch nicht ohne eine Kehrseite denkbar. Herder hatte bereits 1768 das Modell der Verlebendigung in einen anderen Kontext übertragen, dem diese Ambivalenz grundsätzlich anhaftet. In einem dem Andenken des Philosophen Thomas Abbt gewidmeten Text sollte ein literarisches Grabdenkmal entstehen, um das ‹Monument Abbt› durch die eigene Schrift zum Leben zu erwecken. Damit war ein Begründungszusammenhang geschaffen, den Herder kurze Zeit später dazu genutzt hat, das pygmalionische Paradigma in eine doppelte Ästhetik des Erhabenen einzubinden. In seiner Schrift über *Plastik* von 1778 wird das kurzzeitige Erschrecken Pygmalions angesichts der sich regenden Statue zu einem dominierenden Affekt ausgebaut. Herder behauptet, «daß unsrer tastenden Hand das *Leblose* größer dünkt, als das *Belebte*, wo jede Durchregung des Hauches der Seele uns Glieder und Unterschiede darstellt: (denn eine abgehauenkalte Hand dünkt unserm Gefühl und selbst unserm Auge größer, als da sie Glied am Körper war und Leben sie durchwallte).» Herder beschwört daher die «*Dunkelheit* und *Nacht*, in der der Sinn tastet, die langsam erfühlte *Einheit* und *Unbezeichnung*, die ein solches Bild verleihet, den Begrif von *Macht* und *Fülle*, langsamem und starkem *Willen*» und kommt zu dem Schluß, daß die solchermaßen hervorgerufene Einbildung «Koloßalisch und wenigstens *übermenschlich* werden» müsse.[43]

Im Untertitel dieser Schrift ist von *Pygmalions bildendem Traume* die Rede, was ein eindeutiger Hinweis auf einen der Verlebendigung innewohnenden Kontext des gleichsam Vorbewußten ist, einen Kontext, der in den musikalischen Anweisungen, die Rousseau seinem Melodram beigegeben hat, eine zentrale Rolle einnimmt. Der Ort dieses Vorbewußten ist der Traum, und die gerade in ihm schrankenlos entfesselte

Einbildungskraft kann dann offenbar, wie Herder deutlich erkennen läßt, nicht nur den Rausch der schönen, beseelten Empfindung auslösen, sondern auch ihr schon von Rousseau wenigstens erwogenes Gegenteil, den Schrecken und das Entsetzen. Damit verbindet sich das pygmalionische Paradigma mit einem bestimmten Ausschnitt aus der Diskussion um die Möglichkeiten der Einbildungskraft, die auch schon Muratori 1745 deutlich beschrieben hatte: den Imaginationen der Nacht.

Vor diesem hier nur grob angedeuteten Hintergrund wird erkennbar, daß die Begegnung Don Giovannis mit dem zum Leben erwachten Marmorbild des Komturs nicht nur in enger Beziehung mit einer differenziert geführten ästhetischen Diskussion des 18. Jahrhunderts steht, sondern darüber hinaus paradigmatisch die Rolle der Musik im Sinne einer seelisch-physischen Erfahrung definiert. Die Szene ereignet sich in der Nacht, sie ist eine Traumfiguration – im Gegensatz zur Arbeit des Bildhauers Pygmalion, die sich bei Rousseau am Tag vollzieht. Auch alle weiteren Elemente der Komtur-Szene wirken wie eine Negation von Rousseaus *Pygmalion*, der 1772 in Wien in einer Übersetzung von Joseph Laudes und mit der Musik von Franz Asplmayr aufgeführt wurde. Mozarts Freund und späterer Logenbruder Otto von Gemmingen hat Rousseaus Stück 1778 sogar ins Deutsche übertragen.[44] Mozart, der ja zusammen mit Gemmingen sein *Semiramis*-Melodrama konzipiert hat, muß davon gewußt haben. Schon die «città della Spagna» im *Don Giovanni* läßt sich als Negation von Ovids Griechenland verstehen, galt Spanien doch im 18. Jahrhundert als Land der ungezügelten Einbildungskraft. Während Rousseaus Bühnenraum bei geöffnetem Vorhang den Blick auf einen weiteren Vorhang preisgibt, hinter dem sich Pygmalions Statue verbirgt, zeigt Don Giovannis Saal eine geschlossene Tür, welche sich zum Auftritt des Komturs öffnet. Dem weichen Material des verhüllenden Stoffes steht das harte der verbergenden Pforte entgegen, so wie die Allmählichkeit von Galatheas Verlebendigung ersetzt wird durch das plötzliche Erscheinen des Komturs. Der Komtur wird nicht angesprochen, er spricht selbst – und verhält sich damit wie die zum Leben erweckte Galathea.

Derartige Inversionen durchziehen die gesamte Szene, die beide Protagonisten an einem Tisch sitzend beginnen, der eine dem melancholischen Raisonnement hingegeben, der andere ihrer Pervertierung in der sinnlichen Lust, dem «barbaro appetito», also der Todsünde der Völlerei. Während es bei Rousseau um eine schließlich empfindsame Frauengestalt geht, ist der Komtur als Ordensritter ein kampferfahrener Mann, dessen Grabmal auch den in Stein gefaßten Gedanken tätiger Rache offenbart. Gegen den Meißel, den Pygmalion zu Beginn ansetzt, um Galathea zu erschaffen, steht der Degen, mit dem Don Giovanni den Komtur anfangs auslöscht – derselbe Degen übrigens, der auf der Friedhofsszene benutzt wird, um die Leblosigkeit der Marmorstatuen taktil zu überprüfen. Der Schöpfung steht also eine Vernichtung gegenüber, der Verlebendigung geht im einen Fall die produktive Energie, im anderen die Versteinerung voraus, der belebenswerten Schönheit steht die Häßlichkeit gegenüber. Die damit erkennbare Negation der ursprünglichen Situation reicht bis in die dramaturgische Disposition. Während Pygmalion sein Geschöpf durch Liebe zu beleben trachtet, ist die Verlebendigung des Komturs Resultat einer Mißachtung der Liebe durch Don Giovanni. Während Pygmalions Ansprache ein Monolog ist, tritt Don Giovanni mit dem Komtur von vornherein in einen Dialog.

Ein zentrales Moment in Rousseaus Monodrama ist die Tatsache, daß Pygmalion im Augenblick der Verlebendigung den Zuschauern den Rücken zuwendet. Mit diesem Kunstgriff gelingt es Rousseau, den Text in die Figurenperspektive umspringen zu lassen, also die Einbildungskraft der Zuschauer unmittelbar anzuregen. Ganz ähnlich muß Don Giovanni im entscheidenden Augenblick, in dem er die Tür für den Komtur öffnen will, den Rücken zum Publikum wenden. Auch hier also sieht der Zuschauer ins Angesicht der Statue. In der Schlüsselszene soll durch den Perspektivwechsel, den Mozart mit einem a-Moll-Sextakkord zeichenhaft andeutet, die Distanz zwischen Zuschauer und Agierenden aufgehoben werden, was auch die Anweisungen bei Rousseau anzeigen, in Gemmingens Übersetzung: «schrecken- und schmerzensvoll», «aeusserste Betäubung», «heftiger Unwillen».[45] In *Don Gio-*

vanni wird dieser Distanzverlust nicht durch die beiden Protagonisten bewerkstelligt, sondern durch Leporello, der die ihn bewegenden Affekte artikuliert. Leporello beschwört die Kategorie der Einbildungskraft, da er sich in einem Fiebertraum wähnt – analog zu Rousseaus Pygmalion, der sich selbst des Wahnsinns bezichtigt.

Gerade diese vermeintliche Distanzierung, eine wirkungsästhetische Legitimation zur Darstellung des Entsetzens, des Grauens, des «terror», läßt dann aber den zentralen Punkt der Begegnung möglich werden: die taktile Beglaubigung der Erscheinung. Auch Pygmalion hat die Hand Galatheas ergriffen, um sich ihrer Wirklichkeit zu versichern. Die Aufforderung des Komturs an Don Giovanni, ihm die Hand zu reichen, ruft diesen Kontext auf. Der schlagartigen Erscheinung der Marmorstatue entspricht die plötzliche Vergewisserung ihrer Wirklichkeit – durch das, was Herder die «abgehauenkalte Hand» nennt. Erst jetzt ist die ‹pygmalionische› Erfahrung vollständig in ihr Gegenteil verkehrt, denn der Vereinigung der Liebenden steht der Pakt des die Liebe Verweigernden mit dem Rächenden gegenüber; während Pygmalion seinem Geschöpf das Leben verleiht, raubt es der Ermordete seinem Mörder. Und auch das spiegelt sich in der Darstellung: Während Rousseaus Galathea, also nicht Pygmalion selbst, die Berührung mit einem «Ah» quittiert, löst sie bei Don Giovanni nicht das Staunen der Verwunderung, sondern den lauten Schrei des Entsetzens aus, jenen «grand cri», mit dem Pygmalion nur im allerersten Augenblick der Wahrnehmung von Galatheas Lebendigkeit die Grenzen zwischen Verwunderung und Erschrecken zu verwischen sucht. Jetzt hat der Komtur seine Aufgabe erfüllt: Er tritt ab, um Don Giovanni einer wahren Höllenszenerie zu überlassen. Und auch diese letzte szenische Verwandlung verweist zurück auf Rousseaus *Pygmalion*, und zwar in der Fassung Otto von Gemmingens. In einer entscheidenden Erweiterung verwandelt sich dort das Atelier «in dem nehmlichen Augenblick», in dem Pygmalion die Hand Galatheas ergreift und küßt, in den blumengefüllten «Tempel der Venus», die selbst sprechend auftritt: «er hat dir seyn Daseyn gegeben, nur durch dich, wird er leben».[46] In *Don Giovanni* hingegen verwandelt sich in dem Augenblick, in dem der Komtur die Szene verläßt, diese schlagartig in das Gegenteil, die bebende Flammenhölle des Schreckens.

Das Erscheinen des Komturs in *Don Giovanni* verweist also auf eine zentrale Diskussion des 18. Jahrhunderts um die Stellung der Musik unter den Künsten sowie deren Wirkmächtigkeit. Die Beweggründe dieser Diskussion werden hier jedoch ins Gegenteil gewendet, unter Betonung des Schreckens, den die Einbildungskraft erzeugen kann. In dieser Negation liegt auch die wichtigste Differenz zu Rousseau, bei dem Sprache und Musik nebeneinander existieren. Bei Mozart ist es die Geschlossenheit der Opernszene, in der es auch darum geht, die ambivalente Wirkungskraft der Musik vorzuführen. Das ‹plastische› Auskomponieren der Szene (vom Schrei Elviras über die Schritte bis zum Öffnen der Tür) führt programmatisch eine neue Form der Darstellung vor, eine Darstellung, die allein der Musik zu eigen ist – und nur durch sie ästhetische Glaubwürdigkeit erringen kann. Im System der Künste war die Musik damit nicht einfach nur an die Spitze getreten. Sie war vielmehr in der Lage, alle Bereiche der menschlichen Einbildungskraft und ihrer ‹Darstellung› erfahrungsseelenkundlich auszuloten. Die Überwältigungsästhetik wurde damit willentlich an eine Grenze geführt. Die Sonderstellung der Musik im System der ‹schönen Künste› war zu einer programmatischen Herausforderung geworden.

4. Sprache und Form

Die Auseinandersetzung über Musik hat im 18. Jahrhundert auch deswegen eine neue Qualität erlangt, weil mit den poetischen ‹Normverstößen› des Wunderbaren und Erhabenen neue Möglichkeiten der Legitimation verbunden waren; sie hatten mit dem ‹Sprachcharakter› der Musik zu tun. Das Problem der Oper, die Unwahrscheinlichkeit nicht sprechender, sondern singender Akteure auf der Bühne, konnte durch das ‹Wunderbare›, also den gerechtfertigten Ausnahmezustand des Unwahrscheinlichen gebannt werden. In ähnlicher Weise bot dieses ‹Wunderbare› eine Gelegenheit, der zumindest ästhetisch gering geschätzten Instrumentalmusik eine neue Grundlage zu verschaffen. Ihr Mangel – das Fehlen von Worten, die den dargestellten Affekten Präzision hätten verleihen können – wurde nun als wohlerwogener Normverstoß angesehen, und dieser Normverstoß war auch das Prinzip der formalen Ordnung. Beide Begründungszusammenhänge dürften Leopold Mozart bestens vertraut gewesen sein, bilden sie doch eine zentrale Grundlage der Berliner Debatte über Musik. Sie haben sich jedoch in den 1750er Jahren, bei Erscheinen seiner Violinschule, nochmals entscheidend verändert, ging es doch nun in einer neuen Weise um das Verhältnis von Musik zu Sprache und Begrifflichkeit. Bedenkt man, daß ein Hauptanliegen in der Aufklärung darin bestand, alle Dinge auf den Begriff der Vernunft zu bringen, so gilt diese Wendung folglich nicht einer Marginalie, sie berührt den Nerv der Dinge. Denn der Umstand, daß die Affekte, welche die Musik auszudrücken vermochte, nicht mehr als klar abgrenzbar, nicht mehr als präzise, sondern von vornherein als ‹vermischt›, also als ‹unscharf› galten, eröffnete der Musik neue Möglichkeiten jenseits des Begrifflichen.

Leopold Mozarts Sohn hat diese Diskussion offenbar differenziert wahrgenommen und daraus seine eigene ästhetische Position entwickelt. Im bereits zitierten Brief über die *Entführung aus dem Serail* äußert sich die Komplexität dieser Position besonders deutlich. Am 13. Oktober 1781 schrieb er unter anderem: «was die in dem Stück [der *Entführung aus dem Serail*] selbst sich befindende Poesie betrift, könte ich sie wirklich nicht verrachten. – die aria von belmont; o wie ängstlich etc: könnte fast für die Musick nicht besser geschrieben seÿn. – das *hui*, und *kummer ruht in meinem schoos* |: denn der kummer – kann nicht ruhen :| ausgenomen, ist die aria auch nicht schlecht; besonders der Erste theil. – und ich weis nicht – beÿ einer opera muß schlechterdings die Poesie der Musick gehorsame Tochter seÿn. – warum gefallen denn die Welschen komischen opern überall? – mit allem dem Elend was das buch anbelangt! – so gar in Paris – wovon ich selbst ein Zeuge war. – weil da ganz die Musick herscht – und man darüber alles vergisst. – um so mehr muß Ja eine opera gefallen wo der Plan des Stücks gut ausgearbeitet; die Wörter aber nur blos für die Musick geschrieben sind, und nicht hier und dort einem Elenden Reime zu gefallen |: die doch, beÿ gott, zum werth einer theatralischen vor=stellung, es mag seÿn was es wolle, gar nichts beÿtragen, wohl aber eher schaden bringen :| worte setzen – oder ganze strophen die des kompo=nisten seine ganze idèe verderben. – verse sind wohl für die Musick das unentbehrlichste – aber Reime – des reimens wegen das schädlichste; – die herrn, die so Pedantisch zu werke gehen, werden immer mit samt der Musick zu grunde gehen. – da ist es am besten wen ein guter komponist der das Theater ver=steht, und selbst etwas anzugeben im stande ist, und ein gescheider Poet, als ein wahrer Phönix, zusamen komen. – dan darf einem vor dem beÿfalle des unwissenden auch nicht bange seÿn. – die Poeten kommen mir fast vor wie die Trompeter mit ihren Handwercks Possen! – wenn wir komponisten immer so getreu unsern regeln |: die damals als man noch nichts bessers wusste, ganz gut waren :| folgen wollten, so würden wir eben so untaugliche Musick, als sie untaugliche bücheln, ver=fertigen. – Nun habe ich ihnen dünkt mich genug albernes zeug daher geschwäzt; [...]».[47]

Für Mozart steht also nicht der begriffliche Mangel, sondern die Vorherrschaft der Wirkungsästhetik im Vordergrund: «weil da ganz die Musick herscht – und man darüber alles vergisst». Eine solche Konzentration auf die Wirkung war in der ästhetischen Debatte des 18. Jahrhunderts ein zentrales Charakteristikum des Theaters.[48] Die Frage nach der Wirkung der Tonkunst galt aber zugleich als eines der schwierigsten Probleme der aufklärerischen Debatte über die Künste. Denn schon die Grundlagen der Musik, die Intervalle, bargen einen oft diskutierten, eklatanten Widerspruch in sich. Teilt man diese nämlich in einer arithmetisch sauberen Operation ein, wird der Oktavrahmen gesprengt, der sinnliche Eindruck ist also verheerend. Teilt man hingegen die Intervalle logarithmisch ein, also mathematisch ‹ungenau›, so läßt sich der Oktavrahmen wahren – und zugleich der starke Eindruck auf die sinnliche Wahrnehmung des Menschen. Die auch in der Aufklärung stets anerkannte unerhörte Wirkungsmacht der Musik gründete also im Kern in derselben Unschärfe wie der mit ihr verknüpfte Affektbegriff. Dieser Umstand wurde von Moses Mendelssohn im Berliner Umfeld 1761 erstmals als eine Eigenschaft gefeiert, mit der die Musik sich aus den Künsten herauszuheben vermochte: «Göttliche Tonkunst! Du bist die einzige, die uns mit allen Arten von Vergnügen überraschet! Welche süße Verwirrung von Vollkommenheit, sinnlicher Lust und Schönheit! Die Nachahmungen der menschlichen Leidenschaften; die künstliche Verbindung zwischen widersinnigen Uebellauten: Quellen der Vollkommenheit! Die leichten Verhältnisse in den Schwingungen; das Ebenmaß in den Beziehungen der Theile auf einander und auf das Ganze; die Beschäftigung der Geisteskräfte in Zweifeln, Vermuthen und Vorhersehen: Quellen der Schönheit! Die mit allen Saiten harmonische Spannung der nervigten Gefäße: eine Quelle der sinnlichen Lust! Alle diese Ergötzlichkeiten bieten sich schwesterlich die Hand und bewerben sich wetteifernd um unsere Gunst. Wundert man sich nun noch über die Zauberkraft der Harmonie?»[49]

Mozart hat ein Werk Mendelssohns besessen, er dürfte mit seinen Positionen aber auch durch Gottfried van Swieten, der lange Jahre in Berlin gewirkt hatte, bekannt geworden sein. Zudem war Mozart regelmäßiger Gast in den großen jüdischen Salons in Wien, etwa der Arnsteins. In seiner Konzentration auf die wirkungsästhetische Vorherrschaft verknüpft sich daher die von Mendelssohn beschriebene Sonderstellung der Musik mit einer Hauptfunktion des Theaters. Gleichwohl bedarf die Konzentration auf die staunenmachende Wirkung eines ästhetischen Regulativs. Mozart verweist dazu auf den ‹Plan des Stücks›. Dieser Begriff, der eigentlich aus der Architekturtheorie stammt und von dort aus, zunächst in England, in die poetologische Debatte eingeführt worden ist, besitzt Signalcharakter.[50] In der Musikästhetik, zunächst bei Charles Avison, dann bei Leonhard Euler, einem ebenfalls den Mozarts bekannten Autor, wurde der Begriff des ‹Plans› nämlich verwendet, um logische Ordnungsprinzipien in der begriffslosen Instrumentalmusik zu benennen, also neuartige Prinzipien einer formalen Architektur. Der ‹Plan des Stückes› bezieht sich also auf jenes Gefüge, jenes geheime Band, das der überbordenden Vielfalt einen inneren Zusammenhang jenseits eines formalen ‹Musters› zu gewähren vermag. Dieser Zusammenhang wurde, unter Rückgriff auf Horaz, als ‹Einheit in der Mannigfaltigkeit› bezeichnet. Dieses Prinzip zeigt sich besonders anschaulich im Umgang mit der sichtbaren Natur. Während der französische Garten, dies ein Topos der Spätaufklärung, durch den offenkundigen Rationalismus zwar als ordnungsstiftend, aber eben unnatürlich verstanden wurde, veranschaulichte der englische Landschaftsgarten das natürliche Wirken eines solchen ‹Plans›. Die Berufung auf einen ‹Plan›, der in der finalen, nächtlichen Gartenszene des *Figaro* auch zu einer anschaulichen Bühnenwirklichkeit gefunden hat (und zuvor, in *La Finta giardiniera*, bereits eine Rolle spielte), läßt sich nur vor diesem Hintergrund verstehen.[51]

Ein solcher ‹Plan› löst aber zugleich auch die zentralen ästhetischen Probleme der Oper auf und hebt das Genre auf eine andere Ebene. Alle Vorhaltungen, die Oper sei ‹unvernünftig›, werden durch die Berufung auf einen ‹gut ausgearbeiteten› Plan entkräftet. Erst durch ihn erhalten ihre zahllosen Unregelmäßigen und Normverstöße einen Fluchtpunkt, erst so vermögen sich die Mannigfaltigkeiten zu einem Ganzen zusammenzufügen. Da Mozart, im Gegensatz zur englischen Diskussion, die Vorstellung des ‹Plans› eben nicht auf die Instrumentalmusik, sondern auf die Oper bezieht und an ihr entwickelt, offenbart sich zugleich eine bedeutende Differenz: Mozart wird, dies eine der großen produktionsästhetischen Herausforderungen seines Wiener Jahrzehnts, diese Vorstellung erst von da aus wieder auf die Geltungszusammenhänge der Kammer- und Orchestermusik zurückprojizieren, beispielhaft etwa im Finale des G-Dur-Klavierkonzerts KV 453, das sehr deutlich an Verfahrensweisen der Opera buffa gemahnt.

Für Mozart nimmt dabei die Zurücksetzung der regelpoetologischen Normen im Musikalischen eine zentrale Bedeutung ein. Der Komponist bedient sich dafür des Vergleichs mit den organisierten Hoftrompetern, die er in Salzburg gut aus eigener Anschauung kannte. Der Fürsterzbischof verfügte, wie alle Herrscher, über ein Ensemble aus bestenfalls zwölf Trompetern, zuständig ausschließlich für ritualisierte Funktionen, also Signalgebungen aller Art; in gestaffelten Diensten waren immer drei von ihnen im Einsatz.[52] Bei Mozart gelten sie als Musiker, deren Aufgabe sich in dieser reinen Funktion erfüllt, die sich also allein über handwerkliche Regeln definieren. Regeln gelten ihm aber allein als ein zivilisatorischer Akt, erfunden zu einem Zeitpunkt, «als man noch nichts bessers wusste». In der weit fortgeschrittenen Gegenwart seien sie dagegen obsolet geworden.

Doch reicht sein Vorbehalt gegen regelpoetologische Normierungen in der Musik weiter, weil er sich auf das grundsätzliche Verhältnis von Poesie und Musik richtet. Im 18. Jahrhundert galt nach wie vor der Text als notwendige Präzisierung der affektiven Unschärfe von Musik, durch ihn erst konnte sich ein musikalischer Gedanke bilden. Mozart hingegen glaubte, wie bereits ausgeführt, an die Unabhängigkeit solcher musikalischen Gedanken, also daran, daß die Musik selbst bereits genuines Produkt der Einbildungskraft und damit Träger von ‹Gedanken› sein könne. Er ist folglich der Ansicht, daß die Poesie nur in der Lage sein müsse, den musikalischen Gedanken, der sich Geltung verschaffenden Einbildungskraft Deutlichkeit und Nachdrücklichkeit zu verleihen, in einer Inversion der traditionellen Zusammenhänge von Poesie und Musik. Bei Mozart ist dieses Verfahren eingebettet in den ‹gut ausgearbeiteten Plan› des Stücks: Die Mannigfaltigkeiten seiner Ausführung obliegen der Musik, Verdeutlichung und Veranschaulichung dieser Mannigfaltigkeiten hingegen der Poesie.

Mozarts deutliche Zurücksetzung des Reims gegen den Rhythmus folgt daher einer poetischen Tendenz, die sich einerseits in der Rekonstituierung antiker Versmaße, andererseits in der freirhythmischen Dichtung, vor allem bei Klopstock, zeigt. Mozart dürfte Klopstocks Oden gekannt haben, allemal die in Wien kursierenden, zum Teil bereits gedruckt vorliegenden Vertonungen Christoph Willibald Glucks, in denen gerade dieser Aspekt – die feinsinnige Beziehung von Musik und Rhythmus – in den Mittelpunkt gerückt wurde. Doch steht hinter Glucks Bemühen vor allem ein poetologisches Argument. Mozart hingegen geht es offenkundig um eine Beziehung von Musik und Sprache jenseits poetologischer Normen. So sehr einerseits ‹musikalische Gedanken› bereits an und für sich existieren, so bedeutend erweist sich andererseits das Metrum als Quelle musikalischer Ordnung. Die zahlreichen Überlegungen um eine angemessene ‹musikalische Poesie›, seit Christian Gottfried Krauses Buch von 1752 mit wachsender Intensität geführt, werden hier gleichsam zugespitzt. Gereimte Poesie gilt gewissermaßen als Instrument, musikalische Gedanken zu ordnen.

In den Vorstellungen vom ordnenden Plan stehen sich im 18. Jahrhundert stets zwei zentrale Bestandteile gegenüber: Skizze und Ausführung, also die alles bestimmende, den ‹Plan› verratende Zeichnung und die hinzutretende Farbe, die den Sinnenreiz ausmacht. Mit den malereitheoretischen Ausdrücken heißt dies: *disegno* und *colore*. In der Ästhetik des 18. Jahrhunderts werden daher in der Regel die Worte als *disegno*, die Töne als *colore* gedeutet. Bei Mozart verkehrt sich dieses Verhältnis jedoch spektakulär ins Gegenteil: Bestimmend sind die Töne, sie liefern das *disegno*, die geheime Ordnung der Mannigfaltigkeiten der Gedanken, den Plan. Die Rhythmen der Verse hingegen gelten bloß als Färbung, als *colore*, als bereichernde Ausdifferenzierung. Erst so kann die wirkungsästhetische Vorherrschaft der Musik tatsächlich begründet werden. In einer Passage aus einem weiteren langen Brief zur *Entführung* vom 26. September 1781 hielt Mozart diesen Aspekt ausdrücklich fest: daß «aber die leidenschaften, heftig oder nicht, niemal bis zum Eckel ausgedrücket seÿn müssen, und die Musick, auch in der schaudervollsten lage, das ohr niemalen beleidigen, sondern doch dabeÿ vergnügen muß, folglich allzeit Musick bleiben Muß».[53]

Eine zentrale Denkfigur des 18. Jahrhunderts liegt in der Scheidung von Kenner und Liebhaber, von Connaisseur und Amateur. Das damit verbundene Bedeutungsfeld bezieht sich auf die nicht-professionelle Kunstübung und -wahrnehmung, dessen Hintergrund auch die institutionell stets vorangetriebene Professionalisierung in den Künsten darstellt. Schon im frühen 18. Jahrhundert wurde, mit der Herausbildung des musikalischen Geschmacksurteils, der Liebhaber ausdrücklich als Adressat von Musik definiert. Der Liebhaber in diesem Sinne ist zunächst der verständige Spieler und Hörer, dessen Tun durch die aus der seelenbewegenden Kraft der Musik abgeleitete Doppelfunktion des *prodesse et delectare*, des ‹Nutzens und Erfreuens› beglaubigt ist. Der Kenner galt hingegen als derjenige, der sein Geschmacksurteil auf vernunftmäßige Erkenntnis, mithin auf klare Begriffe gründen konnte. Folglich wurde die Hinwendung der Musik an ‹Kenner und Liebhaber› gleichermaßen nicht nur zu einem verkaufsfördernden Umsatzkriterium v. a. gedruckter Clavier- und Vokalmusik, insbesondere beim in Wien auf besondere Weise präsenten Carl Philipp Emanuel Bach. Vielmehr offenbart sich in ihr so etwas wie der ästhetische Anspruch, die Bedürfnisse sowohl des bloß Hörenden wie auch des differenziert Urteilenden in einem musikalischen Kunstwerk zu vereinen.

Mozart betonte diesen Zusammenhang, der in der Violinschule seines Vaters ebenfalls Berücksichtigung fand, ausdrücklich. Denn die perfekte Vereinigung von Poesie und Musik, von Dichter und Komponist, von ihm ironisch mit dem Fabelwesen des Phoenix verglichen, führt nicht allein zur Befriedigung des Kenners, sondern auch des Liebhabers. Der Beifall «des unwissenden» gilt ihm deswegen als Erfolg, weil der stimmige Plan den Zuhörer in Erstaunen zu setzen vermöge, sein Nichtwissen aber kein Hinderungsgrund bei der Wahrnehmung sei. Am 28. Dezember 1782, also ein gutes Jahr später, schrieb er an den Vater: «– nun fehlen noch 2 *Concerten* zu den *Suscriptions Concerten*. – die *Concerten* sind eben das Mittelding zwischen zu schwer, und zu leicht – sind sehr *Brillant* – angenehm in die ohren – Natürlich, ohne in das leere zu fallen – hie und da – könen auch kener allein *satisfaction* erhalten – doch so – daß die nichtkener damit zufrieden seÿn müssen, ohne zu wissen warum.»[54] Diese Maxime der Befriedigung von Kenner und Liebhaber gilt nicht nur gleichfalls für die Opernproduktion, sie knüpft fast im Wortlaut an eine Unterscheidung an, die Johann Friedrich Reichardt 1774 in seiner Schrift *Über die Deutsche comische Oper* getroffen hat: «Kenner ist der, der sich bemüht, die Regeln der Kunst zu studiren, in so weit sie nothwenig sind, ein musikalisches Stück aus Gründen beurtheilen zu können», hingegen «Liebhaber der Musik ist der eigentlich, der an dem Anhören, oder auch Ausüben musikalischer Stücke Vergnügen findet, ohne daß er sich weiter um die Gründe dieses Vergnügens und um die Regeln der Kunst überhaupt bekümmert.»[55]

Vor diesem Hintergrund definierte Mozart das Gesamtgefüge des Bühnenwerks, denn bei ihm solle «die Poesie der Musick gehorsame Tochter sein». Es handelt sich dabei nicht, wie so oft behauptet, um die naive Vorliebe des Komponisten für sein Metier, die Musik. Gerade eine derartige Position hätte beim Adressaten Leopold Mozart gewiß Befremden ausgelöst. Mozart bezieht sich hier vielmehr auf die Stellung der Musik im Kontext der Nachahmung, auf die Auffassung also, daß Musik nicht die Natur selbst, sondern nur die Affekte nachzuahmen vermöge. Mit seinen Gedankengängen entwertet er diese Debatte, denn Musik selbst gilt ihm ja als affekt- und gedankenfähig, sie kann nicht nur ‹unscharfe› Affekte darstellen, sondern sui generis erkunden. Der ‹Plan› verleiht solcher Erkundung Wahrscheinlichkeit, er erlaubt mithin die Darstellung auf der Bühne, vor einem Publikum. Genau dies ist aber der Hintergrund für die von Mozart verwendete genealogische Metapher, daß also die Poesie ‹Tochter› der Musik sein solle: Denn in einem beispiellosen Akt der Umdeutung geläufiger Paradigmen wird der Primat der Musik neu erkundet und bestimmt, und zwar ausdrücklich nicht im Hinblick auf wortlose Instrumentalmusik, sondern im Hinblick auf die Oper. Leopold Mozart wird diesen atemberaubenden Argumentationsgang genauestens wahrgenommen haben. Damit aber wird zugleich ein zentrales Paradigma der Aufklärung berührt. Das ursprüngliche Hauptinteresse, die Dinge des Denkens und des Handelns auf den Begriff der Vernunft zu bringen, wird in der Metapher von Mutter und Tochter ins Gegenteil verkehrt. Der ‹Begriff der Vernunft› ist folglich in der Musik die hochdifferenziert ausgelotete Begriffslosigkeit.

Die Konsequenzen dieses Gedankengangs sind erheblich. Die Musik gilt nämlich nicht als eine Sprache, die, wie in England, aus sich selbst heraus eine ‹Logik›, eine ‹Form› zu entfalten vermag, sondern als Gedankenträger eigener Art. Die Musik kann mithin Affekte erkunden und darstellen, nicht ohne, sondern jenseits aller Begriffe. Erst so kann Musik den Anspruch erheben, aus sich heraus Erfahrungsseelenkunde zu betreiben. Sprache und Form existieren nicht neben, sondern in ihr. Die ständige weitere Ausdifferenzierung dieser Überzeugung bildete zunehmend die Grundlage von Mozarts Schaffen, bis hin zur Auslotung der Grenzregionen in *Così fan tutte* und *Zauberflöte*.

II.
Lebenswelten

1. ‹Wunderkind›

In der Vita von Mozart, für den sich der allzu leichtfertige Gebrauch des Wortes ‹Wunderkind› eingebürgert hat, gibt es eigentlich nur zwei geographische Fixpunkte, Salzburg und Wien, und beide werden zusammengehalten durch die Normen der höfischen Welt, die auf grundsätzliche, wenn auch ganz gegensätzliche Weise bestimmend geblieben sind, in der fürsterzbischöflichen ebenso wie in der kaiserlichen Residenzstadt. Die durch diese Orte bezeichneten Grenzen sind dennoch auf eine eigenwillige Art durchbrochen worden, und zwar durch die großen Reisen seiner Kindheit und Jugend, die ihm schon geographisch einen Horizont verschafft haben wie nur wenigen anderen Zeitgenossen und kaum einem anderen Musiker (und diesen dann, wie etwa bei einigen berühmten Opernsängern, allenfalls erst im Erwachsenenalter). Die frühe, im Grunde für die Kindheit bestimmende vergleichende Wahrnehmung verschiedener Orte, verschiedener sozialer Strukturen und verschiedener (nicht nur musikalischer) Kontexte hat den Musiker zeitlebens geprägt. Die daraus hervorgehenden Erfahrungen dürften seine eigenen Verhaltensweisen maßgeblich beeinflußt und geformt haben. Auch die Ursache seiner späten Sympathie für England – immerhin war sein Vater offenbar in der Lage, Shakespeare im Original zu lesen, und er selbst hat 1782 nachweislich Englisch gelernt – dürfte in dieser vergleichenden Beurteilung verschiedener geographischer Räume gelegen haben.[1] Durch seine frühe Reisetätigkeit war demnach die komplexe, im Aufklärungsjahrhundert nahezu einzigartige lebensweltliche Verbindung von ganz praktischer, geographischer, sozialer und ästhetischer Erfahrung gegeben – ohne daß die verwickelten Mechanismen dieses Prozesses bisher auch nur annähernd freigelegt wären, gewissermaßen in der Rekonstruktion einer mentalen Landkarte.

Für diese Reisen des Kinds und des Jugendlichen stand im 18. Jahrhundert jedoch gar kein rechtes Muster zur Verfügung, weder in der Kavalierstour (die für die Mozarts nicht in Frage kam) noch in der von einem Mäzen ermöglichten musikalischen Bildungsreise (die in Salzburg wohl denkbar war, etwa für Anton Cajetan Adlgasser, jedoch nicht für ein Kind).[2] Das Programm mußte also regelrecht erfunden werden. Leopold Mozart hat dafür ein später sehr verschlissenes, im 18. Jahrhundert aber zumindest eigenwilliges und in seiner Zuspitzung auch neues Argument ins Spiel gebracht. Gerade die Isoliertheit dieses Arguments legt daher die Vermutung nahe, es habe sich dabei um eine alles andere als persönliche Entscheidung gehandelt. In einem berühmt gewordenen Brief an seinen Salzburger Vertrauten, den Kaufmann Lorenz Hagenauer, äußerte sich Leopold am 30. Juli 1768 unmißverständlich – und zudem in konkreter Absicht, denn es ging darum, den weiteren Aufenthalt in Wien zu rechtfertigen, um die Aufführung der *Finta semplice* doch noch zu ermöglichen: «S:e Hochfürstlichen Gnaden haben keine Lügner, keine Charlatans, keine Leutbetrieger in ihren Diensten, die mit Vorwissen und gnädigster höchstderselben Erlaubnis an fremde Orte gehen, um den Leuten gleich den Taschenspielern, einen blauen Dunst vor die Augen zu machen; Nein: sondern ehrliche Männer, die zur Ehre ihres Fürsten und ihres Vatterlandes der Welt ein Wunder verkündigen, welches Gott in Salzburg hat lassen gebohren werden. Ich bin diese Handlung dem allmächtigen Gott schuldig, sonst wäre ich die undanckbarste Creatur: *und wenn ich iemals schuldig bin die Welt dieses wundershalben zu überzeugen, so ist es eben ietzt, da man alles, was nur ein Wunder heist lächerlich machet* [...].»[3] Der Wortlaut dieses Briefes ist erstaunlich. Zum einen werden für die Geburt des Sohnes

Tatsache und Geltungskraft eines ‹Wunders› in Anspruch genommen, und zwar gegen denkbare rationalistische Anfeindungen. Neuerlich erweist sich Leopold Mozart hier als Leser Muratoris, hatte dieser doch 1747 einen übertriebenen Wunderglauben kritisiert – und die Kraft zum «Wunder Werck» allein der göttlichen Offenbarung zugesprochen.[4] Die Denkfigur des Wunders begegnet bei Leopold Mozart früh und mehrfach, schon am 1. Februar 1764 berichtete er aus Paris an Maria Theresia Hagenauer, die Frau von Lorenz, daß «Gott täglich neue Wunder an diesem Kinde wirket», und wenige Wochen später wieder an Lorenz selbst: «Es hänget von S:r göttlichen Gnade ab, ob er dieß Wunder der Natur, so er in die Welt gesetzet hat, auch darinnen erhalten, oder zu sich nehmen will. Von mir wird er gewiß so beobachtet, daß es eines ist, ob wir in Salzburg oder in welchem Ort der Welt wir sind.»[5] Zum anderen wird jedoch die Offenbarung dieses Wunders mit den Erfordernissen staatspolitischer Raison verknüpft. Gerade dies aber deutet darauf hin, daß die erste große Reise, die am 9. Juni 1763 in Salzburg ihren Ausgang nahm, und auch die folgenden Unternehmungen sich stets als so etwas verstanden wie eine diplomatisch-erzbischöfliche Mission.

Der Patron dieses Unternehmens, Fürsterzbischof Sigismund III. Christoph von Schrattenbach (1698–1771, reg. ab 1753), gilt in der Forschung gemeinhin als Vertreter traditioneller Frömmigkeit. Seine grundlegenden administrativen und pädagogischen Reformen, seine Bautätigkeit sowie seine Musik- und Theaterliebe, für die er auch seine Privatschatulle eingesetzt hat,[6] verweisen jedoch auf einen anderen Kontext. Er und sein Konkurrent bei der Wahl, Joseph Maria von Thun, standen nämlich den Erneuerungsideen Muratoris ausgesprochen nahe. Muratori selbst hatte mit Schrattenbachs Onkel Wolfgang Hannibal korrespondiert. Sein idealer Staatsentwurf *Della pubblica felicità*, 1749 Schrattenbachs Vorgänger Andreas Jakob von Dietrichstein gewidmet, läßt sich als eine Art von Beglaubigung des geistlichen Staates an sich verstehen, in der spezifischen Verbindung von Religion und individuell-menschlicher Glückseligkeit.[7] Es konnte also auf diese

Weise möglich werden, den immer weiter unter Druck geratenen geistlichen Fürstentümern eine neue, eine zeitgemäße Form von Legitimität zuzusprechen. Muratori war entschieden um die Versöhnung des ‹Numinosen› mit den Ansprüchen des Rationalen bemüht, und in ähnlicher Weise läßt sich Schrattenbachs Agieren in Salzburg verstehen, ungeachtet der verheerenden Auswirkungen auf die Staatsfinanzen. In der Salzburger Leichenpredigt auf seinen Tod, verfaßt vom Konsistorialrat Franz Leopold Kaserer, werden diese Argumente rückblickend nochmals zusammengefaßt, denn «Bischof und Fürst» seien ja «nur ein einziger Mensch».[8] Die Gratwanderung der geistlichen Herrschaft liege also darin, Frömmigkeit und Raison, Herz und Verstand zum Einklang zu bringen. Als die größten Feinde einer solchen Regierung gelten daher Störungen dieses Einklangs, sei es durch «Unwissenheit des Verstandes» oder durch «Bosheit des Herzens».[9] Ein Weg dazu war die Erziehung, der Schrattenbach besondere Aufmerksamkeit geschenkt hat. Leopold Mozart hat schon 1756, in der Widmung seiner Violinschule an den Fürsterzbischof, genau diesen Aspekt hervorgehoben: daß dem Fürsten «alles dasjenige höchst angenehm ist, was immer zur Unterweisung der Jugend in den schönen Künsten auch nur das mindeste beyträgt».[10]

Die Vorstellung, in Salzburg habe sich ein Wunder der Vorsehung ereignet, fügte sich also durchaus in die von Muratori abgeleitete staatspolitische Konzeption Schrattenbachs, konnte doch das geistliche Fürstentum sich damit durch besondere göttliche Gnade ausgezeichnet sehen. Die Überzeugung, ein Wunder ereigne sich als ‹Lohn› für Gottesfürchtigkeit, findet sich ebenfalls bei Muratori. Der Umstand, daß Leopold Mozart unmittelbar vor der Reise, am 28. Februar 1763, zum Vizekapellmeister befördert worden war, ist ein weiteres Indiz dafür, daß sich die ersten und die folgenden Reisen bis zum Tod des Landesherrn als diplomatische Missionen verstanden, «zur Ehre ihres Fürsten und ihres Vatterlandes». Allein ein solches Sendungsbewußtsein konnte den ungeheuerlichen Anspruch des Unternehmens, das vom Bischof institutionell und finanziell gefördert wurde, überhaupt rechtfertigen. Die oftmals hervorgehobene Großzügigkeit Schrattenbachs, der die jahrelange Abwesenheit eines Hofbediensteten billigte, ist erst vor diesem Hintergrund erklärlich. Über die genauen Planungen der Reisen können nur Vermutungen angestellt werden, sie wurden aber offenbar gelenkt durch ein ausgeklügeltes System von Empfehlungsschreiben und Kontaktadressen, wie es scheint, ohne fixierten zeitlichen Rahmen. Daß den reisenden Mozarts Zugang zum Hochadel gewährt wurde, läßt sich am Ende nur durch diesen ‹diplomatischen› Status sinnvoll erklären. Der Vorsatz, der Welt ein Wunder zu verkünden, scheint demnach eine Salzburger Staatsaktion gewesen zu sein, und zumindest in einem frühen Salzburger Zeitungsbericht ist genau dies hervorgehoben worden.[11] Daß eine solche Konzeption auf den ‹Gegenstand› dieser Staatsaktion, also den Jungen und seine Schwester, unmittelbar zurückwirken mußte, wurde als Nebeneffekt in Kauf genommen, und Mozarts Selbstpositionierung in Wien ist ohne diese Prägung kaum denkbar.

Allerdings konnte selbst ein freizügiger Muratori-Leser das göttliche Wunder nicht anders deuten denn als heilsgeschichtliche Offenbarung. Die Verknüpfung des Wunders mit einem Kind, das zudem nicht das göttliche Kind Jesus war, ja, noch dazu mit einem Kind, dessen Leistungsausweis in der Musik bestand, läßt sich demnach als eine weitere, sehr eigenwillige Salzburger Lesart der Geschehnisse verstehen. Im 18. Jahrhundert war mit dem Begriff des ‹Wunderkindes›, wenn überhaupt, das ‹wundertätige› Kind im christlichen Sinne gemeint, so daß es eine wirkliche Debatte über die außergewöhnliche Begabung im Kindesalter nur in Ausnahmesituationen gab.[12] Der wichtigste Fall ist der Lübecker Christian Heinrich Heineken (1721–1725), der schon vor dem ersten Geburtstag sprechen konnte, zweijährig drei Sprachen beherrschte und unter anderem auch von Telemann gefeiert wurde. Er galt den Zeitgenossen durchaus als «miraculum», als Wunder.[13] Doch spielte dabei eher das ‹Staunenerregende› der Normabweichung eine zentrale Rolle, weniger das ‹Tätige› als Schaffendes, zumal Heineken vor allem als junger Gelehrter galt. Immerhin, der in Nord- und Mitteldeutschland hohes Aufsehen erregende Fall war gewiß in den gelehrten Kreisen Salzburgs bekannt; in einem Wiener Gedicht vom 25. Dezember 1762, verfaßt vom musikliebenden Thomas Vinciguerra Collalto, wurde sogar ausdrücklich eine Parallele zwischen dem «Wunder von einem gelehrten Kinde» Heineken und Mozart hergestellt.[14]

In der Vorstellung, daß sich in der Geburt Mozarts ein Wunder ereignet habe, wird also das Staunenerregende des Falles Heineken verknüpft mit der heilsgeschichtlichen Bedeutung, die ein Wunder nach Muratori auszeichnet – und zusammengefaßt im individuellen Vermögen zur Musik. In dieser genuin Salzburger Deutung der Dinge fallen also vier Aspekte zusammen: die göttliche Gnade, sichtbar in einem Wunder und im Privileg Salzburgs; der Wille, der Welt Zeugnis von diesem Wunder abzulegen; die Überzeugung, daß sich dieses Wunder in der tätigen Kraft eines menschlichen Kindes offenbaren könne; und schließlich die Überzeugung, daß dies ursächlich mit der Musik, deren Beglaubigung doch selbst entscheidend im Wunderbaren gründete, zu tun habe. In der Person des Jungen fielen also heilsgeschichtliche, ästhetische und ethische Überzeugungen zusammen – ganz im Sinne Muratoris, der in solcher Koinzidenz gleichsam den Idealzustand des geistlichen Staates erblickte. Es scheint, daß diese Überzeugungen Grund und Motor der von Leopold Mozart dann mit seinen Kindern durchgeführten Reise gewesen waren, was der Londoner Autor Richard Griffith 1772 so zusammenfaßte: «He has been exhibited as a miracle at all courts in Europe [...].»[15]

Zu den bemerkenswertesten Reaktionen auf diese Konstellation gehört ausgerechnet ein Text, der in einem politisch und konfessionell vollkommen abweichenden Umfeld publiziert wurde. Der Arzt Samuel-Auguste Tissot, ein Vertreter der physiologisch grundierten Erfahrungsseelenkunde, der 1760 mit seiner Schrift *L'Onanisme* für Aufsehen gesorgt hatte, veröffentlichte im Oktober 1766 in Lausanne einen Brief mit Eindrücken über den jungen Mozart.[16] Die Mozarts befanden sich auf dem Weg von Genf nach Bern und Zürich und blieben im September 1766 eine knappe Woche in Lausanne, wo Tissot den Jungen offenbar

Abb. 3: [Samuel-Auguste Tissot:] XVI. Discours (1766)

ARISTIDE
OU
LE CITOYEN.

XVI. DISCOURS.

du 11. Octobre 1766.

Edera creſcentem ornate poetam.
VIRG.

Jettès quelques fleurs ſur ce jeune artiſte.

JE ne doute pas, Meſſieurs; que vous n'ayés entendu le jeune MOZARD, & je ſuis perſuadé qu'il aura fait ſur vous la même impreſſion, que ſur toutes les perſonnes à qui la nature a donné des organes capables d'apprécier les productions des beaux arts. Vous aurés vû avec autant de ſurpriſe que de plaiſir, un enfant de neuf ans, toucher du clavecin comme les grands maîtres; & ce qui vous aura encore plus étonné, c'eſt d'apprendre par des perſonnes dignes de foi, qu'il en touchoit déjà ſupérieurement il y a trois ans; c'eſt de ſavoir que preſque tout ce qu'il joue eſt de ſa compoſition; c'eſt d'avoir trouvé dans toutes

Q

In den Jahren 1766 und 1767 erschien in Lausanne die Zeitschrift Aristide ou le Citoyen, *benannt nach dem griechischen Philosophen Aelius Aristides. Es handelt sich um eine typische moralische Wochenschrift des 18. Jahrhunderts, herausgekommen zwischen Juni 1766 und Juni 1767, in insgesamt 52* Discours. *Das Journal ist ungewöhnlicherweise vollständig anonym erschienen, verantwortlich war die* Société morale *in Lausanne. Deren Begründer Prinz Ludwig Eugen von Württemberg, ein begeisterter Bewunderer Rousseaus, lebte eine Zeitlang in Lausanne; dort muß er auch den Mozarts begegnet sein. Durch ein Handexemplar, das sich in Lausanne erhalten hat, lassen sich 34 der* Discours *jedoch Autoren zuschreiben, wobei Ludwig Eugen und Samuel-Auguste Tissot am häufigsten vertreten sind. Dort ist Tissot als Autor der 16. Ausgabe identifiziert.*

regelmäßig gehört hat. Der Beitrag, erschienen in der Zeitschrift *Aristide ou le citoyen*, wurde von einem bisher nicht identifizierten Verehrer der Mozarts (der zudem Ludwig Eugen von Württemberg für den Verfasser hielt) ins Deutsche übersetzt – und 1771 an Wolfgang geschickt; Mozart hat dieses Dokument zeitlebens aufbewahrt, es findet sich auch im Nachlaßverzeichnis seiner Bibliothek.[17] In seiner kurzen Studie beschwört Tissot die Verknüpfung von Einbildungskraft und Urteilsvermögen in der Person des Jungen: «Sie werden mit ebensoviel Überraschung als Vergnügen gesehen haben, daß ein Kind von neun Jahren Clavier spielt wie die großen Meister. Und was Sie noch mehr in Erstaunen versetzt haben wird, ist, von glaubwürdigen Leuten zu erfahren, daß er schon vor drei Jahren hervorragend spielte; zu hören, daß fast alles, was er spielt, von ihm selbst komponiert ist; in allen seinen Stücken und selbst in seinen Phantasien den Charakter von Kraft, der der Stempel des Genies ist, die Vielseitigkeit, die das Feuer der Einbildungskraft anzeigt, und die Anmut, die einen sicheren Geschmack beweist, gefunden zu haben; endlich ihn die schwierigsten Stücke mit einer Ungezwungenheit und Leichtigkeit ausführen zu sehen, die selbst bei einem Musiker von dreißig Jahren überraschen würde. Und Sie werden sich vielleicht dieselbe Frage vorgelegt haben, die ich viele Leute haben stellen hören: Begreifen Sie es?»

Dann allerdings setzt er zu einer differenzierteren Erklärung an: «Wie mir scheint, beweist es ebensoviel Dummheit, über nichts als über alles in Erstaunen zu geraten. Erscheinungen zu sehen ohne den Versuch, sich von ihnen Rechenschaft abzugeben, ist ein Zeichen von Geistesschwäche. Ich habe unsern jungen Musiker oft gesehen, ich habe ihn aufmerksam beobachtet und ich wage hier einige Gedanken [...]. Die Lösung des Rätsels des jungen Mozart, wenn Sie mir diesen Ausdruck gestatten wollen, gehört zu der allgemeinen Frage der Verbindung zwischen dem moralischen und dem physischen Menschen [...].» Diese vom strengen Calvinisten Tissot vorgenommene Engführung von Sittlichkeit und Physis deckt sich auf erstaunliche Weise mit der Salzburger Wunder-Konzeption und ihrer Überblendung von Ethik,

Ästhetik und physischem Vermögen. Das Phänomen Mozart ist für Tissot folglich Teil der «Wissenschaft vom Menschen», denn es vereinen sich paradigmatisch Genie, Einbildungskraft und Urteil. Für ihn konnte Mozarts Begabung daher nur deswegen zutage treten, weil der Vater in der Lage war, diese Mischung zu erkennen. Deswegen konnte es möglich werden, die Person – den jungen Mozart – mit dem Gegenstand seiner Begabung – der Musik – zu verschmelzen. Und so vermöge der Gegenstand wieder auf die Person zurückzuwirken, von der Sinnlichkeit könne also wieder auf die Sittlichkeit geschlossen werden: «Sein Herz ist ebenso empfindlich wie sein Ohr.» Aus dieser Konstellation leitet Tissot seine optimistische Prognose ab: «Man kann mit Zuversicht voraussagen, daß er eines Tages einer der größten Meister seiner Kunst sein wird.»

Tissot vermeidet den Begriff des Wunders, umkreist ihn aber – und deckt sich in seiner eigenen Diagnose mit jenen Vorgaben, mit denen Leopold Mozart auf die Reise gegangen war und die auch in Lausanne nicht verborgen geblieben sein dürften. In einer Hinsicht unterscheidet er sich aber gravierend davon, nämlich in der völligen Eliminierung der heilsgeschichtlichen Dimension, ähnlich einer Londoner Ankündigung vom Februar 1765, in der die beiden Mozart-Kinder als «Prodigies of Nature» annonciert wurden.[18] Leopold Mozart dürfte dieser Pointe des Textes mit einiger Skepsis begegnet sein, stellte er doch damit eine der zentralen (und Tissot sicherlich bekannten) Prämissen des Salzburger Vorgehens in Frage. Für seinen Sohn, der diesen Text stets bei sich bewahrt hat, dürfte sich daraus allerdings eine Perspektive ergeben haben, auch und gerade für sein Selbstverständnis und sein Agieren in Wien, in einem Status des Herausgehobenseins, das sich vom Numinosen des Wunder-Begriffs absetzt. Joseph II., Mozarts späterer Patron, hat Tissot 1777 in Lausanne besucht (dabei ausdrücklich eine Visite bei Voltaire verworfen) und ihn ab den 1780er Jahren zu gewinnen versucht, mündend in seine Berufung nach Pavia.[19]

2. Salzburg

Leopold Mozart muß sich mit den Konditionen des Fürsterzbistums Salzburg in der Ära Schrattenbach auf besondere Weise identifiziert haben – und hat sie sich, in der Förderung seines Sohnes, auch ausgiebig zunutze gemacht. Die starke Affinität zur Aufklärung im Sinne Muratoris, die damit verbundene Liberalität, ja sogar eine gewisse konfessionelle Durchlässigkeit müssen ihn nachhaltig geprägt haben. Schon als er um den Druck seiner Violinschule bemüht war, bekannte er seinem Verleger: «ich wollte absolute, daß es [das Papier] so in die Augen fallen solle, daß [ich] nimmer hören darf, was ich oft gehört hab, *daß nämmlich von keinem Orte ein schönes Buch kommen kan, als von Hamburg und Leipzig, NB der Auflage nach.*»[20] Die geistige Konstellation Salzburgs, in der man so schöne Bücher wie in Leipzig machen könne, blieb für Wolfgang (mehr noch als für seine Schwester) jedoch eine weitgehend ungenaue Größe, im Grunde lernte er sie nur vermittelt durch seinen Vater kennen. Bereits Anfang 1762 erfolgte die erste Reise unter den Auspizien des Salzburger Wunder-Begriffs, und zwar an den Münchner Hof. Ihr schloß sich im September desselben Jahres eine größere Reise an, die nach Passau, Linz, Wien und Preßburg führte – und die erst nach vier Monaten, am 5. Januar 1763, endete. Mozart kannte also vor seinem siebten Geburtstag zwar Höfe wie diejenigen in München, Passau oder Linz, aber im Grunde fügte sich auch Salzburg lediglich in diese Reihe ein. Ein Resultat dieses ersten größeren Unternehmens dürfte auch Leopolds Ernennung zum Vizekapellmeister gewesen sein, zugleich die diplomatische Vorbedingung für die große Reise, die dann am 9. Juni 1763, komfortabel in einem eigenen Wagen, ihren Ausgang nahm. Sie dauerte von Anfang Juni 1763 bis Ende November 1766, also dreieinhalb Jahre; es folgte ein großer Wien-Aufenthalt, von September 1767 bis Ende Dezember 1768, eineinviertel Jahr, dann eine Reise nach Italien von Dezember 1769 bis März 1771, wiederum eineinviertel Jahr, und dann von August bis Dezember 1771 noch eine weitere Italienreise. In den zehn Jahren zwischen 1762 und 1771 war Mozart fast sieben Jahre unterwegs – oder, andersherum, nur drei Jahre in Salzburg, und das nie für einen so langen Zeitraum, daß sich in seiner Wahrnehmung eine Differenz zu den Reisen hätte ergeben können. Auch dies unterschied sich von allen Überlegungen, die im 18. Jahrhundert zum Reisen angestellt wurden, denn dort blieb die Reise immer der Ausnahmezustand (manche berühmten Sänger ausgenommen), während sie bei Mozart zur ‹Heimat› geworden war.

Mozarts Umgang mit Salzburg blieb folglich weitgehend abstrakt und nur vermittelt durch den Vater, durch die unterwegs, auf den Reisen eintreffenden Briefe – und durch gelegentlichen Augenschein, der immer geprägt war vom bevorstehenden neuen Aufbruch. Die Erklärung zum Salzburger Wunder dürfte den Jungen entscheidend geprägt haben (wie auch immer ihm der Vater dies vermittelt hat), doch seine Haltung gegenüber Salzburg mußte indifferent bleiben, nicht nur, weil er ein Kind war, sondern weil er mit dem Ort – außer der besonderen Gunst des Erzbischofs – nichts verband. Als biographische Erfahrung war all dies beispiellos, weil am Ende dafür keine Muster zur Verfügung standen, diese also erst im gelehrten Umfeld des Salzburger Hofes entwickelt, abgestimmt und verfeinert werden mußten.

Nach dem Tod Schrattenbachs und dem Amtsantritt von Hieronymus Graf Colloredo (1732–1812, reg. 1772–1803) trat jedoch ein grundlegender Wandel ein. Colloredo wurde auf Betreiben des Hauses Habsburg, also vor allem Josephs II., und gegen den Favoriten des Hauses Wittelsbach (sowie gegen erhebliche Widerstände in Salzburg selbst) durchgesetzt und inthronisiert. Er entstammte einer 1648, im Zuge der Rekatholisierung, in Böhmen angesiedelten Familie, wurde in Wien geboren und dort sowie in Rom ausgebildet, wobei seine Promotion eine Besonderheit darstellt.[21] Mit seinem Amtsantritt veränderte sich die Physiognomie des Staates entscheidend. Colloredo, ein Günstling der Habsburger, stand dem auch von Kaiserin Maria Theresia protegierten radikalen Jansenismus nahe, was nochmals eine deutliche Verschärfung der unter dem Muratori-Einfluß eingeschlagenen Gangart bedeutete.[22] Ein Kerngedanke des Jansenismus war die (auch bei Luther vorherrschende) Berufung auf Augustinus. Sie führte, in der bedingungslosen Auslieferung an die göttliche Gnade, zur weitestgehenden Zurückdrängung des freien Willens, bei Colloredo verbunden mit einer entschiedenen Vorliebe für die Autoren der französischen Aufklärung.

Der Landesfürst, der seine Regentschaft nach einer schweren Hungersnot 1771/72 antrat, setzte hektisch eine große Zahl von Reformen in Gang, vor allem in administrativer, pädagogischer und wirtschaftlicher Hinsicht. Diese Reformen konnten, da die Instanz der göttlichen Gnade unangefochten blieb, eben nicht, wie noch bei seinem Vorgänger, im Willen gründen, diese Gnade erst zu erwerben. So zog Colloredo schon in einem seiner frühesten offiziellen Dokumente, einem Erlaß zur Neuordnung der Feiertage, die entscheidende Konsequenz: «so, wie Wir nun einerseits hoffen, Unsere Unterthanen werden dieser Unserer landesfürstlichen Verordnung jene pünktlichste und schuldigste Folge leisten, welche der wichtige Gegenstand derselben erheischet; [...] also versehen Wir Uns auch anderseits zur vernünftigen Ueberzeugung, biegsamen Willen, und dem geprüften Gehorsam Unserer Unterthanen, dieselben werden entfernt von dem Vorurtheile, als ob die Andacht in einer müßigen Unthätigkeit bestehe, auch an den abgekommenen und nun zu Werktagen bestimmten Feyer= und Festtagen sich so zu betragen, wie es die in den geistlichen Verordnungen selbst dießfalls bezielte weitere Absicht, und die Mitwirkung zur Erreichung allgemeiner Landeswohlfahrt von jedem getreuen Unterthan erheischet.»[23] Der angemahnte gottesfürchtige Lebenswandel diente also nicht mehr dem Erwerb göttlicher Gnade, sondern in gleichsam säkularisierter Form als Baustein der Vernünftigen «zur Erreichung allgemeiner Landeswohlfahrt».

Colloredo leitete daraus, wie kurze Zeit später auch Joseph II., die Verpflichtung zur dirigistischen Regulierung ab, zu einer Art verordneter Aufklärung von oben. Die Maßnahmen waren radikal, äußerlich sichtbar in einer weitestgehenden Lockerung der Zensur, deren gänzliche Aufhebung der Erzbischof sogar erwog und erst 1798, durch eine erste *Censur-Verordnung*, revidierte.[24] Und sie waren riskant, weil damit die Grundlagen der geistlichen Regierung insgesamt angetastet wurden. Colloredo, dem als Primas von Deutschland durchaus eine Vorbildfunktion zukam, ließ jedoch keinen Zweifel daran, daß genau dies beabsichtigt war. In seinem zweiten Hirtenbrief – der Landesherr verabschiedete sich 1782 mit seinem fünften, auch der Kirchenmusik gewidmeten Hirtenbrief von diesem pastoralen Medium konsequenterweise ganz – wurde der von Muratori noch verteidigte Begriff des Wunders endgültig aufgehoben. Wunder galten ihm nur noch als historische Phänomene, die in der aufgeklärten Gegenwart keinerlei Berechtigung mehr hatten. Er hielt fest, «daß Wunderwerke zur ersten Grundlage des Christenthums allerdings unentbehrlich waren, und in den Büchern des neuen Bundes auf eine unwidersprechlich einleuchtende Weise bestättiget sind; nachher aber weniger nothwendig und seltener geworden sind; und in der Folge der Zeit, je mehr Barbarey und Unwissenheit den Erdboden bedeckten, die von Einsicht Entblößten, oder von rohen Leidenschaften Geblendeten, bey jeder Erscheinung, die ihnen fremd und unerklärbar vorkam, Mirakel rufen konnten: welches aber in dem Lichte unserer Tage nicht mehr angeht [...]».[25]

Mit dieser radikalen Bestimmung war auch der Kern der Wunder-Konstruktion, als deren diplomatischer Bote Leopold Mozart Europa jahrelang bereist hatte, schlagartig entwertet, sie galt als «dem Lichte unserer Tage» nicht mehr gemäß. Die radikalisierte Aufklärung richtete sich zunehmend gegen sich selbst, und davon war nicht nur Leopolds Lebensgrundlage betroffen, sondern auch eine zentrale musikästhetische Position, spielten doch das Wunderbare und das Erhabene eine wichtige Rolle bei der Begründung von Instrumentalmusik und Oper. Schon früh hatte der Erzbischof zudem alle Privilegien für die Beamten und Hofbediensteten abgeschafft, denn es solle «alles entfernet werden, was den Schein einer Nebenabsicht, Bedrückung, persönlichen Vorliebe, und unedlen Denkungsart von sich geben könnte».[26] Als die Mozarts am 15. Dezember 1771 in Salzburg eintrafen – am Folgetag starb Schrattenbach –, sollte dies für Leopold, wie sich bald herausstellen sollte, keine Heimkehr mehr und für seinen Sohn eine neue, einschneidende Erfahrung werden. Dies war nicht allein dem Lebensalter geschuldet – der bald Siebzehnjährige galt nicht mehr als Kind –, sondern der nun radikalen Art der politischen Selbstbeglaubigung. Zur Staatsraison Colloredos gehörte allerdings die Leistungsbezogenheit, und Wolfgang wurde folglich, wenn auch ohne besondere Privilegien, im August 1772 zum besoldeten Konzertmeister ernannt, obwohl danach eine neuerliche Italienreise verwirklicht wurde. Aber auch diese Reise hatte nun einen anderen Sinn. Es handelte sich nicht mehr um diplomatische Missionen (die unter Colloredo auch nicht mehr möglich gewesen wären), sondern um Akquise und Umsetzung attraktiver Opernaufträge. Nach einer abermaligen, nur unter Übernahme der Kosten bewilligten Wien-Reise im September 1773 bezogen die Mozarts eine neue Wohnung am Salzburger Hannibalplatz (heute Makartplatz); sie konnte in ihrer Opulenz durchaus Zeugnis ablegen von der Freiheit und von der ständischen Durchlässigkeit, die Colloredos Regentschaft erlaubte. Dennoch war die Zeit der heilsgeschichtlich überwölbten Privilegien endgültig vorbei.

Salzburg wurde für Wolfgang also erst ab dem Herbst 1773 zu einer physisch-geistigen Lebenswelt, und diesem Sachverhalt mußte sich auch Leopold beugen. Wie der Alltag in den folgenden Jahren tatsächlich aussah, im Blick auf geistige und habituelle Prägungen, auf Austausch, Kontakte, Lektüren und Musik, läßt sich allenfalls vermuten. Dem ursprünglichen Entwurf Leopolds eines ganz herausgehobenen Daseins dürfte dies so wenig entsprochen haben wie den daraus abgeleiteten Erwartungen Wolfgangs. Dennoch sind die Folgen bemerkenswert, weil sich Wolfgang umgehend zu einer außergewöhnlichen kompositorischen Selbstvergewisserung veranlaßt sah. In der Engführung von Einbildungskraft, schöpferischer Tätigkeit und autobiographischer Selbstvergewisserung wurde dem Kompositionsbegriff insgesamt eine neue Elastizität abgewonnen, die er bis dahin nicht gehabt hatte, vor allem in den groß besetzten Instrumentalmusiken. Die liberalen

Umstände am Salzburger Hof müssen dies begünstigt, wenn nicht sogar hervorgerufen haben, auch wenn über die konkreten Kontexte – Konzerte, Öffentlichkeit, Geselligkeitsformen, ständische Grenzüberschreitungen – in Ermangelung von Dokumenten fast nur spekuliert werden kann. Mozart ergänzte im Tagebuch seiner Schwester am 18. März 1780 einen mit ironischen Bemerkungen durchzogenen Hinweis auf eine ‹zweite Akademie›, von der zwar sicher ist, daß sie mit den Hofmusikern, aber gänzlich unklar bleibt, wo sie stattfand; aus Mozarts Formulierung geht aber nicht nur das Programm hervor (u. a. die Sinfoniefassung der Serenade KV 250), sondern auch, daß Vater und Sohn die organisatorische Verantwortung getragen haben – und daß es 1780 eben schon eine ‹erste› Akademie gegeben haben muß.[27]

Für diese neue Elastizität sprechen also die Instrumentalmusiken. Setzt man noch vor der Wien-Reise im Frühjahr 1773 an, so läßt sich eine erstaunliche Werkreihe erkennen, mit zwei Scharnierstellen: der ersten *scrittura* für München, also für *La finta giardiniera* am Salvatortheater, und der von Ärger getragenen, aber selbst herbeigeführten Demission aus dem höfischen Dienst im Herbst 1777, um nach Paris aufzubrechen. In dieser Werkreihe spielen Opern, überhaupt weltliche Vokalwerke, mit Ausnahme der Serenata *Il re pastore*, überhaupt keine Rolle, während die Serie von sechs Messen aus den Dienstpflichten heraus erklärlich ist. Verwirrend ist zudem die Tatsache, daß, mit Ausnahme der sechs während des Wien-Aufenthaltes geschriebenen Quartette (KV 168–173), des Streichquintetts KV 174 und der sechs im Januar 1775 in München komponierten Klaviersonaten (KV 279–284), offenbar keine weiteren Kammermusiken entstanden sind – und eben die entstandenen nicht nach Salzburg gehören, obwohl Kammermusik doch ein naheliegendes Betätigungsfeld gewesen wäre. Das auffälligste Charakteristikum dieser Werkreihe liegt also in der nahezu ausschließlichen Konzentration auf großformatige Orchesterkompositionen, und zwar in einer gewissermaßen doppelten Hierarchie: bis 1775 mit dem eindeutigen Schwerpunkt auf der Sinfonik, danach verstärkt auf dem Solokonzert (darunter ein Klavierkonzert für Colloredos

Nichte Antonia von Lützow, KV 246), ergänzt um die Reihe der großen Orchesterserenaden (vgl. auch Tab. 2, S. 108 f.).

Es handelt sich dabei zunächst um neun außerordentlich ambitionierte Sinfonien (ein knappes Fünftel von Mozarts Gattungsbeiträgen überhaupt), ergänzt um das anspruchsvolle erste Klavierkonzert (KV 175), das Fagottkonzert (KV 191), den Concertone (KV 190) und die erste große Serenade. Nach ihr folgten weitere großangelegte Serenaden und Solokonzerte, aber vor Paris keine Sinfonien mehr; die einzigen in diese Zeit zu datierenden sinfonischen Werke sind Extrakte aus den Serenaden bzw. aus den Opern. Der höfische Kontext dieser Werke steht außer Frage, und damit berühren wenigstens die Sinfonien ein Gattungsverständnis, das auch in der nördlichen Reichshälfte anzutreffen war, etwa im friderizianischen Berlin, in dem die Sinfonie ein zentraler Bestandteil des Musiklebens war. Mit der Sinfonik war die Herstellung einer repräsentativen Öffentlichkeit verbunden, auch orchestrale Virtuosität – und es bedurfte zu ihrer Aufführung eben der Hofkapelle. Die experimentelle Lust gerade dieser Werke steht in einem unmittelbaren Zusammenhang mit den Möglichkeiten der Salzburger Hofmusik. Werke wie die schroffe g-Moll-Sinfonie (KV 183) und die ihr ganz entgegengesetzte, aber nicht minder eigenwillige B-Dur-Sinfonie (KV 182) vermögen die Bandbreite der Möglichkeiten aufzuzeigen.

Zweifellos ist vor allem mit der Serie der Sinfonien eine Neubestimmung der Gattung verbunden, die man im Umfeld eines geistlichen Hofes nicht erwarten würde. Größtmögliche Öffentlichkeit und Virtuosität verbinden sich spannungsvoll mit der Intimität einer musikalischen Selbstpositionierung, die ihren Anspruch aus der Spannung zu den Normen bezieht. Am liberalen Salzburger Hof existierte demnach nicht nur eine hohe Sensibilität für ein solches Programm, sondern auch eine produktive Projektionsfläche. Damit aber zeichnet sich eine paradoxe Situation ab. Die von Colloredo radikalisierte Salzburger Aufklärung, die auch die Abwendung von der Wunder-Konzeption mit sich brachte, beraubte die Mozarts eines Teils ihres institutionellen und sozialen Selbstverständnisses, und dies wurde – wie dann Wolfgangs

Verhalten nahelegt – durchaus als Demütigung empfunden. Sie gewährte aber zugleich in ihren intellektuellen und sozialen Freiräumen die avanciertesten Möglichkeiten zu einer kompositorischen Selbstbestimmung erstaunlichen, im Grunde vergleichslosen Ausmaßes, und zwar vollkommen jenseits der traditionellen Normen eines geistlichen Hofes. Es scheint, als habe Mozart in seinem Wiener Lebensentwurf diesen Ansatz selbst nochmals radikalisiert. Er hat nach dem gescheiterten Paris-Experiment die (vom Landesherren erstaunlich unkompliziert bewerkstelligte) Rückkehr nach Salzburg im Januar 1779 gewiß als Niederlage empfunden. Die Kühnheit des schließlich herbeigeführten Bruchs ist jedoch ohne die Radikalität der Salzburger Aufklärung nicht denkbar, sie richtete sich, nicht zum ersten und nicht zum letzten Mal, damit gegen ihren Urheber, den Fürsterzbischof selbst.

3. Panoramen

Mozarts geographischer und lebensweltlicher Horizont war ungewöhnlich, im 18. Jahrhundert auch deswegen einzigartig, weil er ihn weitestgehend als Kind erworben hat. Schon früh lernte er Wien, München, Passau, Linz und Preßburg kennen, dann folgte die erste große Reise gen Norden, zuerst bis Koblenz, schließlich gen Nordwesten bis Paris und London, von dort dann zurück über Holland, nochmals Frankreich und die Eidgenossenschaft. 1769 schloß sich Italien an, mit den wichtigsten Stationen Verona, Mailand, Bologna, Florenz, Rom, Neapel, Turin und Venedig. Die folgenden Jahre brachten Vertiefungen mit den neuerlichen Wien-, Mailand-, München- und Paris-Aufenthalten, in späteren Jahren kamen dann noch Prag und die nord- und mitteldeutschen Zentren Dresden, Leipzig, Potsdam und Berlin hinzu. Es ist dies nicht nur eine Topographie, ein Panorama zentraler musikalischer Orte, sondern entscheidender (und darin auch widersprüchlicher) intellektueller Kräftefelder des Aufklärungsjahrhunderts. An dieser Sozialisation sind drei Aspekte bemerkenswert. Erstens stand sie, zumindest in den Kinderjahren, unter den Vorzeichen des Auserwähltseins. Zweitens blieb in alledem der Vater der alleinige und stetige Lehrer; der Kontakt zur Welt wurde also durch ihn vermittelt, gesteuert und gefiltert. Der gesamte Gang von Bildung und Ausbildung erfolgte demnach in unentwegter Überblendung der äußeren Gegebenheiten mit seiner Person. Und drittens führte, dies wohl der erstaunlichste Umstand, die erste große dieser Reisen nicht, wie es im Fürsterzbistum eigentlich politisch nahegelegen hätte, nach Italien und in den Kirchenstaat, sondern gen Westen, mit dem Ziel Paris.

Auch aus musikalischer Sicht war die Wendung nach Paris ungewöhnlich; Anton Cajetan Adlgasser etwa, der Hoforganist, brach auf Wunsch des Fürsten im Folgejahr, 1764, ganz selbstverständlich aus Salzburg zu einer Bildungsreise nach Italien auf. Erst wenn man konzediert, daß es nicht primär um musikalische Bildung ging, sondern um eine diplomatische Mission, erlangt Paris eine große Plausibilität. Ob die 1762 vom französischen Gesandten in Wien, Louis Marie Florent du Châtelet, ausgesprochene Einladung dabei wirklich eine Rolle spielte, läßt sich kaum sagen, ist aber eher unwahrscheinlich. Immerhin, ein wichtiger Patron Muratoris, Benedikt XIV., hatte sich auch Voltaire angenähert – bis dieser dem Papst 1740 sogar seinen *Mahomet* widmete.[28] Die Entscheidung, den Weg nach Paris zu suchen, erwuchs daher wohl weniger aus musikalischen als aus übergreifend philosophisch-diplomatischen Überlegungen, getragen vom Willen, in einem intellektuellen Zentrum Europas zu reüssieren. Es ist bei alledem kaum zu rekonstruieren, wie die Reise genau geplant wurde, wer sie konzipiert und begleitet hat – da die einzigen Zeugnisse die Briefe Leopolds sind (die aber, zumindest wenn sie an Lorenz Hagenauer gerichtet waren, auch so etwas wie diplomatische Protokolle darstellten).[29] Nur eines ist gewiß: Daß Leopold in eigener Verantwortung (und lediglich mit dem Einverständnis des Landesherrn) agiert hat, ist so unwahrscheinlich, daß es als Möglichkeit ausscheidet.

Ein Empfehlungsschreiben, das aus der Bankiersfamilie Bethmann in Frankfurt stammte, ebnete in Paris zwar den Weg zu Friedrich Melchior Grimm, doch erscheint es ebenfalls mehr als wahrscheinlich, daß auch noch weitere Maßnahmen ergriffen wurden (von denen Leopold jedoch nicht unbedingt gewußt haben muß). Der lutherische Regensburger Pastorensohn Grimm, der 1777 auch Salzburg besuchen sollte, war gewissermaßen die Mittlerfigur zwischen der deutschsprachigen und der französischen Kultur – und es ist bemerkenswert, daß die konfessionellen Grenzen in dieser Konstellation keine Rolle spielten.[30] Grimm, eine Schlüsselfigur auf der Reise, nahm jedenfalls die ihm aufgetragene Verpflichtung ernst. Noch nicht einmal zwei Wochen nach Ankunft der Mozarts lieferte er in seiner handschriftlichen, allein auf dem Diplomatenweg verbreiteten, aber gerade deswegen weit rezipierten *Correspondance littéraire* einen Bericht, in dem er sich das Salzburger Deutungsmuster gänzlich zu eigen machte: Mozart sei ein «prodige», und es sei «difficile de se garantir de la folie en voyant des prodiges», es sei also schwierig, sich vor dem Wahnsinn zu schützen, wenn man solche Wunder sehe.[31] Leopold Mozart mußte allerdings zugleich gewahr werden, daß diese Sicht in Paris nicht unumstritten blieb. Rousseau etwa, in der Parteinahme für die italienische Musik eigentlich an Grimms Seite, lehnte eine solche Deutung strikt ab und distanzierte sich von ihr, im Handexemplar seines *Émile* 1764 sogar unter ausdrücklichem Verweis auf Mozart.[32]

Dieser Vorgang besagt etwas über die Reisen der Mozarts insgesamt, denn diplomatische, ästhetische, ethische und musikalische Beweggründe haben sich fortwährend überblendet. Wohl aus diesem Grund erschien Paris als Ziel besonders attraktiv, und dies nicht nur 1763. Denn als Mozart 1777 Salzburg den Rücken kehren wollte, reiste er, der italienische Opernkomponist, ausgerechnet erneut in die französische Metropole. Da es zwingende oder auch nur naheliegende musikalische Gründe dafür einfach nicht gab, dürften hinter dem Vorsatz die kindlichen Erfahrungen zu vermuten sein. Das diskursive Klima in der vorrevolutionären Stadt, in dem sich auch Leopold erst zurechtfinden mußte,

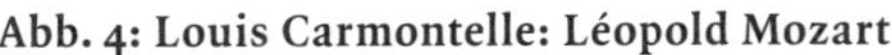

Abb. 4: Louis Carmontelle: Léopold Mozart

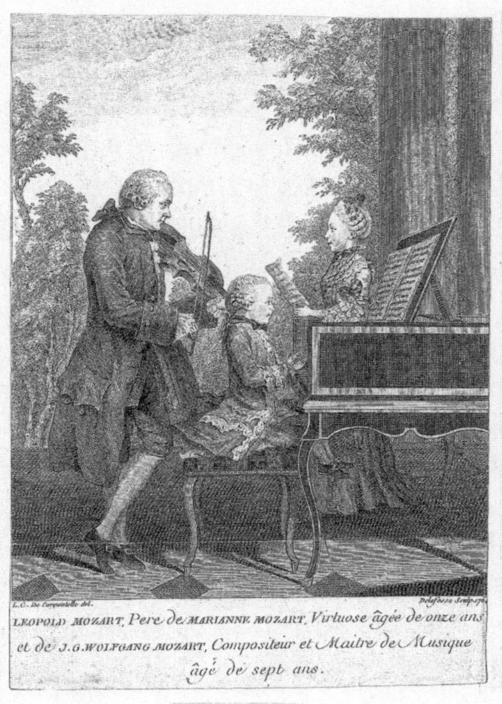

Louis Carmontelle (1717–1806) stammte aus Paris und trat 1763 in den Dienst von Louis-Philippe, dem Herzog von Orléans. Für ihn hat er verschiedene Festlichkeiten entworfen, außerdem wurde er berühmt für seine sehr schnell gefertigten, gezeichneten oder aquarellierten, Portraits. Auf Veranlassung Friedrich Melchior Grimms entstand 1763 ein Aquarell der auch vom Herzog protegierten Familie Mozart, von dem Carmontelle sogar mehrere Versionen hergestellt hat. Jean-Baptiste Delafosse (1721–1806) fertigte davon im Folgejahr einen Stich, den Leopold Mozart offenbar auf den weiteren Reisen verschenken wollte. Ungefähr 1770 wurde danach noch, wahrscheinlich in Wien, ein Relief hergestellt (heute Deutsches Historisches Museum, Berlin).

dürfte prägend gewesen sein – nicht bloß wegen des äußeren Erfolgs, der dem Unterfangen dort beschieden gewesen war. Mozart lernte die Kultur der Salons, der Gespräche und des Formell-Informellen kennen, in einem Umfeld, in dem sich ästhetische, praktische und politische Fragen stets durchdrangen. Die wegweisende Bedeutung dieser Erfahrung kann nicht hoch genug eingeschätzt werden – zumal sie erfolgreich verlief. Denn selbst der Umstand, daß die Beglaubigung als ‹Wunder› strittig war, hat den Aufenthalt, das Ansehen und die Sensation nicht beeinträchtigt. Vielmehr kam Mozart auf diese Prägung durch die französische Kultur, ungeachtet des späteren Pariser Mißerfolgs, immer wieder zurück, im *Idomeneo* ebenso wie in der *Entführung* und, ganz besonders, im *Figaro* oder im *Don Giovanni* – und immer standen dabei Zentralthemen der französischen Aufklärung im Vordergrund. Mozart verwendete seinen zweiten Namen erst ab 1770 regelmäßig, zunächst italienisch, dann, ab 1777, also im Umfeld des Aufbruchs nach Paris, in der französischen Form ‹Amadé›. An dieser französischen Form hielt er zeitlebens und demonstrativ fest, auch in Wien; die später geläufige lateinische Form ‹Amadeus› verwendete er, wie auch die deutsche Form ‹Gottlieb›, dagegen nur zweimal, interessanterweise in drei Fällen im zeitlichen Kontext dieser ‹Namens-Umstellung›.[33]

Die ersten beiden großen Reisen zeichnen gleichsam eine Landkarte der wichtigsten europäischen Einflußsphären nach. So konnte Mozart unmittelbar nach dem Paris-Aufenthalt in London ein ganz anderes Aufklärungszentrum kennenlernen, viel stärker bürgerlich dominiert und unter dem Eindruck von Sensualismus und Pragmatismus sowie von bürgerlicher Selbstorganisation stehend. Verbunden damit waren vollkommen unterschiedliche Formen der Öffentlichkeitsstruktur, der Auseinandersetzung und der Kritik.[34] Auch dies blieb für Mozart und seine Sozialisation nicht folgenlos, wenn sich etwa am späteren Modus seiner Wiener Subskriptionskonzerte zeigt. Bedenkt man dabei zudem, daß die Abreise aus Paris am 10. April 1764 erfolgte – und die Ankunft in London am 23. April, daß also zwischen Aufbruch und Ankunft keine vierzehn Tage lagen, dann wird offenkundig, wie hart die Kontraste auf diesen Reisen gewesen sein mögen. Die Heterogenität so verschiedener Eindrücke ließ sich nicht leicht synthetisieren, und es ist fraglich, ob Leopold Mozart dies gelungen ist und ob er darum überhaupt bemüht war.

Die sozialen Konfigurationen, die Mozart auf dem Weg kennenlernte, waren denkbar weit gefächert: von der Residenzstadt München über die freien Reichsstädte Augsburg und Frankfurt am Main, das kurtrierische Koblenz und das habsburgische Brüssel weiter nach Paris, Versailles und London, von dort aus aber auch nach Chelsea und Canterbury, zurück dann über die niederländische Finanzmetropole Amsterdam, die unabhängige Republik Genf und das eidgenössische Zürich. Auf der Italienreise kamen dann noch die venezianische Republik hinzu, mit Verona und Venedig selbst, die weitgefächerten Territorien der Habsburger mit Mantua und Mailand, das unter den Bourbonen neu errichtete Königreich beider Sizilien mit Neapel, das savoyische Königreich Sardinien mit der Hauptstadt Turin, schließlich der Kirchenstaat mit Bologna und, natürlich, Rom. Die soziale, konfessionelle, wirtschaftliche, politische und habituelle Vielfalt war folglich außergewöhnlich – und sie ist in dieser prägenden Dichte ein Unikum. Es gibt kein anderes Kind im 18. Jahrhundert, das über Jahre mit so heterogenen Kontexten konfrontiert wurde. So erweisen sich die unterschiedlichen musikalischen Eindrücke am Ende nur als ein Teil dieser übergreifenden Zusammenhänge. Die persönlichen Begegnungen, die dabei nachweislich stattgefunden haben oder doch wenigstens hätten stattfinden können, sind unüberschaubar, ob Grimm in Paris, die Familie Goethe in Frankfurt oder Gessner in Zürich. Dazu kommen die Prägungen durch Organisationsformen und gesellschaftliche Konventionen und auch Gebäude.

Es steht zu vermuten, daß ein Großteil der Konversation auf Französisch, ein Teil davon auch auf Deutsch, später Italienisch absolviert wurde – und sowohl von Leopold wie auch von den Kindern wird man die aktive Sprachbeherrschung erwartet haben. Doch es tritt noch etwas anderes hinzu. Wolfgang Mozart verfügte durch die Art dieser Reisen über ein einzigartiges Privileg, nämlich den – wenn auch strikt limitierten – direkten Zugang zur Macht. Dies ist nicht in einem strukturellen, aber doch in einem persönlichen Sinne gemeint, gewährten die meisten Regenten den Mozarts doch persönliche Audienzen. So war der junge Mozart, der die Gunst des Salzburger Fürsterzbischofs genoß, Ludwig XV. von Frankreich persönlich begegnet, Georg III. von England, Kaiserin Maria Theresia und Joseph II., dem bayerischen Kurfürsten Maximilian III. Joseph, dem Prinzen von Nassau-Weilburg, Großherzog Leopold von Toskana (später Kaiser Leopold II.), Kardinal-Staatssekretär Lazzaro Pallavicini, Papst Clemens XIII., Erzherzog Ferdinand Karl, dem venezianischen Dogen Alvise Mocenigo IV. und einer kaum überschaubaren Reihe von Angehörigen des europäischen Hochadels.

Mozart, obwohl ein Kind, mußte darauf reagieren, durch die Adaptation höfischer Umgangsformen, eine Vertrautheit mit unterschiedlichen zeremoniellen Kontexten, mit der latenten oder aktiven Mehrsprachigkeit. Das Verhalten in einem Pariser Salon unterschied sich gravierend von dem der römischen Hocharistokratie, und die Differenz wollte schlagartig gelernt und beherrscht sein. Der direkte Zugang zur Macht, also die persönliche Begegnung, lag vollkommen jenseits dessen, was für einen Hofmusiker üblicherweise denk- und wünschbar war. Der in den Reisejahren erworbene Horizont bildete sich also ab in einer weitgefächerten sozialen Lebenspraxis und in einer intellektuellen Beweglichkeit erstaunlichen Ausmaßes. In der ersten Wiener Zeit hat Mozart die fehlende soziale Erfahrung des Kastraten Francesco Ceccarelli und des Geigers Antonio Brunetti mit beißendem Spott quittiert: «wenn ein *Cavalier* oder dame mit dem *Ceccarelli* redet, so lacht er immer. – und redet so Jemand mit den *Brunetti* so wird er roth, und giebt die trockenste Antworten.»[35] Gerade die soziale Souveränität sollte bestimmend bleiben, erwartete Mozart doch – bis in den Entwurf seiner Wiener Existenz – stets, über einen direkten Zugang zur Macht verfügen zu können. Die strikte Einhaltung des Hofzeremoniells, auf die Fürsterzbischof Colloredo bei seinem Wien-Aufenthalt 1781 bedacht war, hat er, obwohl sie formal unanfechtbar war, als demütigend empfunden. Die geistige Beweglichkeit, die temporeiche diskursive Offenheit scheint er weiter gepflegt zu haben, wenigstens die Briefe legen davon ein Zeugnis ab. Die vielfältigen musikalischen

Erfahrungen standen also nicht für sich selbst, sie waren – in solcher Deutlichkeit im 18. Jahrhundert vollkommen isoliert – in einem komplizierten Geflecht sozialer und intellektueller Verstrebungen verankert. Die Rückkehr nach Salzburg 1771, also in erstmals stabile Verhältnisse, bedeutete eine weitgehende Negation dieser Erfahrungen, die folglich in der persönlichen Lebensorganisation irgendwie aufgefangen werden mußten. Ungeachtet dessen, was Salzburg bot und bieten wollte: Die daraus resultierende Spannung konnte sich nicht mehr auflösen lassen.

4. Wien

Nach der erfolgreichen Münchner Uraufführung des *Idomeneo* im Januar 1781 sah sich Mozart nicht mehr veranlaßt, nach Salzburg zurückzukehren. Als Hieronymus von Colloredo aus familiären Gründen nach Wien reisen mußte, erging an ihn aber vom Hof der unmißverständliche Befehl zur Aufnahme des Dienstes – der sich nun temporär nach Wien verlagert hatte. Ob Mozart schon zuvor den Bruch mit dem Landesherrn erwogen hatte, läßt sich nicht erkennen, in Wien hat er ihn jedenfalls innerhalb nur weniger Wochen und vorsätzlich herbeigeführt. Er war offenbar durch die Bedingungen der Residenzstadt gebannt, und der spektakuläre Plan, den Lebensmittelpunkt dorthin zu verlagern, wurde wesentlich durch die gravierend veränderten Verhältnisse nach dem Tod Maria Theresias am 29. November 1780 herbeigeführt. Ihr nun allein regierender Sohn Joseph II. entschied sich sofort, die Gangart der von seiner Mutter angestoßenen Reformen im Sinne einer gesteuerten Aufklärung zu beschleunigen und zu radikalisieren.[36] Schon im ersten Jahr seiner Regentschaft veranlaßte er eine Reihe von hektisch verabschiedeten Neuerungen, in der Regel auf dekretalem Wege. Sie sollten, in voller Absicht, zu einer tiefgreifenden

Veränderung von Staat und Gesellschaft führen, und bereits zu Beginn der 1780er Jahre waren die Auswirkungen in der Residenzstadt Wien auf besondere Weise spürbar.[37]

Dramatische Veränderungen kennzeichneten bereits das Jahr 1781: Das Toleranzpatent (13. Oktober) gewährte Angehörigen aller Konfessionen die vollen Bürgerrechte; das später (am 2. Januar 1782) hinzugefügte ‹Judenpatent› sollte zudem die Integration der Juden in den neuen Zentralstaat ermöglichen; die Leibeigenschaft wurde aufgehoben (1. November); mit der Pensionsregelung wurde ein neuer, zentraler Beamtenstand gestärkt, ja in einem institutionellen Sinne erst geschaffen. Als Fortsetzung dieses Prozesses erfolgte am 12. Januar 1782 die weitgehende Aufhebung des klösterlichen Besitzes, in der ersten großen Säkularisationswelle des 18. Jahrhunderts, verbunden mit einer Reduktion und drastischen Neuordnung der Feiertage (übrigens unter direktem Einfluß des engen Colloredo-Beraters Johann Michael Bönicke). Von besonderer Bedeutung für das geistige Wien war aber einerseits die gravierende Veränderung des Schul- und Bildungswesens, andererseits die sich schon Anfang Dezember 1780 abzeichnende weitgehende Aufhebung der Zensur, die am 11. Juni 1781, ebenfalls auf dem Verordnungswege, festgeschrieben wurde.[38] Zwar wurde, anders als in Salzburg, die Aufsicht des Staates nicht grundsätzlich in Frage gestellt, die Zensurbehörde existierte weiterhin im Status einer Hofkommission; doch beschränkten sich ihre Aufgaben nun auf ein Minimum.[39] Besonders der dritte Artikel des Zensur-Edikts gewährte einen in Europa fast beispiellosen Freiraum: «Kritiken, wenn es nur keine Schmähschriften sind, sie mögen treffen, wen sie wollen, vom Landesfürsten an bis zum Untersten, sollen [...] nicht verboten werden.»[40] Die Zensur war damit de facto abgeschafft. In Wien bestand die Zensurkommission anfangs aus neun, schließlich nur noch aus sechs hauptamtlichen Zensoren, von denen jeweils zwei unabhängig voneinander Stellung nehmen mußten.[41] Schon 1782 wurde diese Kommission, die immer weniger Aufgaben zu erfüllen hatte, konsequenterweise mit der Studienkommission vereinigt, und die noch 1780 tonangebenden Geistlichen waren bereits zu diesem Zeitpunkt vollständig durch weltliche Beamte und Schriftsteller ersetzt worden.[42] Der 1784 gedruckte Index verbotener Bücher enthält nur noch 900 Titel, im Gegensatz zu den 5000 seines Vorgängers, wobei die Mehrzahl der Verbote pornographische Titel, Schriften der radikalen französischen Aufklärung und Andachtsbücher betraf.[43]

Diese weitgehende Liberalisierung der Zensur hat das intellektuelle Leben in Wien auf gravierende Weise verändert, in einem eigenartigen Spannungsfeld zwischen öffentlicher Debatte und struktureller Destabilisierung. Die Stadt wurde überzogen von publizistischen Auseinandersetzungen über alle denkbaren Themen, und auf diese Weise konnten schließlich auch Literatur und Musik erst zu wirklichen Gegenständen öffentlicher Debatten werden.[44] Dieser neuen Form der Publizität kommt nicht nur wegen der mit ihr verbundenen Herausbildung einer neuen öffentlichen Streitkultur besondere Bedeutung zu – einer Streitkultur, deren Grenzen allerdings wegen ihrer faktischen Unbeschränktheit bald erreicht waren. Vielmehr dürfte sie die Urteilsfähigkeit grundlegend verändert und, wahrscheinlich, nach kurzer Zeit auch überfordert haben. Eine vergleichsweise kleine literarisch-intellektuelle Elite debattierte in einer kaum nachvollziehbaren Dichte öffentlich über die Angelegenheiten des Staates, der Wissenschaft und der Kunst, und so waren eben auch Literatur und mit ihr Musik zu einer Staatsangelegenheit im politischen Sinne geworden.

Als Mozart im Frühjahr 1781 nach Wien kam, muß er diese neuen Möglichkeiten der öffentlichen Verankerung sofort erkannt haben. Die später berühmt gewordenen Worte an den Vater, daß Wien «ein Herrlicher ort ist – und für *mein Metier* der beste Ort von der Welt»,[45] datieren aus dieser Zeit und dürften sich auf die ersten Erfahrungen in diesem um 1780 völlig vergleichslosen Umfeld beziehen; es war auch denkbar weit von den Bedingungen entfernt, die er im Paris der Enzyklopädisten kennengelernt hatte. Sein Plan, in Wien unter diesen Voraussetzungen eine neue Existenz aufzubauen, dürfte unter dem Eindruck dieser Wirklichkeit entstanden sein, eingeleitet überdies durch den im antiklerikalen Milieu der josephinischen Aufklärung wahrscheinlich sogar begrüßten (und auch deswegen offenbar sehr wohl kalkulierten) öffentlichen Bruch mit einer geistlichen Autorität. Es ist dabei bemerkenswert, daß sich der formale Rahmen in Wien gerade nicht von demjenigen in Salzburg unterschied. Ein distanzierter Beobachter wie Friedrich Nicolai stellte daher die Ähnlichkeit von Joseph II. und Colloredo heraus: «Der Kaiser sucht die Religion, so viel es seyn kann, zur edlen Simplicität zu bringen», was aber nur von wenigen unterstützt werde: «Ich kann nicht umhin, hier des regierenden Fürsten Erzbischofs von Salzburg zu gedenken, der als gebohrner *Oesterreicher* seinem Vaterlande wahrhaftige Ehre macht.»[46] Die für Mozart bestimmende Differenz lag daher vor allem in dem urbanen Umfeld Wiens, in dem die Auswirkungen der Reformpraxis erheblich waren.

Die Sogkraft des josephinischen Wien war folglich beträchtlich – und Mozart nicht der einzige Akteur, der davon angezogen wurde, nicht einmal der einzige musikalische. Vicente Martín y Soler, der insbesondere mit *Una cosa rara* (1786) zu einer ernsten Herausforderung werden sollte, traf 1785 in Wien ein, offenbar fasziniert von den dortigen Möglichkeiten, auch er ohne jegliche institutionelle Anbindung, die erst 1787 mit dem glanzvollen Ruf nach St. Petersburg erreicht wurde.[47] Die literarischen Profiteure des Umbruchs waren zahlreich und vielfältig. Johann Rautenstrauch stieg zu einem der einflußreichsten und kompromißlosesten, ja geradezu wütendsten literarischen Anwälte der josephinischen Aufklärung auf. Neben seinen zahlreichen Schriften und Pamphleten war er zeitweilig (schon vor 1780) Redakteur der wichtigen Wiener *Realzeitung*. Seine 1785 in ‹Klumpen› erscheinenden *Scheißereyen*, das sicherlich eigenwilligste Zeitschriftenprojekt des 18. Jahrhunderts, machten ihn geradezu berüchtigt.[48] Rautenstrauch hatte im selben Jahr auch *Le Mariage de Figaro* von Beaumarchais ins Deutsche übersetzt, und zwar für die 1784/85 in Wien gastierende Theatertruppe von Emanuel Schikaneder und Hubert Kumpf.[49] Diese Übersetzung hatte die Zensur erwartungsgemäß passiert, während die Aufführung durch eine persönliche Intervention Josephs II. plötzlich verboten wurde – nicht aus politischen oder ethischen, sondern aus-

Abb. 5: Johann Rautenstrauch: Scheißereyen (1785)

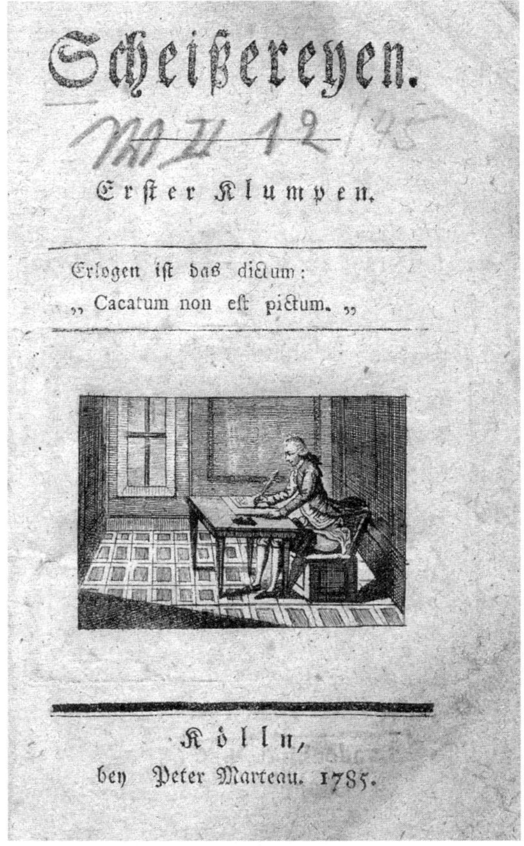

Scheißereyen.

Erster Klumpen.

Erlogen ist das dictum:
„Cacatum non est pictum."

Kölln,
bey Peter Marteau. 1785.

Eine der schillerndsten Figuren im josephinischen Jahrzehnt war zweifellos Johann Rautenstrauch. Die unüberblickbare Fülle seiner Schriften, zu denen auch Libretti (etwa für Franz Xaver Süßmayr) gehören, wird in den 1780er Jahren von der Apologie des Josephinismus geprägt. Der Josephinismus mache die Stadt attraktiv für alle Auswärtigen: «Die Fremden, welche aus allen Gegenden Deutschlands nach Wien kommen und denen es anfangs gar nicht gefallen will, lassen es sich in kurzem recht wohl behagen, und finden es daselbst endlich gar besser, als anderwärts» (Schwachheiten der Wiener. Aus dem Manuskript eines Reisenden herausgegeben von Arnold. Wien, Leipzig 1784, S. 13). Seine Scheißereyen sind 1785 als ein besonders provokantes und polemisches Zeitschriftenprojekt herausgekommen, mit dem fingierten Erscheinungsort Köln. Es erschien folgerichtig in ‹Klumpen›, ist aber über wenige Nummern nicht hinausgekommen.

schließlich aus literarisch-ästhetischen Gründen. Gleichwohl erregte dieser einzige spektakuläre, zudem halbherzig ausgeführte Eingriff der Zensur (Freigabe des gedruckten Buches, Absetzung der Aufführung) in Wien einiges Aufsehen. Die Vertonung Mozarts, der nicht Rautenstrauchs, sondern eine andere Übersetzung benutzte,[50] läßt sich auch als Reaktion darauf verstehen, offenkundig, um im Genre der Opera buffa alle ästhetischen Bedenken gegen das Theaterstück zu beseitigen.

Eine andere bedeutende Figur war Joseph von Sonnenfels, der sich als Zensor institutionell in der josephinischen Aufklärung engagierte und den Kaiser 1787 zur Aufhebung von Folter und Todesstrafe bewegen konnte – auch dies ein Indiz für die Einflußmöglichkeiten der neu sich formierenden intellektuellen Elite. Eine Besonderheit stellte daher die Aufnahme tätiger Schriftsteller in die Zensurkommission dar, prominent im Falle von Aloys Blumauer und Joseph von Retzer, die beide 1782 von Gottfried van Swieten, der als Präses der Hofbibliothek dem Gremium vorstand, berufen worden waren. Auf diese Weise wurden, in einer sehr neuzeitlichen Konstellation, Literaten zu amtlichen Richtern über Literaten, was die Zensur im engeren Sinne ausgehebelt oder allenfalls auf persönliche Konflikte reduziert haben dürfte. Die Anziehungskraft des josephinischen Staates, die vom ehemaligen Salzburger Benediktiner Johann Pezzl in seinem Skandalroman *Faustin* 1783 gepriesen wurde,[51] beschränkte sich jedoch nicht allein auf Intellektuelle aus dem Kaiserstaat, wie das prominente Beispiel des in Venedig sozialisierten, dort aber mit den Behörden in schweren Konflikt geratenen Lorenzo Da Ponte belegt. Er reiste 1782 kaum zufällig von Dresden nach Wien, dürfte also von dem Vorsatz geleitet gewesen sein, sich dort eine neue Existenz aufzubauen. Und wie im Falle von Sonnenfels scheint sein jüdischer Hintergrund in Wien keine erkennbare Rolle gespielt zu haben.

Die Reihe der Akteure ist auch aus einem anderen Grund bemerkenswert. Betrachtet man allein deren Geburtsdaten – Rautenstrauch 1746, Da Ponte und Joseph Richter 1749, Schikaneder 1751, Martín y

Soler und Retzer 1754, Blumauer, Pezzl und Johann Baptist von Alxinger 1755, Mozart 1756, Joseph Franz von Ratschky 1757, es ließen sich etliche weitere nennen – so ist ersichtlich, daß Wien eine magische Anziehungskraft für die Angehörigen einer bestimmten Generation besessen haben muß, also der um oder nach 1750 Geborenen (mit wenigen Ausnahmen wie Sonnenfels oder van Swieten). Sie waren also durchweg ein bis anderthalb Jahrzehnte jünger als der Monarch selbst, der gewissermaßen als Patriarch einer sich neu formierenden, jugendlichen Elite von Mittzwanzigern gelten konnte. Für den Zusammenhalt der Akteure und ihrer Interessen ist diese Generationszugehörigkeit nicht unbedeutend gewesen, Mozart war in dieser Hinsicht keineswegs isoliert.

Diese per Dekret entfesselte und radikalisierte Aufklärung bildet jedoch nur die eine, die innere Seite der josephinischen Aufklärung. Außenpolitisch vertrat der Monarch, der sich selbst vor allem als Soldat sah und als erster Kaiser bevorzugt in Uniform erschien,[52] von Anfang an eine expansive Politik, mündend in eine Reihe von gefährlichen militärischen Abenteuern, die in der Regel herbe Verluste mit sich brachten. Schon in den 1770er Jahren war er maßgeblich in die erste polnische Teilung involviert; seine Versuche, Bayern zu gewinnen, führten beim ersten Mal zum Bayerischen Erbfolgekrieg mit einer vernichtenden Niederlage, beim zweiten Anlauf 1785, hier mit dem Plan, Belgien gegen Bayern einzutauschen, zur offenen Gegnerschaft Friedrichs II. Zwei Jahre später erklärte er, im Bündnis mit Katharina II., dem Osmanischen Reich den Krieg – ein Unternehmen, dessen Zielsetzung nie ganz klar geworden ist.[53] Von 1787 bis zu seinem Tod war der Monarch damit fortwährend in verlustreiche Feldzüge involviert und im Grunde dauerhaft abwesend aus Wien, mit verheerenden innenpolitischen Folgen – und offenbar direkten Auswirkungen auf Mozarts Existenz. Während dieser Zeit wurden die nicht mehr kontrollierbaren Reformen in Teilen zurückgenommen, am deutlichsten sichtbar in der Wiedereinführung einer wirklichen Zensur im Dezember 1789. In Belgien, wo der dekretale Weg erst 1787 beschritten wurde, kam es sogar zu einer Erhebung, und bereits 1784 hatte der Beschluß zur Aufhebung der Leibeigenschaft einen Aufstand in Siebenbürgen ausgelöst.

Gleichwohl wurde dieses Spannungsfeld von den Profiteuren des Josephinismus offenkundig zunächst ausgeblendet, zumindest bis in die späten 1780er Jahre. Denn das Profil der Residenzstadt Wien hatte sich von Wende 1780/81 an scheinbar bruchlos in ihrem Sinne verändert, Mozart muß dies mit geradezu seismographischer Präzision von Anfang an geahnt haben. Seine Entscheidung für Wien bedeutete daher zugleich (das erste Mal in seinem Leben) die Entscheidung für ein zwar hochdynamisches, aber zumindest in den äußeren Gegebenheiten stabiles Umfeld – unter Aufgabe aller Pläne, die ihn noch durch die 1770er Jahre hindurch begleitet hatten (vor allem eine höfische Verpflichtung als Opernkomponist). Vielleicht auch deswegen verstand er sich daher wohl nicht als einer unter vielen, sondern als *der* Protagonist dieser in Wien neu anhebenden Ära.

III. Lebenspraxis

1. Protagonist Mozart

Wenn Mozart sich als den zentralen Akteur im geistigen Wien Josephs II. begriff, so ist dies erklärungsbedürftig. Mozart lernte die vielschichtige Kultur im Paris der 1760er und 1770er Jahre kennen, auch die vibrierende Atmosphäre Mailands um 1770, doch am Ende fiel, wie auch immer herbeigeführt, die Entscheidung für Wien – offenkundig in einem Moment der biographischen Ratlosigkeit, da die Rückkehr in den Salzburger Dienst nicht ernsthaft erwogen wurde. Schon in den ersten Briefen aus Wien an den Vater ist sowohl der Wille zu erkennen, auf jedes Einvernehmen mit dem fürsterzbischöflichen Hof zu verzichten, als auch Wien als Herausforderung anzunehmen. Als er im März unerwartet Franz Xaver Wenzel Gilowsky von Urazowa begegnete, dem Bruder der Salzburger Freundin Maria Anna ‹Katherl›, konnte er sich eines Kommentars nicht enthalten: «was ein fremder ort einen Menschen gleich bilden kann!»[1] Das hier ins Feld geführte Wort der individuellen ‹Bildung›, eines Zentralbegriffs der zweiten Jahrhunderthälfte, läßt sich zugleich als ein Indiz für das eigene Vorhaben in Wien ansehen – ein Vorhaben, das er allem Anschein nach schnell auszuführen willens und imstande war: Er tue «nichts – ohne ursache – und zwar – ohne gegründete ursache».[2] Die Verzahnung der eigenen Biographie mit der Dynamik der josephinischen Reformen war offenkundig gewollt, ein äußerliches Zeichen dafür ist die umgehend angestrebte Audienz beim Monarchen. Für sie gab es weder ein Motiv noch einen erklärbaren Anlaß, doch hatte Mozart, auch im Blick auf das eigene diplomatische Vermögen, keinerlei Zweifel am Erfolg des Unternehmens: «ich bin meiner sache hier so gewis».[3]

Es ist einigermaßen schwierig, sich ein halbwegs anschauliches Bild vom Wien der beginnenden 1780er Jahre zu machen, weil sich die Dramatik der Veränderungen nur mittelbar erschließt. Selbst für Mozart, der die Stadt gut kannte, muß es auf einmal doch «ein fremder ort» gewesen sein, weil das urbane Gefüge habituell, aber auch äußerlich einem radikalen Wandel unterlag. Die «Josephinische Aere», deren Beginn Johann Pezzl in seinem *Faustin*, den Mozart besessen hat, euphorisch beschwor und als deren «Stuffenjahr» 1780, das «Jahr des Heils» galt,[4] erschien den Sympathisanten, die gleichermaßen Parteigänger, Anreger und Nutznießer der Reformen waren, als Erfüllung von Aufklärung an sich: «Unter Josephs Regierung wird es allgemeiner Sieg der Vernunft und Menschheit; wird es aufgeklärtes, tolerantes, wahres philosophisches Jahrhundert!» Die atemlose Atmosphäre im sich selbst neu erfindenden Wien dürfte ihre Wirkung auf die Protagonisten nicht verfehlt haben. So benannte Pezzl gleich dessen Kondensationspunkte: «das Nazionaltheater, die Hofbibliothek und der Gräffersche Buchladen» (also die 1768 eröffnete Buchhandlung von Rudolf Gräffer), ergänzt um den Augarten. Es sind, mit Ausnahme der Präferenz für Artaria anstelle von Gräffer, zugleich die entscheidenden Orte für Mozarts Wien. Die verordneten gravierenden Eingriffe in das tägliche Leben der Einzelnen (von der Frömmigkeit über die Bildung bis zur Ökonomie) blieben, mit allem Nachdruck beginnend im Winter 1780, nicht ohne Folgen – weswegen sie bei den Betroffenen keineswegs auf Gegenliebe stießen. Die «Josephinische Aere» war vor allem ein Abenteuer der sich formierenden intellektuellen Elite einer bestimmten Generation.

Die Angehörigen dieser Elite waren sich des Problems der ‹verordneten› Aufklärung bewußt, weswegen sich in der ausufernden Publizistik das Argument findet, daß die Menschen eben noch nicht begriffen hätten, was doch eigentlich gut für sie sei – bis hin zu der von Joseph Richter angestoßenen Debatte, warum der Kaiser nicht geliebt wird,

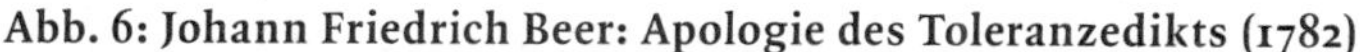

Abb. 6: Johann Friedrich Beer: Apologie des Toleranzedikts (1782)

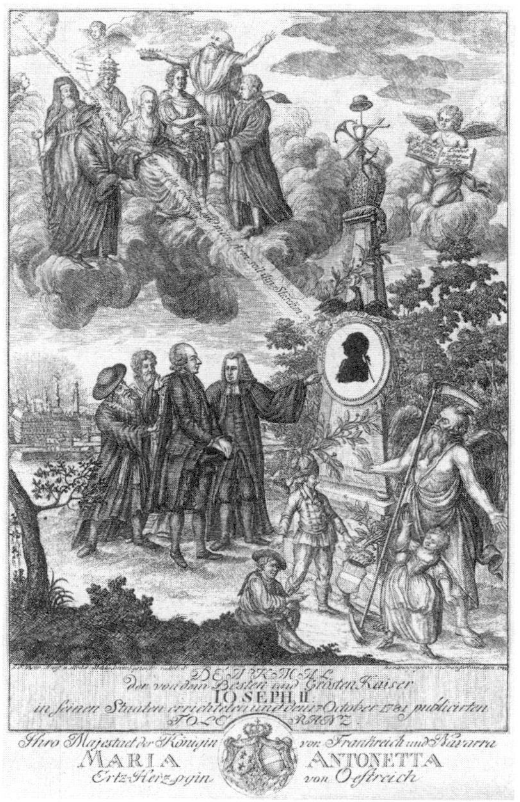

Der aus Sachsen stammende Miniaturmaler und Kupferstecher Johann Friedrich Beer (1741–1804) hat diese Apologie Josephs II. 1782 gestochen. Das Toleranzpatent, das Angehörigen aller Konfessionen die vollen Bürgerrechte gewährt, wurde am 1. Oktober 1781 erlassen und am 13. (auf dem Stich: 17. Oktober) publiziert, also ein knappes Jahr nach dem Tod Maria Theresias. Die Vertreter der Religionen huldigen dem Denkmal Josephs, während die religiösen Autoritäten ebenfalls von einem Lichtstrahl erleuchtet werden.

obwohl er es doch über alle Maßen verdiene.[5] Die Tonlage der dekretierten Aufklärung konnte deswegen schnell schrill werden. Samuel Penker veröffentlichte 1783 ein Pamphlet als apologetische Stellungnahme für den «tolerantesten Kaiser», und zwar mit martialischen

Untertönen: «Also heraus mit der Wahrheit – Wo liegts dann, daß das Licht nicht ganz unter dem Topfe hervorkömmt? Starke Löcher hat der Topf schon bekommen, das ist wahr, Gott segne den, der ihn ganz zerschlägt, dann wird's helle!»[6] In der latenten Gewalt solcher Zeilen entfaltet sich die Dialektik des eingeschlagenen Verordnungsweges deutlich, ein Charakteristikum, das wohl für die gesamten 1780er Jahre gelten kann und dessen politische Kehrseite die rabiaten Feldzüge des Kaisers waren. Gleichwohl, die hier erkennbare Dynamik und die mit ihr verbundenen Spannungen wurden von den Akteuren zumindest bis gegen Ende der 1780er Jahre als produktive Herausforderung empfunden.

Mozart wollte sich dieses Umfeld zunutze machen, er wollte sich, wie es den Anschein hat, ihm regelrecht ausliefern, der Bruch mit Colloredo diente dazu als Auftakt: «fürst Breiner und Graf Arco brauchen den Erzbischof, aber ich nicht.»[7] Schon in den ersten Monaten nach seiner Ankunft entwickelte er drei Eckpunkte seiner neuen Existenzform, die sich von allen für Musiker verfügbaren Mustern unterschied und unterscheiden sollte: die großen öffentlichen Konzerte, als Akademien in der Regel zur Subskription ausgeschrieben, der wahrscheinlich exorbitant teure Unterricht an ausgewählte Schüler, vor allem Schülerinnen – und Opernaufträge, und zwar an den regulierten Mechanismen der Hoftheater vorbei. Das genau abgewogene Geflecht dieser Tätigkeit berührt alle denkbaren Aspekte einer musikalischen Existenz im josephinischen Wien: das der sozialen Verflechtung, vor allem im Unterricht, das der doppelten Repräsentation, als Komponist und Pianist, vor allem in den Akademien, und das der Darstellung im umfassendsten Sinn größtmöglicher Öffentlichkeit, in den Opern. Mozart konnte und wollte dies ohne die Verpflichtungen einer festen Anstellung verwirklichen, hierin unterschied er sich bis 1787, bis zu seiner Ernennung als «Kompositor» der k. k. Kammermusici (per Dekret vom 7. Dezember), im Grunde von allen anderen Profiteuren des josephinischen Jahrzehnts. Während diese, wenn auch in unterschiedlichen Staffelungen, an den Hof gebunden blieben, wahrte Mozart demonstrativ die Unabhängigkeit. Dafür gab es keine rechten Vorbilder, weder in Paris noch in Mailand, nicht einmal in London, wo seit Händel eine Art von Musik-Unternehmertum etabliert war. Aus den Briefen an den Vater wird erkennbar, daß der Plan dieser Existenz im Dialog entwickelt wurde, also nicht einer spontanen Laune entstammte: «die ganze ‹Noblesse redet mir zu› ich soll ‹mich ja nicht mehr ein [vor?] führen lassen›.»[8]

Nachdem Mozart seit seinen Kindertagen von der Einschätzung begleitet wurde, eine Ausnahme von den Normen der Zeit zu sein, anfangs gekoppelt an den Begriff des Wunders, hat sich dies spätestens in den 1770er Jahren zu einer bestimmenden, nun von den metaphysischen Bedingungen des Wunders losgelösten Selbsteinschätzung gefestigt. Diese bildet sich in der experimentellen sozialen Konfiguration des Wiener Daseins – und zwar wahrnehmbar, weil sie auf diese Wahrnehmbarkeit hin angelegt war. Mozart war auch hier auf das Privileg des direkten Zugangs zur Macht aus, und dafür bot das josephinische Umfeld besondere Gelegenheiten. Anläßlich eines ‹Wettspiels› mit Muzio Clementi hielt er gegenüber dem Vater fest: «der kayser war sehr gnädig gegen mich, und hat vieles heimlich mit mir gesprochen.»[9] Das vertrauliche, ‹heimliche› Gespräch mit dem Monarchen sollte sichtbar eine Ausnahmestellung befestigen, die Mozart zu erzeugen bereit war – und die sein Umfeld offenbar akzeptiert hat, auch, weil sie sich in die neue Staatsräson fügte: «Alle Unterthanen Josephs sind Bürger», wie Joseph von Sonnenfels als Beglaubigung des neuen politischen Ideals verlauten ließ.[10] Und Mozart wollte offenbar der erste Bürger sein, mit hohen Ansprüchen an die Distinktion: «Pöbel bleibt doch immer Pöbel.»[11]

Diese besondere Stellung eines Musikers im öffentlichen Gefüge der Residenzstadt mußte jedoch nicht nur zurückwirken auf seine Profession, die Musik, sondern leitete sich letztlich aus deren Geltungsanspruch ab. Denn die willentlich herbeigeführte Verflechtung einer sozialen Ausnahmesituation mit dem Gegenstand, dem sie sich verdankt, verfügte in Wien über einen Kontext. Franz Kinsky hat in seiner Huldigung an Joseph II. erfahrungsseelenkundliche und physiologische

Aspekte miteinander verschränkt, um daraus, in kritischer Abgrenzung von radikalen Autoren wie La Mettrie, den besonderen Rang der Künste im neuen Staat abzuleiten: «Der Mensch ist keine Maschine, – so glauben es noch alle Weisen: [...] aber der Geist bewohnet die Maschine, so genau ist das Physische mit dem Moralischen verbunden. Die Welt ist eine große Maschine, in welcher alle Menschen leben [...].»[12] Diese besondere Rolle des Geistes in der Verbindung von Physischem und Moralischem führte am Ende zur Privilegierung der Künstlerexistenz. In einem 1783 in Wien veröffentlichten anonymen Text *Ueber die Nachahmung* findet sich, möglicherweise schon unter dem Eindruck von Mozarts Auftreten, eine Begründung dafür, nämlich durch die Hervorhebung der Einbildungskraft: «Die Natur zeigt uns das Wahre, aber sie lehrt uns nicht die Wahl des Vortrefflichen. Die Kunst ist die Führerinn, und die Fackel der Genies. Sie bildet und entwickelt große Geistesgaben, und verbreitet dadurch den Nutzen, der zur Aufklärung, und zum Vergnügen der Menschheit, zu Entdeckungen, und Veredlung der Wissenschaften dasjenige beyträgt, wodurch Jahrhunderte der Zukunft erhellt werden sollen.»[13] Die Kunst als Vollenderin der Natur und des Genies gleichermaßen diente also zugleich der Vollendung des aufgeklärten Staates, als dessen Paradigma das Wien Josephs II. galt.

Mozarts Wiener Existenz löste sich von den Normen des ‹normalen› Musikerdaseins, und wie sehr er dieses Dasein verachtete, geht schon aus den frühen Briefen an den Vater hervor. Zugleich war von dieser Existenzform aber auch die Geltungsmacht der Musik im Staatsgefüge betroffen. Die josephinische Aufklärung war auf das Wort, auf die Begriffe fixiert, davon legt die Publizistik ein facettenreiches Zeugnis ab. Wenn aber das eigentliche Wesen dieser Aufklärung die Ergründung des Menschen sein sollte, dann waren die Grenzen solcher Begrifflichkeit erreicht. Da im radikal religionskritischen Josephinismus metaphysische Begründungen ausschieden, geriet das Vermögen der Musik, die Seelenlagen des Menschen an den Begriffen vorbei erkunden zu können, erneut in den Blick. Das ursprünglich ästhetische Privileg der Musik erlangte nun gleichsam staatspolitische Bedeutung, wovon der Ausbau der

Opera buffa zu einer Art von josephinischer Staatsgattung besonderes Zeugnis ablegt.[14] Es oblag der Musik und nur ihr allein, in Bereiche vorstoßen zu können, die der schriftlichen Darlegung vorenthalten blieben.

Mozart hat diese besondere Rolle und Aufgabe der Musik genutzt, um seine Existenz zu definieren – eine Existenz offenbar nicht als *ein*, sondern als *der* Protagonist im geistigen josephinischen Wien. In ihr mischten sich die Beweglichkeit der Verhältnisse, die vermeintliche ständische Durchlässigkeit und die zentrale Rolle der Musik, und diese Mischung muß für ihn herausfordernd gewirkt haben. Sie ist wohl auch die Erklärung dafür, daß der Komponist so lange auf eine feste institutionelle Anbindung verzichtete. Als sie dann erreicht war, blieb sie vergleichsweise lose, bei wenigen Pflichten und einer ausgesprochen guten Bezahlung. Die wirkungsästhetische Fixierung hat dabei zugleich die größtmögliche Öffentlichkeit garantiert, mithin also die Rolle der Musik festgeschrieben. Im April 1781, bei seinem ersten Auftritt im Augarten (möglicherweise mit der C-Dur-Sinfonie KV 338), spielten 20 erste und 20 zweite Violinen, zehn Bratschen, acht Violoncelli, zehn Kontrabässe, je vier Oboen, Hörner und Trompeten sowie sechs Fagotte. Die oft unterschätzte Inszenierung eines solch spektakulären Effekts diente nicht allein der Selbstdarstellung, sondern der überwältigenden Demonstration musikalischer Wirkungsmacht. Sollte die Musik als jene Kunst gelten, in der sich die josephinische Aufklärung auf besonders evidente Weise zu entfalten vermochte, so gab es offenbar nur einen einzigen Musiker, der in der Lage war, diese Herausforderung anzunehmen und ihr gerecht zu werden.

Der von Beginn an einsetzende Erfolg Mozarts war stupend, und er bildete sich ab in einer materiellen Privilegierung, die das Maß jedes anderen Musikers überstieg. Die enge Verflechtung mit der Staatsidee zeigt sich in der *Entführung aus dem Serail* besonders deutlich, spiegelt die Herrscherfigur doch auf anschauliche Weise Selbstwahrnehmung und -inszenierung Josephs – weswegen ihr eben auch die Möglichkeit zur Musik versagt bleibt. Außenstehende Beobachter wie der aus Magdeburg stammende Literat Johann Friedrich Schink sahen gerade dies skeptisch: «Uiberhaupt sind diese ewigen Grosmuten ein ekles Ding. [...] Und man kann beinahe sicher darauf rechnen, daß so ein Stük, in dem brav gegrosmutet, geschenkt, versönt und vergeben wird, schreiendes Glük macht, wenn es auch auf die unnatürlichste Art zu diesen Dingen kömmt».[15] Er übersah dabei, daß es gerade als Privileg der Musik galt, den «ewigen Grosmuten» Natürlichkeit und den dargestellten Affekten Glaubwürdigkeit zu verleihen und zu gewähren, jenseits der ‹Logik› äußerer Handlungszusammenhänge. Ähnliches gilt später etwa auch für den *Figaro*. Denn die weitgehende Eliminierung der politischen Aspekte von Beaumarchais' Vorbild diente der Konzentration auf die erfahrungsseelenkundlichen Aspekte des Dramas – und damit dazu, der Musik in diesem Sinne zu ihrer eigentlichen Geltung, zu ihrer Bestimmung zu verhelfen. Weil Mozart sich allem Anschein nach als entscheidender Akteur des josephinischen Jahrzehnts verstand, weil er daraus die Grundzüge seiner vorbildlosen sozialen Existenz ebenso ableitete wie die ungeheuerlichen Ansprüche seiner Musik, gerade deswegen dürfte ihn die Veränderung in der zweiten Hälfte der 1780er Jahre tief bewegt haben. Möglicherweise spiegelt sich dies in den komplexen Gegenwelten, die in *Don Giovanni* und in *Così fan tutte* aufscheinen, bis hin zur Revision des Herrscherbildes in *La clemenza di Tito*. Es ist dies ein seltsames Zusammentreffen, denn Pezzl hatte in seinem *Faustin* ausgerechnet Titus als Referenzfigur für Joseph ausgemacht. 1781, bei Mozarts Ankunft in Wien, war das alles jedoch noch ungetrübt, «denn izt fängt mein glück an».[16]

2. Schauplätze

Eine der zentralen Denkfiguren des 18. Jahrhunderts ist die Gegenüberstellung von Öffentlichkeit und Privatheit, auf beiden Seiten durch vielfältige Abgrenzungen herbeigeführt.[17] Mozart hingegen war von vornherein eine durchweg öffentliche Person, und so bestimmten sich auch die Schauplätze seines Wirkens. Selbst wenn über die Lebensorganisation der Reisen zu wenig bekannt ist, ist doch auffällig, daß die Privatheit als abgezirkelter Raum letztlich nicht erkennbar ist. Bis zur dritten Reise nach Italien ereignete sich Mozarts Leben in einem denkbar großen öffentlichen Raum, zwar mit den unaufhebbaren ständischen Beschränkungen, jedoch ohne die klar konturierten Grenzen, die ein Amt, etwa als Hofmusiker, hätte mit sich bringen können. Bildung und Ausbildung oblagen zwar die meiste Zeit über dem Vater allein (und im Grunde ist auch darüber nichts Verläßliches bekannt), doch blieb die entscheidende Erfahrung die des öffentlichen Auftritts. Der Ausnahmezustand war damit zum Regelfall geworden, und das in einer für das bürgerliche 18. Jahrhundert beispiellosen Form. Als die Mozarts endgültig nach Salzburg zurückkehrten, waren damit, erstmals, stabile und geregelte Lebensverhältnisse verbunden, doch richtete sich Leopolds Interesse sehr früh darauf, die eigentlich angemessenen, bescheidenen Umstände in der Getreidegasse hinter sich zu lassen. Wie immer man sich die Finanzierung und den Unterhalt der aufwendigen Wohnung am Hannibalplatz vorzustellen hat (aus eigener Kraft kann dies unmöglich erfolgt sein), sie folgte jedenfalls dem Willen zur Herstellung von Repräsentation, von Öffentlichkeit auch im Privaten.

Mit dem Wechsel nach Wien war für Mozart jedoch erstmals die Verpflichtung zu einer eigenverantwortlichen Lebensführung verbunden. Dafür standen weder eine definierte soziale Position noch ein geregeltes Einkommen zur Verfügung. War bereits die Wohnung am Hannibalplatz von einer nicht wirklich lösbaren Grundspannung zwischen dem erhobenen Anspruch und der fest gefügten sozialen Wirklichkeit durchzogen, so mußte diese Spannung fortan lebensbestimmend werden. Die auch unter den Bedingungen des 18. Jahrhunderts ausgesprochen unstete Lebensführung im ‹Privaten› spiegelt die damit verbundenen Schwierigkeiten, aber auch den angestrebten Modus. Mozart hat in den gut zehn Jahren seines selbstgewählten Wiener Daseins 14 verschiedene Häuser bewohnt. Die 1782 eingegangene Ehe mit Constanze so-

Abb. 7: Mozarts Wohnhaus, Ansicht und Grundriß

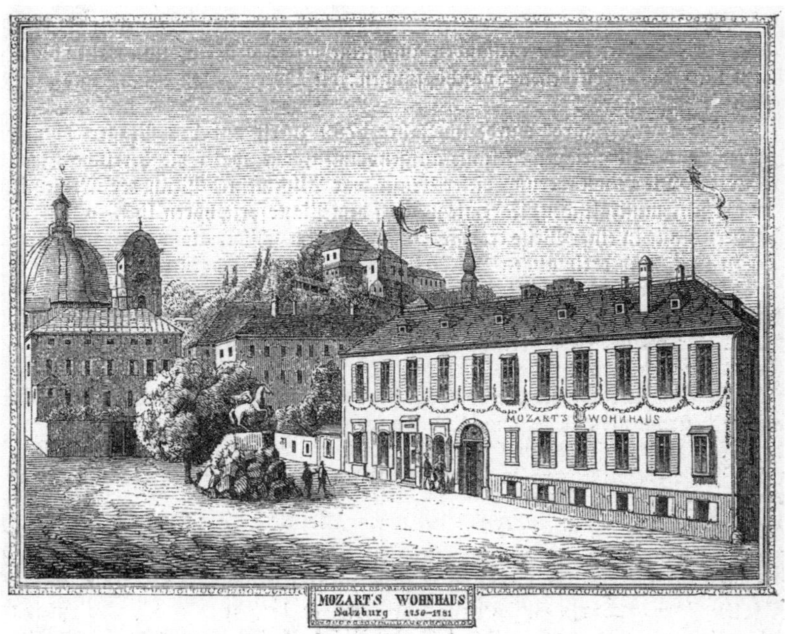

Das Haus am Hannibalplatz (heute Makartplatz) stammt wahrscheinlich aus dem späten 16. Jahrhundert, jedenfalls wurde es Anfang des 17. Jahrhunderts erstmals urkundlich erwähnt. Ursprünglich handelte es sich um zwei Häuser, die 1685 jedoch zusammengelegt wurden. Ab 1711 konnte das Haus vom fürsterzbischöflichen Tanzmeister Lorenz Spöckner für aristokratischen Tanzunterricht genutzt werden. Sein Sohn Franz

wie die anschließenden Geburten der insgesamt sechs Kinder – nur zwei haben bekanntlich das Kindesalter überlebt – sollten daran erstaunlicherweise nichts ändern, im Gegenteil. Zwar läßt sich nicht in allen Fällen der Status der Wohnungen ermitteln, doch in den meisten Fällen bezeugen sie eine äußerst ambitionierte Lebensführung, in der sich das Private unentwegt mit dem Öffentlichen vermischen sollte. Mozart wollte sich spätestens in Wien, wovon noch die Rede sein muß, die Öffentlichkeit in seinem Sinne unterwerfen, weswegen im Privaten Abgrenzungen absichtsvoll verschleiert wurden.[18]

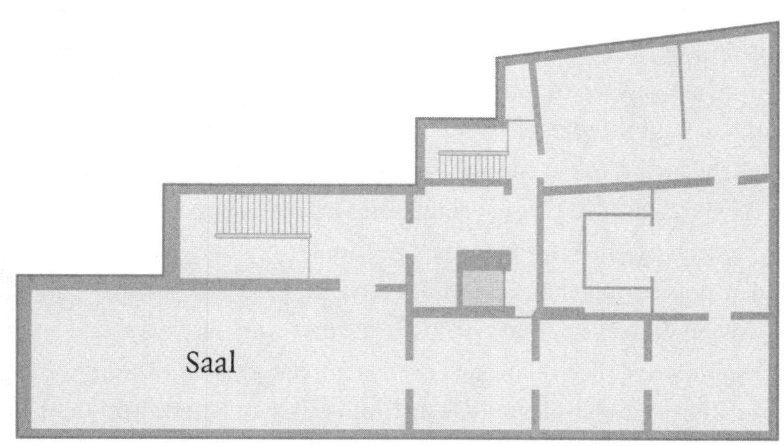

Karl Gottlieb, ebenfalls Tanzmeister am Hof, setzte diese Tradition fort. Er war 1747 auch Trauzeuge bei der Eheschließung von Leopold und Anna Maria Mozart. Nach dem Tod Spöckners wurde das Haus anderweitig genutzt und vermietet. Die Familie Mozart zog dort 1773 ein, und Leopold blieb dort bis zu seinem Tod wohnen. Das ausgesprochen großzügige und luxuriöse Anwesen dokumentiert den Anspruch und die Lebensführung der Mozarts; es ist anzunehmen, daß es für die nicht geringen Mietkosten Unterstützung gab, etwa durch die Familie Hagenauer. Das Haus wurde 1944 durch eine Bombe zu einem großen Teil zerstört, der daraufhin entstandene Neubau wurde 1994 abgerissen und durch eine Rekonstruktion des alten Gebäudes ersetzt.

Diese erstaunliche Unbehaustheit war offenbar nicht, wie man lange vermutet hat, der ökonomischen Situation geschuldet, sondern der willentlichen Bindung an Gönner. Die ersten beiden Wiener Wohnungen lassen sich zwar noch als Notlösungen betrachten, denn immerhin mußte Mozart nach dem Bruch mit Colloredo das Deutschordenshaus umgehend verlassen. Aber bereits die zweite dieser Wohnungen verrät eine nicht untypische Konstellation. Das Haus am Graben 17 wurde vom äußerst vermögenden kaiserlichen Hoffaktor Adam Isaak Arnstein(er) bewohnt, einem unmittelbar Begünstigten des Toleranzpatents, denn bis dahin zählte er zu den wenigen Juden, die in der inneren Stadt wohnen durften – eine Rechtslage, die sich danach gravierend änderte. Ob dies für Mozart die erste ausdrückliche Begegnung mit dem Judentum war, läßt sich nicht sagen, es war aber wohl die bis dahin intensivste, zumal Arnsteiners Sohn Nathan Adam 1776 die Berliner Bankierstochter Fanny Itzig geheiratet hatte. Mozart erlebte folglich, auch dies ein Ausnahmezustand, die jüdische Akkulturation in Wien gleichsam aus erster Hand. Die Verbindung zu Arnsteiner muß in beiderseitigem Einvernehmen begründet gewesen sein, sie blieb zudem für das folgende Jahrzehnt bestehen. Die Nähe Mozarts zu den jüdischen Salons im Wien der 1780er Jahre, insbesondere zu Fanny Arnstein, war danach eng; auch die Zusammenarbeit mit Da Ponte, der zwar Konvertit war, dessen Geburt im jüdischen Ghetto von Ceneda dennoch bekannt gewesen sein muß, dürfte noch davon geprägt gewesen sein. Mit der Arnsteinschen Wohnung am Graben sind jedoch noch zwei weitere Aspekte verbunden: Einerseits führte bereits die äußere Konstellation in die unmittelbare Nähe des Hofes, andererseits ist es mehr als fraglich, ob für die Wohnung («ein einziges Zimmer, welches nicht groß», mit Tisch, Schrank, Klavier und Bett[19]) überhaupt eine Gegenleistung verlangt bzw. ob sie nicht von Arnsteiner bezahlt wurde.

Jedenfalls war damit ein Mechanismus gefunden, den Mozart offenbar weiterverfolgte – und der durchaus als Leistungsausweis seines Wiener Lebensentwurfs gelten kann. Nach der im August 1782 überstürzt geschlossenen Ehe mit Constanze Weber übersiedelte das Paar für wenige Monate in die Wipplingerstraße 19, in das Haus von Johann Georg Groshaupt, in eine offenbar große und bequeme Wohnung. Danach zogen sie in die Wipplingerstraße 14, in das Haus des mit Mozart fast gleichaltrigen Joseph Graf Heberstein, das jedoch von Raimund Wetzlar bewohnt wurde, dem Sohn des vermögenden jüdischen Bankiers Carl Abraham Wetzlar, der 1777 zum Christentum konvertiert war und seitdem den Titel «von Plankenstern» führte (und der offenbar den Kontakt zu Lorenzo Da Ponte vermittelt hat). Die zeitlebens freundschaftliche Verbindung zu Wetzlar, der auch der Taufpate des Erstgeborenen Raimund Leopold wurde, führte dazu, daß Mozart abermals keine Miete zahlte. Als Wetzlar diese luxuriöse Wohnung 1783 selbst wieder benötigte, finanzierte er sowohl die vorübergehende neue Wohnung («eine schlechte *logis* auf dem Kohlmarkt») als auch den Umzug.[20] Der zum Sommer erfolgte Wechsel in das wiederum äußerst großzügige Haus des Bürgermeisters Johann Franz Purck am Judenplatz dürfte ebenfalls von Wetzlar bezahlt worden sein.

Nicht für alle Wohnungen der Mozarts lassen sich die mäzenatischen Verhältnisse relativ genau rekonstruieren, aber es ist unwahrscheinlich, daß Mozart je reguläre Mietverhältnisse eingegangen ist, nicht einmal in den beiden Fällen, in denen die Familie die innere Stadt verlassen hat. Es bildet sich in den persönlichen Schauplätzen Mozarts offenbar so etwas ab wie ein vielschichtiges Netzwerk von mäzenatischen Verhältnissen, und erst dieses Netz machte die Wiener Existenz im eigentlichen Sinne möglich, selbst in den Zeiten der hohen Verschuldung um 1788/89. Es verweist zudem auf ein auf Gegenseitigkeit beruhendes Modell, weil diese Förderung von beiden Seiten akzeptiert wurde: materielle Unterstützung gegen eine wie immer definierte musikalische Gegenleistung.

Tab. 1: Mozarts Wohnungen in Wien – Übersicht

1781	16. März–9.(?) Mai	Deutschordenshaus (heute: Singerstr. 7), mit dem Hofstaat von Hieronymus von Colloredo
	9. Mai–5. September	Milchgasse 1, bei Maria Cäcilia Weber, 1897 abgerissen
1781–1782	5. September–4. August	Graben 17, Haus der Theresia Contrini, weitgehend vermietet an Adam Isaak Arnsteiner, 1904 abgerissen
	4. August–Dezember	Wipplingerstr. 19, Haus von Johann Georg Groshaupt, 1898 abgerissen

1782–1783	Dezember–Februar	Wipplingerstr. 14, Raimund Wetzlar von Plankenstern, 1862 abgerissen
	Februar–April	vorübergehend, Kohlmarkt 7, Raimund Wetzlar von Plankenstern
1783–1784	April–Januar	Judenplatz 3, Johann Franz Purck, 1895 abgerissen
1784	Januar–September	Graben 29/29a (Trattnerhof), Johann Thomas von Trattner, 1910 abgerissen
1784–1787	Oktober–April	Domgasse 5, Joseph und Albert Camesina
1787	April–September	Landstraßer Hauptstr. 75, Jakob Schosulan, um 1900 abgerissen
1787–1788	September–Juni	Tuchlauben 27, Joseph Maurer von Kronegg, 1875 abgerissen
1788–1789	Juni–Januar	Währinger Str. 26, Fam. Schickh, 1891 abgerissen
1789–1790	Januar–September	Judenplatz 4, Heinrich von Heussenstamm, 1895 abgerissen
1790–1791	September–Dezember	Rauhensteingasse 8, Joseph Hopf, 1847 abgerissen

In solcher Wechselseitigkeit spitzt sich jedoch eine für das 18. Jahrhundert charakteristische Haltung zu. Seit der Begründung von ‹Critic› standen ‹Leistung› und ‹Gegenleistung› in einem genau ponderierten Verhältnis: Der Einsatz von Kapital zum Erwerb einer Eintrittskarte oder eines Musikdrucks mußte korreliert werden mit dem musikalischen Gegenwert, der ihm gegenüberstand. In Mozarts Wiener Praxis verkehrten sich die Verhältnisse jedoch: Er erhielt Zuwendungen, die nicht an konkrete Leistungen, sondern bloß an sein Dasein geknüpft waren. Dafür existierten zwar durchaus Modelle, etwa in der Pension, die Klopstock, mit dem Joseph II. Mozart vielleicht auch in dieser Hinsicht verglichen hat, vom dänischen Hof bezog, um den *Messias* zu vollenden. Doch handelte es sich hier um genuin höfische Patronage. Im Falle Mozarts fand man dagegen ein individuelles Arrangement, in dem sich aristokratische und bürgerliche Initiativen fortwährend überblendeten, stets aber in einer gewissen Distanz zum Hof selbst. Es existierte keine definierte Gegenleistung, kein ‹Werk› oder ‹Projekt›, sondern es zielte auf die Entfaltung des musikalischen *ingeniums* selbst. In dieser Praxis, die sich von den üblichen sozialen Bedingungen einer Musikerexistenz radikal unterschied und unterscheiden sollte, bildet sich die exklusive Stellung, die Mozart in Wien für sich und für die Musik reklamierte, anschaulich ab. Seine Förderer scheinen dies weithin akzeptiert zu haben.

Mozart hatte bis zu seinem 25. Geburtstag alle denkbaren (und nicht nur musikalischen) Öffentlichkeitsformen des 18. Jahrhunderts aktiv kennengelernt, und zwar in den wichtigsten europäischen Zentren: die höfische Oper, die kommerziellen Theatergesellschaften, den entstehenden öffentlichen Konzertsaal, die höfische *sala* und die fürstliche *camera*, den adligen und den bürgerlichen Salon, den öffentlichen Park, die bürgerliche Musikgesellschaft, den intimen Kreis des privaten Musizierens, die Universität, die Freimaurer-Loge – und natürlich die Kirche in allen denkbaren Schattierungen (ob auch konfessionsübergreifend, läßt sich nur, allerdings mit gutem Grund, vermuten). Es ist dennoch unter den strukturellen Gegebenheiten einer konkreten Stadt bemerkenswert, daß die öffentliche Gegenseite zu Mozarts Wiener Schauplätzen eine weitgehend vollständige Gemengelage aller dieser Öffentlichkeitsformen war, mit der bezeichnenden Ausnahme der Kirche, die (wenn überhaupt) erst nach dem Tod Josephs II. wieder in sein Blickfeld rückte. Der große Unterschied zu anderen Zentren liegt zudem darin, daß Mozart in Wien – zumindest bis gegen Ende der 1780er Jahre – nicht passiver Teilhaber dieser Öffentlichkeitsformen war, sondern daß er sie sich regelrecht unterwerfen wollte. Gerade deswegen durchdringen sich, ebenfalls in einer für das 18. Jahrhundert beispiellosen Form, die ‹privaten› und die ‹öffentlichen› Schauplätze unentwegt, mit dem Protagonisten Mozart im Zentrum.

3. Geld

Mozart galt seit seinen Kindertagen als eine öffentliche, als eine ‹berühmte› Person. Berühmt waren im 18. Jahrhundert, so bereits Zedlers *Universal-Lexikon*, «solche, deren vortrefliche Thaten ihres Nahmens Gedächtniß unsterblich gemacht, und auf die spätere Nachwelt fortgepflantzet» haben.[21] Die Engführung von Tat, Gedächtnis und Unsterblichkeit hat ihre Wurzeln zwar im 15. Jahrhundert, sie wurde unter den Zeichen der Aufklärung jedoch stärker an den Bildungsgang des Einzelnen geknüpft. Um so erstaunlicher mutet es an, daß der Gedanke des Ruhms bereits für einen ganz jungen Musiker Verwendung finden konnte – einen Musiker, dessen ‹Tat› zunächst in seiner bloßen Existenz und dessen ‹Bildung› lediglich in seinem Talent bestand. Die Verbindung zum Begriff des Wunders und des Wunderbaren erhielt auf diese Weise nochmals einen anderen, vielleicht unerwarteten Grund, der für Gelehrte wie Grimm oder Tissot anziehend gewesen sein mag. Auch als sich in den Salzburger Verhältnissen der 1770er Jahre weithin sichtbare kompositorische Erfolge, vor allem in den aufsehenerregenden Aufträgen für Mailand, einstellten, veränderte sich an dieser Wahrnehmung nichts, im Gegenteil. Im Reisejournal von Maximilian Franz, dem jüngsten Sohn Maria Theresias, erscheint, anläßlich von dessen Salzburg-Aufenthalt 1775, «der berühmte junge Mozart»,[22] der für ihn *Il re pastore* komponieren mußte. Derlei Einschätzungen, die nur erkennbar werden, wenn sie niedergeschrieben wurden, blieben nicht isoliert, sie häuften sich aber beträchtlich während der ersten Wiener Zeit. Und sie konnten ihren Adressaten übermütig machen, wie etwa Mozarts despektierliche Äußerungen gerade über Maximilian Franz zeigen: «als er noch nicht Pfaff war, war er viel witziger und geistiger, und hat weniger aber vernünftiger gesprochen.»[23]

Der spektakuläre Ruhm, den man Mozart zusprach, galt dem Komponisten wie dem Pianisten gleichermaßen, wahrscheinlich auch dem

Lehrer und dem Gesellschaftsmenschen. In der *Wiener Zeitung* wurden die sechs Sonaten für Klavier und Violine, der demonstrativ mit Opus-Zahl herausgebrachte Wiener Einstands-Druck (KV 296 sowie 376–380), bereits im Dezember 1781 als Œuvre «von dem genugsam bekannt und berühmten Herrn Wolfgang Amadee Mozart» vorgestellt.[24] Einen Fünfundzwanzigjährigen, der sich erst ein gutes halbes Jahr am Ort befand und um dessen Erstlingswerk es ging, als «genugsam bekannt» vorzustellen, verweist auf das Geschick, mit dem er seine Position in der Residenzstadt zu festigen vermochte. In den 1780er Jahren finden sich derlei Einschätzungen ganz regelmäßig: «von der Verfassung des berühmten Herrn Kapellmeisters Mozart»,[25] «von dem sehr beliebten Hrn. Amadeo Mozart»,[26] «von dem berühmten Hrn. A. W. Mozart, k. k. Kapellmeister» und so fort.[27] Die Selbstverständlichkeit, mit der ihm dabei das Attribut eines Kapellmeisters (der er gar nicht war) beigefügt werden konnte, kann als Beleg für jenen Erfolg gesehen werden, mit dem er sich selbst in Szene gesetzt hat. Es war das beispiellose Experiment eines Ruhms, der sich zwar aus den Prämissen der Aufklärung speiste, sich aber, ganz gegen diese Prämissen, nicht in einer normierten sozialen Lebensorganisation abbilden wollte. Die Vorstellung jedenfalls, die bloße Präsenz des ‹Berühmten› reiche dafür aus, begegnet immer wieder. So wurde am 24. Oktober 1787 in Wien eine Nachricht aus Prag abgedruckt, betreffend die dortige Aufführung des *Figaro*: «Der Eifer der Tonkünstler, und die Gegenwart des Meisters Mozart erweckte bey den höchsten Herrschaften allgemeinen Beyfall und Zufriedenheit.»[28] Es ging um nicht weniger als Beifall und Zufriedenheit allein schon durch die «Gegenwart des Meisters», nicht mehr um Leistung und Gegenleistung. Die Dynamik dieses Prozesses, der zweifellos an die Dynamik der sich immer weiter entgrenzenden josephinischen Verhältnisse gekoppelt war, entfaltete sich mit dramatischer Energie. Bereits im Dezember 1785 findet sich ein Beleg, in dem, bezogen auf Mozart, die eigentlich entscheidende Kategorie der Urteilskraft endgültig suspendiert wurde. In einer Akademie spielte er ein Konzert, von dessen, so der Rezensent der *Wiener Zeitung*, «vorzüglicher Aufnahme wir nichts erwähnen, weil unser Lob dem verdienten Ruhme dieses ebenso bekannten, als allgemein geschätzten Meisters überflüssig ist».[29] Der Ruhm als eine von ‹Critic› und Urteilskraft unabhängige Kategorie führte, mitten im antimetaphysischen Furor Wiens, ausgerechnet auf die Mechanismen des Wunders zurück, der ‹allgemeine Beyfall› bedurfte keiner Begründung mehr. 1787 wurde *Don Giovanni* als «die mit Sehnsucht erwartete Oper des Meisters Mozart» annonciert,[30] und damit war die heilsgeschichtliche Dimension des Wunders in einer gewissermaßen säkularisierten Form endgültig wieder präsent.

Die Entkoppelung des Ruhms von den sozialen Mustern, die für einen Musiker gemeinhin verpflichtend waren, läßt die im Falle Mozarts so oft diskutierte Frage des Lebensunterhaltes in einem anderen Licht erscheinen. Neben der Finanzierung durch ein Geflecht von Mäzenen und Gönnern, das auch für den Unterricht eine Rolle spielte und zu denen sehr rasch einer der mächtigsten Männer des Beamtenapparates, Gottfried van Swieten, gehörte, verdiente Mozart sein Geld vor allem durch Konzert-, in Grenzen auch durch Druckhonorare, abgesehen von den Vergütungen für die Opernpartituren. Die damit erzielten Einkünfte waren in jedem Fall außerordentlich hoch. In ihnen ging es nicht mehr bloß um ein materielles Äquivalent, sondern um die näherungsweise Materialisierung des Außerordentlichen, des Unvergleichlichen. Ob der 1782 geäußerte Gedanke eines Wechsels nach Paris («künftige fasten nach Paris zu gehen») wirklich ernsthaft war, ist sehr unwahrscheinlich; sicher ist aber, daß seine Gönner damit unter Druck gesetzt wurden: «sie können auch nicht glauben was sich die gräfin thun, Baron *van suiten* und andere grosse für Mühe geben mich hier zu behalten – allein – Ich kann auch nicht so lange warten – und *will* auch wirklich nicht so auf Barmherzigkeit warten – finde daß ich eben auch |: wenn es schon der kaÿser ist :| seine gnade nicht so vonnöthen habe». Denn, so Mozart über sich selbst, Leute wie er kämen «*nur alle 100 Jahre auf die welt*».[31] Diese wunderbare Außerordentlichkeit erlaubte, so offenbar sein Lebensplan, nur eine Materialisierung am herrscherlichen Gnadenakt vorbei, also unter Zurückweisung einer auch unter den naturrechtlichen Bedingungen des 18. Jahrhunderts zentralen staatsrechtlichen Gewalt, die selbst von allen anderen Protagonisten im josephinischen Wien, wenn auch nicht ohne Einschränkungen, anerkannt wurde.[32] Im Finale des *Figaro*, wo der Graf selbst um Gnade bittet, ist diese Inversion zur Pointe des gesamten Werkes geworden.

Mozarts finanzielle Verhältnisse wurden in neuerer Zeit mehrfach intensiv untersucht, anfangs vor allem getragen vom Willen, die ebenso falsche wie verheerend wirkungsvolle Legende vom ‹armen Komponisten› endgültig zu entkräften.[33] Bei allen diesen Bemühungen konnte es jedoch nie gelingen, Mozarts Einkünfte im Detail zu rekonstruieren. Das ist nicht wirklich erstaunlich, weil seine Lebensorganisation keine geläufigen Muster der Honorierung spiegelt. Die Zahl der gesicherten Daten ist jedoch nicht gering, und sie ist aussagekräftig genug. Zuweilen konnte er weit mehr als das Zwanzigfache eines üblichen, durchschnittlichen Musikerverdienstes einnehmen – und das ist unter den Bedingungen des 18. Jahrhunderts eine irritierende Differenz. Das heißt: ein ‹normaler› Musiker (die oft hochbezahlten Sänger der Spitzenklasse selbstverständlich ausgenommen) verdiente maximal 400 Gulden jährlich, Mozart in seinen allerbesten Zeiten weit mehr als 8000. Der soziale Status war damit so weit von dem entfernt, was einem Musiker gemeinhin zustand, daß es keine Vergleichsmöglichkeit mehr gab. Erst vor diesem Hintergrund wird erkennbar, daß die schleichende Aufhebung der ‹Critic› das habituelle Gegenstück zu diesem Zustand materieller Unvergleichlichkeit war. In Mozarts Erfolg wurde das Grundmodell dieser ‹Critic›, also das Wechselverhältnis von finanziellem Einsatz und musikalischer Gegenleistung, willentlich an Grenzen geführt. Es gehörte zu den Kernstücken des Josephinismus, daß, wie es der kompromißlose Anwalt der Pressefreiheit, Johann Jacob Fezer anmerkte, der «Nation die ehrenvolle Freyheit» zukomme, «mit dem Kompasse ihrer eigenen Beurtheilungskraft auf dem Meere der Wissenschaften und der Meinungen herumzusegeln, und neue Entdeckungen zu machen».[34] Mozarts aus diesen Prämissen geformte Existenz stellte sie damit zugleich in Frage, so, wie es der Komponist in *Così fan tutte* mit den ästhetischen Prämissen tat; seine Meere verweigerten sich absichtsvoll dem Kompaß.

Das Außerordentliche dieser Einstellung hat dann offenbar sehr konkret die persönlichen Lebensverhältnisse geprägt; diese wurden, wie er es ansatzweise auch schon beim Vater kennenlernen konnte, unentwegt ‹nach oben› angepaßt. Mozarts Lebenswandel war aufwendig, teuer und, die ständische Durchlässigkeit nutzend, auf Repräsentation hin ausgelegt. Die für ihn so wichtige Rolle der Wirkungsästhetik zeigt sich auch in seinem Gebaren. Gönner wie Arnstein oder Wetzlar von Plankenstern standen vielleicht als Vorbilder zur Verfügung, möglicherweise auch die Aristokratie selbst. Immerhin, Mozarts Liebe zu eleganter Kleidung, zu luxuriöser Lebensführung läßt sich glaubhaft belegen, aber auch dies ist Teil seiner selbst herbeigeführten sozialen Sonderstellung. Diese war unweigerlich an die ästhetischen und sozialen Voraussetzungen des josephinischen Wien gebunden, und wohl niemand der begeisterten Akteure der frühen 1780er Jahre konnte sich ernsthaft vorstellen, von welch begrenzter Gültigkeit diese Illusion war. Der verheerende finanzielle Einbruch bei Mozart ab 1788, dessen Dokumente vor allem seine ‹Bettelbriefe› sind, vermag dies zu zeigen. Über dessen Ursachen ist viel gerätselt worden, aber vielleicht ist die allgemeine wirtschaftliche Krise die plausibelste. Nach der Kriegserklärung der Hohen Pforte gegen Rußland im August 1787 fühlte sich Joseph II. zur Solidarität mit Katharina gedrängt. Er stürzte sich daraufhin, ohne wirkliche Überzeugung, mit der Kriegserklärung gegen das Osmanische Reich vom 9. Februar 1788 in ein militärisches Abenteuer unabsehbaren Ausmaßes.[35] Konnte im Finale des 1786 uraufgeführten *Figaro* die bizarr verzerrte ‹lieta marcia› noch zu einer Chiffre für die affektdomestizierende Kraft einer ihrer eigentlichen Funktion beraubten militärischen Musik werden, so war die militärisch-kriegerische Wirklichkeit mit einem Mal mit voller Wucht in Wien präsent. Die Mobilmachung entvölkerte Teile der Stadt und des Habsburgerreichs, der Kaiser war weitestgehend abwesend, die Staatsverschuldung stieg dramatisch – mit einer heftigen Inflation und, 1789, einer erheblichen Kriegssteuer, die zwar nicht Mozarts Hofamt, wohl aber seine sonstigen Einkünfte betraf. Diese allerdings gingen in der äußersten finanziellen Anspannung der gesamten Stadt notwendigerweise dramatisch zurück. Da er nicht über Rücklagen verfügte – dies wäre im späten 18. Jahrhundert wenigstens denkbar gewesen, zumal bei guten Kontakten in die Welt der Bankiers –, mußte das Modell seiner Lebensführung damit schlagartig zusammenbrechen.

Immerhin, mit dem Tod des Kaisers 1790 haben sich die Verhältnisse wieder gewandelt, die beginnende wirtschaftliche Erholung in Mozarts Biographie ist mehrfach dokumentiert. Dennoch blieb das Experiment seiner Lebensorganisation unwiederholbar, es war am Ende gescheitert. Die eigenwilligen späten Briefzeugnisse, in denen Mozart über eine Art von ‹innerer Vereinsamung› klagt, könnten daher auch eine Reaktion auf diese Einsicht sein: «wenn die leute in mein herz sehen könnten so müsste ich mich fast schämen – es ist alles kalt für mich – eiskalt».[36] Die Einsicht in die Unwiederholbarkeit der 1780er Jahre spiegelt sich vielleicht auch in der Andersartigkeit des immer wieder festgestellten ‹melancholischen Tons› der späten Werke, denen die Lust am wirkungsästhetischen Kalkül fehlt – wie im B-Dur-Klavierkonzert KV 595. Und diese Einsicht spiegelt sich vielleicht auch in der erratischen Multiperspektivität der *Zauberflöte*.

4. Gesellschaft

Will man, wie dargelegt, Öffentlichkeit und Privatheit als die beiden zentralen Pole einer bürgerlichen Existenz im 18. Jahrhundert verstehen, so gestalteten sich die Definition und Abgrenzung der Sphären als ein langer und widerspruchsvoller Prozeß. Im Falle eines Musikers waren die Verhältnisse besonders schwierig, weil die große Öffentlichkeit, vor allem von Oper und Orchester, in weiten Anteilen höfisch bestimmt war, mit gewichtigen, aber weitgehend isolierten Ausnahmen wie in London oder im revolutionären Paris. In Johann Friedrich Reichardts 1779 erschienenem Roman über das Leben des fiktiven Musikers Heinrich Wilhelm Gulden wird diese Abgrenzung der Sphären sogar zum Bildungserlebnis des jungen Virtuosen. Im Konflikt von Schillers 1784 uraufgeführtem Trauerspiel *Kabale und Liebe* stehen kaum zufällig der Haushalt eines Musikers und das katastrophale Scheitern eines Ausgleichs mit der höfischen Welt im Mittelpunkt. Die großen Kapellmeister-Karrieren des 18. Jahrhunderts waren ohne höfischen Hintergrund nicht denkbar, auch die einflußreichsten der städtischen Musikdirektoren wie Telemann oder Carl Philipp Emanuel Bach verfügten über ausreichende Erfahrungen und Prägungen durch ein höfisches Umfeld, noch Wackenroders erfundener Kapellmeister Joseph Berglinger hatte selbstverständlich eine höfische Position inne. Mozarts gesamte Laufbahn, die des Kindes wie die des jungen Komponisten, war höfisch geprägt, die Begegnung mit den bürgerlichen Metropolen ereignete sich stets vor diesem Hintergrund, also als Ausnahme von der Regel. In Wien änderte sich diese Grunddisposition nicht wirklich, mit dem allerdings entscheidenden Unterschied, daß er in den ersten Jahren nicht über eine feste institutionelle Position verfügte – und die spätere Anbindung von erheblichen Freiräumen durchzogen war. So sehr Mozart die Nähe zum Hof suchte, so deutlich blieb die soziale Distanz erkennbar, eine soziale Distanz, die jedoch nicht in der Betonung des ständischen Unterschieds gründete, sondern im Gegenteil, im Versuch seiner weitgehenden Negierung. Diese eigenwillige Konstruktion, die allenfalls noch gewisse Parallelen zu Händels Situation in London aufweist, hatte er zuvor durchaus, wenn auch nur in jeweils begrenzten Zeiträumen, erproben können: in den längeren Aufenthalten in Mannheim, Paris und München, großen (und extrem unterschiedlichen) Residenzstädten also, in denen der Musiker in ausdrücklicher Nähe, aber ohne feste Beziehung zum Hof gelebt hatte. Es ist am Ende nur aus seinen Briefen bekannt, daß Bemühungen um Positionen (wie etwa um die Stelle des Hoforganisten in Versailles 1778) gescheitert sind; wie ernst sie wirklich betrieben wurden, läßt sich jedoch kaum ermessen. So kann man auch das gegenteilige Deutungsmuster geltend machen: die absichtsvolle Suche nach einer höfischen Existenz nicht am, sondern neben dem Hof.

Begreift man die Abgrenzungsbestrebungen zwischen höfischer und bürgerlicher Welt als einen zentralen Habitus des Jahrhunderts der Aufklärung, so erstaunt die Nonchalance um so mehr, mit der Mozart diese Grenzen wieder verwischte. Ein rechtes Vorbild läßt sich dafür nicht ausmachen, aber als Wien, der für sein «Metier beste Ort von der Welt»,[37] die politische Chance zu einer Verwirklichung bot, hat er sie nicht nur genutzt; er mußte zugleich die sozialen Mechanismen dafür regelrecht erfinden. Der ebenso erfahrene wie mächtige Hofbeamte Gottfried van Swieten war dabei behilflich. Während seiner Jahre in Berlin konnte dieser nämlich beobachten, wie die Hofmusiker am Hof vorbei und ganz unabhängig von ihm (allerdings getragen von der finanziellen Sicherheit, die er gewährte) eine vielfältig verwobene bürgerliche Musikkultur etabliert hatten – in einem von allen Beteiligten nicht nur tolerierten, sondern offenbar als produktiv empfundenen Spannungsfeld. Der Kontrast war also nicht auf einen unvereinbaren Gegensatz hin angelegt, sondern auf Durchlässigkeit. In diesem Kontrast formierte sich absichtsvoll die ‹private› Existenz der Musiker.

Reichardt beschrieb in seinem *Gulden*-Roman, der van Swieten gewiß vertraut war, durchaus aus der Berliner Perspektive, die Selbstbehauptung des bürgerlichen Musikers gegen die höfische Welt als ein zentrales Motiv seines Daseins: «Der Hof war immer der letzte, warum er sich in einer großen Stadt bekümmerte. Indessen wurde er von den meisten Höfen selbst aufgesucht, und oft, ohne, daß ers drauf anlegte, sehr ansehnlich beschenkt [...]». Und: «Es wurden ihm auch häufig Dienste angeboten. Er sah aber immer, daß seine äußerliche edle Gestalt, oder zu hohe Vorstellung von seinen Fähigkeiten, oder vornehme Grille den größten Antheil daran hatten, und das war ihm genug, solche Anerbietungen gradezu auszuschlagen. Er war überhaupt fest entschlossen, sich durch keine besondere Verbindung auf seinem Wege aufhalten zu lassen, auch nicht eh eine Stelle anzunehmen, als bis er sich selbst zu einer wichtigen Stelle fähig fühlte.»[38] Mozarts Wiener Lebensentwurf verhielt sich genau entgegengesetzt zu diesem Bildungsgang, da für ihn, der von der Außerordentlichkeit seiner Begabung zweifellos überzeugt war, die ‹besondere Verbindung›, also ein Geflecht von Unterstützern aller Art, lebenswichtig war. Das große Maß an Verflechtung garantierte ihm auf ‹seinem Wege› aber zugleich eine Distanz zu den Institutionen.

Ob auch Leopold Mozart, der selbst in der freien Reichsstadt Augsburg sozialisiert worden war, über die Details der Berliner Besonderheiten informiert war, läßt sich nicht mit Gewißheit sagen, aber immerhin entfaltete die Familie, nach dem Umzug an den Salzburger Hannibalplatz, bereits dort eine merkwürdige ‹Mischform› zwischen privater und öffentlicher Existenz. Auch wenn Details der Lebensführung nicht wirklich bekannt sind, so ist doch anzunehmen, daß sich private und gesellige Aspekte beständig überblendeten – und daß die Grenzüberschreitung zum Höfischen hin fließend war. Das zeigt sich auch im kompositorischen Verhalten. In der Reihe der erhaltenen Werke ab Herbst 1773, nach der Rückkehr aus Wien und nach dem Umzug, spielen die ‹privaten› Gattungen der Kammer- oder Klaviermusik gar keine Rolle. Die große, ‹öffentliche› Orchestermusik aller Art stand im Vordergrund, und mit Ausnahme der Serenaden liegen die Aufführungszusammenhänge vollständig im Dunklen:

Tab. 2: Mozarts Werke ab Herbst 1773 bis zur Finta giardiniera

3. Oktober 1773	Sinfonie B-Dur KV 182
5. Oktober 1773	Sinfonie g-Moll KV 183
17.(?) November 1773(?)	Sinfonie C-Dur KV 200
Dezember 1773	Klavierkonzert D-Dur KV 175
Dezember 1773	Streichquintett B-Dur KV 174

6. April 1774	Sinfonie A-Dur KV 201
5. Mai 1774	Sinfonie D-Dur KV 202
31. Mai 1774	Concertone C-Dur für zwei Violinen KV 190
4. Juni 1774	Fagottkonzert B-Dur KV 191
August 1774	Serenade D-Dur KV 203 mit Marsch KV 237

Die Spannung zwischen der Öffentlichkeit und der darauf ausgerichteten privaten Existenz prägte Mozart schon im Salzburg Colloredos, und dieser Habitus wurde in Wien weiter kultiviert. Als dem Vater der überraschende Entschluß zur Hochzeit verkündet wurde, machte er einerseits pragmatische Gründe geltend, also etwa, daß ein Umgang mit Prostituierten für ihn aus hygienischen Gründen nicht in Frage komme. Es folgte aber auch der Hinweis auf sein «Temperament», welches «mehr zum ruhigen und häüslichen leben als zum lärmen geneigt ist».[39] Verwirrend ist dieses Bekenntnis deswegen, weil gerade Mozarts privates Leben in sehr hohem Maß auf die öffentliche Inszenierung ausgerichtet war, also kaum auf häusliche Ruhe. Der am 3. August 1782 geschlossenen Ehe gingen allerlei Widrigkeiten voraus, die Überwindung der zahlreichen juristischen Probleme war aber in jenen weitgehend gelockerten Verhältnissen möglich, die schließlich im josephinischen Ehepatent vom 16. Januar 1783 endgültig festgeschrieben wurden.[40] Der Kern der bereits in die frühe Zeit der Regierung zurückreichenden Neuerung gründete in der Trennung von Sakrament und einem bürgerlichen Vertrag, als der die Ehe nun galt – mit gravierenden Konsequenzen auch für Eheversprechen, uneheliche Kinder und manches andere. Die Eheleute Mozart haben einen solchen bürgerlichen Kontrakt neuen Rechts tatsächlich auch unterzeichnet. In *Così fan tutte* sollte dieses Rechtsinstrument dann sogar ad absurdum geführt werden, kommt es dort doch beinahe zur Ausfertigung eines Ehevertrags mit verwirrten und verkleideten Akteuren vor einer als Notar maskierten Kammerzofe.

Es verbieten sich selbstverständlich Spekulationen über Mozarts Ehe, aber ein rationaler Pragmatismus läßt sich durchaus darin erblicken –

und wohl auch der Wille, das ‹Private› des Wiener Daseins unter den Normen der josephinischen Verhältnisse zu organisieren. Es ging natürlich um die Gründung einer Familie, Constanze Mozart war regelmäßig schwanger, von den sechs Kindern überlebten allerdings nur zwei; die durchschnittliche Säuglingssterblichkeit lag während des josephinischen Jahrzehnts dank verstärkter hygienischer Bemühungen bei knapp 50 %, das Schicksal der Mozarts entsprach also dem anderer Familien.[41] Die meiste Zeit der Wiener Jahre blieb der Haushalt auf drei Personen beschränkt; eine enge persönliche Verbindung zu einem seiner Kinder konnte sich nur bei Carl Thomas ergeben.

Tab. 3: Kinder des Ehepaars Mozart

Raimund Leopold (1783)
Carl Thomas (1784–1858)
Johann Leopold (1786)
Theresia (1787–1788)
Anna (1789)
Franz Xaver (1791–1844)

Die Organisation der ‹privaten› Lebensverhältnisse war, sofern erkennbar, ausgesprochen luxuriös. In welchem Ausmaß dies durch Gönner ermöglicht wurde, zeigt sich schon an der Hochzeit, die wesentlich von Elisabeth von Waldstätten finanziert worden war, einer seiner wichtigen Förderinnen in der Wiener Zeit, die ihn beispielsweise auch mit eleganter Kleidung ausstattete. Gerade deswegen scheinen die Mozarts immer wieder versucht gewesen zu sein, dem aristokratischen Vorbild folgend die Grenzen zur Privatheit aufzuheben. Es ging nicht um ein ‹bürgerliches› Leben, sondern um die inszenierte öffentliche Teilhabe an diesem Leben. In einem Brief an den Vater teilte er Anfang 1783 mit, daß er öffentliche Redouten meide und ‹Hausbälle› bevorzuge – von denen er selbst einen organisiert habe, von 13 Stunden Dauer, also die gesamte Nacht hindurch, und bei Eintrittsgeldern der Kavaliere. Auch wenn keine Prognose möglich ist, wie oft so etwas stattgefunden haben kann, so handelt es sich doch um eine eigentlich aristokratische, dann patrizische Attitüde, die Mozart nonchalant in seine Lebensumstände integriert hatte. Die im Frühjahr 1783 entstandene, fragmentarisch erhaltene Faschingspantomime (KV 446) zeigt auch musikalische Implikationen. Selbst wenn sie nachweislich in der Hofburg aufgeführt wurde, ist eine private Verwendung sehr wahrscheinlich. Ob er auch Zusammenkünfte nach Art eines Salons gepflegt hat, ist nicht wirklich belegt, aber doch nicht unwahrscheinlich, die privaten Aufführungen von Kammermusiken (wie der Haydn gewidmeten Quartette) weisen sehr deutlich in diese Richtung. Die permanente Überblendung von Öffentlichkeit und Privatheit folgte also einem aristokratischen Modell – und bedeutete damit eine Grenzüberschreitung in sich selbst. Mozarts Gönner haben dies jedoch nicht nur akzeptiert, sondern in den Freiräumen des josephinischen Wien auch noch befördert.

IV.
Horizonte

1. Lektüren

Die Frage nach Mozarts literarischer Bildung richtete sich lange Zeit vor allem auf das Nachlaßverzeichnis seiner Bücher, das 1791 im Rahmen der gesamten Steuerschätzung seiner Hinterlassenschaften angefertigt werden mußte. Das Gesamtinventar umfaßte zwar einen erstaunlichen Bestand eleganter Garderobe, aber nur eine vergleichsweise kleine Sammlung an Büchern und Musikalien.[1] Es ist dabei nicht nur auffällig, daß von den vielen Geschenken, die Mozart auf seinen Reisen erhalten hatte, im Grunde nichts mehr vorhanden war, sondern auch, daß – was nur schwer erklärlich ist – keine Gemälde aufgelistet wurden.[2] Unter den Büchern dürften einige, vielleicht sogar zahlreiche persönliche Geschenke gewesen sein, nachweislich die Schriften von Salomon Gessner, denn das Exemplar mit einer persönlichen Widmung hat sich erhalten.[3] Vergleichbares kann man sich aber auch für Pezzls *Faustin* oder die Schriften von Sonnenfels vorstellen. Mozart war durchaus ein Leser, noch 1826 erinnerte sich Constanze Mozart an Bücher, die ihr Mann Benedikt Schack, dem ersten Tamino, geliehen habe. Am 20. Dezember 1777 schrieb er aus Mannheim an den Vater: «um 6 uhr gehe ich zum Cannabich und lehre die *Mad:selle Rose*; dort bleibe ich beÿm nacht essen, dann wird *discurirt* – – oder bisweilen gespiellt, da ziehe ich aber allzeit ein buch aus meiner tasche, und lese – – wie ich es zu *salzburg* zu machen pflegte».[4] Ob das Spiel immer durch die Lektüre ersetzt wurde oder dies nur ein Argument gegenüber dem Vater war, läßt sich nicht sagen; glaubwürdig muß es dennoch gewesen sein, sonst hätte es Mozart nicht unter Verweis auf die Salzburger Praxis verwendet.

Der begrenzte Bestand seiner privaten Bibliothek sollte zudem nicht darüber hinwegtäuschen, daß Mozart in Wien nahezu unbegrenzten Zugang zu Büchern und Musikalien aller Art hatte. Sein Gönner Gottfried van Swieten war zugleich Leiter der Hofbibliothek und, bis zu seiner Amtsenthebung 1791, Präses der Zensurkommission; in seine Amtszeit fällt die bedeutende Erweiterung der Bibliothek sowie, auch dies eine Neuerung des Josephinismus, die Umstellung der Kataloge von Bänden auf Zettel – also die Einführung des ersten neuzeitlichen Karteikartenkatalogs. Van Swieten verfügte zudem über eine bedeutende Privatbibliothek (die bei der Nachlaßversteigerung 1804 aufgelöst wurde).[5] In jedem Fall stand Mozart einer der größten europäischen Buchbestände zu uneingeschränkter Nutzung zur Verfügung, die Nähe zu van Swieten erlaubte sogar den Zugriff auf die wenigen Schriften, die nach 1781 tatsächlich noch der Zensur unterlagen. 1783 beteuerte er in einem Brief an seinen Vater, daß er, auf der Suche nach einem geeigneten Gegenstand zur Vertonung, Libretto um Libretto gelesen habe: «ich habe leicht 100 – Ja wohl mehr bücheln durchgesehen – allein ich habe fast kein einziges gefunden mit welchem ich zufrieden seÿn könnte; – wenigstens müsste da und dort vieles verändert werden. – und wenn sich schon ein dichter mit diesem abgeben will, so wird er vieleicht leichter ein ganz Neues machen. – und Neu – ist es halt doch immer besser. – wir haben hier einen gewissen *abbate da Ponte* als Poeten. Dieser hat nunmehro mit der *Correctur* im Theater rasend zu thun.»[6] Auch wenn nach diesem Bekenntnis zunächst nur Fragment gebliebene Anläufe zu verzeichnen sind, *L'oca del Cairo* und *Lo sposo deluso*,[7] so ist doch der Wille zu einer umfangreichen und vergleichenden Lektüre erkennbar. Es dürfte für ihn kein Problem gewesen sein, die besagten 100 Texte tatsächlich zu beschaffen – weswegen es auch keinen Grund gibt, an der genannten, immer noch erstaunlichen Zahl sowie an dem Ziel dieser Lektüren, nämlich der ‹Correctur im Theater›, zu zweifeln.

Mozarts literarische Bildung, die sich nur ganz gelegentlich und in durchweg grotesken eigenen Texten niedergeschlagen hat, spiegelt sich daher vor allem im unbedingt geltend gemachten Willen, die von ihm vertonten Operntexte zu beeinflussen. Für die *Finta giardiniera* kann das zwar noch ausgeschlossen werden, die (italienische) Vertonung entspricht noch dem vorgelegten Text; bei der 1780 vorgenommenen Singspiel-Bearbeitung sieht es jedoch bereits anders aus. Für den *Idomeneo* ist dann erstmals deutlich belegt, in welchem Umfang der Komponist auf den Text einwirken wollte. Im Falle der *Entführung aus dem Serail* lassen sich Absichten und Ausmaß besonders deutlich erkennen, da die Briefe an den Vater vergleichsweise detaillierte Zeugnisse ablegen. Das Vorgehen war unerbittlich – und unerbittlich zielgerichtet; über Stephanie heißt es lapidar: «aber er arrangirt mir halt doch das buch – und zwar so wie ich es will».[8] Für die Zusammenarbeit mit Lorenzo Da Ponte wird man sich ähnliche Prozesse vorstellen dürfen, und das gilt auch für *La clemenza di Tito* und *Die Zauberflöte*. Im Mannheimer Brief läßt sich jedoch zugleich erkennen, daß neben der Lektüre das ‹Discuriren› ebenso bedeutsam gewesen ist. Der *discours*, der Dialog, war eine Eigenschaft des Salons, so, wie es die Mannheimer Konstellation auch nahelegt. Zumindest für die 1770er Jahre in Salzburg, im Haus am Hannibalplatz, ist die Regelmäßigkeit derartiger Salons anzunehmen, in Wien gehörten sie dann zum Alltag.[9] Mozart hatte dort Zugang zu zahllosen Gesellschaften, und gerade dies dürfte seine literarische Bildung in hohem Maße befördert und beflügelt haben. Der *discours* im Salon konnte zu einer aktiven Lektüreerfahrung führen, mußte es aber nicht notwendig. Seine persönliche Bibliothek spiegelt daher eher Zufälligkeiten, sie trägt schon gar nicht den Anspruch einer gelehrten Sammlung in sich.[10] Rückschlüsse auf seine literarischen Interessen, seine literarische Bildung und seine *discours* läßt sie daher höchstens begrenzt zu.

Die aufklärerische Denkfigur, Wissen lasse sich im Dialog (und nicht im schulmäßigen Gespräch des Frage-Antwort-Spiels) erwerben, konnte Mozart an sehr unterschiedlichen Orten aus erster Hand kennenlernen. Verbunden mit diesem Dialog war das Raisonnement als ein gleichberechtigter Teil des Prozesses, also der Gedanke, daß Erkenntniserwerb und Reflexion darüber sich nicht trennen lassen. Mozart hat an solchen Dialogen offenbar unausgesetzt teilgenommen und die für ihn zentralen Themen aufgespürt und vertieft. Immerhin konnte er, davon wenigstens legt der Mannheimer Brief ein Zeugnis ab, sich aus diesen Gesprächen auch abrupt wieder verabschieden; es scheint, als habe er die persönliche Deutungshoheit über die Situation stets wahren wollen. Aus dieser Konstellation hat sich jedoch ein Habitus entwickelt, der seine persönliche Annäherung an die Dinge entscheidend prägte. In seinem schon zitierten Brief über die *Entführung aus dem Serail* vom 13. Oktober 1781 schließt er mit dem Hinweis, er habe «genug albernes zeug daher geschwätzt»;[11] eine ähnliche Wendung findet sich auch am 26. September: «Nun das ist ein geschwätz von der opera; aber es muß doch auch sein.»[12] Bei diesen Formulierungen handelt es sich nicht einfach um ironische Zurückweisungen, sondern abermals um eine ebenfalls erhellende gedankliche Figur. Dem Vater sollten die vorhergehenden, äußerst kondensierten und konzentrierten Überlegungen als das dargestellt werden, was sie sind: als dialogisch-rhapsodisches Raisonnement. Diesem fehlt die innere Logik nicht, sondern sie ist, gleichsam wie in einem englischen Garten, absichtsvoll verborgen – und genügt ihrerseits dem ‹Plan› des Ganzen. Mozart ging es nie um Abhandlungen, sondern um die gesprächsweise (und, wie er selbst sagt, in dieser Form notwendige) Erkundung von Geltungszusammenhängen. Der Vater dürfte dabei nur einer von vielen Gesprächspartnern gewesen sein, dem allerdings, wegen der räumlichen Entfernung, das Privileg der brieflichen Äußerung zuteilgeworden ist. Erkauft war dies durch den Nachteil einer fehlenden Möglichkeit zur direkten Antwort.

Die Verknüpfung von *discours* und Raisonnement ist eine Denkfigur der französischen, vor allem aber der italienischen Aufklärung, die Mozart aus eigener Anschauung kannte und die er in den zahlreichen Wiener Salons neuerlich erleben konnte: Vermittlung von Wissen, von

Reflexion und von Kenntnissen in einem wechselseitigen Austausch, nicht primär durch Lektüre, sondern durch das Gespräch. Dieses Modell dürfte der intellektuell in Venedig sozialisierte Lorenzo Da Ponte dann auf besondere Weise verkörpert haben. Mozart ging es, so präzise und weitgefächert seine Überlegungen waren, nicht um eine systematische Erörterung ästhetischer Argumente, sondern um die diskursive Erkundung. Das Rhapsodische der in den Briefen zufällig erhaltenen, in den Gesprächen für immer verlorenen Ausführungen läßt sich daher grundsätzlich nicht trennen von dem Werk, auf das sie gerichtet waren. Deswegen erweist sich Mozart als Vertreter einer impliziten Ästhetik, seine Anschauungen vermitteln sich nicht neben dem Werk, sondern in ihm selbst, sie sind Raisonnement über deren *discours*. Die *Entführung aus dem Serail* kann daher nicht bloß als Entrée in die musikalische Öffentlichkeit Wiens gelten, sondern als ein erster wirklicher Prüfstein dieser kompromißlos verwirklichten impliziten Ästhetik. Daran sollte Mozart während seiner gesamten Wiener Jahre und auch jenseits der Oper festhalten, bis hin zur *Zauberflöte*.

Die Praxis des ‹Geschwätzes› richtete sich nicht allein auf das Raisonnement zum *discours* der eigenen Kompositionen, auf die Übertragung des ‹Plans› der Gedanken auf den ‹Plan› des Werkes. Sie diente zugleich der Entwicklung von ‹Critic›, und diese konnte erbarmungslos sein. Auch wenn unbekannt bleiben muß, auf welche Weise Mozart das in Gesprächen handhaben wollte, die Briefe liefern immerhin Indizien für die Schärfe und die Präzision der Argumente. Über Stephanie, der zum notwendigen Erfüllungsgehilfen der *Entführung* degradiert wurde, heißt es: «das *hui* – habe ich in *schnell* verändert. also; *doch wie schnell schwand meine freude* etc: ich weis nicht was sich unsere teutsche dichter denken; – wenn sie schon das theater nicht verstehen, was die opern anbelangt – so sollen sie doch wenigstens die leute nicht reden lassen, als wenn schweine vor ihnen stünden. – hui Sau; –».[13] Über Ignaz Umlauff, dessen *Irrlicht* (ebenfalls nach Bretzner) kurz vor der Vollendung stand, bemerkte er: «der umlauf muß auch mit seiner fertigen *opera* [auf Gluck] warten – die er in einem Jahre geschrieben hat; – sie därfen aber nicht glauben, daß sie deswegen gut ist |: unter uns gesagt :| weil er ein ganzes Jahr dazu gebraucht hat – diese *opera* |: aber unter uns :| hätte ich imer für eine Arbeit von 14 bis 15 täge gehalten. – besonders da der Man so vielle opern muß auswendig gelernt haben!»[14] Die Zusammenführung von *discours* und Raisonnement konnte und sollte demnach unerbittlich werden.

2. Briefe

Der Ausbau der Briefkultur zu einem Weg der Fremd- und Selbsterkundung im Modus des Gesprächs gehörte zu den zentralen Eigenheiten des Aufklärungsjahrhunderts.[15] Der Brief konnte sogar zur literarischen Darstellungsform erhoben werden, im Briefroman mit Goethes *Werther* an der Spitze. Mozart partizipierte zwar an der Briefkultur seines Jahrhunderts, aber auf eine uneigentliche und eigenwillige Weise, die Zuordnungen nicht einfach macht. Die Briefe Mozarts gehören zu seinen wichtigsten, immer wieder befragten Selbstzeugnissen; in ihrem Umfang wie auch in ihrer sprachlichen Gewandtheit stehen sie im musikgeschichtlichen Kontext des 18. Jahrhunderts beispiellos da; vergleichbare Korrespondenzen von Musikern gibt es erst wieder im 19. Jahrhundert, etwa bei Felix Mendelssohn Bartholdy oder Richard Wagner. Zieht man bei Mozart den vergleichsweise kleinen Anteil an Schreiben ab, die aus formalen Gründen verfaßt wurden (wie etwa die Übersendung von Musikalien an den Kammerdiener des Fürsten in Donaueschingen, Sebastian Winter, im September 1786), so reduziert sich seine Korrespondenz im Wesentlichen auf die Briefe an den Vater. Diese wurden verständlicherweise auf den Reisen nach Mannheim und Paris 1777–1779, während des München-Aufenthaltes 1780/81 und nach dem Wechsel nach Wien geschrieben; die Serie bricht folglich nach dem Tod des Vaters am 28. Mai 1787 ab. Leopold selbst hatte den

Modus der brieflichen Darstellung auf den ersten Reisen kultiviert, durchaus im Sinne von quasi-literarischen Reisebriefen. So dienten diese zwar formal auch dazu, den Kontakt zur Ehefrau aufrecht zu erhalten, in stärkerem Maße aber dazu, die Salzburger Gönner fortwährend zu informieren. ‹Privat› waren diese Schreiben daher nie.

Der Sohn dürfte diesen Modus aufgenommen haben. Auch seine Briefe an den Vater rechneten in der Regel mit unterschiedlichen Lesern, zumindest mit der Schwester, aber auch mit den einstigen Salzburger Gönnern; die Weitergabe (oder das Vorlesen) oblag dem Vater. Die immer wieder praktizierte Geheimschrift blieb daher jenen Passagen vorbehalten, die tatsächlich nur dem vertraulichen Gespräch, gleichsam ohne Zeugen dienten. Der Status von Mozarts Briefen ist also gewissermaßen unentschieden, sie sind in der Regel nicht allein private Mitteilungen, sie beanspruchen aber auch keine Öffentlichkeit. In dem, was und wie beide, Vater und Sohn, dort schreiben, dienten sie aber nicht nur der Information, sondern stets auch dem Raisonnement – was Leopold Mozart in seinen Briefen nach Mannheim und Paris, Wolfgang in seinen ersten Briefen aus Wien auf besondere Weise genutzt hat. Die Schreiben wurden zudem unsystematisch aufbewahrt, es scheint, als sei, zumindest in der Wiener Zeit, der Vater darin bedeutend sorgfältiger gewesen als der Sohn, da die meisten Dokumente Leopolds heute verschollen sind. Wenn also Leopold den Briefen seines Sohnes in der Gründlichkeit, mit der er sie offenbar aufbewahrt hat, gewissermaßen einen eigenen Zeugnis-Status zusprechen wollte, so tat der Sohn das mit den Dokumenten seines Vaters nicht.

Es ist schwer zu ermessen, ob die Korrespondenz-Partner je auf den Gedanken gekommen wären, die Schreiben könnten über den Tagesbedarf hinausweisen. Immerhin, der Umstand, daß Leopold Mozart die Schreiben seines Sohnes archiviert hat, läßt darauf schließen, daß er sie nicht nur mehrfach gelesen, sondern wohl für überlieferungswürdig erachtet hat. Dennoch, an eine wie auch immer geartete Veröffentlichung wird wohl niemand gedacht haben. Diese Uneinheitlichkeit spiegelt sich im unterschiedlichen Status der Briefe, sie kreisen um

Persönliches, im Falle der Heirat mit Constanze auch um Allerpersönlichstes, weisen aber immer wieder auch darüber hinaus, und zwar immer dann, wenn es um die Ansprüche des Komponisten an sich und seine Werke geht. Dann erlangen die Schreiben den Rang von Dokumentationen, etwa in der Übermittlung von Akademie-Programmen oder Subskribenten-Listen, aber auch von rhapsodischen Reflexionen, die, wovon schon die Rede war, für Mozarts Selbsterkundung zentral waren. Es scheint hierin die Differenz zu den Briefen an die Schwester zu liegen, obwohl Mozart bei ihr ebenfalls höchste fachliche Einsicht voraussetzen konnte und obwohl er sicher sein mußte, daß die Briefe an den Vater auch von ihr gelesen wurden. Während er jedoch für den Vater, zum Beispiel, im Umfeld der *Entführung aus dem Serail* eine rhapsodische Opernästhetik in nuce entwarf, beließ er es gegenüber der Schwester bei der bloßen Feststellung: «du weist daß ich nun eine oper schreibe – was davon gemacht ist hat überall ausserordentlichen beÿfall gehabt – den ich kenne die *Nation* – und ich hoffe sie wird gut ausfallen – wenn das gelingt, dann bin ich auch in der komposizion wie im *clavier* hier beliebt».[16]

Unabhängig von manchen Differenzen bildete der Briefwechsel mit dem Vater gewissermaßen das Rückgrat – nicht nur der Beziehung zu ihm, sondern der familiären Bindungen überhaupt. Die Verquickung von Persönlichem mit Ästhetischem, von Praktischem mit Weltanschaulichem gehorcht offenkundig keinem wirklichen ‹Plan›, sie unterlag allem Anschein nach der Tageslaune des, glaubt man dem Zeugnis Leopolds, eben auch von Launen abhängigen Komponisten – wovon noch die Rede sein muß. Zuweilen sind die Schreiben, selbst in Zeiten kaum steigerbarer Produktivität, noch immer lang und detailliert, zuweilen wird ihnen die Ausführlichkeit jedoch genau mit dem Hinweis darauf verweigert («ich kann ohnmöglich viel schreiben, weil [...]»;[17] «ich muß dermalen ganz kurz seÿn und nur das Nothwendigste schreiben, weil ich gar zu viel zu thun habe» etc.[18]). Da sehr viele der Gegenbriefe Leopolds fehlen, lassen sich kaum Aussagen darüber treffen, wie der Briefdialog wirklich beschaffen war – und wie dabei Argumente ausgetauscht wurden. Aus der Zeit des Münchner Aufenthalts zur Vollendung des *Idomeneo* und zur Aufführungsvorbereitung sind ungewöhnlich viele Briefe Leopolds erhalten; sie verweisen auf eine dichte Argumentationskette. Da gerade hier erkennbar ist, wie sehr der Vater seine gesamte Gelehrsamkeit mit Nachdruck bemühen konnte, kann dies auch für die verlorenen Briefe wenigstens vermutet werden. Und es kann zudem vermutet werden, daß Mozart dennoch die Deutungshoheit behielt, also am Ende selbst entschied, wann er ausführlich werden wollte – und wann nicht.

So ambivalent der Status der Briefe ist, so auffällig ist der Umstand, daß sie isoliert sind. Es ist nachvollziehbar, daß Mozart beispielsweise Briefe an seine Ehefrau nur auf seinen späten Reisen bzw. während ihrer teuren Kuraufenthalte schrieb. Doch blieb er auch ansonsten im Medium des Briefes zurückhaltend, mit einer Konsequenz, die auf Vorsatz schließen läßt. Sowohl während der Jahre in Salzburg als auch derjenigen in Wien gewährte er niemandem das Privileg einer ausführlichen, wenigstens temporär stabilen Korrespondenz. Selbst die erotischen Briefe an seine Cousine Maria Anna Thekla entstammen anscheinend nur einer sehr kurzfristigen Laune, es sind überhaupt nur zehn aus einem engen Zeitraum erhalten, obwohl die Empfängerin erst 1841 starb. Diese Abstinenz ist insbesondere in seinem unmittelbaren Wiener Umfeld erstaunlich, denn es wäre doch wenigstens denkbar gewesen, mit Da Ponte – trotz der räumlichen Nähe – über Grundsatzfragen nicht nur mündlich, sondern auch schriftlich zu verkehren, wozu der Dichter sogar selbst, hierin dem Vorbild Metastasios folgend, Anlaß gab;[19] es wäre doch gleichfalls denkbar gewesen, mit Joseph Haydn, dem in den Streichquartetten die bei Mozart vollständig isolierte Gunst einer intimen, verehrungsvollen Widmung ‹auf Augenhöhe› zuteil wurde, während seiner Abwesenheiten aus Wien brieflich in Kontakt zu bleiben; es wäre also, allemal für einen geübten Korrespondenten, naheliegend gewesen, den Brief auf diese Weise zu einem zentralen Medium der absichtsvollen Selbstdarstellung zu machen. Unter den Bedingungen des so auf das Schriftliche fixierten josephinischen Wien wäre dies fast zwangsläufig erschienen. Doch Mozart scheint diesen Weg nicht genutzt zu haben, weder in seinem unmittelbaren Wiener Umfeld noch, zum Beispiel, um mit anderen Musikern von Wien aus in Verbindung zu treten. Trotz des langen Paris-Aufenthaltes sind nach seiner Abreise keine Briefe dorthin erhalten; das gilt ebenfalls für die Musiker der von ihm so verehrten Mannheimer und Münchner Hoforchester. Selbst nach der Intensivierung der Kontakte nach Prag wurde das Medium nicht genutzt, nicht einmal in so vertraulichen Fällen wie der Freundschaft mit Josepha Duschek. Dieser durchweg negative Befund ist so systematisch, daß der bloße Quellenverlust als Begründung ausscheidet.

Mozart, der virtuose Briefschreiber, der Beherrscher des rhapsodischen Raisonnements, des geistreichen Sprachspiels, hat den Modus der Korrespondenz dennoch als nicht zentral angesehen und ihn auch nicht erwogen. Dafür lassen sich zwei Ursachen vermuten. Die eine könnte darin liegen, daß Mozart niemandem außer dem Vater das Privileg einer persönlichen Nähe gewährte und gewähren wollte. Er war weit gereist, es hätte doch nahegelegen, Kontakte zum Beispiel nach Mailand auf brieflichem Wege aufrechtzuerhalten – doch wenn es überhaupt dazu kam, dann nur zufällig, unsystematisch und in jedem Fall nicht über einen nur kurzen Zeitraum hinaus, selbst dann nicht, wenn es sich um bedeutende Förderer oder Gönner handelte. Der selbst ernannte Mittelpunkt der Wiener Gesellschaft erweist sich in dieser Hinsicht als geradezu soziophob. Die zweite Ursache lag vielleicht darin, daß er möglicherweise das Gespräch als die zentrale, bestimmende Form ‹seines› Dialogs ansah, in all der ephemeren Instabilität, die diesem zu eigen war. Aus dem bereits zitierten Mannheimer Brief ist zudem eine Gewohnheit ersichtlich, die vielleicht bedeutender war, als es auf den ersten Blick erscheint. Mozart konnte das ‹Discuriren› allem Anschein nach ganz abrupt abbrechen, durch den demonstrativen Rückzug aus der Gesellschaft. Damit war das Gespräch nicht nur ephemer, es unterlag vollständig und mit einer ruppigen Konsequenz seiner eigenen Deutungshoheit. Die zahlreichen Briefe an den Vater erscheinen somit eher wie die Ausnahme von einer Regel, in der sich der Protagonist Mozart gegenüber dem Brief als Kommunikationsform regelrecht verweigerte.

3. Politik

Zu den wichtigen Prämissen des 18. Jahrhunderts gehört die immer unbedingter werdende Engführung zwischen Ethik und Ästhetik. Das ästhetisch ‹Schöne› sollte immer auch, so schon Shaftesbury, das ethisch ‹Gute› sein – und im Laufe des Jahrhunderts wurde dieser Zusammenhang mit einer immer stärker politischen Bedeutung erfüllt. Die Definition der Aufklärung als Teilhabe des Einzelnen an den Möglichkeiten der Vernunft besaß eine politische Implikation, die für die Künste nicht unwichtig blieb. Galt die Kunst als Möglichkeit der ‹Seelenerkundung›, so nahm sie an diesen politischen Umwälzungen auf eine aktive Weise teil. Das gilt auch für die Musik, die in ihrer Mischung aus repräsentativer, nach außen gerichteter Funktion und einer ins Innere zielenden Selbstvergewisserung im 18. Jahrhundert ein sehr eigenes Spannungsfeld entfaltete. Es stellt sich die Frage, ob und in welcher Weise Mozart daran partizipierte. Direkte Zeugnisse sind auch hier selten, es gibt sie, außer einem immer wieder herangezogenen despektierlichen Zitat über Voltaire, im Grunde nicht. Der spektakuläre Bruch mit dem Salzburger Fürsterzbischof galt wohl weniger der Person oder der konkreten Institution, sondern er gründete vielmehr im kühnen Lebensentwurf und dem Willen, ihn in Wien umzusetzen. Die politische Geste, die sich dahinter verbirgt, war nurmehr ein Nebeneffekt.

Allerdings gibt es wenigstens ein Ereignis in der Wiener Zeit, das, wenn auch auf verwickelte Weise, Aufschluß über Mozarts Verhältnis zu politischen Fragen seiner Zeit zu gewähren vermag – und über deren

Bedeutung für seine Musik. Gemeint ist *Le Nozze di Figaro*, das einzige seiner Werke, von dem wenigstens mittelbar bezeugt ist, daß es mit der Zensurpraxis im Allgemeinen und ihrer besonderen Ausprägung im Wien Josephs II. in Berührung kam. Dies erweist sich bei genauerem Hinsehen als die erste einer Reihe von Besonderheiten, welche die Oper von allen anderen Wiener Bühnenprojekten unterscheidet. Nur der *Figaro* basiert nämlich auf einer aktuellen literarischen Vorlage, auf einem aufsehenerregenden und erfolgreichen Theaterstück. Nur dieses Werk geht unmittelbar auf ein französisches Drama, wenn auch vermutlich in deutscher Übersetzung, zurück, und als einziges bedient es sich der Dichtung eines einflußreichen Literaten, der mit seinem Stück, von langer Hand geplant, ästhetische und politische Positionen unmittelbar miteinander verbinden wollte und ihm deswegen ein umfangreiches Vorwort mitgegeben hat. Und nur vom *Figaro* ist, durch die Mitteilung Lorenzo Da Pontes, glaubwürdig bezeugt, daß die Sujetwahl auf Mozart selbst zurückging. Zudem ist das Werk, als einziges der Wiener Projekte, ohne Auftrag entstanden – es kann also als Paradigma von Mozarts künstlerischem Lebensentwurf gelten.[20]

So kärglich die Entstehungsgeschichte im Detail dokumentiert ist, so bemerkenswert ist diese Reihe von Besonderheiten. Dabei erweist sich die Verbindung zur Zensurpraxis nicht nur als ihr zentrales Moment, sondern gewissermaßen als ihr Fluchtpunkt. Allerdings dürften sich die einzigen expliziten Dokumente, die es dafür vielleicht gab, in den Akten der k. k. Zensurbehörde befunden haben; diese wurden beim Brand des Wiener Justizpalastes 1927 fast vollständig vernichtet.[21] Auch Mozarts Korrespondenz gewährt in dieser Hinsicht keinen Aufschluß, die erste Erwähnung des *Figaro* findet sich in einem Brief Leopolds an seine Tochter vom 3. November 1785, die Aufführungen selbst sind dann etwas ausführlicher belegt. Lediglich die späten Erinnerungen des Sängers Michael Kelly (1826) und von Lorenzo Da Ponte (1829) enthalten jene wenigen Angaben, auf welche man angewiesen ist.

Da Ponte erwähnt bestimmte Eigenarten der Werkgenese, drei von ihnen erweisen sich dabei als besonders bedeutsam: die Wahl des

Theaterstücks *La folle journée* von Pierre Augustin Caron de Beaumarchais durch Mozart selbst; die außerordentlich schnelle Erarbeitung der Partitur, die vielleicht mehr als die reklamierten sechs Wochen in Anspruch nahm, aber sicher nur einen sehr kurzen Zeitraum hektischer Betriebsamkeit; und die auf eigentümlichem Wege erwirkte Erlaubnis zur Aufführung, denn Da Ponte hat in seinen *Memorie* versichert, er habe den Kaiser überzeugen können, die nach dem Verbot des Theaterstückes nicht unstrittige Produktion zu genehmigen. Der Konflikt mit der Zensur geht auf die Geschichte von Beaumarchais' Drama in Wien zurück. Nach langen Verzögerungen war der zweite Teil seiner Figaro-Trilogie, *La folle journée ou Le mariage de Figaro*, am 27. April 1784 in der Comédie Française in Paris erstmals öffentlich aufgeführt worden. Die Reaktionen nicht nur in Frankreich waren euphorisch,[22] und schon bald bemühte man sich um Aufführungen und Übersetzungen in anderen Ländern. Der Prinzipal Emanuel Schikaneder hielt sich, aus Preßburg kommend, mit der von ihm und Hubert Kumpf geleiteten Schauspielgesellschaft ab Herbst 1784 in Wien auf und bespielte dort vom 5. November bis zum 6. Februar 1785 das Kärntnertortheater.[23] Begonnen hatte man, als Reverenz vor dem Genius Loci, mit der *Entführung aus dem Serail*; das gesamte Programm war offenbar, durch die Einbeziehung von großen Opern, auf die Bedürfnisse der Residenzstadt abgestimmt. Im Februar löste sich die Truppe jedoch unerwartet auf, Kumpf kehrte nach Preßburg zurück, Schikaneder blieb allein in Wien. Während ihrer dreimonatigen Anwesenheit erfreute sich die Gesellschaft der besonderen Gunst des Kaisers, der sich mit einer gewissen Regelmäßigkeit zu den Vorstellungen begab.

Schon in den 1770er Jahren hatte sich Schikaneder für die Dramen von Beaumarchais interessiert. So führte er etwa 1780 den *Barbier von Sevilla* in Salzburg auf, und zwar in der Übersetzung von Friedrich Wilhelm Großmann, mit der 1776 entstandenen Musik von Friedrich Ludwig Benda.[24] Am 3. Februar 1785, also kurz vor Ende der Saison, wollte man *La folle journée* herausbringen. Die Aufführung unterlag völlig unerwartet dem Eingriff der Zensur, was sich aus der Presseberichtserstattung erschließen läßt. Am 2. Februar 1785, also einen Tag zuvor, erschien im *Wienerblättchen* zunächst folgende Ankündigung: «Herr Rautenstrauch hat das in Paris mit so ausserordentlichem Beyfall aufgenommene Lustspiel *les Noces de Figaro* kürzlich ins Deutsche übersetzt: Morgen wird selbiges von der Gesellschaft des Herrn Schikaneder und Kumpf zum erstenmal aufgeführt werden, wobey der von dem hiesigen Publico immer mit Vergnügen gesehene Schauspieler Herr Kronstein in der Rolle des Figaro erscheinen wird. Man erräth leicht, wie neugierig ein grosser Theil unserer Theaterfreunde seyn müsse, zu sehen, ob dieses Stück auch auf deutschem Grund und Boden ein so entschiedenes Glück, wie in Frankreich, machen werde.»[25] Zwei Tage später jedoch war an derselben Stelle vom Verbot zu lesen: «Das von H. Schikaneder verheißene Lustspiel: Die Hochzeit des Figaro, ist gestern nicht aufgeführt worden und hat selbiges, nach der dem Publiko in dem gestrigen Anschlagzettel mitgetheilten Nachricht, die Censur, zwar zum Drucke aber nicht zur Vorstellung erhalten.»[26] Und am Monatsende erschien in derselben Zeitung der erste Teil einer längeren Rezension dieser gedruckten Übersetzung, in der übrigens der dramaturgische Kern des *ius primae noctis* als reine Satire bezeichnet wird: «Uiber Figaro. Nach der französischen Ausgabe der Hrn. Brüder Gay und der deutschen Übersetzung des Hrn. Rautenstrauch [...]. Wir wollten dessen schon gleich nach seiner Erscheinung erwähnen, als wir aber vernommen, daß es von der Schikaneder= und Kumpfischen Gesellschaft deutscher Schauspieler sollte aufgeführet werden, so hielten wir unser Urtheil zurück, um es zugleich auf die Aufführung auszubreiten. Doch das Stück ward verboten, und die Vorstellung mußte also unterbleiben.»[27]

Die von der Zensur gleichsam in letzter Sekunde verhängte Lösung war also ambivalent: Verbot der Aufführung einerseits, Freigabe des Drucks von Johann Rautenstrauch, der Ende Januar, also deutlich vor der Aufführung erschien, andererseits.[28] Im selben Jahr 1785 sind fünf weitere Ausgaben deutscher Texte nachweisbar, veröffentlicht in Kehl, Prag, Leipzig, München und Berlin – offenbar, mit Ausnahme der ersten, alle auf Aufführungen zurückgehend. Mozart selbst hat nachweislich ein Exemplar des Textes besessen, eigenartigerweise aber, wie aus dem Nachlaßverzeichnis hervorgeht, nicht die Fassung Rautenstrauchs, sondern diejenige aus Kehl, die von Beaumarchais überdies autorisiert worden war und von der noch die Rede sein wird.[29] Und er hat das Stück offenbar nicht auf der Bühne gesehen, wenn er nicht bei einer Probe der Truppe von Schikaneder und Kumpf zugegen gewesen sein sollte. Obwohl Rautenstrauchs Version freigegeben worden war, hat sie der Komponist nicht verwendet. Weiterhin ist vollständig unklar, welcher Version Da Ponte sich bediente: des französischen Originals, einer deutschen Übersetzung oder einer Mischung aus allem; die erste italienische Übersetzung erschien jedenfalls erst nach 1785. Da Ponte berichtet in seinen Memoiren überdies, Mozart habe den Plan nur wenige Tage nach dem Verbot der Schikaneder-Aufführung vorgeschlagen. Zu diesem Zeitpunkt muß er also bereits den Text gekannt haben, gleichzeitig muß ihm das damit verbundene Risiko bewußt gewesen sein. Offenbar erachtete man das Vorhaben als eine Art Geheimprojekt, das dem Kaiser erst nach Fertigstellung anempfohlen wurde. Der Uraufführung am 1. Mai 1786 in der Hofoper ging eine persönliche Genehmigung des Monarchen voraus – gefolgt vom Zorn derer, welche in diesem Vorgehen die Mechanismen des Hofes mit einigem Recht außer Kraft gesetzt sahen. Überdies standen sich das Aufführungsverbot des Dramas und die Freigabe der Oper ziemlich unvermittelt gegenüber.

Bedenkt man diese Zusammenhänge, so lassen sie in unerwarteter Weise Rückschlüsse auf Mozarts politische Haltung zu. Die Komödie wurde, wie schon bemerkt, am 27. April 1784 in der Comédie Française erstmals aufgeführt, und sie war einer der größten Erfolge nicht nur des Autors, sondern des Theaters im 18. Jahrhundert insgesamt. Ihr ging eine jahrelange und immer erbitterter geführte, zugleich immer nachdrücklicher und effektvoller inszenierte Auseinandersetzung mit der Zensur voraus, mit der das Stück schließlich den Status eines politischen Symbols erhielt, nicht zuletzt deswegen, weil Ludwig XVI. sich selbst negativ dazu geäußert hatte. Bis zum Zeitpunkt der endlich erreichten und bewilligten, als Ereignis angekündigten Uraufführung wirkte das Stück gewissermaßen im Verborgenen, in der literarischen und intellektuellen Halböffentlichkeit von Paris. Von 1778 an fand eine Reihe von Lesungen statt, schließlich im September 1781 eine nichtöffentliche Lesung in der Comédie Française.[30] Mozart muß von alledem während seines Paris-Aufenthaltes unmittelbar erfahren haben, möglicherweise hat er das Stück sogar dort kennengelernt. Der Konflikt mit der Zensur wurde immer systematischer zugespitzt, nicht zuletzt durch den Umstand, daß Beaumarchais sich bei seinen Lesungen zunehmend hochrangiger Fürsprecher zu versichern wußte. Insgesamt hat der Autor mindestens sechs Zensurvorgänge bewirkt, bis er endlich, nach einem Schreiben an König Ludwig XVI., das Placet zur Aufführung erhielt. Damit wurde das Werk, das längst bekannt war, zu einem Politikum ersten Ranges, nicht zuletzt wegen des großen, revolutionären Monologs des Figaro in der dritten Szene des fünften Aktes, den Mozart wegließ (und dessen dramaturgischen Mangel schon der Wiener Rezensent der Rautenstrauch-Übersetzung beklagte). Der Erfolg war, mit 73 Reprisen in der Comédie Française, beispiellos.[31]

Doch der Autor zögerte die offizielle Publikation beträchtlich hinaus. Obwohl die Druckerlaubnis im März 1784, also kurz vor der Aufführung, vorlag, sind zwei identische Editionen erst Anfang 1785 veröffentlicht worden, in Paris (bei Ruault) und in Kehl (bei der Literarischen Gesellschaft), wo Beaumarchais auch seine Voltaire-Edition besorgt hatte.[32] Die Kehler Ausgabe lag im Januar 1785 vor, und da Kehl zu dieser Zeit zu Baden gehörte (also nicht zu Frankreich), dürfte der Autor deswegen besorgt gewesen sein, gleichzeitig eine deutsche Übersetzung erscheinen zu lassen. Es ist sicher anzunehmen, daß diese Fassung zum gleichen Zeitpunkt, am Anfang des Jahres 1785, vorlag.

Der langjährige Konflikt mit der französischen Zensur sicherte dem Stück höchste Aufmerksamkeit, weit über Paris und Frankreich hinaus. Angesichts der Rezeption französischer Autoren im josephinischen Wien erstaunt die Präsenz dort nicht. Überdies war Beaumarchais dort kein Unbekannter, hatte er sich doch im August 1774 unter skandalträchtigen Umständen in der Residenzstadt aufgehalten, angeblich in geheimer Mission, die jedoch drei Tage nach seiner Ankunft und nach einer Audienz bei Maria Theresia in der Verhaftung endete. Als Vermittler zur Freilassung agierte dabei übrigens Joseph von Sonnenfels, der zu diesem Zeitpunkt bereits Professor an der Wiener Universität (ab 1763) und Theaterzensor (ab 1770) war.[33] Doch bediente sich Schikaneder bei seiner geplanten *Figaro*-Aufführung gar nicht der autorisierten französischen Textfassung des Dichters, sondern er benutzte eine jener freien Bearbeitungen, die ab der Mitte des Jahres 1784 den Markt zu überschwemmen begannen, nämlich, wie im *Wienerblättchen* auch vermerkt, die Version der Gebrüder Gay.[34] Diese betrieben in Wien eine französische Buchhandlung, bestimmten maßgeblich die Vermittlung französischer Literatur nach Österreich und Ungarn und arbeiteten gelegentlich auch mit dem für Mozart wichtigen Verleger Johann Thomas von Trattner zusammen. Der Plan zur Wiener Aufführung entstand offenkundig im Dreieck von Schikaneder, Rautenstrauch und den Gebrüdern Gay.

Der Konflikt mit der Zensur erscheint vor diesem Hintergrund noch auffälliger. Denn auch die Ausgabe der Gebrüder Gay mußte die Zensur bereits passiert haben, als Schikaneder und Rautenstrauch um Bewilligung ihrer Pläne baten. Zu dem Zeitpunkt, als die Aufführung verboten wurde, hatte das Stück die Zensur also schon zweimal anstandslos passiert. Durch einen Zufall läßt sich jedoch nachweisen, daß die Zensurkommission beim Verbot nicht aus eigenem Antrieb handelte, sondern auf Anweisung des Monarchen selbst. Dieser schrieb am 31. Januar 1785 an den Polizeiminister Johann Anton Graf Pergen: «Ich vernehme, dass die bekannte Komedie le Mariage de Figaro in einer deutschen Übersetzung für das Kärtnerthortheater angetragen seyn solle; da nun dieses Stück viel Anstössiges enthält; so verstehe Ich mich, dass der Censor solches entweder ganz verwerfen, oder doch solche Veränderungen darinn veranlassen werde, dass er für die Vorstellung dieser Piece und den Eindruck, den sie machen dürfte, haften werde könnten.»[35]

Auffällig ist in dieser Ordre der Begriff des ‹Anstößigen›. Er kann sich zwar auf Politisches oder Moralisches beziehen, sehr viel wahrscheinlicher ist er jedoch hier in einem ästhetischen Sinn gemeint. Der Monarch, der, unter dem Einfluß von Sonnenfels, stets auf die Läuterung der Bühnen im Sinne der Aufklärung bedacht war, könnte also vor allem in dieser Hinsicht Bedenken gegen das Werk gehabt haben. In Sulzers *Allgemeiner Theorie* gibt es sogar ein eigenes Lemma, das einer solchen Deutung Vorschub leistet: «Das Anstößige gehört unter die wichtigsten Fehler, besonders deswegen, weil es die *Täuschung*, die so oft der vornehmste Grund der guten Würkung eines Werks ist, gänzlich zernichtet. Es beleidiget die Vorstellungskraft so sehr, daß man gezwungen wird, das Auge von dem beleidigenden Gegenstand wegzuwenden.»[36] Josephs Eingriff bezog sich offenbar auf die Theaterästhetik, getragen von der Sorge, hier würden die kaiserlichen Reformbestrebungen im Sinne einer geregelten Dramatik im Kern berührt.

Da die Absetzung des Werkes eines der raren Beispiele einer öffentlich überhaupt wahrnehmbaren Zensur in Wien war, dürfte die Wirkung beträchtlich gewesen sein. Die Motive dafür sind aber, wie aus dem Brief Josephs hervorgeht, nicht in der politischen Brisanz zu suchen, denn in Wien wurden von 1781 an Schriften ganz anderer Drastik, auch im Blick auf die Standeskritik, veröffentlicht, unter anderem Rautenstrauchs *Scheißereyen*.[37] Der Kaiser hatte anscheinend Vorbehalte gegenüber der Komödie selbst. Der Effekt des Verbots dürfte dabei gegenläufig gewesen sein, da die öffentliche Ankündigung den Verkauf der gedruckten Fassungen, ob französisch oder deutsch, kräftig befördert haben wird. In jedem Fall hatte das Stück damit ganz unverhofft eine Publizität erreicht, die derjenigen in Paris vergleichbar war, nur aus ganz anderen Motiven heraus. Diese Brisanz scheint Mozart von Anfang an fasziniert zu haben, aber es war sozusagen die dramaturgische Brisanz einer öffentlich ausgetragenen ästhetischen Debatte, nicht die einer vermeintlich politischen Sensation. So existiert auch kein einziger Hinweis darauf, daß sich hinter Mozarts Interesse genuin politische Motive verbergen könnten.

Der Komponist war vor allem in seinen Wiener Jahren um publikumswirksame Auftritte bemüht. Seine Entscheidung für den *Figaro* fällt so auffällig mit dem Verbot der Theateraufführung zusammen, daß ein Zufall auszuschließen ist. Die Verflechtung mit der Zensur läßt sich zwar als die auslösende und am Ende zusammenfassende Besonderheit von *Le Nozze di Figaro* verstehen. Doch zielt diese eben nicht auf den politischen Querstand, sondern auf eine andere Art der Komödie, in der die Musik eine neue Funktion einnahm. Dies ist die eigentliche, die tiefe Verbindung zur Komödie von Beaumarchais. Die Überwindung der Zensur – gekoppelt mit der Überwindung des Auftragsverhältnisses – bildete gewissermaßen die spektakuläre Außenseite, die Oberfläche des Dramas, in Gang gesetzt von einem Komponisten, dem um 1785 schlechterdings alles gelingen wollte und sollte und der dies in der Öffentlichkeit immer wieder kundtat. Die Veränderung des *Figaro* auf das Seelendrama hin sollte ihm das ästhetisch ‹Anstößige› (zu dem auch die als satirisch verstandene Unmöglichkeit des *ius primae noctis* gehörte) nehmen, und es galt als das Privileg der Musik, genau dies verwirklichen zu können. Das Politische, auch dies eine eigenwillige Inversion der Wirklichkeiten des späten 18. Jahrhunderts, war dafür in Wien nur noch ein Vehikel; es wurde im doppelten Wortsinne aufgehoben und spielte nur noch eine oberflächliche Rolle. Die politischen Momente des *Figaro* wurden also nicht aus Angst vor der Zensurkommission eliminiert, sondern eines ästhetischen Interesses wegen. So, wie aus dem *Figaro* ein echtes Drama werden sollte, so sollte wenig später, und schon unter dem Eindruck des Scheiterns des Josephinismus, das Dramma per musica des *Tito* «ridotta á vera opera», also auf eine wahrhaftige Oper zurückgeführt werden.[38] Die Vorgänge um den *Figaro* lassen Rückschlüsse auf Mozarts Umgang mit politischen Themen zu: Sie unterlagen derselben Verfügungsmacht wie die ästhetischen. Die für die Aufklärung so wichtige Engführung von Ethik und Ästhetik wurde damit, in einer ebenso wirkungsvollen wie beispiellosen Aneignung der Wiener Prämissen, bis an die Grenze der Auflösung geführt.

4. Melancholie

Es ist nahezu unmöglich, sich ein differenziertes Bild vom Menschen Mozart zu machen. Damit ist nicht das Intime, das Persönliche angesprochen, obwohl gerade dies, in der Engführung zwischen ‹Person› und ‹Werk›, für so lange Zeit das Mozart-Bild bestimmt hat und es in den Trivialzonen des Musiklebens sogar noch bis heute tut. Hier ist also nicht die unzulässig-zudringliche Spekulation über das ohnehin Verborgene gemeint, sondern der Versuch, in der geistigen Physiognomie des Komponisten mit einer gewissen Plausibilität Züge aufzuspüren, die zugleich von Wichtigkeit für seine Haltung zum 18. Jahrhundert sind. Auch dies ist im Falle Mozarts schwierig genug. Es gibt zwar eine eindrucksvolle Reihe von direkten Zeugnissen, doch entstammen diese in den allermeisten Fällen seinen eigenen Briefen. Die Briefe aber sind – auch wenn sie, anders etwa als wenige Jahrzehnte später die Korrespondenz zwischen Goethe und Schiller, nicht zur öffentlichen Mitteilung bestimmt waren – Produkte einer komplexen Inszenierung, mit sehr unterschiedlichen, zum Teil gegenläufigen Absichten. So sehr also, wovon die Rede war, die Briefe als Spiegel dieser Inszenierung von Belang sind, so viel sie vom Denken des Komponisten verraten, so wenig geben sie am Ende vom Menschen preis – nicht zuletzt deswegen, weil alle Informationen in der Regel nicht mit einem Gegenüber korrelierbar sind. Sie bleiben, in der Denkfigur des Dramas gesprochen, Monologe.

In der großen Fülle der Dokumente existiert allerdings ein Solitär, der so außergewöhnlich ist, daß er – obwohl in der Mozart-Literatur bisher eher beiläufig behandelt – doch einer deutenden Belastungsprobe bedarf. Es sind knappe Zeilen, nicht von ihm selbst und nicht für die Öffentlichkeit bestimmt, die dennoch, unterzieht man sie einer solchen Probe, in einem erstaunlichen Maße Aufschluß über seine Persönlichkeit gewähren, einen von der Form und vom Inhalt her unerwarteten Aufschluß. Kaum zufällig steht dieses äußerlich karge Dokument mit der vielleicht einzigen persönlichen, intimen Lebensentscheidung, über die wir mehr als beiläufige Informationen besitzen, in einem direkten Zusammenhang. Gemeint ist Mozarts Hochzeit mit Constanze Weber, die, so weit das zu beurteilen möglich ist, wohl doch, trotz der schwierigen Umstände, unter denen sie Wirklichkeit wurde, eine Liebesheirat war. Mozart kannte die Familie Weber schon aus Mannheimer Zeiten, er begegnete ihr 1781 wieder. Im Sommer wurde die Beziehung zur ziemlich genau sechs Jahre jüngeren Constanze ernster und enger, im August 1782 kam es zur Eheschließung – unter allem Anschein nach nicht einfachen Umständen, nämlich unter Mißtrauenserklärungen aller Art, unter der Abnötigung eines förmlichen Eheversprechens durch Constanzes Vormund Johann Thorwart – und, vor allem, gegen den entschiedenen Widerstand von Leopold Mozart. Die Trauung fand einen Tag nach der Unterzeichnung eines Ehevertrags im Stephansdom statt; Mozart beschrieb die Zeremonie drei Tage später in einem Vokabular, das auch einem zeitgenössischen Bildungsroman hätte entstammen können, nämlich als Zustand äußerster Bewegung: «– als wir zusamm verbunden wurden fieng so wohl meine frau als ich an zu weinen; – davon wurden alle, sogar der Priester, gerührt. – und alle weinten, da sie zeuge unserer gerührten herzen waren.»[39]

Diese Vereinigung der «gerührten herzen» wurde offenbar maßgeblich unterstützt von der Baronin Martha Elisabeth von Schäffer, die 1762 Hugo Joseph Dominik von Waldstätten geheiratet hatte und die zu den wichtigen Bezugspersonen vor allem in Mozarts erster Wiener Zeit gehörte. Über sie und ihre Rolle im Wiener Adel ist bisher nicht viel bekannt, sie ebnete aber offenbar, im Einklang mit anderen Gönnern, nicht nur die administrativen Wege für die Hochzeit, die, wie schon dargelegt, bereits vom sich anbahnenden josephinischen Ehepatent überschattet gewesen sein dürfte (folglich fand die zivilrechtliche Vertragsschließung bereits einen Tag vor der Trauung statt). Sie übernahm vielmehr auch elterliche Pflichten, indem sie ein Festmahl ausrichtete, das, so Wolfgang nicht ohne Stolz, «in der that mehr fürstlich als Baronisch war». Schon hier war die Gesellschaft der Mäzene also zu einer Art Ersatzfamilie für den Komponisten und seine Frau geworden, und dies sollte während der Wiener Zeit auch so bleiben.

Kurze Zeit später, am 23. August desselben Jahres, hat sich Leopold Mozart bei der Baronin von Waldstätten für ihre Anteilnahme und ihre Gunst bedankt – und damit zugleich seine Versöhnungsbereitschaft angekündigt. Aus dem Wortlaut des Briefes geht nicht sicher hervor, ob er ihn aus eigenem Antrieb schrieb – oder ob es sich um eine Antwort auf ein nicht vorhandenes Schreiben der Baronin handelt; der Text deutet eher auf die zweite Lesart. Leopold Mozart war sich durchaus des ständischen Unterschieds bewußt, das Schreiben ist sorgsam und zurückhaltend formuliert – und enthält doch, etwas überraschend, alle Züge eines persönlichen Bekenntnisses: «Als ich ein junger Pursche war, glaubte ich immer, daß Diejenigen Philosofen wären, die wenig sprachen, selten lachten, und gegen alle Welt eine mürrische Miene machten. Meine eigenen Begebenheiten aber haben mich nun vollkommen überzeugt, daß ich einer bin, ohne es selber zu wissen.»[40] Denn er, der Philosoph contre cœur, sei «sowohl in moralischen als Physikalischen Verstande» durch das Betragen seines Sohnes «aufgeopfert» – was heißt: sowohl sittlich als auch physisch der Lächerlichkeit preisgegeben worden. Diese bittere Einsicht führe ihn letztlich zum Vorsatz, sich in das Unabänderliche zu fügen und die «mürrische Miene» abzulegen; Leopold ermuntert sich also selbst zu stoischem Gleichmut, einer Tugend, die er durchaus während seiner Studien in Salzburg kennenlernen konnte: «Hofnung! Du einziger Trost unserer Wünsche beruhige mein Gemüth!»

Er verbindet dieses Bekenntnis allerdings mit einem eigenartigen, kurzen, jedoch zentralen Hinweis auf die Wesensart seines Sohnes. Das Spiel mit dem ‹Philosophischen› erweist sich also als eine Art von Einleitung zu einer Charakteristik, die genau unter diesen Vorzeichen steht und unter ihnen verstanden werden soll. Im Brief heißt es: «– ja, ich würde ganz beruhiget sein, wenn ich nur nicht bei meinem Sohne einen Hauptfehler entdeckte, und dieser ist, daß er garzu *gedultig* oder *schläferig*, zu *bequem*, vielleicht manchmal zu *stoltz*, und wie sie dieses alles zusammen taufen wollen, womit der Mensch *ohnthätig* wird: oder er ist zu *ungedultig*, zu *hitzig* und kann nichts abwarten. Es sind zween einander entgegen stehende Sätze die in ihm herrschen – zu viel oder zu wenig und keine Mittelstraße».

Es ist unklar, was Leopold zu dieser Offenbarung veranlaßt hat, und es läßt sich nicht ausmachen, ob sie ein Einzelfall blieb oder, was nicht unwahrscheinlich ist, mündlich und schriftlich auch an andere Adressaten gerichtet wurde. Die «zween einander entgegen stehende[n] Sätze» entsprechen der rhetorischen Denkfigur der Antinomie, also der gleichzeitig gültigen, aber einander doch ausschließenden Grundsätze. Diese charakterliche Antinomie raubte dem Vater jene Ruhe, die dem soeben von ihm beschworenen Stoizismus wesensmäßig zu eigen ist, weil in ihr die «Mittelstraße» fehlte. Die Vokabeln, die Leopold zur Charakterisierung der Antinomie verwendet, waren jedoch im 18. Jahrhundert geradezu signalhaft besetzt. Die widerstreitenden Charakterzüge bilden also die Paare von Untätigkeit und Hitzigkeit, von bequemer Geduld und unwirscher Ungeduld. Die Gegenüberstellung von lähmender Ohnmacht und hitzigem Feuer entspricht aber den Vorstellungen von der Hypochondrie oder Schwermut, kurzum: dem Befund der Melancholie und ihrer Überwindung in der Tätigkeit.

Es ist anzunehmen, daß Leopold Mozart ebenso absichtsvoll diese Diagnose übermitteln wie das genaue Wort vermeiden wollte. Seine ahnungsvollen Andeutungen («wie sie dieses alles zusammen taufen wollen») weisen jedoch die Richtung. Im gesamten 18. Jahrhundert wurde über die Melancholie als Voraussetzung von Kreativität, als Grundlage eines sich Geltung verschaffenden Furor poeticus diskutiert.[41] Die Vorstellung, daß dem Schöpferischen in der lähmenden Melancholie eine gefahrvolle Gegenseite gegenüberstand, war nicht neu, sie hatte ihre Wurzeln in der Antike und war im 16. Jahrhundert bereits differenziert ausgeführt worden, auch im Blick auf die Musik.[42] Immer jedoch galt die ‹Gegenseite› der Melancholie als Defekt, der erst

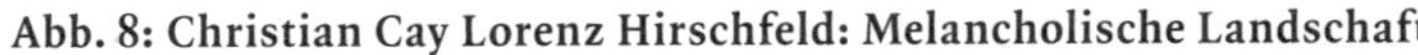
Abb. 8: Christian Cay Lorenz Hirschfeld: Melancholische Landschaft

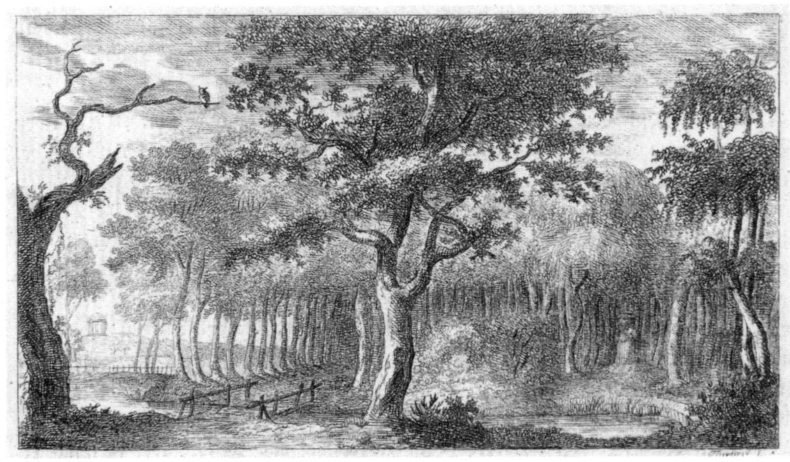

In die weitverzweigte Diskussion über die Melancholie hat sich auch der Philosoph Christian Cay Lorenz Hirschfeld (1742–1792) mit seiner zugleich in Wien annoncierten Gartenkunst eingeschaltet. Der an der Kieler Universität lehrende Pastorensohn hat Landschaft und Moralphilosophie unter dem Eindruck Rousseaus zusammengeführt und dabei das Privileg der melancholischen Empfindung erläutert, illustriert mit einem Landschaftsbeispiel. Anhand dieses Landschaftseindrucks schildert er, daß die Empfindung der Melancholie «anziehend, bezaubernd, erschütternd und erhebend» sei. Für «Leute von Geschmack und feiner Empfindung» seien die durch die Melancholie hervorgerufenen Eindrücke «weit interessanter» als «tausend Belustigungen» (S. 211).

im Jahrhundert der Aufklärung als das eigentliche Kernstück der kreativen Disposition nobilitiert wurde.[43] Der mit Genie Begabte verfügte in der Paarung von schöpferischer Kraft und lähmender Schwermut, von entgrenzter Ungeduld und stolzer Untätigkeit erst über die entscheidende Voraussetzung tätigen Schaffens. Im späten 18. Jahrhundert sollte diese Denkfigur auch dazu führen, die nicht mehr schönen, die befremdlichen und schließlich die häßlichen Hervorbringungen der Einbildungskraft anzuerkennen.

Davon ist Leopold Mozart noch weit entfernt. Als getreuen Schüler der Salzburger Aufklärung erfüllt ihn die Diagnose, die er bei seinem

Sohn vornimmt, noch erkennbar mit Sorge, erblickte er in der Gleichzeitigkeit von Ohnmacht und Ungeduld, von lähmender Selbstversenkung und kreativem Rausch zweifellos eine Gefahr oder einen «Hauptfehler», denn es werden «den besondern *genies* die meisten Hindernisse in den Weeg gelegt». Einige Jahre vor seinem Brief hat jedoch Kant, nur wenig jünger als Leopold Mozart, eine solche Disposition zur Melancholie nicht als Mangel, sondern als einzigartigen Vorzug des Tätigen beschrieben, und dies ausgerechnet in seiner Schrift über das Schöne und das Erhabene, also in einem Zusammenhang, in dem es um die (kalkulierte) Entgrenzung der ästhetischen Erfahrung geht: «Ein innigliches Gefühl für die Schönheit und Würde der menschlichen Natur und eine Fassung und Stärke des Gemüths [...] ist ernsthaft [...]. Es nähert sich sogar der Schwermuth, einer sanften und edlen Empfindung, in so fern sie sich auf dasjenige Grausen gründet, das eine eingeschränkte Seele fühlt, wenn sie, von einem großen Vorsatze voll, die Gefahren sieht, die sie zu überstehen hat, und den schweren, aber großen Sieg der Selbstüberwindung vor Augen hat. Die echte Tugend also aus Grundsätzen hat etwas an sich, was am meisten mit der melancholischen Gemüthsverfassung im gemilderten Verstande zusammenzustimmen scheint.»[44] Leopold Mozart war bei seiner Diagnose jedoch noch überzeugt, daß es bei seinem Sohn eben nicht um eine ‹melancholische Gemütsverfassung im gemilderten Verstande› ging, sondern um das genaue Gegenteil. In einem geradezu beschwörenden Brief vom 23. Februar 1778 wird das nochmals deutlich, indem er ihm vorwirft, «daß du beÿ dem ersten hitzigen Gedanken der dir in kopf kommt oder in Kopf gebracht wird immer sitzen bleibst ohne die Sache recht zu überlegen und auseinander zu setzen»: «Kurz! könnte ich dir mehr gesetztes wesen, oder nur eine mehrere uberlegung beÿ der Hitze deiner Einfälle beÿbringen, so würde ich dich zum glücklichsten Menschen der Welt machen.» Und zur Mahnung: «Million Menschen haben keine so grosse Gnade von Gott erhalten, wie du. welche Verantwortung!», tritt die Aufforderung, das Gemüt mit Hilfe der Vernunft zu besänftigen: «Gott hat dir eine treffliche Vernunft gegeben. was dich hindert solche manchmahl nicht recht anzuwenden», seien Hochmut und Eigenliebe.[45]

Kants positive Wertung der Disposition gründet dagegen in der Überzeugung, die Melancholie sei beglaubigt durch ihre produktive Energie, über die eine «eingeschränkte Seele» eben nicht verfüge. Der Konflikt zwischen der Furcht «vor einem großen Vorsatze» und dem «Sieg der Selbstüberwindung» versteht sich gewissermaßen als Kern der schöpferischen Tätigkeit. Aus der Bedingungslosigkeit dieser Voraussetzung leitet Kant schließlich die Besonderheit einer sozialen Konfiguration ab, die einzig für den Melancholiker und damit für denjenigen, der zur schöpferischen Produktivität fähig ist, gelten kann. Denn der mit Schwermut Begabte «hat ein hohes Gefühl von der Würde der menschlichen Natur. Er schätzt sich selbst und hält einen Menschen für ein Geschöpf, das Achtung verdient. Er erduldet keine verworfene Unterthänigkeit und athmet Freiheit in einem edlen Busen. Alle Ketten von den vergoldeten an, die man am Hofe trägt, bis zu dem schweren Eisen des Galeerensklaven sind ihm abscheulich. Er ist ein strenger Richter seiner selbst und anderer und nicht selten seiner sowohl als der Welt überdrüssig.»[46]

Die hier als Konsequenz der melancholischen Disposition beschworene Freiheit lebt aus der unmittelbaren Engführung schöpferischer Tätigkeit und sittlicher Läuterung, die gleichwohl zu unerbittlicher Selbstkritik wie zur Weltabgewandtheit führen kann, auch zur Verbindung von, wie Joseph Lange sich 1808 an Mozart erinnerte, «innere[r] Anstrengung» und «äußerer Frivolität».[47] Die Verbindung von melancholischer Disposition, schöpferischer Energie und Freiheitsliebe ähnelt auf eigenwillige Weise jenem Lebensentwurf, den Mozart spätestens in Wien für sich selbst beansprucht hat. Kants Schriften waren dort, über Trattners Buchhandlung, mühelos erhältlich, und Joseph von Sonnenfels und Gottfried van Swieten galten nach 1780 als ihre bedeutendsten Vermittler.[48] Doch bedarf es einer solchen direkten Verbindung, die überdies wenig aussagekräftig ist, gar nicht, um die Wirksamkeit der Denkform, also die Verknüpfung von Melancholie und sozialem Privileg, in Mozarts Lebensentwurf festzustellen. Vielmehr stehen sich die psychische, vielleicht sogar physiologische Disposition, gepaart mit den Möglichkeiten der Einbildungskraft und der produktiven Energie, nicht nur gegenüber, sie verschmelzen mit dem Willen zu einer weitgehenden Unabhängigkeit einerseits, zur radikalen Selbstkritik andererseits. Gepaart ist dies mit dem immer stärker hervortretenden, allerdings schon mit der Konstruktion des ‹Wunders› verbundenen Willen, das kritische Urteilsvermögen der andern zu suspendieren bzw. in diesem Sinne aufzuheben.

Die Diagnose der Melancholie, die Leopold Mozart in seinem Brief andeutet, steht nicht für sich selbst, sie hat mit den zentralen Denkmustern der Aufklärung zu tun. Während er noch eine Gefahr darin erblickte, scheint sein Sohn dies als Herausforderung angenommen zu haben. Die Wurzeln dafür können in Paris liegen, auch in Mailand; in Wien jedoch fand er ein Umfeld vor, in dem die Sorge des Vaters in ein positives Ideal gewendet werden konnte. Die Sonderstellung der ‹Freiheit›, die Kant als Frucht und Bekenntnis des mit Melancholie Begabten definieren wollte, entsprach nun der selbst angemaßten Stellung. Nimmt man also Leopold Mozarts Diagnose gegenüber der Baronin von Waldstätten ernst, so scheint es, als habe sein Sohn diese Disposition nicht einfach nur zur Kenntnis genommen, sondern über sie verfügt – und sie deswegen, in der Spannung von Schwermut und überbordender Aktivität, zum Teil seiner lebensweltlichen Inszenierung gemacht. Gerade dann aber hätte er daraus eine Selbstreflexivität des Komponierens abgeleitet, die dem Musikalischen in dieser Form vorher fremd war und fremd bleiben mußte. Die Engführung ästhetischer Voraussetzungen mit der kreativen Disposition hat es ermöglicht, die Musik nicht einfach nur an den aufgeklärten Diskursen teilhaben zu lassen, sondern sie an die Spitze solcher Diskurse zu setzen. Auch wenn der Beleg Leopold Mozarts in dieser Form isoliert ist, so kommt ihm in dem Kontext, in den er selbst ihn stellt, eine zentrale Bedeutung zu.

Es gibt in Mozarts Werken eine erstaunliche Reihe von Fällen, in denen die Melancholie kompositorisch unmittelbar reflektiert wurde, wie im Mittelsatz des Jenamy-Konzerts KV 271. In der Wiener Zeit haben sich diese Fälle jedoch deutlich vermehrt. So gilt die Konstellation etwa für das Adagio in fis-Moll des Klavierkonzerts KV 488, das in einer Tonart steht, die um 1800 geradezu indikatorischen Charakter für das ‹Melancholische› erlangen sollte. In diese Reihe gehört etwa auch die Arie der Konstanze *Traurigkeit ward mir zum Lose* aus der *Entführung*, die gleichsam ein melancholisches Dispositiv zum Gegenstand hat, die Einleitung zum Finale des g-Moll-Streichquintetts KV 516, die mit der melancholischen Ur-Disposition des Selbstmords spielende Arie der Pamina in der *Zauberflöte*, dazu die beiden eigenwilligen Werke in f-Moll für mechanische Orgel (KV 594 und 608) oder die Einleitung zu *Bella mia fiamma* für Josepha Duschek (KV 528). Es sind Werke, in denen auf die unterschiedlichste Weise melancholische Konstellationen geradezu ‹ausgestellt› werden, in der Vokalmusik ebenso wie in der Instrumentalmusik.

Es handelt sich dabei nicht einfach um Topoi, es handelt sich aber auch nicht, wie im 19. Jahrhundert gern angenommen, um den Kurzschluß persönlicher Befindlichkeiten mit kompositorischen Sachverhalten, also die Verwandlung persönlicher Niedergeschlagenheit in musikalische Wirklichkeit. Es handelt sich vielmehr um kompositorische Annäherungen an eine kreative Grunddisposition, die für Mozart allem Anschein nach in sehr viel stärkerem Maße lebens- und handlungsbestimmend gewesen ist, als lange Zeit angenommen. Dann wäre die Engführung von ‹Melancholie› und ‹Ästhetik› nicht einfach nur eine Zuspitzung seiner Daseinsform, sondern ein Paradigma dafür, daß Musik überhaupt in der Lage sei zu solcher Reflexion, die zugleich Selbstreflexion ist, Selbstreflexion nicht nur des Komponisten, sondern auch mit und in seiner Musik. Nimmt man diese Deutung ernst, so erhalten vielleicht auch die Fokussierungen in Mozarts letzten Werken vor diesem Hintergrund einen anderen Sinn. Dabei geht es nicht nur um den neuen ‹Ton› etwa im Klarinettenkonzert KV 622 oder im B-Dur-Klavierkonzert KV 595, selbst im Adagio für Glasharmonika KV 356. Es geht vielmehr um die Einsicht, daß, in letzter Zuspitzung des Aufklärungsjahrhunderts, die von Kant beschworene ‹Freiheit› des Melancholikers sich gegen sich selbst richten könne.

Vielleicht ist dies eines der vielen Geheimnisse der *Zauberflöte*, auf deren Text Mozart mit größter Wahrscheinlichkeit entscheidenden Einfluß nahm. Die zahllosen ‹Brüche› der Geschichte, die Ansammlung einer Fülle denk- und undenkbarer Satzmodelle (bis hin zu den Terzetten von drei Sopranen oder drei Knabensopranen), die extrovertierte Zuspitzung affektiver Konstellationen (bis hin zur hysterischen Unwirklichkeit von aus dem Ruder gelaufenen Koloraturarien), all dies könnte auch darauf hindeuten, daß die mit der und durch die Melancholie erworbenen Freiheiten keinen Wirklichkeitsbezug mehr aufweisen. Die rasante Folge affektiver Situationen in beispiellosen Ensembles kennt keine dramaturgischen Begründungen mehr. Gleich zwei Selbstmordszenen gibt es in der Oper, die eine löst sich durch tätige Liebe auf, die andere durch reine Zauberei («ich Narr vergaß der Zauberdinge»), in beiden Fällen veranlaßt durch die wundersam erscheinenden drei Knaben. Diese Konstellation, in der die von Sarastro beschworene Vernunft nur noch als Chiffre gelten kann, ist weit von jenem Optimismus und wirkungsästhetischen Feuer entfernt, mit dem der Komponist ursprünglich die musikalischen Ausstellungen von Melancholie kontrastiert hat und kontrastieren wollte. Die Aufhebung von Freiheit erweist sich schließlich als ein Grenzverlust mit unabsehbaren Folgen, die melancholische Unauflösbarkeit der *Zauberflöte* legt von diesem perspektivlosen Konflikt, den Leopold Mozart diagnostiziert hat, Zeugnis ab, und zwar in und mit Musik.

V.
Haltungen

1. Öffentlichkeit

So sehr Mozart seit seiner Kindheit eine öffentliche Person war, so ungewöhnlich gestaltete sich doch die Form dieser Öffentlichkeit. Der Junge wurde in höfischen und bürgerlichen Kontexten ‹präsentiert›, ohne daß es wirkliche Formate für diese Art von musikalischen Vorstellungen gab. Eher fügte sich das Geschehen in die an Höfen verbreiteten Vorführungen von Ungewöhnlichem und Skurrilem. Mit zunehmendem Alter profitierte Mozart aber von wirklichen höfischen Öffentlichkeiten, über deren Art und Ausgestaltung jedoch nur Ungenaues bekannt ist. Als Vater und Sohn 1772 in Mailand weilten, um die Aufführung des *Lucio Silla* vorzubereiten, waren sie zum Beispiel an Konzerten beteiligt, die der habsburgische Generalgouverneur in der Lombardei, Carl Joseph von Firmian, dessen Bibliothek Schriften Moses Mendelssohns, aber auch die Erstausgabe von Mozarts Violinschule enthielt, veranstaltete. Es handelte sich also um die abgezirkelte, begrenzte, informelle Öffentlichkeit eines höfischen Raumes; der Zugang wurde durch das ständische Privileg gewährt; die Organisation entzieht sich der Kenntnis; Inhalt und Ablauf sind unbekannt. Wenn überhaupt etwas über sie überliefert ist, dann entstammt es in aller Regel den Mozartschen Familienbriefen, also einer ohnehin gefilterten Wahrnehmung. Ihre förmliche Gegenseite hatte diese Wirklichkeit jedoch in der Opernproduktion selbst, die auf Außenwirkung hin angelegt war. Deren Mechanismen hat Mozart ebenfalls in Mailand sehr

Abb. 9: Lucio Silla (Libretto)

LUCIO SILLA
DRAMMA PER MUSICA
DA RAPPRESENTARSI
NEL REGIO-DUCAL TEATRO
DI MILANO
Nel Carnovale dell' anno 1773
DEDICATO
ALLE LL. AA. RR.
IL SERENISSIMO ARCIDUCA
FERDINANDO
Principe Reale d' Ungheria, e Boemia, Arciduca d'Auftria
Duca di Borgogna, e di Lorena ec., Cefareo Reale
Luogo-Tenente, Governatore, e Capitano
Generale nella Lombardia Auftriaca,
E LA
SERENISSIMA ARCIDUCHESSA
MARIA RICCIARDA
BEATRICE D' ESTE
PRINCIPESSA DI MODENA.

IN MILANO,

Preffo Gio. Batifta Bianchi Regio Stampatore
Con licenza de' Superiori.

Das 1717 errichtete Regio Ducal Teatro in Mailand brannte 1776 nieder und wurde an derselben Stelle durch einen Neubau (das Teatro alla Scala) ersetzt. Mozart verfügte über enge Bindungen nach Mailand, er erhielt drei *scritture* für das Haus (Mitridate, Ascanio in Alba und zuletzt Lucio Silla). Für Lucio Silla diente der Text von Giovanni de Gamerra (1742–1803), der zwar aus Livorno stammte, sich aber in Mailand aufhielt und zum intellektuellen Umfeld des Grafen Firmian gehörte. Gamerra versicherte sich für seinen Text zwar des Wohlwollens Metastasios, ging jedoch in der Szenentypologie ganz eigene Wege. Vor allem der unmittelbare Einfluß von ‹wunderbaren› Schauer- und Schreckensszenen hat ein Dispositiv für ganz außergewöhnliche Affektdarstellungen geschaffen. Sie unterscheiden sich auf gravierende Weise vom Dramentyp Metastasios.

genau kennenlernen können, und wenigstens ein solches Ereignis ist, wenn auch nur in Umrissen, vor allem natürlich im Librettodruck, aktenkundig – im Gegensatz zu den Konzerten.

Mit der Rückkehr nach Salzburg werden Informationen über das öffentliche Auftreten des Komponisten sehr spärlich, sie verdanken sich Zufällen. Im Tagebuch des Hofrats Joachim Ferdinand von Schiedenhofen finden sich gelegentliche Hinweise auf Aufführungszusammenhänge, die allesamt begrenzte Öffentlichkeiten im höfischen oder patrizischen Raum betreffen: Konzerte in Adelspalästen oder großen Bürgerhäusern, zuweilen auch in Gärten. Gelegentlich läßt sich erkennen, daß zudem Proben besucht wurden, ob ‹passiv› (bloß hörend) oder ‹aktiv› (also musizierend und diskutierend), läßt sich nicht erkennen. Über den genauen Zuschnitt, die Organisation und den Inhalt dieser ‹Musiken› lassen sich keine Angaben machen; einmal ist von der Folge einer Sinfonie, eines Violin- und eines Flötenkonzerts die Rede, allerdings nur bei einer Probe im Haus von Giovanni Battista Gussetti.[1] Teilnehmer, Organisation und Einschätzungen entziehen sich der Kenntnis. Seltene Ausnahmen bestätigen diese Regel. Eine im Oktober 1777 in Augsburg veranstaltete, durch familiäre Verbindungen zustande gekommene Akademie stand sogar noch unter den Vorzeichen des Wunder-Begriffs; der Augsburger Patrizier und spätere Bürgermeister Johann Christoph von Zabuesnig, der Mozart schon 1769 als «wundervolles Kind», mit dem «die Natur die Gränzen überschritten» habe, gefeiert hat, kündigte ihn als jenen Musiker an, «der in seiner zarten Jugend» in England, Frankreich und Italien «so große Wunder gethan».[2]

Mozart hielt in Salzburg an der gebrochenen Form einer geförderten Öffentlichkeit fest, während über die genauen Strukturen seiner Auftritte in München, Mannheim und Paris im Grunde nichts bekannt ist. Das alles änderte sich im josephinischen Wien, und zwar schlagartig und mit aller Verve. Auch hier sind die Informationen mehr als lückenhaft, doch läßt sich die erhebliche Energie erkennen, mit der Mozart ‹seine› Öffentlichkeit zu inszenieren suchte. Das Vorhaben wurde zwar begünstigt durch die politischen Umstände, doch war es so anspruchsvoll, daß man wohl die tätige Beteiligung einer ganzen Reihe von Akteuren vermuten muß. Bereits im April, noch vor dem endgültigen Bruch mit dem fürsterzbischöflichen Hof, fand eine «große musikalische Akademie» der Tonkünstler-Societät statt, in der sich Mozart als Komponist (mit einer Sinfonie) und als Pianist hören ließ.[3] Danach setzte eine Serie von privaten, halb-öffentlichen und öffentlichen Auftritten ein, die sich zwar nur in kleinen Teilen erschließen läßt, die sich aber selbst vor diesem Hintergrund in Anspruch und Dichte als erstaunlich erweist. Der Pianist und Komponist stieg binnen kürzester Zeit zum begehrten Teilnehmer der adligen und patrizischen Geselligkeitskultur auf. Das glich im Prinzip noch jenen Mechanismen, die Mozart zuvor kennengelernt hatte, mit allerdings einem Unterschied. Er war kein Gast in Wien und auch kein Hofbediensteter, diese Öffentlichkeit bediente sich folglich seiner nicht, sondern sie richtete sich zunehmend auf ihn aus. Mozart ließ es daher zumindest in seinen Briefen, sehr wahrscheinlich aber auch im persönlichen Umgang nicht an Selbstbewußtsein und Besitzerstolz fehlen, bis hin zu quasi-öffentlichen Demütigungen der ‹anderen› in der ätzend-satirischen Diktion im *Musikalischen Spaß* von 1787 (KV 522); der spektakuläre Wiener Entschluß, ein aufwendiges Werkverzeichnis anzulegen, zeugt ebenfalls davon.[4] Und doch entbehrte diese Öffentlichkeit des zentralen Bestandteils der ‹Critic›. Mozart wollte sich offenbar nicht einem abstrakten Urteil unterwerfen, sondern überwältigen, durch sein Spiel, seine Werke und seine bloße Präsenz.

Bei der Veranstaltungsform der ‹Akademie› verhielt es sich jedoch, zumindest auf den ersten Blick, anders, denn es handelte sich um kommerzielle Unternehmungen, die der Komponist zu organisieren und für die er die finanzielle Verantwortung zu übernehmen hatte. Hier zählte das Prinzip von Leistung – finanziellem Einsatz – und Gegenleistung – Musik – vordergründig ohne Einschränkungen. Sehr schnell entwickelte sich die ‹Akademie› zu seiner zentralen Präsentationsform, doch wiederum mit einer charakteristischen Einschränkung, denn auch sie kannte keine ‹Critic›. Die wenigen erhaltenen Dokumente ver-

Abb. 10: Ankündigung der Akademie vom 1. April 1784 (Das Wienerblättchen, 1. April 1784, S. 56)

56

Bey Hrn. Kuhn, bürgerl. Buchbinder sind ganz neu auf Schreibpapier, gebunden um 10 kr. zu haben:

Nützliche und künstliche Zahlen-Versetzungen, dem spielenden Publiko gewidmet von dem Herausgeber der Kabala.

Diese Zahlenversetzungen sind hauptsächlich den Gönnern der nun öffentlich erscheinenden Kabala gewiedmet; doch werden auch alle jene einen großen Nutzen daraus schöpfen können, welche sich beklagen, mehrere Zahlen, jedoch nur einzeln auf verschiedenen Zetteln getroffen zu haben.

In eben diesem Gewölbe sind die auf die künftige Ziehung ausfallenden Numern um 4 kr. und auch noch die zu diesem Spiele nothwendigen Plane um 7 kr. zu bekommen.

Musikalische Akademie.

Heute Donnerstags den 1. April wird Herr Kapellmeister Mozart die Ehre haben im k. k. National-Hoftheater eine große musikalische Akademie zu seinem Vortheile zu geben. Die darinn vorkommenden Stücke sind folgende: 1) Eine große Simphonie mit Trompeten und Paucken. 2) Eine Arie, gesungen von Herrn Adamberger 3) Wird Herr Kapellmeister Mozart ein ganz neues Konzert auf dem Forte piano spielen. 4) Eine ganz neue große Simphonie. 5) Eine Arie, gesungen von Mlle Cavalieri. 6) Wird Herr Kapellmeister Mozart ein ganz neues großes Quintett spielen. 7) Eine Arie, gesungen von Herrn Marchesi dem ältern. 8) Wird Herr Kapellmeister Mozart ganz alleine auf dem Forte piano phantasiren. 9) Zum Beschluß eine Sinphonie. Ausser den drey Arien ist alles von der Komposition des Herrn Kapellmeister Mozart.

Die Veranstaltungsform, mit der Mozart sich in Wien an die Öffentlichkeit wandte, war die der Akademie, die in der Regel zur Subskription ausgeschrieben worden ist. Mit solchen Akademien haben sich normalerweise durchreisende Virtuosen oder, ausnahmsweise und einmalig, ortsansässige Musiker der Öffentlichkeit präsentiert. Die Risiken (Saalmiete, Gagen) lagen beim veranstaltenden Musiker. Mozart hat daraus in den frühen 1780er Jahren eine regelmäßige Veranstaltungsform gemacht und damit vor allem seine Gönner an sich gebunden. Über die genaue Organisationsform und die finanziellen Risiken ist nichts bekannt.

raten, daß der weitaus größte Teil der Besucher mit irritierender Selbstverständlichkeit dem Hochadel entstammte – also einer Klientel, die zwar selbst als Veranstalter auftrat, aber im 18. Jahrhundert in der Regel kein zahlendes Konzertpublikum war.[5] Mozart bediente demnach eine bürgerliche Öffentlichkeitsform, ihr Publikum war dagegen höfisch – was zugleich (und sicher absichtsvoll) die Aufhebung der Mechanismen einer kritischen Stellungnahme bedeuten mußte. Daß dies nur unter den stürmischen Bedingungen des josephinischen Wien möglich werden konnte, muß Mozart ausgesprochen schnell geahnt und genutzt haben. Die Akademie erweist sich als die Zuspitzung des bekannten Modells; das kommerzielle Risiko schien sich nicht nach Erfolg oder Mißerfolg zu bemessen, sondern nach dem absoluten Komparativ der Erfolgsgröße. Es ging auch hier vor allem um Bewunderung. Darin unterschied er sich von durchreisenden Musikern, die gewissermaßen als Gäste in Wien Akademien veranstalten konnten.

Durch einen Brief an den Vater vom 29. März 1783 ist wenigstens der Ablauf einer solchen Akademie (vom 23. März 1783) belegt, er kann als ein demonstrativer Leistungsausweis gelten, durchaus von einschüchternden Ausmaßen, also geradezu eine bedingungslose Öffentlichkeit.[6] Dazu paßt auch die Gegenwart des Monarchen, auf den sich Mozart ausdrücklich bezog und der doch immerhin mit einer Fuge geehrt wurde, wahrscheinlich in direkter Ansprache.

Tab. 4: Mozarts Akademie vom 23. März 1783

Sinfonie D-Dur (KV 385)
- Allegro con spirito
- Andante
- Menuetto
- Presto

aus *Idomeneo* (KV 366)
- Arie der Ilia: *Se il padre perdei* (Aloysia Lange; konzertante Holzbläser)

Klavierkonzert C-Dur (KV 415)
- Allegro
- Andante
- Allegro

Szene für Sopran (KV 369), Bearbeitung für Tenor
Misera, dove son! – Ah! Non son'io che parlo (Josef Valentin Adamberger)

Serenade D-Dur (KV 320), Auszug:
Concertante
- Andante grazioso
- Rondeau. Allegro ma non troppo

Klavierkonzert D-Dur (KV 175)
- Allegro
- Andante ma un poco adagio
- Finale: Rondo für Klavier und Orchester, D-Dur (KV 382)

aus *Lucio Silla* (KV 135)
- Arie der Giunia: *Parto, m'affretto* (Therese Teyber)

Fuge für Clavier allein „weil der kayser da war"

Sechs Variationen für Clavier über *Salve tu, Domine* aus *I filosofi immaginarii* von Giovanni Paisiello (KV 398)

Variationen für Clavier *Unser dummer Pöbel meint* (aus Glucks *La Rencontre imprévue*, KV 455)

Rezitativ und Rondo für Sopran (KV 416)
Mia speranza – Ah, non sai (Aloysia Lange)

Sinfonie D-Dur (KV 385)
- Presto

Die persönliche Präsenz des Komponisten war einschüchternd, fast erdrückend. Mozart konnte und wollte kompositorisch auf die Umstände dieser exklusiven Öffentlichkeit unmittelbar reagieren, wie es bereits vorher im Falle der Pariser Sinfonie explizit belegt ist; schon deren Vorgehen richtet sich ja gerade nicht auf die kritische Urteilskraft, sondern auf Überwältigung. So setzte auch die Reihe der Akademien folglich auf eine fortwährende Neuheit und Überraschung im Außergewöhnlichen, wovon die Klavierkonzerte ein besonderes (und besonders eindrucksvolles) Zeugnis ablegen und ablegen sollten. In ihnen wurde nicht nur, wovon noch die Rede sein muß, der Dialog zum Trialog geweitet; vielmehr waren sie selbst ein fortwährender Dialog mit dem überwiegend aus Kennern bestehenden Publikum. Es handelte sich um einen Dialog in der Komposition und durch die Komposition. Während die Akademie im normalen musikalischen Leben Wiens ein Ausnahmezustand blieb oder allenfalls ein genau fixiertes Ritual, wie im Falle der regelmäßigen Akademien der Tonkünstler-Societät, so hat Mozart sich den Darstellungsmodus gleichsam unterworfen – um daraus ein persönliches, unverwechselbares Ritual von Öffentlichkeit zu formen. Dies war ein beispielloses Vorgehen deswegen, weil darin zwar bestimmte zentrale Anschauungen des 18. Jahrhunderts zusammenlaufen, diese jedoch damit zugleich aufgehoben werden sollten. Die Öffentlichkeit, die Mozart in Wien anstrebte, war vergleichslos und sollte vergleichslos bleiben. Sie war damit selbst zum absoluten Komparativ geworden.

Ab etwa 1787 spielen Mozarts Akademien keine erkennbare Rolle mehr, verbunden mit einer deutlichen Zurückhaltung gegenüber dem Genre des Klavierkonzerts. Dies ist lange als Scheitern von Mozarts Modell gedeutet worden. Doch neben den bereits angesprochenen Umständen der wirtschaftlichen Krise hat der Komponist sich ab dem *Figaro* zusehends auf die theatralische Öffentlichkeit der Opern konzentriert, und in der unübersehbaren Produktionsfülle zwischen *Figaro* und *Zauberflöte* haben sich die Interessen offenbar verlagert. Auch dies kann als Versuch gewertet werden, sich die Öffentlichkeit des Theaters in seinem Sinne zu unterwerfen – modellhaft im *Figaro*, der an allen Mechanismen der Opernproduktion vorbei verwirklicht wurde, bis hin zur spektakulären Überwindung eines der ganz wenigen wirklichen Zensurfälle im Wien der 1780er Jahre. Daß die selbstbewußte Nonchalance solchen Vorgehens Irritationen und auch Befremden ausgelöst haben dürfte, ist nicht unwahrscheinlich, und die Intrigen, die sich gegen den *Figaro* entsponnen haben und über deren genaue Form nichts bekannt ist, dürften darin ihre Ursache haben. Das dramatische Ende des josephinischen Jahrzehnts hat Mozarts Pläne zwar erschüttert, aber noch die *Zauberflöte* zeigt, daß er die damit verbundene Exklusivität in andere Zusammenhänge übertragen wollte. Denn Emanuel Schikaneders Bühne kannte die singuläre Autorschaft bis dahin nicht, sondern nur die Zusammenarbeit verschiedener Komponisten.

Es ist vor diesem Hintergrund vielleicht nicht allzu erstaunlich, daß Mozart im Blick auf die ‹typische› Öffentlichkeitsform des 18. Jahrhunderts, die Drucklegung, ausgesprochen zurückhaltend blieb. Zwar präsentierte er früh gewissermaßen ‹Einstandsdrucke›, die als op. 2 gedruckten Violinsonaten oder die drei Klavierkonzerte KV 413–415, doch ist das Zögern in den 1780er Jahren sehr charakteristisch. Mozart bediente das Medium offenbar nur dann mit Vorsatz, wenn es keine andere Möglichkeit gab. Um die sechs Haydn gewidmeten Streichquartette öffentlich zu machen, gab es nur den Druck. Dasselbe gilt für das Genre des Klavierlieds, in dessen Wiener Wirklichkeit er nur mit zwei Veröffentlichungen eingegriffen hat, zwei Liederheften, die jedoch nur aus je zwei Liedern bestanden.[7] Die fast demütigende Normverweigerung, die diesen Liedern anhaftet, zeigt dabei allerdings abermals den Willen, nicht sich der Öffentlichkeit zu unterwerfen, sondern diese sich selbst.

2. Drama

Als zentrale Anschauungsform des Aufklärungsjahrhunderts kann das Theater gelten, eine Einschätzung, die sich im Wien der 1780er Jahre verfestigt und zugleich radikalisiert hat. Der Literat Friedrich Hegrad, der Mozarts Aufnahme in die Freimaurer-Loge *Zur Wohltätigkeit* 1784 mit einer Rede würdigte und dabei die «Zauberkraft» des großen Mannes beschwor, erweist sich (Jahrgang 1757) als typischer euphorischer Parteigänger der josephinischen Reformen.[8] In einer Ankündigung seines 1785 erschienenen *Komischen Romans* hat er eine Apologie des Theaters aus dieser Perspektive verfaßt: «Man weiß, welchen Einfluß das Theater auf die Erziehung und Sitten hat, und darum dürfte es nicht unbillig seyn, wenn es der strengsten Aufmerksamkeit sowohl von Seite der Polizey als der Kritik unterworfen wäre.»[9] Die ursprünglich erzieherisch-kathartische Wirkung wurde damit einerseits propagandistisch erweitert, andererseits, unter dem Eindruck der Komödien von Marivaux und Goldoni, psychologisch. Die Möglichkeit des Theaters, Seelenlagen zu erkunden, bildete gleichzeitig die Beglaubigung der Wiener Vorliebe für die Opera buffa. Die Komödie erwies sich nicht nur als Möglichkeit zur Aufhebung von Standesgrenzen, also als Instrument zur Erzeugung einer sozialen Durchlässigkeit. Vielmehr erlaubte die Musik in ihrer affektiven Unschärfe die psychologische Erkundung, sie erzeugte also zugleich eine seelische ‹Durchlässigkeit›. Diese Aufhebung der Grenzen, sozial und psychologisch, machte das Drama attraktiv. Sie konnte es aber schließlich auch an ihre Grenzen führen, was Mozart sowohl in *Così fan tutte* als auch der *Zauberflöte* auf sehr unterschiedliche Weise tun sollte.

Mozart hat diese Doppelfunktion des Dramatischen, die sich bereits in der von ihm auch textlich maßgeblich beeinflußten *Entführung aus dem Serail* zeigt, als Herausforderung angenommen und zur Achse seines Wiener Daseins gemacht. In einer weiteren Zuspitzung ließ sich diese Idee des ‹Dramatischen› von der Gattung des Dramas abstrahieren, sie konnte also auf andere musikalische Zusammenhänge, vor allem solche der Instrumentalmusik, übertragen werden. Diese Abstraktionsleistung ist an sich den Voraussetzungen des Aufklärungsjahrhunderts geschuldet, und in der Kammermusik der zweiten Jahrhunderthälfte findet sich denn auch die Vorstellung eines ‹Dialogs›, also die Annahme, auch Instrumentalisten könnten ein Gespräch führen.[10] Für die Gattung des Streichquartetts war dies besonders wichtig, paarten sich doch hier die Vorstellung von ‹Gespräch› und ‹Vernunft›. Mit der Hinwendung zum Dramatischen strebte Mozart jedoch über diese Vorgaben hinaus. Denn es ging dabei nicht mehr um Dialog, um Argumentation – sondern um Vorführung, Ausstellung und Darstellung unter den Prämissen des Theaters. Wenn die Musik in der Lage sein sollte, Seelenlagen zu erkunden, so war es folgerichtig, dies von den Begriffen zu trennen. Die Annäherung an Drama und Bühne hingegen bedeutete zugleich, daß die Musik selbst Konflikte ‹darzustellen› und ‹aufzulösen› vermochte. Die Annahme, Musik sei dialogfähig, ist noch eine Metapher; Mozarts Zuspitzung, sie könne sui generis ‹dramatisch› sein, war es nicht mehr. Denn es ging dabei nicht mehr um eine metaphorische, sondern um eine wesensmäßige Bestimmung von Musik.

In keinem anderen Genre ging der Komponist, wie dargelegt, dabei so weit wie im Klavierkonzert, und dies mit Bedacht. Er suchte in der brodelnden Wiener Gesellschaft des frühen Josephinismus offenbar nach einem Modus, sich als Komponist und Virtuose in der Öffentlichkeit zu präsentieren – einer Öffentlichkeit, die vielfältig gestaffelt war, von Salons und Adelsgesellschaften bis hin zu den Subskriptionskonzerten der eigenen Akademien. Mozart war erfahren in der Komposition von Solokonzerten. In Salzburg hatte er, vor allem nach der *Finta giardiniera*, eine ganze Reihe verfaßt, mit der Violine im Zentrum. Von dieser typischen Solokonzert-Produktion nahm er in Wien jedoch Abstand, mit Ausnahme der kleinen Serie der Hornkonzerte und des späten Klarinettenkonzerts interessierte ihn das Genre nicht mehr. Nun richtete sich sein Interesse ganz auf das Klavier. Das Klavier war nicht nur das Instrument der Privatheit, nicht nur das Instrument des Virtuosen – sondern eben auch das des Komponisten. In einem Gedicht hat sich Johann Friedrich Löwen 1765 an den schwerinischen Kapellmeister Johann Wilhelm Hertel gewandt, an dessen «denkende Finger»: «Kette den schöpfrischen Geist, und kette die denkende Finger / Immer nicht an das Clavier. / Alle Concerte sind nichts, und Ruhm und Unsterblichkeit welken / Gegen die Stunden der Lust.»[11] In Mozarts Idee des Dramatischen bildeten jedoch ‹schöpfrischer Geist›, ‹denkende

Finger› und ‹Stunden der Lust› keine Gegensätze, sie bildeten eine programmatische Synthese. Die ‹taktile Erfahrung› des Klaviers, dessen Saiten als Sinnbild der Saiten der Seele galten, war vollständig überblendet von den Möglichkeiten der Einbildungskraft.

Es brauchte immerhin eine gewisse Zeit, bis Mozart diesen Modus wirklich entdeckt und ausgeprägt hatte, aber ab Beginn des Jahres 1782 wurde er ausgiebig bedient. Es entstanden insgesamt 17 Werke, von zwei Ausnahmen (KV 537 und KV 595) abgesehen alle zwischen 1782 und 1786, und nach den ersten dreien (KV 413–415), die Mozart in Wien drucken ließ, bildete sich ein charakteristischer Modus heraus. Mozart definierte neu drei Partner, nämlich die Streicher, die Bläser und den Pianisten, also ein echtes ‹ripieno›, eine Vereinigung von Solisten und den tatsächlichen Solisten. Aus dem dramatischen Dialog war also ein Trialog geworden, ein Phänomen, das der Dramentheorie des 18. Jahrhunderts eigentlich fremd war und dessen Begriff erst im 19. Jahrhundert nachweisbar ist. Gerade diese Aufspaltung in einen multiplen Dialog erinnert an die idealiter sechs Protagonisten einer Opera buffa. Damit wurde also das Solokonzert zur tatsächlichen ‹Darstellung›, im Sinne einer dramatischen Figur.

Die Vorstellung der Grenzüberschreitung zeichnet nicht nur das Klavierkonzert an sich aus, sondern die Bezüge der Werke untereinander. Sehr schnell lernte der Komponist offenbar, Erwartungshaltungen nicht nur zu wecken, sondern sie in einer scheinbar unerschöpflichen Variationsreihe stets neu zu befriedigen, zu irritieren oder in Frage zu stellen. Damit ist der Modus der Komödie nicht nur bestimmend für das Einzelwerk, sondern für die Werkreihe insgesamt, in der sich die Vorstellung permanent durch neue ‹Pointen› wandelt. Besonders deutlich sieht man das vielleicht an jenen Werken, in denen Mozart selbst zur Variation gegriffen hat. Das G-Dur-Konzert KV 453, vollendet im April 1784, schließt mit einem Variationensatz, einem *Allegretto*. Die festen Konturen lösen sich jedoch immer weiter auf, bis der Satz nach einer zur Kadenz ausgeweiteten Fermate überraschend zum Stillstand kommt. Es schließt sich ein Presto an, das den demonstrativen Titel

‹Finale› trägt. Auf diese Weise wird die voraufgehende Variationenfolge zum Abschnitt eines für die Opera buffa typischen Kettenfinales. Ein solches Kettenfinale – auch dieser Begriff ist nicht historisch – lebt aus der Aneinanderreihung von kontrastierenden Abschnitten, deren Dramaturgie auf eine finale Steigerung ausgerichtet ist. Indem Mozart diese Dramaturgie auf ein Instrumentalkonzert überträgt, weist er jedoch implizit die Vorstellung von einer primär formal bestimmten Musiksprache zurück. Der galoppartige Einsatz der Bläser (obwohl es auch den Galopp als Tanzform noch nicht gab) läßt keinen Zweifel an der atemlosen Steigerungsdramaturgie dieses ‹Finales› aufkommen, in welches das Variationenthema wieder eingeblendet wird (Notenbsp. 2).

Solche aufwendigen dramaturgischen Finalgestaltungen durchziehen Mozarts gesamte Auseinandersetzung mit dem Klavierkonzert, in einer Technik, die er bereits bei der *Entführung* erprobt hatte: «und der schluß wird recht viel lärmen machen – und das ist Ja alles was zu einem schluß von einem Ackt gehört – Je mehr lärmen, Je besser; Je kürzer, je besser – damit die leute zum klatschen nicht kalt werden.»[12] Die wirkungsästhetische Inszenierung des Trialogs in den Konzertfinali richtet sich auf den dramaturgischen Effekt, die Überwältigung, in einer absichtsvoll ausgereizten Unerschöpflichkeit der Verfahrensweisen. Für Mozarts Freund Otto Heinrich von Gemmingen war der Beifall, unter ausdrücklichem Bezug auf die Musik, das «Standrecht eines Volks»: «Der Künstler aller Art arbeitet nun einmal für unsre Sinne, und er muß also wissen ob er auf sie gewürket habe oder nicht, ohne davon zu reden, daß Beyfall doch eigentlich Zweck und Belohnung des Künstlers ist.»[13] Dies ist gleichsam die Maxime für Mozarts wirkungsästhetisches Kalkül. In letzter Zuspitzung dieses Ansatzes sollen seine Konzerte also keine Typologie ausbilden, sondern eine solche vermeiden. So finden sich im dreiteiligen Schluß-Allegro des Es-Dur-Konzerts KV 482 nach der Kadenz, wie in einem Kettenfinale, tatsächlich acht verschiedene, kontrastierende Anläufe zur Schlußbildung – ohne das Gebot der Kürze in Frage zu stellen.

Die Konzerte sind auf sehr grundsätzliche, aber sehr verschiedene

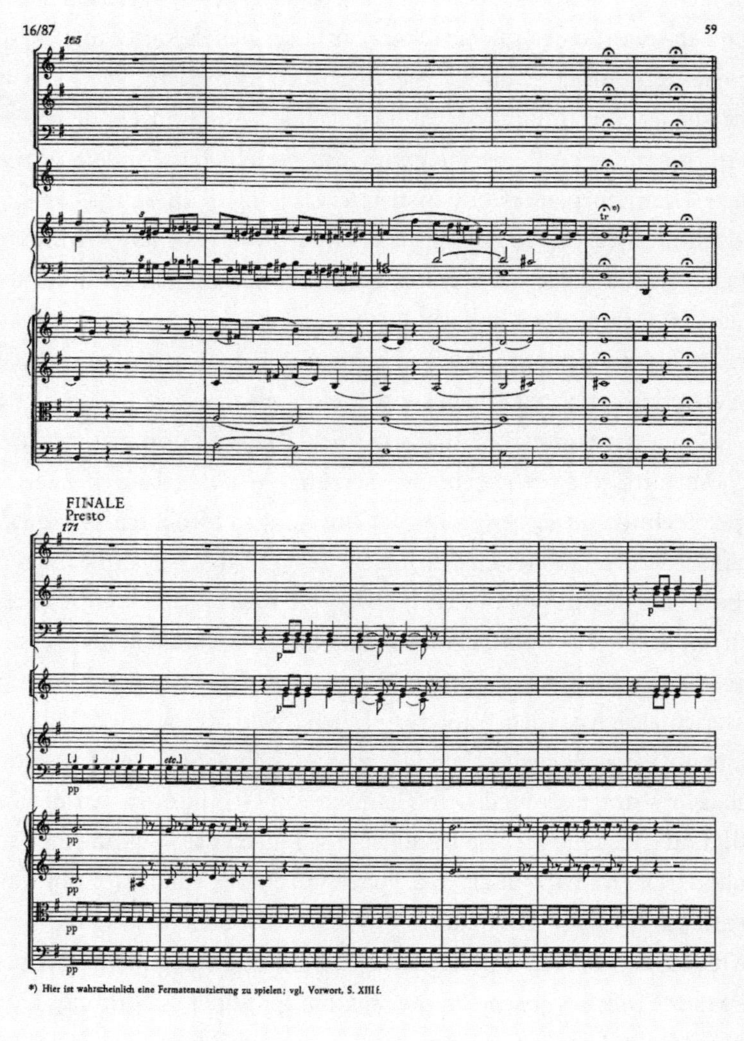

Notenbsp. 2: *W. A. Mozart, Konzert G-Dur KV 453, 3. Allegretto – Beginn des ‹Finale. Presto›*, T. 171 *ff.*

Weise von diesem Willen zur dramatischen Darstellung durchzogen. Die Beispiele dafür sind ebenso zahlreich wie unterschiedlich: Das erste Allegro des F-Dur-Konzerts KV 459 beginnt geradezu marschartig; das wenige Monate später komponierte C-Dur-Konzert KV 467 beginnt mit einem unisono-Piano, das einen Arientypus repräsentiert, den etwa auch Leporello zu Beginn des *Don Giovanni* bedient; das d-Moll-Konzert KV 466 weist als Mittelsatz eine *Romance* auf, und so fort. Der Trialog der Beteiligten präsentiert sich folglich wie ein groß angelegtes Ensemble, das durch eine subtile Affektdramaturgie zusammengehalten wird. Und immer wieder ist dies gepaart mit der Rücknahme in die ‹Selbsterkundung›, nicht nur in der *Romance* des d-Moll-Konzerts, sondern etwa auch im fis-Moll-Adagio des A-Dur-Konzerts KV 488. Während etwa Carl Philipp Emanuel Bach der intimen ‹freyen Fantasie› durch die Drucklegung eine kompliziert gebrochene Öffentlichkeit verschafft hat, hat Mozart die Öffentlichkeit der Konzerte stets auch in die Intimität des ‹Innen› gewendet. Natürlich diente dieses Verfahren der komplexen Selbstrepräsentation des selbsternannten Mittelpunkts des josephinischen Wien, aber es diente eben auch einer völligen Neuorganisation dessen, was im 18. Jahrhundert als musikalische Logik galt. Hier ging es nicht mehr um formale Autonomie, auch nicht um den bloßen Normenverstoß durch das Wunderbare und das Erhabene – sondern um die wirkungsästhetische Überwältigung unter den Voraussetzungen des Dramas, insbesondere der Opera buffa.[14]

Dieses Verfahren betrifft nochmals Mozarts Konfiguration von Öffentlichkeit. Diejenigen, die an der Aufführung, an der Darstellung teilhatten, waren Zeugen einer Bühnenrepräsentation – ohne eigentliche Bühne und ohne Worte. Es war die produktive Kehrseite einer auf diese Bühne gerichteten Erkundung des Menschen in und durch Musik. Es ist viel darüber gerätselt worden, warum die spektakuläre Serie dieser Konzerte abriß. Ob sie wirklich mit dem fehlenden Interesse zu tun hat, erscheint sehr unwahrscheinlich; Mozarts Gönner haben dieses Verfahren goutiert und zu würdigen gewußt. Und Mozart seinerseits wollte die Werke – nach dem einmaligen Experiment der Drucklegung von drei Konzerten – vorerst gewissermaßen als Arkana zurückhalten; eine Begegnung mit ihnen war nur durch die nicht allein ‹denkenden›, sondern ‹sprechenden› Finger ihres Urhebers möglich. Die Hinwendung zur ‹eigentlichen› Bühne erscheint vielmehr als eine geradezu notwendige Konsequenz. Denn immerhin hat Mozart in seiner Instrumentalmusik jenseits der Konzerte, etwa in den Streichquintetten oder in den drei Sinfonien, an dieser Verbindung zur Dramatik festgehalten. So beginnt die g-Moll-Sinfonie KV 550 kaum zufällig im Sinne einer ‹aria agitata›. Ob und in welcher Weise dieses gegen alle Typologien gerichtete Verfahren geschichtsmächtig werden sollte und wollte, läßt sich nicht ausmachen. Die gewisse ‹Geschichtslosigkeit› der fehlenden Perspektive ist aber ihrerseits ein Charakteristikum des josephinischen Jahrzehnts.

3. Dialog

Der Kern des Dramas ist der Dialog, auch da, wo es sich im 18. Jahrhundert diesem Dialog ausdrücklich verweigern wollte. Der Dialog galt, aus der Antike übernommen, zunächst als Lehrstück, dann aber zunehmend auch als erfahrungsseelenkundliches Instrument. Im Artikel über ‹Gespräch› in Johann George Sulzers *Allgemeiner Theorie der schönen Künste* wird diese psychologische Funktion in einer besonders deutlichen Weise – sowie in atemberaubend kurzer Engführung – hervorgehoben: «Unstreitig ist das menschliche Gemüth, dessen Art zu denken zu empfinden, zu begehren und zu verabscheuen, der interessanteste Gegenstand unserer Betrachtung. Einem denkenden Menschen kann nichts angenehmeres seyn, als bey gewissen Gelegenheiten in die Seelen anderer Menschen hineinzuschauen, ihre Gedanken darin zu lesen und ihre Empfindungen zu fühlen.»[15] Gerade diese Erkundung aber sei, so Sulzer weiter, ein Wesensbestandteil der Künste:

«Wie nun die schönen Künste überhaupt durch ihre Schilderungen ersetzen, was uns an würklicher Erfahrung abgeht, so ist es ein wichtiger Theil ihres Zweks, uns die Beobachtung über die Sinnesart des Menschen zu erleichtern.» Das Privileg des Dramas liege daher in der Zweckbestimmung solcher Seelenerkundung, die sich eben im Gespräch abbildet: «Der dramatische Dichter aber übertrift darin alle andren, weil er uns die Personen selbst, so wie sie handeln und reden, vor Augen stellt. Da sieht man sie, hört sie zugleich denken, und empfindet zugleich, was sie selbst fühlen. Man sollte denken, die beste Gelegenheit das innerste des Menschen durchzuschauen, wäre die, da man, von ihm unbemerkt, ihn laut denken hörte. Und doch ist ein noch bessres Mittel dazu, nämlich dieses: daß man ihm zuhöret, wenn er, ohne die geringste Zurükhaltung, mit einem andern spricht [...].»

Das Gespräch war eine zentrale Denkform der Aufklärung, es gehörte, wie bereits angedeutet, gewissermaßen zu ihren Wurzeln überhaupt, in Italien, in Frankreich, besonders aber in England. Johann Jakob Engel hat 1774 festgehalten, daß das Wesen eines solchen Gesprächs daher eben nicht im ‹Dozieren› liege, sondern im Prozeß des fortwährenden ‹Denken-Hörens›: Die Hauptperson eines Gesprächs «spinnte erst itzt den Faden der Untersuchung an, sie bringt erst itzt, im gegenwärtigen Augenblick, das Gewebe zu Stande».[16] Das Gespräch verfügt deswegen über eine Form von unbedingter Gegenwärtigkeit, als Mittel zur Erkundung anderer und des eigenen Selbst. Das Drama lag zwar jenseits «würklicher Erfahrung», aber es bildete gleichsam die künstlerische Gegenseite einer für die Epoche geradezu konstitutiven Denkform. Diese Denkform war für Mozart von Beginn an in einer bemerkenswerten Weise lebensbestimmend, vollzog sich doch sein eigener Werdegang ganz wesentlich über die zahlreichen Dialoge mit dem Vater. Sie fanden über viele Jahre in den auf den Reisen ausgesparten Räumen statt, sie unterlagen also weder einer formalen noch einer inhaltlichen Normierung. Dies erinnert an jene Gespräche, die Anton Reiser mit dem unbekannten Schuster führte: «Er und Reiser kamen oft in ihren Gesprächen ohne alle Anleitung, auf Dinge, die Reiser nachher als die tiefste Weisheit in den Vorlesungen über die Metaphysik wieder hörte.»[17] Das Gespräch «ohne alle Anleitung» wurde gewissermaßen zum individuellen Bildungsgang, von dem es Zeugnisse nur in jenen seltenen Fällen gibt, in denen Briefe die geographische Entfernung überbrücken mußten.

Es ist nicht unwahrscheinlich, daß sich Leopold Mozart der Besonderheit dieser Situation bewußt war – nicht zuletzt durch seine Prägung an der Benediktiner-Universität, die sich von der jesuitischen Dogmatik seiner gymnasialen Ausbildung merklich unterschied. Sein Sohn konnte in Paris, London und Mailand Gesprächskulturen aller Art erleben, die Vorstellung also, es sei erst der Dialog, der Erkenntnis bringe – ohne dabei zur festen Form der Gewißheit werden zu müssen. Die wichtigsten späteren Gesprächspartner waren selbst durch die dialogische Denkform in diesem Sinne geprägt, am deutlichsten wohl Lorenzo Da Ponte. Das Gespräch galt also als erkenntnisbestimmend und erkenntnisstiftend, in einem Höchstmaß an Unmittelbarkeit und Präsenz. In der Wiener Zeit zeigt sich dies an vielen Eigenarten der Lebensführung, an seiner Teilnahme an Salons, aber auch an der Arbeitsweise. Die Gesprächsform war für ihn offenbar bestimmend, auch (oder gerade) weil die Zeugnisse dafür fehlen. Wie bedeutsam dies war, zeigt sich am bereits zitierten ausführlichen Brief über die *Entführung aus dem Serail*. In einer letzten abrupten Wendung bezeichnet Mozart nämlich seine Überlegungen als «albernes zeug» und Geschwätz. Hierbei handelt es sich nicht einfach um Ironie, sondern um eine ebenfalls erhellende gedankliche Figur. Dem Vater sollen die vorhergehenden, ebenso kondensierten wie konzentrierten Überlegungen als das dargestellt werden, was sie sind: als dialogisch-rhapsodisches Raisonnement.

Die impliziten Hinweise auf die produktive Energie solcher Gespräche sind allerdings zahlreich, hier möge ein Beispiel genügen. Im Jahr 1788 war Adriana Ferrarese del Bene, dreieinhalb Jahre jünger als Mozart, aus London nach Wien verpflichtet worden. Eigentlich war sie eine Seria-Sängerin, die in das bestehende Buffa-Ensemble wie ein

Fremdkörper eingefügt wurde. Als sie bei der Wiederaufnahme des *Figaro* 1789 die Susanna sang, komponierte Mozart zwei neue Arien, darunter «Un moto di gioia» (KV 579) für sie, war aber nicht recht damit zufrieden. An Constanze schrieb er: «Das Ariettchen, so ich für die *Ferraresi* gemacht habe, glaub' ich soll gefallen, wenn anders sie fähig ist es naiv vorzutragen, woran ich aber sehr zweifle. Ihr hat es zwar sehr gefallen, ich habe dort gespeist – ich glaube Sonntag wird sicher *Figaro* seyn, ich werde es Dir aber schon noch eher berichten – wie freue ich mich wenn wir sie zusammen hören.»[18] Gerade weil die gefeierte Sängerin eindeutig eine Seria-Primadonna war, ließ Mozart sich in der Auseinandersetzung mit ihr, in den angedeuteten Gesprächen, zu einem beispiellosen konzeptionellen Experiment anregen. Die kurze Zeit später entstandene Partie der Fiordiligi entspricht nämlich nicht mehr den Normen der Buffa, sondern ist eine reine Seria-Partie, nicht bloß (wie üblich) reagierend auf die, sondern inspiriert von den stimmlichen Möglichkeiten einer konkreten Sängerin (so, wie er sich schon 1781 wegen der stimmlichen Möglichkeiten der Catarina Cavalieri zu einem dramaturgischen Kompromiß in der *Entführung* hinreißen ließ). Die *Così fan tutte* innewohnende, sie auszeichnende Grenzüberschreitung entstand in einem dialogischen Umfeld, das von Mozart zwar kontrolliert wurde, an dem aber in diesem Falle zumindest Adriana Ferrarese und Lorenzo Da Ponte beteiligt waren, allem Anschein nach auch Constanze Mozart. In der Arie «Come scoglio» geht es daher um die Neudefinition einer ganzen Rolle, in der komplizierten Verschränkung von Accompagnato und Arie mit dem gleichsam auskomponierten Zerfall aller Standhaftigkeit. Auch in anderen Fällen, etwa der folgenreichen Ausprägung des Typus' der Hosenrolle im Cherubino, dürften Gespräche mit Lorenzo Da Ponte und, in diesem Falle, der ersten Sängerin Dorothea Bussani vorausgegangen sein.

Für Mozart war die Gesprächssitutation allem Anschein nach zentraler Bestandteil des Schaffensprozesses selbst, dieser Prozeß bedurfte unausgesetzt solcher Korrelationen. Darauf verweisen zwar nur zufällige Zeugnisse, sie sind aber aussagekräftig genug. So verrät etwa die Präsentation von Ausschnitten aus *Così fan tutte* am Silvesterabend des Jahres 1789, unter anderem vor Joseph Haydn und Michael Puchberg, eben nicht nur ‹Besitzerstolz›, sondern eine regelrechte Fixierung auf das Gespräch. Insofern ist es nicht erstaunlich, daß die Gesprächssituationen vor allem in der Buffa zum zentralen Werkbestandteil geworden sind – und dort geradezu ‹aufgefaltet› werden konnten, in den vielgestaltigen und vielschichtigen Ensembles. Der Dialog war damit zur doppelten Denkform geworden, der Werkentstehung wie der Werkgestalt gleichermaßen – und er war dann sogar von der Semantik der Worte trennbar. Das gilt nicht allein für die trialogische Gesprächssituation der Klavierkonzerte, sondern etwa auch für die sechs 1785 publizierten Streichquartette, die, in der Antwort auf Haydn, so etwas entfalten wie einen dramatischen Dialog – und prominent, eben im ‹Gespräch› mit Haydn, diesen auch in der Werkentstehung abbilden. Daß Mozart diesen Dialog als Herausforderung empfand, ist bezeugt – und spiegelt sich in der ambitionierten Drucklegung, die selbst auf dieser Ebene ein Gespräch mit Haydn bildet, ein Gespräch auf einer imaginären Bühne, vor anderen und für andere.

Der Zusammenhang zwischen Dialog und Seelenerkundung war für Mozart offenbar auf allen Ebenen seines Schaffens bedeutsam. Im josephinischen Wien, das durchzogen war von entgrenzten öffentlichen Debatten und Dialogen aller Art, hat sich dieser Charakterzug nicht nur zugespitzt, er ist zu einer Art von Daseinsgrundlage geworden. Das Privileg der Musik gewährte die Übertragung dieser dialogischen Denkform in Bereiche der psychischen Erkundung jenseits der Sprache – und das Privileg der Oper zudem die im gesprochenen Drama undenkbare Auffaltung des Dialogischen in eine multiple Perspektive. Gerade dies erweist sich aber als spektakulärer Schritt zu einer neuen Ästhetik der Darstellung, in der sich Denkformen des 18. Jahrhunderts auf beispiellose Weise zuspitzen. Die doppelte Unterwerfung der kompositorischen Praxis unter Dialog und Drama, in der Werkgenese wie in der Werkgestalt, hat auch die Aufführung selbst zum Teil des Dialogs werden lassen – sei es in einem adligen

Salon, sei es in einer öffentlichen Akademie, sei es im Theater. Allerdings, daran dürfte Mozart keinen Zweifel gelassen haben, war es dennoch er allein, der die Richtung und die Ausgestaltung dieser neuen Darstellungsform bestimmte – und bestimmen wollte.

4. Gattung

Die musikalische Denkform der Gattung ist im 18. Jahrhundert doppelt wirksam gewesen: normativ, im Sinne der Abgrenzung, und diskursiv, im Sinne der Überschreitung – was vor allem in der zweiten Hälfte des Jahrhunderts immer wichtiger geworden ist.[19] Ausdrückliche Reflexionen darüber finden sich in der Regel nicht, wohl aber implizite Belege. Georg Friedrich Wolf etwa hielt 1787 die Grenzüberschreitung für ein Wesensmerkmal von Phantasien, denn sie «schweifen von einer Gattung in die andere aus».[20] Die Auseinandersetzung mit den unterschiedlichen Genres war zweifellos an Amt und Funktion eines Musikers gebunden, deutlich sichtbar etwa an Carl Philipp Emanuel Bach, der während seiner Zugehörigkeit zur Berliner Hofkapelle fast ausschließlich Instrumentalmusik komponierte, dagegen die Reihe großformatiger Vokalwerke erst später, als Musikdirektor in Hamburg (also mit deutlich über fünfzig Jahren), eröffnete. Der reflektierte Umgang mit Gattungsnormen blieb zwar konstitutiv, auch im Sinne der Ausbildung eines eigenen musikalischen Gedächtnisses. Doch mit den musikästhetischen Veränderungen im letzten Drittel des 18. Jahrhunderts wurden Zuspitzungen und individuelle Lösungen immer bedeutsamer, traute man der Musik offenbar die Kraft zu, in einem nicht normierten Terrain die Ordnung eines ‹Plans› zu gewährleisten, wie im Melodrama, in der Kantate, der Ode oder in der ‹freyen Fantasie›.

Mozart wurde von seinem Vater mit großer Sicherheit mit den Grundzügen eines normierten musikalischen Gattungsdenkens vertraut gemacht, doch mit allerlei Besonderheiten. Die jahrelang prägenden Reiseerfahrungen entbehrten einer klaren sozialen Konfiguration, die eine Bevorzugung einzelner Genres bedeutet hätte. Zwar verlief der Kompositionsunterricht ausgesprochen didaktisch, er kannte aber keine klaren Kontexte (und damit auch kein eindeutiges Ziel). Zudem ist bereits früh, mit der *Finta semplice*, ein Genre ins Zentrum gerückt, das Leopold Mozart selbst nicht pflegte, die Opernkomposition, schließlich die Opera buffa. Gerade dieses frühe Werk, 1768 in und für Wien entstanden, verweist aber in seiner Genese auf Charakterzüge im Gattungsdenken, die für Mozart prägend werden sollten.[21] Es handelt sich nicht nur um Mozarts erste Buffa, sondern, von zwei frühen Sonderfällen abgesehen, um seine erste Bühnenkomposition überhaupt und zugleich seine umfangreichste bis dahin entstandene Partitur. Es ist das Werk eines Zwölfjährigen, geschrieben nicht in seiner Muttersprache, sondern in Italienisch. Der Vater hat die Entstehung zwar noch beaufsichtigt, der Sohn das Werk jedoch ganz eigenständig komponiert. Die Partitur entstand, Ursache für die zahlreichen Intrigen, an den geläufigen Mechanismen des höfischen Musiklebens vorbei – in einem Modus also, den Mozart immer wieder, in Wien dann nahezu ausschließlich bedienen sollte. In welcher Weise der Junge die Wirklichkeit höfischer Bühnenpraxis, also jene die Familie zermürbenden Auseinandersetzungen um die Aufführung erlebt haben könnte, läßt sich nur vermuten. Immerhin dürfte der eklatante Mißerfolg – der Aufführungsverzicht – für ihn persönlich auch die erste gravierende Niederlage gewesen sein, im Grunde eine der wenigen wirklich dramatischen, die er erlebt hat. Allerdings wurde vom Kind erwartet, daß es die Gattungsanforderungen an eine Buffa erfüllen könnte, und gerade dabei dürfte vom in dieser Hinsicht unerfahrenen Vater kaum substantielle Hilfe zu erwarten gewesen sein. Es ist dabei bemerkenswert, daß das erstaunliche Vorhaben von zwei bedeutenden Protagonisten der Wiener Musikkultur, die beide nicht als Sachwalter der Opera buffa gelten können, enthusiastisch befürwortet wurde, nämlich von Johann Adolf Hasse und Pietro Metastasio.

Bedeutete die kompositorische Tätigkeit eines Kindes an sich bereits eine Grenzüberschreitung, so wurde sie spätestens mit *La Finta semplice* zu einer geradezu werkkonstitutiven Erfahrung. Denn die Konstellation, ein Opernauftrag an den Mechanismen des Hofes vorbei, dazu die Vorstellung, ein Zwölfjähriger könne ein Werk komponieren, das vor allem von erotischen Verwirrungen handelt, zudem die völlige Loslösung von allen Institutionen und Normen – dies ist eine Grenzüberschreitung nicht über die Gattung hinaus, sondern gewissermaßen in sie hinein, durch die Bedingungen, die eigentlich als unmöglich gelten mußten. Ein solch intrikates Spiel mit Gattungsnormen, deren Binnenüberschreitung gerade nicht zur Aufhebung führen sollte, ist fortan zu einem Wesenszug von Mozarts ebenso eigenwilliger wie individueller Gattungspoetik geworden. Allein der Blick auf die Bühnenwerke bis in die ersten Wiener Jahre zeigt den am Ende kaum vorstellbaren Erfahrungshorizont des Komponisten, der dann aber in die für Wien breit kontextualisierte Opera buffa münden sollte:[22]

Tab. 5: Mozarts Bühnenwerke vor Le Nozze di Figaro:

Jahr	Gattung	Werk
1767	geistliches Singspiel [nur 1. Akt]	*Die Schuldigkeit des Ersten Gebots*
	lat. Schuldrama (Intermedium)	*Apollo et Hyacintus*
1768	Opera buffa	*La finta semplice*
	Singspiel	*Bastien und Bastienne*
1770	Opera seria	*Mitridate, re di Ponto*
1771	Festa teatrale	*Ascanio in Alba*
	Azione teatrale	*Il sogno di Scipione*
	Azione sacra (eig. nicht für die Bühne)	*La Betulia liberata*
1772	Opera seria (Dramma per musica)	*Lucio Silla*
1774/75	Opera buffa (Dramma giocoso)	*La finta giardiniera*
1775	Serenata	*Il re pastore*
1777/79	Schauspielmusik [Chöre u. Zwischenakte]	*Thamos, König in Egypten*

Jahr	Gattung	Werk
1778	Ballettpantomime [nicht alles von Mozart]	*Les petits riens*
	Melodrama (Duodrama) [nur brieflich nachgewiesen]	[*Semiramis*]
1779/80	Singspiel, Fragment	[*Zaide*]
1780	Singspiel (Bearb.)	*Die verstellte Gärtnerin*
1781	Opera seria (Dramma per musica, Rückgriff auf eine Tragédie lyrique)	*Idomeneo, re di Creta* [mit Ballettmusik]
1782	Singspiel	*Die Entführung aus dem Serail*
1783	[Opera buffa (Dramma giocoso), Fragment]	*L'oca del Cairo*
	[Opera buffa, Fragment]	*Lo sposo deluso*
	Faschingspantomime (Fragment)	[ohne Titel]

Mozart hat also mit ungefähr 25 Jahren alle Genres möglicher Bühnengattungen durch aktive kompositorische Tätigkeit kennengelernt, im Falle des Melodramas ist immerhin ein Plan nachweisbar, im Falle der Tragédie lyrique wenigstens eine implizite Auseinandersetzung, nämlich im *Idomeneo*, der ja auf einer Umarbeitung einer französischen Vorlage basiert. Zudem hat er italienische, deutsche und lateinische sowie, wenigstens implizit (in *Les petits riens*), französische Texte vertont. Es gab keinen anderen europäischen Komponisten mit einem vergleichbaren Horizont. Bedeutete seine Wiener Existenz eine soziale Grenzüberschreitung, so spiegelt sich diese in den Bühnenwerken auf eine geradezu systematische Weise, aber eben in den eigenartigen Binnenverstrebungen. Der *Figaro* mit seiner Vieraktigkeit bedeutet eine Neudefinition der Opera buffa, *Don Giovanni* überschreitet die Grenzen zum Tragischen, *Così fan tutte* ist, als Auseinandersetzung mit Wahrheit und Wahrscheinlichkeit, ein Reflex nahezu sämtlicher zentraler ästhetischer Debatten des 18. Jahrhunderts, in *La clemenza di Tito* werden Mechanismen der Buffa in das Dramma per musica eingezogen, und *Die Zauberflöte* ist schließlich in sich eine so vielfache Grenzüberschreitung in so unterschiedliche Richtungen, daß lineare Auflösungen nicht mehr möglich sind – und auch gar nicht mehr möglich sein sollen.

Mozarts Wiener Existenz hat demnach eine Art von musikalischer Gattungspoetik herausgebildet, deren Binnenspannung von Normwahrung und Normabweichung zu Solitären führen sollte – und auch führte, aber eben nicht im Sinne von Normbrüchen (wie etwa im Melodrama). Die Aufhebung von ‹Critic› als Modus der Wahrnehmung, von der noch zu sprechen sein wird, zeigt sich auch hier, in der hochindividuellen Überblendung von Grenzziehungen und Grenzüberschreitungen. Das gilt allerdings nicht nur für die Bühnenwerke, sondern für das gesamte Spektrum insbesondere von Mozarts Wiener Schaffen, in dem im Grunde sämtliche verfügbare Gattungen auf eine vergleichbare Weise gepflegt wurden – mit der bezeichnenden Ausnahme geistlicher Musik, die erst nach dem Tod Josephs II. wieder eine gewisse Aufmerksamkeit fand. Besonders deutlich zeigt sich die Dichte, die willentliche Verstrebung dieser Bemühungen beim Blick auf Mozarts letztes Lebensjahr, das, wie oft festgestellt worden ist, von einer überbordenden, atemlosen Fülle simultaner Aktivitäten programmatisch durchzogen scheint. Gemeint ist also die Zeit von November 1790 bis Ende November 1791.[23] Es entstanden die *Ave verum*-Motette (Juni 1791, KV 618), die beiden Konzerte für Klavier (Januar 1791, KV 595) und Klarinette (Oktober 1791, KV 622), das Streichquintett Es-Dur (April 1791, KV 614), das Adagio für Glasharmonika (KV 356), ein gedruckter Zyklus mit Klaviervariationen (April 1791, KV 613), drei programmatisch gemeinte Klavierlieder (Januar 1791, KV 596–598), zwei Freimaurer-Gesänge (Juli und November 1791, KV 619 u. 623), die drei Werke für mechanische Orgel (1790/91, KV 594, 608 u. 616) und schließlich, im Fasching, 12 Menuette (KV 599, 601 und 604) sowie 29 Kontretänze und ‹Deutsche› (KV 600, 602, 603, 605–607, 609–611). Im Mittelpunkt standen die beiden großen, ganz gegensätzlichen Opernprojekte der *Zauberflöte* und der *Clemenza di Tito* sowie der Auftrag zum Fragment gebliebenen *Requiem*. Der Eindruck einer fast rauschhaften Arbeitsdichte verstärkt sich beim Blick auf die ungewöhnlich große Zahl erhaltener Fragmente, die eine Ahnung von weiteren Vorhaben vermittelt. Wenigstens in Planungen beschäftigte sich Mozart intensiv mit der Gattung Streichquartett, aber auch mit dem Streichquintett, einem neuerlichen Klarinettenquintett (Fr 1790g), einem weiteren Hornkonzert (Fr 1791d), einer g-Moll-Klaviersonate (Fr 1790e) und einer Meßkomposition (KV 1790a), vielleicht sogar einem neuen Orchesterwerk (1791g).[24]

Auch wenn seine Werke seit etwa 1790 von einem neuen, zurückhaltenden ‹Tonfall› geprägt sind, so ist in ihnen die Systematik von Grenzziehung und Grenzüberschreitung nach wie vor offenkundig. Schon vorher, insbesondere aber in der Wiener Zeit ist dies zum Hauptcharakteristikum von Mozarts Gattungspoetik geworden. Der Ausbau der Klavierkonzerte zur zentralen Gattung der musikalischen Selbstrepräsentation kann dafür als paradigmatisch gelten, erst recht mit den dialektisch verzahnten, selbst formulierten (und erfundenen) Alternativen im Quintett für Klavier und Bläser (KV 452, 1784) und in den beiden Klavierquartetten von 1785/86 (KV 478 und 493). Aber auch in anderen Bereichen sind vergleichbare Bemühungen erkennbar. Das Klavierlied war als Genre wesentlich auf die Verbreitung durch Drucke angewiesen. In die intensive literarisch-musikalische Wiener Diskussion (mit den Liedern von Haydn und Klopstock an der Spitze) griff Mozart erst 1789, dann aber auf eine geradezu demütigende Weise ein, nämlich mit zwei ‹Sammlungen›, die je nur zwei Lieder enthielten.[25] Damit war also nicht nur die Hoheit in der Liedkomposition reklamiert, auch der Darstellungsmodus (in der Regel Bündel aus sechs oder zwölf Werken) unterlag einer Grenzüberschreitung nach innen – und damit zugleich einer Entwertung. Die Gattung des Streichquartetts bildete mit den 1785 publizierten sechs Werken zwar einen Dialog aus, aber in der Fixierung auf den (über zwanzig Jahre älteren) Widmungsträger Haydn ebenfalls in einer solchen Überschreitung;[26] Vergleichbares gilt für den Wiener ‹Einstandsdruck› der sechs Violinsonaten.[27] Die Gattung des Streichquintetts wurde durch Mozart sozusagen erst neu erfunden, mit den beiden 1787 entstandenen Werken in C-Dur (KV 515) und g-Moll

(KV 516) als eigentlichem Initial der völligen Neudeutung einer peripheren Wiener Tradition.[28] In anderen, für die Musikkultur in Wien hingegen besonders wichtigen Bereichen der Instrumentalmusik war Mozart zwar zurückhaltend, dann aber um so entschiedener. Die entweder direkt nach der Ankunft in Wien oder doch, wahrscheinlicher, erst 1783/84 komponierte Serenade für 12 Bläser und Kontrabaß ist, wenn das spätere Datum stimmt, eine Art Schlußwort zur Gattung, auf einer Metaebene des Komponierens.[29] Etwas Vergleichbares gilt für die Trias der im Sommer 1788 entstandenen Sinfonien, die gewiß für den Druck bestimmt war – und von aus der Binnenspannung unterschiedlichster ‹Tonfälle› mit deutlichen, in der C-Dur-Sinfonie geradezu rabiaten Grenzüberschreitungen lebt.

In dieser sehr eigenwilligen Ausprägung einer individuellen Gattungspoetik werden Normen des 18. Jahrhunderts aufgenommen und zugleich auf eine Weise zugespitzt, die einer Aufhebung zentraler Mechanismen des Gattungsdenkens überhaupt gleichkommt. Gattungen wirkten über den Weg der Normierung geschichtsbildend, gerade auch in der Musik. In den musikalischen Gattungsexperimenten der 1760er und 1770er Jahre wurden Solitäre geschaffen, die absichtsvoll eben nicht geschichtsmächtig waren, es auch nicht sein sollten (wie etwa das Melodrama oder die ‹freye Fantasie›); es waren also willentliche Aufhebungen. Gerade diese Genres spielen in Mozarts Gattungsdenken jedoch kaum eine Rolle, und es ist vielleicht bezeichnend, daß sein einziger geplanter Beitrag zum Melodrama eben nicht über Vorüberlegungen hinausgekommen ist. Seine Überblendung von Grenzwahrung und Grenzüberschreitung reklamiert, spätestens unter den Bedingungen seiner Wiener Existenz, so etwas wie einen alleinigen Anspruch, der keine Teilung zuließ und auch nicht zulassen wollte. Obwohl sein Rückgriff auf Normen eigentlich geschichtsstiftend hätte wirken können, haben die komplexen Grenzüberschreitungen ‹nach innen› gerade diese Perspektive durchkreuzt. Mozarts Gattungspoetik war, auch dies ein Spiegel der josephinischen Verhältnisse und seines selbst reklamierten Standpunktes in ihnen, willentlich perspektivlos.

Und vielleicht ist dies auch der Grund dafür, warum Mozarts Aneignungen der musikalischen Vergangenheit ungenau blieben. Er hatte die großen Historiographen der Musik, Charles Burney (1726–1814) und Giovanni Battista Martini (1706–1784), selbst kennengelernt (1770 in Bologna) – und in Gottfried van Swieten einen Anwalt der musikalischen Vergangenheit unter seinen Mäzenen. Und doch blieb die Auseinandersetzung mit der Vergangenheit temporär und ‹unscharf›, wovon vor allem die Vielfalt der *Zauberflöte* ein Zeugnis abzulegen vermag.

VI. Inszenierungen

1. Wahrheit und Affekt

Zu den zentralen Lehrstücken des 18. Jahrhunderts gehört der Zusammenhang von dargestellten und erlebten Affekten, die zugleich die Frage nach Wahrheit und Wahrscheinlichkeit berühren. Die ausführliche Debatte hatte ihren Ursprung in einem Postulat des Horaz: «si vis me flere, dolendum est primum ipsi tibi», daß also nur derjenige zu rühren vermöge, der auch selbst gerührt sei.[1] Die wirkungsästhetische Macht dieses Appells war für die Musik von besonderer und fundamentaler Bedeutung, und dies wurde im Umfeld des berlinischen Schrifttums der 1750er und der 1760er Jahre intensiv diskutiert. Drei Grundprobleme, die sich schon um 1700 abzeichneten, die sich aber in der Auseinandersetzung mit Batteux und dem Nachahmungsbegriff verschärfen mußten, traten dabei deutlich hervor: Wie konnte ein Affekt ‹erlebt› sein, wenn der komplizierte kompositorische Prozeß doch eine unmittelbare Nähe zwischen dem ‹Werk› und dem ‹Erlebten› ausschloß? Wie konnte zudem das ‹Erlebte› in der Musik überhaupt präzise sein, wenn es doch der Begriffe entbehrte? Und, eine letzte Konsequenz, welche Rolle spielte dabei die Aufführung, deren Unmittelbarkeit in einer unübersehbaren Distanz zur Komposition stehen mußte? Galt die Forderung des Horaz deswegen für das Werk oder nur für dessen Aufführung? Leopold Mozart war mit diesen Problemen sehr wohl vertraut, und er dürfte sie seinem Sohn prägend mit auf den Weg gegeben haben. In einem Brief an seinen Verleger Lotter in Augsburg von 1755 hat er zwei von ihm selbst komponierte Serenaden angepriesen – also Instrumentalmusik – und dabei den Zusammenhang zwischen Werk und Aufführung hervorgehoben: «Beyde Serenaten sind Prächtige, haben viele, und durchaus fröhliche Stücke, die mit Abwechselung der Instrumente immer etwas besonderes vortragen. Allein! die Production, die liebe Production, darauf kommt halt alles an.»[2]

Der verwickelte Zusammenhang zwischen Affekt, Komposition und der ‹lieben Production› kann als eine der zentralen musikästhetischen Herausforderungen ab den 1750er Jahren gelten. Mozart, anfangs vor allem Geiger, später dann fast ausschließlich Pianist, hat dieses Problem in immer stärkerem Maße in den Mittelpunkt seines Komponierens gestellt – und damit die Werke selbst zu impliziten Spiegeln dieser Debatte gemacht. Als er als Zwölfjähriger mit der Komposition einer Opera buffa, eben *La Finta semplice*, konfrontiert war, dürfte er in einer kaum vorstellbaren Weise für das Problem sensibilisiert worden sein, ging es doch in der Buffa vor allem um erotische Verwirrungen – mithin um Affekte, die keineswegs über jeden Zweifel erhaben waren. In den für Mailand entstandenen Werken, insbesondere im *Lucio Silla*, ist dies dann auf deutliche Weise zutage getreten, befeuert offenbar von einer literarisch-intellektuellen Elite, in der intensive Debatten über diesen Zusammenhang geführt wurden.[3] *Lucio Silla* bezeichnet, gerade gegenüber dem zwei Jahre früher entstandenen *Mitridate*, eine gravierende Veränderung in der Tonlage. Das Werk enthält 18 Arien, doch nur neun von ihnen sind dreiteilig (also in Da-Capo-Form) oder zweiteilig (mit der Möglichkeit, das Ende des ersten Teils dann zu wiederholen). Bei den verbleibenden Arien findet sich eine Fülle unterschiedlichster Verfahrensweisen, wie monothematische Expositionen mit zweitem Teil, ein Rondo, eine Cavatina für die Primadonna oder drei vollständig durchkomponierte Nummern, eine für jede der drei Hauptrollen. Hinzu tritt eine ungewöhnlich große Zahl von Accompagnati, erstmals ein nennenswerter Anteil von großen Ensembles mit einer Chorszene in jedem Akt. Die Finallösungen sind eigenwillig: im ersten Akt ein Duett, im zweiten ein Terzett, im dritten eine Ciaconna. Die Vielfalt der

Affekte produziert also nicht etwa eine Vielfalt von Darstellungsweisen innerhalb der bestehenden Norm, sondern, verbunden mit dem Willen, die möglichen Abgrenzungen erst gar nicht zur Geltung kommen zu lassen, eine Neigung zum Normbruch – und der dafür verantwortliche Komponist war noch keine 16 Jahre alt.

Damit allerdings zeichnet sich eine irritierende Tendenz ab. Die Auseinandersetzung mit Wahrhaftigkeit und Wahrscheinlichkeit der Darstellung hat nicht zu einer Variationsbreite innerhalb bestehender Muster geführt, sondern zu fortwährenden Erweiterungen, Steigerungen und Brüchen. Gerade dieses Verfahren war, allemal unter den normpoetischen Voraussetzungen, die ihm der Vater vermittelt hat, gar nicht vorgesehen. Mozart ging diesen Weg jedoch mit expansiver Energie weiter, auch jenseits des musikalischen Dramas. Nach der vorerst endgültigen Rückkehr nach Salzburg ist diese Haltung auf bestimmende Weise in den Vordergrund getreten. Die verwirrende Fülle der Affektlagen in den Sinfonien legt davon Zeugnis ab, aber auch ein Werk wie die D-Dur-Serenade KV 320, die am 3. August 1779 in Salzburg aufgeführt wurde und die Mozart in zwei verschiedenen ‹Schichten› nach Wien mitnahm. Der Reichtum der Tonlagen und die formale Vielfalt – mit einer eingelagerten *Sinfonia concertante* – wirken wie der Versuch, das Thema der ‹Darstellung› systematisch durchzuführen. Dabei deutet diese Vielfalt darauf hin, daß als einigendes Band immer weniger die ‹Wahrhaftigkeit› als vielmehr der dramaturgische ‹Plan› zu wirken schien.

Die kontrastive Gegenüberstellung verschiedener Darstellungsmodi führte zugleich zu Zuspitzungen im Augenblick der Darstellung, also zur Betonung der Wahrhaftigkeit im Moment der ‹Production› (und am Ende nicht mehr darüber hinaus). Die unentwegten Schwankungen des *Idomeneo* legen davon Zeugnis ab, insbesondere aber die Möglichkeiten der Opera buffa, die Mozart in Wien auf eine Weise mit Brechungen und Brüchen durchzogen hat, die Grenzen nicht nur erkunden, sondern überschreiten sollten. In den Opern gibt es eine kaum übersehbare Fülle von Verwirklichungen dieser auf die Glaubwürdigkeit allein des Augenblicks gerichteten Haltungen, so etwa die beiden Cherubino-Arien im *Figaro*, die im Moment des Erklingens höchste Wahrhaftigkeit beanspruchen – und wenige Sekunden später bereits affektive Makulatur geworden sind. Der *Don Giovanni* hingegen weist schließlich Konfigurationen auf, in denen die Wahrhaftigkeit des Affekts durch die Bühnensituation auf gefährdende Weise konterkariert wird; etwa bei «Là ci darem la mano», wo die betörende Darstellung aus unlauteren, bösen Absichten heraus erfolgt. Diese Tendenz zu einer willentlichen Uneigentlichkeit, zu einer Gefährdung affektiver Wahrhaftigkeit aus sich selbst heraus, also zur schließlich unüberbrückbaren Distanz zwischen Erleben und Darstellung im Moment der ‹Production› spitzt sich in den Ensembles von *Così fan tutte* zum Binnenprinzip der Bühnenhandlung zu. Komposition und ‹Production› treten damit in einen willentlichen Konflikt, der eindeutige Lösungen nicht mehr zuläßt und nicht mehr zulassen will. Gerade deswegen gerät, in radikaler Zuspitzung aufgeklärter Denkformen, das horazische Affektpostulat ins Wanken: «si vis me flere...», doch ist nicht einmal mehr garantiert, daß selbst die dargestellten Tränen noch Wahrhaftigkeit beanspruchen können. Der immer wieder festgestellte ‹neue› Ton in Mozarts Werken der Jahre 1790 und 1791 könnte auf dieses neue Stadium des Komponierens verweisen – als melancholischer Reflex eines selbst herbeigeführten, unwiederbringlichen Verlustes.

Vielleicht ist daher die *Zauberflöte* in dieser Hinsicht das radikalste Werk.[4] In den zahllosen Überlegungen zur Dramaturgie ist selten geltend gemacht worden, daß auch dieser Text – wie in allen anderen Wiener Opern Mozarts – ohne einen ganz unmittelbaren, weitreichenden Einfluß des Komponisten gar nicht denkbar ist. Textgestalt und Dramaturgie dürften also in viel stärkerem Maß Mozarts persönlichste Handschrift verraten als gemeinhin angenommen. Gerade deswegen lassen sich die vermeintlichen ‹Ungereimtheiten› der Oper aber als programmatische Bruchstellen deuten, als entschiedener Versuch, das Affektpostulat nicht bloß in Frage zu stellen, sondern von monokausalen Lösungen ganz zu trennen. Die Fülle der heterogenen Tonlagen, von der Königin der Nacht über Sarastro bis hin zu den drei Knaben reichend, erscheint wie ein Panorama von Aus- und Darstellungen, deren Verstrebungen die Frage nach Wahrheit und Wahrscheinlichkeit überflüssig machen. Die vollkommen unterschiedlichen Idiome, die Mozart vorsätzlich bedient, werden zwar noch durch den ‹Plan› des Gesamten zusammengehalten, sie erscheinen aber am Ende absichtsvoll orientierungslos. Noch das seltsam uneinheitliche Autograph läßt nicht nur die große Eile bei der Niederschrift erkennen, sondern legt den Verdacht nahe, daß die verschiedenen Schichten dieser Niederschrift keinesfalls einer chronologischen oder dramaturgischen Logik folgen sollten, sondern im Gegenteil diese sogar zu vermeiden suchen. Der Schauspieler Johann Friedel glänzte im Februar 1789 im Freihaustheater (in dem zwei Jahre später die *Zauberflöte* uraufgeführt werden sollte) mit einer Vorstellung, in der kontrastierende Ausschnitte aus Trauer- und Lustspielen bunt aneinandergefügt wurden – zum großen Gelächter des Publikums.[5] Die Technik der *Zauberflöte* erinnert daran, nur daß nun die Musik den ‹Plan› liefert – und sich dabei zugleich selbst in Frage stellt.

Es geht folglich in diesem Bühnenstück nicht mehr um die Frage von Wahrhaftigkeit und Glaubwürdigkeit, sondern um die unvermittelte Vielfalt von Möglichkeiten, die nebeneinander und ohne Bezüge zu existieren scheinen. Der ‹Zauber› der Zauberoper, also die bedingungslose Auslieferung an Momente äußerer wirkungsästhetischer Überwältigung, stellt daher die Geltungsmacht der Musik auf eine grundsätzliche Weise in Frage. Dies wäre dann, am Ende des Jahrhunderts der Aufklärung und zwei Jahre nach Beginn der Französischen Revolution, eine Zuspitzung von ästhetischen Haltungen, die wohl in der absoluten Gegenwart der Bühneneffekte noch Geltung beanspruchen soll, nicht mehr aber darüber hinaus. Mozarts Klagen über seine ‹Selbstentfremdung›, die in den letzten Lebensmonaten immerhin nachweisbar sind, lassen sich daher auch verstehen als Zeugnisse dafür, daß Mozart die Dramatik dieses Verlustes in vollem Umfang bewußt war.

2. Überwältigung und Zweifel

Nicht nur, aber vor allem in den Briefen zur *Entführung aus dem Serail* wird deutlich, auf wie intensive Weise Mozart von der Wirkungsästhetik her dachte, und dies nicht erst in der Wiener Zeit. Diese durchaus ungewöhnliche Konzentration war breit abgesichert, wovon bereits die Rede war. Doch schon im Probestück, in der *Entführung* selbst, war dieser Wille zur Überwältigung konterkariert von der Gegenseite, von Zweifeln, die im Laufe der 1780er Jahre immer deutlicher hervortreten sollten – und schließlich in Aufhebungen eigener Art mündeten, nicht nur, aber vor allem in den Opern. Bereits ein früher Rezensent der *Entführung* hat diese Gemengelage bemerkt, unter Verwendung der Schlüsselbegriffe von ‹Malerei› und ‹Darstellung›: «Da bleibt auch kein einziges Gefühl unbefriediget, wenn man Herrn *Mozart* Leidenschaft auf Leidenschaft, und gleich wieder drauf drolligte Laune malen und darstellen sieht.»[6] In dieser Hinsicht kann *Le Nozze di Figaro* als ein zentrales Werk gelten. Der äußerliche Grund, die Sensation eines Aufführungsverbots auf der Opernbühne zu unterlaufen (zumal es sich beim *Figaro* eben nicht wirklich um einen ‹Auftrag› handelte), verdeckt jedoch eigentliche und weitergehende Motive. Mozart und Da Ponte benutzten, wie bereits dargelegt, weder die in Wien veröffentlichte französische Bearbeitung des Originals noch Rautenstrauchs ins Deutsche übersetzte Version, sondern die von Beaumarchais selbst autorisierte deutsche Ausgabe, also absichtsvoll den vollständigen Text. Da Ponte wird zumindest diese Ausgabe auch gekannt haben; wie weit er auf das französische Original zurückgegriffen hat, läßt sich nicht feststellen.

Nicht nur die Vorgeschichte der Aufführung des Dramas ist lang und kompliziert, sondern auch die ästhetische Herleitung. Beaumarchais rechnete schon 1767, in seinem *Essai sur le genre dramatique sérieux*, mit der französischen Tragödie in der Tradition Racines ab und griff damit pointiert in eine aktuelle ästhetische Debatte ein. Nur ein Theater, das sich mit den Konflikten der Stände der Gegenwart befasse, könne als zeitgemäß gelten, weil das Wunderbare und Unwahrscheinliche in ihm keine Rolle mehr spiele. Dabei dachte der Verfasser anfangs noch nicht an die Komödie, denn er lieferte mit seiner *Eugénie* zunächst ein bürgerliches Trauerspiel, das übrigens auch von Emanuel Schikaneder in einer deutschen Bearbeitung aufgeführt wurde. Erst nach dessen Mißerfolg wandte er sich dem Lustspiel zu, und hier erlangte er großen Ruhm, beginnend mit *Le Barbier de Seville*, der 1775 im zweiten Anlauf ein fulminanter Theatererfolg wurde. Die bereits in der Vorrede des Erstdrucks angekündigte Fortsetzung verriet überdies den Plan, mehrere Dramen, also am Ende eine Trilogie zu verfassen. *La folle journée*, das zweite Stück, war wohl schon 1778 vollendet.

Dessen schließlich gedruckter Text enthält, sowohl in der französischen wie in der deutschen Version, eine bedeutende Vorrede, deren Kenntnis bei Mozart vorausgesetzt werden kann. Darin entwickelt der Verfasser, in Auseinandersetzung mit der Zensur, eine Theorie der Komödie, die für ihn auf «theatralischer Sittsamkeit» basiert.[7] Das wahre Lustspiel ziehe «alle seine Gemählde aus unsern Sitten, und alle seine Subjekte aus der gewöhnlichen menschlichen Gesellschaft».[8] Genau dies unterscheide aber die Komödie von der Tragödie, und Beaumarchais betont stets die Sittlichkeit eines solchen Theaters, das des Wunderbaren und des Grauenvollen der Tragödie entbehren könne und solle, das also ohne das Erhabene auszukommen vermöge. Deswegen gehöre es überdies zu den Privilegien der Komödie, die Sitten so darzustellen, wie sie nun einmal seien: «Die nützliche und wahrhaftliebende Comedie ist kein lügenhaft Lob, keine prahlerische akademische Rede.»[9] Diese Argumentation ist auch deswegen bemerkenswert, weil sie genuin ästhetisch bleibt, weil in ihr folglich das Politische allenfalls als Subtext greifbar wird. Beaumarchais beharrt zwar auf der gesellschaftlichen Funktion des Theaters, nicht jedoch in jenem politischen Sinne, der in der späteren Rezeption des *Figaro* so oft geltend gemacht wurde.

Mozarts besonderes Interesse an der Eliminierung des ‹Anstößigen› im ästhetischen Sinne wurde bereits diskutiert, denn in diesem Prozeß ist das Politische gleichsam zu einer Verfügungsmasse geworden. Die Vorrede von Beaumarchais mit ihrer Ästhetik der Komödie scheint aber vom Komponisten zudem als eine Art von produktiver Herausforderung begriffen worden zu sein, gibt es doch bemerkenswerte Berührungspunkte mit seiner eigenen Poetik der Opera buffa. Die Vorstellung jedenfalls, auch das musikalische Theater zeige handelnde Akteure der «gewöhnlichen menschlichen Gesellschaft», scheint ihn in Bann geschlagen zu haben. Die von ihm angestoßene und gemeinsam mit Da Ponte ins Werk gesetzte Bearbeitung knüpft daher an diesen Punkt an: in der fast vollständigen Eliminierung vordergründiger politischer Elemente zugunsten des Seelendramas. Dies war, davon war schon die Rede, sicher kein Entgegenkommen an mögliche Zensoren, denn in Wien konnten auch auf dem Theater, etwa in Da Pontes *Bertoldo*, weit radikalere politische Botschaften mühelos publik gemacht werden. Mozart hat offenbar in der Komödie von Beaumarchais die ideale Vorlage für ein Musiktheater seiner Vorstellung erblickt, und die unterschied sich am Ende in dem Maße von der Tradition, wie es die Komödie von Beaumarchais von derjenigen des französischen Theaters tat. Die Differenzen, äußerlich sichtbar an der großen Länge, den zahlreichen Protagonisten und der Vieraktigkeit, haben in der Ausgabe des Librettos zu einer vergleichbar rechtfertigenden Vorrede geführt. In ihr ist von «der neuen Art des Schauspiels» die Rede, also von einem gattungsinnovativen Ansatz, den Beaumarchais seinerseits geltend gemacht hatte.[10] Offenkundig sollten also die beiden Vorreden miteinander in Beziehung treten.

Die Zurückdrängung vordergründig politischer Aspekte diente der konsequenten Verwirklichung dieses Vorhabens. Die Repräsentation menschlicher Verhältnisse auf dem Theater bedurfte allerdings, dies die entscheidende Weiterung bei Mozart, der Musik, weil man nur ihr, so der zentrale musikästhetische Paradigmenwechsel um 1780, zutraute, das Ungenaue, Unscharfe, Changierende dieser Verhältnisse für den Zuhörer, wenigstens im Augenblick des Erklingens, glaubhaft darzustellen. Genau dies führt aber zu einer Verdichtung, die weit über das Drama hinausreicht. Ein wesentlicher Charakterzug des *Figaro* von Mozart und Da Ponte liegt in der bedingungslosen Zuspitzung der aristotelischen Einheit von Raum, Zeit und Handlung, weil die Repräsentation auf der Bühne keinerlei Lücken mehr kennt, dargestellte Zeit und Darstellungszeit vollständig deckungsgleich werden und ihre Dehnung im Sinne einer Seelenschilderung einzig der Musik verdanken. Dabei wird die Tradition der Opera buffa zwar heraufbeschworen, jedoch in einer seltsamen Distanz. Das wirkungsästhetische Potential der Buffa wird in dem Maße geltend gemacht, in dem ihre Mechanismen in Frage gestellt werden. Das Irritierende dieses Neuansatzes wurde durchaus wahrgenommen, war der *Figaro* nicht ein Werk des sofortigen, sondern des langsamen, des wachsenden Erfolgs, der erst in der besonders ungebundenen, für solche Konzepte besonders empfänglichen Prager Gesellschaft geradezu explosionsartig hervortrat.[11]

Die Außenseite dieses Vorgangs bildete die Zensuraffäre, die das Schauspiel getroffen hatte. Der ersten Aufführung der Oper am 1. Mai 1786 mußte daher zunächst die Genehmigung des Kaisers vorausgehen. Nur zwei Zeugnisse geben diesen Vorgang wieder, allerdings auf aufschlußreiche Weise. In den Erinnerungen von Da Ponte ist davon die Rede, daß der Kaiser – schnell – seine Zustimmung gegeben habe, als der Dichter von seiner Bearbeitung und der Größe von Mozarts Musik berichtet habe. Da es sich nicht um einen Auftrag handelte, spielte Mozart dem Monarchen nicht nur Szenen vor, dieser kam auch zu mindestens einer der Proben. In der *Wiener Realzeitung* erschien am 11. Juli 1786 eine mit «Fr.» signierte Rezension, die wohl vom Schauspieler Johann Friedel, der ebenfalls von den josephinischen Verhältnissen nach Wien gelockt wurde, stammen dürfte. Dort wird, mit einem Zitat aus dem *Barbier von Sevilla*, nochmals auf die Zensurpraxis verwiesen: «‹Was in unsern Zeiten nicht erlaubt ist, gesagt zu werden, wird gesungen.› Könnte man nach Figaro sagen. Dieses Stück, das man in Paris verbothen, und hier als Komödie sowohl in einer schlechten als in einer guten Uebersetzung aufzuführen nicht erlaubt hat, waren wir endlich so glücklich als Oper vorgestellet zu sehen. Man sieht, daß wir besser daran sind als die Franzosen.»[12] Aber gerade dieser Bericht, in dem offenkundig die Vorzüge des aufgeklärten Wien Josephs II. gegenüber Paris verteidigt werden sollen, reklamiert das Verbot einzig als Sensation, und wahrscheinlich willentlich gegen die Faktenlage. Denn in Paris war das Stück ja längst erfolgreich auf der Bühne, und in Wien ließen sich deutsche Textausgaben noch immer regulär erwerben. Friedel betonte also nichts anderes als die wirkungsästhetische Außenseite des Unternehmens.

Mozart, der vor allem in seinen Wiener Jahren um publikumswirksame Auftritte bemüht war, hat den absichtlich heraufbeschworenen äußerlichen Konflikt um den *Figaro* gleichsam in die Innenperspektive des Dramas übertragen. In dem hier erkennbaren Willen, eine neue Art der Komödie zu schaffen (und darin der Musik eine neue Funktion zuzuweisen), liegt die eigentliche, die tiefe Verbindung zur Komödie von Beaumarchais. Im ‹äußeren› Normverstoß spiegelt sich der ‹innere› des Dramas, und die Lösung der damit verbundenen Probleme betrifft beide Seiten. Es zeichnet sich hier eine Konstellation ab, die Mozart in seinen Wiener Bühnenwerken konsequent weiterverfolgen sollte, in den Grenzüberschreitungen, die schließlich, in der *Zauberflöte*, willentlich an Grenzen geführt wurden, die sich nicht mehr, wie im *Figaro*, linear auflösen lassen sollten. Gerade vor diesem Hintergrund kommt dem *Figaro*, der nach einer mehrjährigen Pause in der Opernkomposition entstand, eine Schlüsselstellung zu.

Dieser grundlegende Anspruch aber macht den *Figaro* von Da Ponte und Mozart beispielhaft in jeder Hinsicht. Er bildete nicht bloß die Selbstpräsentation des erfolgreichen Komponisten auf der Opernbühne, sondern die Definition eines ganz neuen Genres. Gerade deswegen werden die Zusammenhänge von Wirkungsästhetik und inhärentem Zweifel nochmals bedeutsam, sollte der *Figaro* doch nicht für sich selbst stehen, sondern gewissermaßen ein neues Paradigma begründen. Besonders deutlich zeigt sich das im ersten Finale, einem

Typus, den es in der traditionellen Buffa nicht gab. In einer großen Marschszene wird die affektdomestizierende Kraft des Marsches, die im Schrifttum des 18. Jahrhunderts stets als seine eigentliche Raison d'être genannt wird, zwar beschworen, aber zugleich auf bis dahin unvorstellbare Weise ironisiert. Denn niemand, außer dem Grafen und vielleicht dem Betroffenen selbst, denkt im Augenblick des Erklingens ernstlich daran, Cherubino wirklich zum Militär zu schicken – und damit wird auch der Marsch selbst zu einem Stück ‹uneigentlicher› Musik. Mozart war sich des überwältigenden Effekts dieser Musik bewußt, sie war darauf kalkuliert – und dieser Effekt trat ja auch ein. Aber gleichzeitig stellt sich die Musik damit in Frage, so daß dieses Finale des ersten Aktes auf eine geheime Weise mit der rasenden, unwirklichen ‹dieta marcia› des letzten Aktes in Beziehung steht. Es ist diese Praxis zwar eine Fortsetzung des in *Idomeneo* und *Entführung* eingeschlagenen Wegs, jedoch nun auf eine neue, ganz unerhörte Weise, da die Musik in immer stärkerem Maße selbstreflexive Züge angenommen hat. Der programmatische Geltungszusammenhang einer neuen Form musikalischer Komödie sollte dabei für einen Komponisten, der das Drama als entscheidende Darstellungsform begriff, weit über die Bühne hinausweisen, eben in die Bereiche der Instrumentalmusik. Der damit angestoßene Prozeß hat dann allerdings bis in die Entgrenzungen der *Zauberflöte* fortgewirkt.

3. Beseelte und seelenlose Musik

Als Kaiser Joseph II. am 20. Februar 1790, inmitten der ersten Aufführungsserie von *Così fan tutte*, starb, endete ein dramatisch beschleunigtes Jahrzehnt in einer weitreichenden Ungewißheit und Ratlosigkeit. Die Krönung seines Bruders Leopold, der nur bis 1792 regierte, bedeutete eine sofortige Kursänderung, die gleichwohl als Stabilisierung gelten kann. Leopold II., selbst der Aufklärung verpflichtet, verfügte als Großherzog von Toskana über eine lange, 1765 beginnende und sehr erfolgreiche Regierungserfahrung; er beließ daher vor allem jene administrativen Reformen Josephs, die auf eine gesamtstaatliche Straffung und Stärkung zielten. Die hektische Gesetzgebung der Jahre 1781 und 1782, die schon Joseph selbst in Frage gestellt hatte, wurde hingegen in entscheidenden Punkten revidiert. Als symptomatisch dafür können die Beruhigung der eskalierten Situationen in den Niederlanden und in Ungarn sowie die unter dem Eindruck der französischen Revolution angestrebte Annäherung an Preußen gelten, die gleich 1790 eingeleitet wurde und in der Begegnung mit Friedrich Wilhelm II. im August 1791 ihren Höhepunkt fand – im Vormonat der Krönung zum böhmischen König in Prag. Auch diese war politisch von höchster Bedeutung, da Josephs Verzicht auf den Krönungsakt Teil jener Schwierigkeiten war, die Böhmen beunruhigt hatten.

Ein Gewährsmann für diesen Wandel ist Leopold Alois Hoffmann, ein Generationsgenosse Mozarts. Er stammte aus Böhmen und gelangte 1782, kurz nach Mozart und ebenfalls gebannt vom Josephinismus, nach Wien, wo er sich, vor allem als Herausgeber der *Wöchentlichen Wahrheiten für und über die Prediger in Wien* zu einem seiner bedingungslosen Befürworter hervortat. Doch in der zweiten Hälfte der 1780er Jahre distanzierte er sich, inzwischen Professor an der Universität Pest, immer deutlicher von seiner Haltung und stieg zu einem der Wortführer der Reformkritiker auf. Schon in seinem ersten Regierungsjahr berief ihn Leopold II. zurück an die Wiener Universität, wodurch er in den unmittelbaren Beraterkreis des neuen Kaisers geriet. In der 1791 gegründeten *Wiener Zeitschrift* polemisierte er sogar gegen die Aufklärung insgesamt, indem er eine von Leopold selbst vertretene kausale Verbindung zur französischen Revolution herstellte.[13] Die von ihm angeregte, von Leopold in seinem Zensurdekret vom 1. September 1790 umgesetzte Neuorientierung betraf überdies die publizistische Öffentlichkeit ganz unmittelbar, mit direkten Auswirkungen auf das Schicksal Lorenzo Da Pontes. Die Mißgunst, die diesem ab März 1790, also vom Augenblick der Ankunft des Königs an, entgegenschlug und die sich wahrscheinlich weniger aus antisemitischem Ressentiment denn aus gravierenden Vorbehalten gegenüber seinem Werk und seiner Wiener Existenz speiste, machte die Lage für ihn immer prekärer. Im März 1791 wurde seine endgültige Entlassung verfügt, im Mai dann die Ausweisung.[14]

Die beiden Opernaufträge des Jahres 1791, *La clemenza di Tito* und *Die Zauberflöte*, trafen Mozart in einer Situation, in der an eine weitere Arbeit mit Da Ponte nicht mehr zu denken war. Während das Schikanedersche Theater sich in Wien befand und auf die neuen Verhältnisse zu reagieren hatte, führte *La clemenza di Tito* abermals nach Prag. Die gesicherten Dokumente zur Prager Auftragsvergabe sind zwar von karger Dürftigkeit, doch fallen einige Besonderheiten auf. Die böhmischen Stände wollten dem böhmischen König anläßlich seiner Prager Krönung mit einer Festoper aufwarten, selbstverständlich einem Dramma per musica. Man schloß daher im Juli 1791 mit dem Impresario, dem Tenor Domenico Guardasoni, einen entsprechenden Vertrag.[15] Auch wenn Guardasoni, der gleich nach Wien reiste, den Hofkapellmeister Salieri zu verpflichten suchte, so scheinen ihm dessen vielleicht sogar vorsätzlich herbeigeführte Absage und die nachfolgende Verhandlung mit Mozart, den er schon 1789 für einen Opernauftrag gewinnen wollte, nicht unangenehm gewesen zu sein. Den verantwortlichen Ständen, die nach ihrer Demontage durch Joseph sicherlich auf die Restitution ihrer Macht hofften, waren die äußeren Umstände dagegen offenbar ziemlich gleichgültig, selbst das Sujet schien einer gewissen Beliebigkeit zu unterliegen. Fast beiläufig einigte man sich auf *La clemenza di Tito*, wohl auch wegen des klaren panegyrischen Charakters und des Vorzugs, über einen Text des kaiserlichen Hofpoeten Pietro Metastasio zu verfügen.

Die gewisse Nachlässigkeit der Auftragsvergabe spiegelt auch die freigeistige Liberalität der Prager Verhältnisse wider. Die panegyrisch gemeinte Wahl des Metastasio-Textes erwies sich als nicht wirklich durchdacht und Äußerlichkeiten geschuldet. Auch Guardasoni ist die fatale Konstellation des Librettos nicht aufgefallen. Denn das Werk entstand ursprünglich 1734, mit der Musik Caldaras, als höfischer Auftrag zum Namenstag Kaiser Karls VI. Die Oper handelt nicht neutral von der Großmut der Titelfigur, sondern von ihrer Umsetzung in einer Intrige, die aus einer Verschwörung der Stände gegen den Herrscher bestand – und dessen Gnadenakt auf komplizierte Weise, nämlich durch Freundschaft zu Sextus, naturrechtlich begründet wurde. Was also für ein kaiserliches Auftragswerk angemessen erschien, mußte als Herrscherhuldigung eines gerade von den Ständen bestellten Werkes zumindest als problematisch erscheinen – und dürfte einer der Gründe für die reservierte Aufnahme der Oper durch den Hofstaat gewesen sein.[16]

Es fällt aber noch eine weitere Besonderheit auf. Zur weitverbreiteten Praxis schon zu Metastasios Lebzeiten gehörte, zum Entsetzen des Dichters, die gravierende Umarbeitung seiner Dramen bei einer Neuvertonung, und diese Umarbeitung wird sicher auch Gegenstand des Auftrags von Guardasoni gewesen sein. Die weitere Zusammenarbeit mit Da Ponte dürfte Mozarts Präferenz gewesen sein, und sie war in diesem Falle sogar durch den Umstand beglaubigt, daß Metastasio noch 1782, zu dessen Einstand in Wien, eines seiner Dramen öffentlich rezitiert hatte.[17] Sie war unter den neuen Verhältnisse jedoch unmöglich geworden, so daß wohl doch Mozart selbst einen Ersatz ins Spiel gebracht hat, nämlich Caterino Mazzolà. Mazzolà stand als sächsischer Hofdichter den Auftraggebern institutionell und ungeachtet enger Verbindungen zwischen Dresden und Prag zwar fern, aber er befand sich zum Zeitpunkt von Guardasonis Reise als kurzfristiger Sachwalter von Da Pontes verwaistem Amt in Wien und war überdies ein enger Freund Da Pontes, dem er seinerzeit sogar die Wege in die Residenzstadt geebnet hatte. Die Zusammenarbeit war Mozart so wichtig, daß er in seinem eigenen Werkverzeichnis die Autorschaft Metastasios verschwieg und den Zusatz einfügte: «ridotta á vera opera dal Sig:re Mazzolá. Poeta di sua A:S: l'Elettore di Saßonia».

Die oft diskutierten Prinzipien der Bearbeitung lassen sich oberflächlich leicht zusammenfassen: Das dreiaktige Dramma per musica wurde auf zwei Akte reduziert, von den 25 Arien und vier Chören sind gerade elf Arien geblieben, ergänzt nun allerdings um fünf Chöre, drei Duette, drei Terzette, ein Quintett und ein Sextett, also in der metastasianischen Konzeption nicht vorgesehene Ensembles, die nun im Zentrum stehen. Sie waren eigentlich ein Merkmal der Opera buffa, in der sie – allemal seit deren beispiellosem Ausbau durch Mozart und Da Ponte in *Le Nozze di Figaro* – zum zentralen Mittel geworden waren, nicht-lineare Affektlagen zum Ausdruck zu bringen. Vor diesem Hintergrund zeichnen sich aber entscheidende Voraussetzungen des *Tito* ab. Die panegyrische Verpflichtung auf das Vorbild des Titus war in den 1780er Jahren durchaus geläufig, und schon in den Huldigungen an Joseph II. spielte der römische Kaiser eine Rolle.[18] Sieht man einmal von der schwierigen Situation um die Stände ab, so erfüllt das Werk äußerlich diesen Anspruch durchaus. Gleichwohl verrät die Zurichtung des Stoffes eine deutliche Veränderung der Akzente, die mit dem zu tun hat, was für Mozart eine «vera opera» ausmacht. Das Dramma per musica als höfisches Festspiel war konstitutiv für die herrscherliche Repräsentation; die dort verhandelten Haupt- und Staatsaktionen erfüllten die Aufgabe eines klingenden Fürstenspiegels. Die auch Sextus gewährte Gnade des autonomen Fürsten war ein wesentlicher Bestandteil des aufgeklärten Absolutismus, die allerdings in den josephinischen Reformen, vor allem der neuen Rechtspraxis, bedenkliche Einschränkungen erfahren hatte (und die deswegen in der Finalszene des *Figaro* auch parodiert werden konnte) – Einschränkungen, die Leopold wohlweislich zurücknahm.

Der Verrat, den Metastasio schildert, erwächst aus der Verqickung staatspolitischer Interessen mit persönlichen Verstrickungen. Es ist aber gerade diese Dimension, die Mazzolà – unter Wahrung der stets als vorbildlich betrachteten metastasianischen Verse – in seiner Bearbeitung getilgt hat. Die Verschwörung reduziert sich hier allein auf einen persönlichen Konflikt, nämlich die zur Rache gestimmte Vitellia, die ihren Geliebten Sextus zur Tat regelrecht nötigt. Damit allerdings erhält das Handlungsmuster einen ganz neuen Sinn, denn die äußerste Verfehlung politischen Handelns, der Verrat, ist einzig der Instabilität der intimsten Affektlage, der erotischen Verwirrung geschuldet. Gerade dies wird aber nicht warnend oder mahnend, also gewissermaßen didaktisierend, vorgeführt, sondern als verallgemeinerbare Disposition. Die erste Nummer, bezeichnenderweise ein Duett, führt dies unmißverständlich vor Augen. Das ausgesprochen kurze, zweiteilige F-Dur-Stück beginnt mit der Beschwörung der Rache, doch in der klaren Ausdifferenzierung der Charaktere und der Verhaltensweisen: der entschlossenen Vitellia und des zögerlichen Sextus. Der zweite Teil, das Allegro, symptomatisch anfangs sofort F-Dur und d-Moll kontrastierend, vereint jedoch die beiden Protagonisten zu einer simultanen Beschwörung affektiver Orientierungslosigkeit:

«Fan mille affetti insieme
Battaglia in me spietata;
Un'alma lacerata
Più della mia non v'è.»

‹Tausend Affekte zusammen
Verursachen eine gnadenlose Schlacht in mir,
Eine tiefer getroffene Seele
Als meine gibt es nicht›.

Die erste Nummer nach der Ouvertüre ist demnach nicht allein ein unmetastasianisches Ensemble, sie erweist sich als prägnante Darstellung affektiver Haltlosigkeit, einer ‹alma lacerata›. Sie und allein sie wird als Movens einer Bühnenhandlung ausgestellt, die sich bis zur Katastrophe von Mord und Vernichtung weitet – um dann durch einen mechanistisch wirkenden Gnadenakt gerade noch bereinigt zu werden. Die drohende Tragödie des mörderischen Verrats und der Verschwörung reduziert sich gleich zu Beginn auf eine affektive Verwirrung, die aus der Überblendung von Haß (Vitellia) und Liebe (Sextus) hervorgeht. Als Ausgangspunkt der Handlung erweist sich demnach

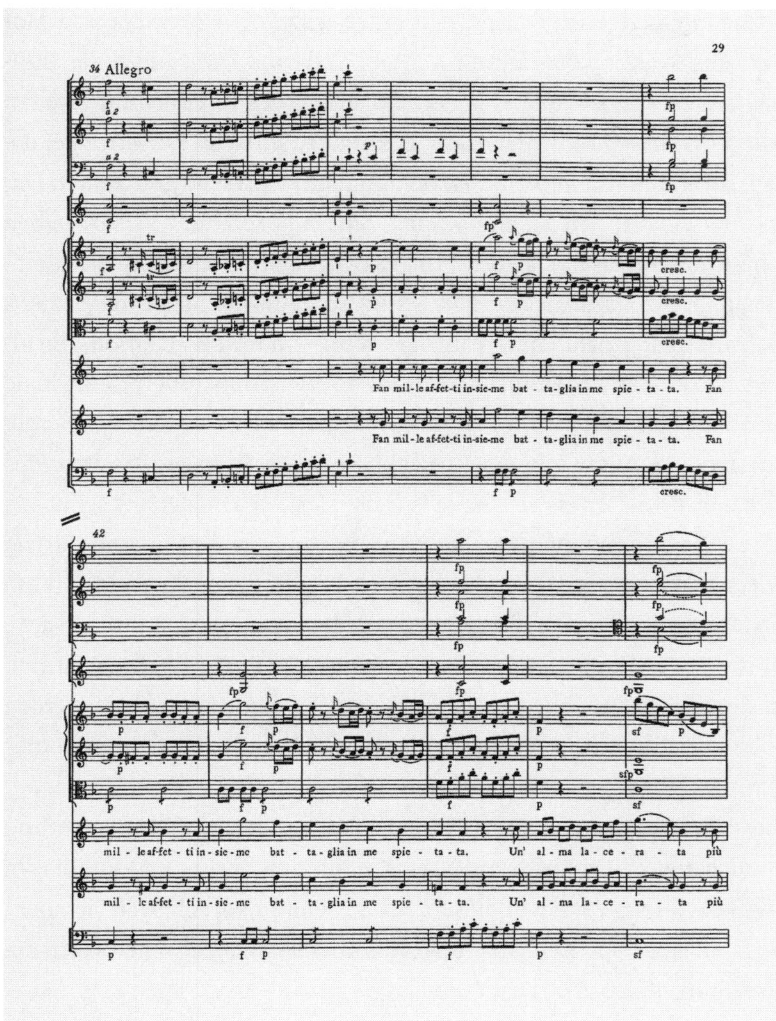

Notenbsp. 3: *W. A. Mozart,* La clemenza di Tito, *Duetto Vitellia/Sesto ‹Come ti piace/Fan mille affetti›, Beginn des Allegro, T. 34ff.*

eine Konstellation, die einerseits derjenigen der Buffa entspricht (erotisch-affektive Verwirrung), die es andererseits aber im Staatsakt der Seria per definitionem nicht gibt und nicht geben darf, jedenfalls nicht ohne ein naturrechtliches Korrektiv (Notenbsp. 3).

Eine derartige Exposition läßt erkennen, wohin Mazzolà und Mozart ihre «vera opera» führen wollten. End- und Höhepunkt des Bühnengeschehens ist im ersten Akt der Brand des Kapitols, im zweiten Akt die Sextus gewährte Gnade. Die staatspolitische Katastrophe, die sich im ersten Akt anbahnt, ist dem Aufruhr der Liebe geschuldet. Der Akt der Gnade, den Titus gewährt – und Mazzolà und Mozart haben jene dramaturgisch-staatsrechtliche Begründung entfernt, die Metastasio ihm vorausschickt –, wird damit zum Automatismus degradiert. Das alles entspricht auf irritierende Weise einer Konstellation, die allein aus der Buffa bekannt ist: die große Verwirrung mit großem Finale am Ende des ersten (im vieraktigen *Figaro*: des zweiten) Aktes, die schlagartige Auflösung der Verwicklungen am Ende des zweiten (des vierten) Aktes. An dieser Stelle erweist sich der Gnadenakt selbst als eine Art von Proklamation, die den Abgrund der Gefühle notdürftig wieder schließt – ganz vergleichbar der Proklamation der Vernunft am Ende von *Così fan tutte*. Diese merkwürdige Parallele hat ihre Ursache in der Darstellung von Affekten in einem Kontext, in dem Wahrheit und Wahrscheinlichkeit an den Rändern willentlich unscharf werden sollen. Die für die Seria konstitutive Zusammenführung von Staatsraison und affektiver Wahrhaftigkeit wird zum Motor einer Handlung, die sich, hierin nun der Buffa vergleichbar, einer wirklichen Steuerung entziehen soll. Die beiden großen Rondos von Sextus und Vitellia im zweiten Aufzug verleihen diesem Sachverhalt Ausdruck, weil sie nochmals, in einer präzisen, aber ungewöhnlichen musikalischen Form die Handlungsdispositive ausbreiten.

Mozarts letzte Oper lebt von jener Fülle widerstreitender Affekte, die auch seine Opera buffa auszeichnet. Anders als dort, etwa in *Così fan tutte*, steht hier jedoch die Staatsraison im Zentrum; aber gerade sie erscheint nicht mehr als Ergebnis objektivierbaren Handelns, im Gegenteil. Indem diese von der verallgemeinerbaren naturrechtlichen Grundlage in die Hoheit des agierenden Subjekts verlagert wird, zerfällt am Ende zugleich eine zentrale Prämisse des aufgeklärten Staates – in einer Erfahrung, der sich Joseph II. selbst ab der Mitte der

1780er Jahre ausgesetzt sehen mußte. Der Inversion der Aufklärung in der La Mettrieschen Zumutung von *Così fan tutte* folgt hier unvermutet die Übertragung auf die Wirklichkeit der Staatsgeschäfte. Die «vera opera» entspricht dem Handeln von Protagonisten, die einer verbindlich-naturrechtlichen Staatsraison beraubt sind und damit auch das Agieren im öffentlichen Raum zur bloßen Privatsache erheben. Es ist dies nicht mehr die Intimität der Repräsentation, wie im funktionierenden Dramma per musica, sondern eine repräsentative Intimität, die allein von Individuen handelt und handeln will. Am Ende des 18. Jahrhunderts werden damit, in letzter Konsequenz, jene Prämissen demontiert, die seine zentrale Denkbewegung überhaupt erst in Gang gesetzt haben.

Zu den Erstaunlichkeiten von Mozarts Spätwerk gehört der bemerkenswerte Umstand, daß in der Musik und mit der Musik die menschlichen Leidenschaften nicht einfach nur vorgeführt, sondern decouvriert und am Ende dadurch relativiert werden. Beseelte und seelenlose Musik geraten in eine bedenkliche Nähe, sie überschneiden sich – und werden so unscharf, wie es die Affekte selbst werden. Mozart war sich der damit verbundenen Gefährdungen bewußt. Am 7. Juli 1791 schrieb er, noch mit der *Zauberflöte* beschäftigt und unmittelbar vor dem Beginn des *Tito*, an Constanze: «ich kann Dir meine Empfindung nicht erklären, es ist eine gewisse Leere – die mir halt wehe thut, – ein gewisses Sehnen, welches nie befriediget wird, folglich nie aufhört – immer fortdauert, ja von Tag zu Tag wächst; – wenn ich denke wie lustig und kindisch wir in Baaden beysammen waren – und welch traurige, langweilige Stunden ich hier verlebe – es freuet mich auch meine Arbeit nicht, weil, gewohnt bisweilen auszusetzen und mit Dir ein paar Worte zu sprechen, dieses Vergnügen nun leider eine Unmöglichkeit ist – gehe ich ans Klavier und singe etwas aus der Oper, so muß ich gleich aufhören – es macht mir zu viel Empfindung – *Basta!*»[19]

4. Kehrseite und Abgrund

Die Wirklichkeit des josephinischen Jahrzehnts – und am Ende auch sein Scheitern – haben Mozart anscheinend dazu verleitet, die Bedingungen des aufgeklärten Jahrhunderts zusammenzufassen und an eine Grenze zu führen. Eine besondere Bedeutung kommt hier *Così fan tutte* zu, jener Opera buffa, deren Aufführungsserie 1790 vom Tode des Monarchen beendet wurde. Es scheint, daß sich in dem Werk nochmals zentrale Parameter des Aufklärungsjahrhunderts überblenden. Das beginnt bei den äußeren Schauplätzen. In den, wie im 18. Jahrhundert üblich, sparsamen Szenenangaben werden sehr konkrete Handlungsräume benannt. Die erste steht schon im Personenverzeichnis: «La scena si finge in Napoli», und gemeint ist, der auf Realitäten zielenden Buffa-Konvention gemäß, das Neapel der späten 1780er Jahre. Ursprünglich sollte, nach dem Willen Da Pontes, die Handlung im Habsburgerreich spielen, in der Hafenstadt Triest, wurde aber im Laufe der Komposition und noch vor der Drucklegung des Librettos in den nicht mehr habsburgischen Süden verlagert, und zwar auf ausdrücklichen Wunsch Mozarts. Neapel war ein besonderer Ort in der Topographie des 18. Jahrhunderts, denn in ihm vereinigen sich zwei gegenläufige Aspekte: die landschaftliche Schönheit, die konterkariert wird von der Bedrohung durch den Vesuv.

Diese Verknüpfung äußerer Schönheit mit furchtbarer Gefährdung ist im 18. Jahrhundert weit verbreitet und mit einer konkreten Bedeutung versehen. Seit dem Erdbeben, das am 1. November 1755 die Stadt Lissabon verwüstete, galt das den Aufklärungoptimismus erschütternde Naturereignis zugleich als Manifestation einer ästhetisch begründ- und erfahrbaren, furchtbaren Erhabenheit der Natur, einer gleichsam zur Anschauung gewordenen Form des sinnlichen Vergnügens an schrecklichen Gegenständen. Vor diesem Hintergrund ist der Vesuv zur Chiffre eines unkontrollierbaren Schreckens geworden, der zugleich das ästhetische Gefallen an der Erhabenheit der Natur hervorzurufen vermag. Folglich galt der schwere Vesuv-Ausbruch, der Neapel im Jahre 1779 erschütterte, in der Sicht des neapolitanischen Naturwissenschaftlers Michel Torcia (1736–1808) als wunderbares Naturschauspiel, als «spettacolo», zu dem neben dem Schrecken auch die «ricchezze» wie die «varietà ammirabile» gehörten.[20] Und in seinen 1785 erschienenen *Phisikalischen Briefen über den Vesuv* beschreibt ein anonymer Autor «die aus Berg und Thal bestehende Stadt Neapel mit ihrem Hafen, wo die vervielfältigten Masten eine neue Stadt im Meere bauen».[21] Im Zentrum des Panoramas steht der Vesuv mit seinen «Erdbeben, die bei einem vulkanischen Ausbruch vor sich gehen» und «wie ein schröckliches sehr schwarzes Gewitter» wirkten. Der Ausbruch vom 8. August 1779 hat ihn folglich zu der Frage veranlaßt, «ob sich nicht die traurige Geschichte von Pompejana über Neapel erneuren würde».[22] Kurzum: Neapel ist ihm eine Stadt «an Himmel und Hölle nahe».[23]

Der Himmel und Hölle nahe Vesuv als Chiffre des Schrecklich-Erhabenen ist folglich vom «giardino sulla spiaggia del mare», vom Garten am Meeresstrand der zweiten Szene in *Così fan tutte* aus zu sehen,[24] und schließlich wird er auf dem Höhepunkt der Verwirrung in der Mitte des zweiten Aktes zur Metapher der Befindlichkeit: «Nel petto un Vesuvio / D'avere mi par», ‹Mir scheint, ich hätte einen Vesuv in der Brust›, behauptet die untreu gewordene Dorabella gegenüber Ferrando. Diese sinnliche Veranschaulichung eines zentralen ästhetischen Paradigmas des 18. Jahrhunderts steht in Beziehung mit dem umgebenden Meer, das selbst ein wesentlicher Bestandteil eben dieses Paradigmas des Vergnügens an schrecklichen Gegenständen ist. Denn die auf Lukrez zurückreichende Metapher vom, so Hans Blumenberg, «Schiffbruch mit Zuschauer» wurde im 18. Jahrhundert gleichsam zur Urszene einer ästhetisch überwölbten Schreckenserfahrung verklärt:[25] Der Zuschauer, der vom Strand aus den Untergang des Schiffes auf dem Meer sieht, ist, so Lukrez, zwar entsetzt vom grausigen Geschehen – doch zugleich beseelt vom Glücksgefühl, selbst noch einmal davongekommen zu sein.

Der vom Vesuv beherrschte Meeresstrand in *Così fan tutte* ist also einerseits die zum Bühnenbild geronnene Lukrezische Schiffbruch-Metapher. Doch so, wie die beiden Soldaten zu Beginn des Experiments mit dem Schiff auf das Meer fahren, also ihr Dasein als Zuschauer verlassen, so proklamiert Dorabella den Vesuv in ihrem Herzen; sie schließt also die furchtbar-erhabene Landschaft in ihren Körper ein. In dieser Verflüssigung der klaren Konturen einer zentralen Metapher des 18. Jahrhunderts werden die Zuschauer auf der Szene zu Schiffbrüchigen und die Zuschauer auf dem Theater zu Beobachtern eines Schiffbruchs, bei dem sich das wahre Glücksgefühl allerdings nicht einzustellen vermag. Alle Anwesenden also sind Schiffbrüchige und Zuschauer gleichermaßen, die Akteure auf der Bühne ebenso wie die Zuschauer im Theater; die im 18. Jahrhundert eigentlich unantastbaren Grenzen zwischen ‹Szene› und ‹Proszenium› verschwimmen.[26]

Lorenzo Da Ponte hat diesen ästhetischen Horizont an anderer Stelle konkret aufgerufen. In einem 1788 veröffentlichten Gedicht werden Meer und Mensch in einen komplizierten, daseinsumspannenden Zusammenhang gebracht, in dem Akteure und Zuschauer eine eigenartige Symbiose eingehen:

«[...] a l'uom il Mondo
Serve, e l'uom serve al Mondo, in quella forma
Che dal mar vien la fonte, e poi nel Mare
Tributaria ritorna; [...]»[27]

‹Dem Menschen dient die Welt,
und der Mensch dient der Welt, auf jene Weise,
wie aus dem Meer hervorgeht die Quelle, und wie sie ins Meer,
als Zufluß zurückkehrt.›

Nun ist die Gesellschaft, die in *Così fan tutte* agiert, ganz gegen alle Buffa-Konvention eine reine Adelsgesellschaft, also eine Gesellschaft, die der aktiven Tätigkeit zum Lebensunterhalt nicht bedarf, die folglich die Position des zunächst ungerührten Beobachters besonders leicht einzunehmen vermag. Ferrando und Guglielmo allerdings, die beiden Offiziere, sind zugleich auch Männer der Tat, und zwar des Kriegshandwerks, das sich im späten 18. Jahrhundert vor allem als strategische Leistung darstellte. Die beiden Schwestern hingegen sind «dame ferraresi», adlige Frauen aus Ferrara, das im 18. Jahrhundert als ruiniert und verarmt galt. Sie, die beiden Fremden in Neapel, hatten offenbar allen Grund, ihre trostlos gewordene Heimat zu verlassen, um an den Schönheiten des Meeres ein neues Auskommen zu finden.

Gerade diese neue Umgebung erweist sich dann aber als viel gefährlicher, als es Ferrara je hätte sein können. Die Katastrophe des Schiffbruchs zeichnet sich daher in der fünften Szene des ersten Aktes mit demonstrativer Deutlichkeit ab, da ja ein Boot am Strand anlegt, um mit dem Soldatenchor die beiden Offiziere auf das Meer zu geleiten. Was die beiden Damen also veranlaßt haben mag, aus dem schrecklichen Ferrara ins schöne Königreich Neapel zu ziehen, ist damit unerwartet brüchig geworden; so brüchig, wie es auch der ‹vecchio filosofo› Don Alfonso ist, eine Figur, für die es in der Komödientradition nur begrenzt Vorbilder gibt. Er steht stattdessen in der realen Tradition Giambattista Vicos (1668–1744) und ist anscheinend ein Parteigänger von Gaetano Filangieri, dem radikalen neapolitanischen Aufklärer, der eine grundlegende Neuordnung der ethischen, ökonomischen und juristischen Verhältnisse gefordert hat. Filangieri, eigentlich zum Offizier bestimmt, geriet deswegen auch in heftigen Konflikt mit der kirchlichen Zensur.[28] Der erste Teil seines Hauptwerks kam 1784 in einer begeisterten Übersetzung durch den Juristen Anton Wilhelm Gustermann in Wien heraus.[29]

In der kompliziert verflochtenen Konstellation von Handlungsräumen und den von ihnen geprägten Personen spielen folglich die ganz konkreten Örtlichkeiten eine vergleichbar große Rolle. Der Palazzo der beiden Damen, Zeichen adliger Unabhängigkeit und Repräsentation gleichermaßen, erfährt seine präzise Ausdifferenzierung: Anfangs wird ein Garten gezeigt, der Ort der für die standesgemäße Rekreation gezügelten Natur, der zugleich schon äußerlich den Kontrast bildet zur Aussicht auf den ungebändigten Vesuv. Der Blick geht von dort ins Innere des Palazzo, eine «camera gentile», um sich dann am Ende des Aktes wieder zu einem «giardinetto gentile» zu weiten. Im zweiten Akt wird diese Disposition umgekehrt: Er beginnt in einer «camera», weitet sich dann zu einem «giardino alla riva del mare», der wohl dem ersten Akt entsprechen dürfte, um dann wieder in eine «camera» zurückzufinden. Nur am Schluß steht die zentrale Räumlichkeit eines jeden Palastes, die abendliche «sala richissima illuminata», in der sich dann, die Idee des höfischen Festspiels konterkarierend, die Komödie der Treueproben auflösen wird. Dieser Ort indes korrespondiert seinerseits auf eigentümliche Weise mit dem Beginn, der einzigen Szene, die sich außerhalb dieses geschlossenen Raumes ereignet, nämlich dem Kaffeehaus.

Das typische Kaffeehaus, dem 1790 Da Ponte sein erstes, von Joseph Weigl vertontes Drama nach *Così fan tutte* gewidmet hat (*La caffetierra bizzarra*), ist der Ort eines offenen Gesprächs, begünstigt durch die dem Kaffee zugeschriebenen physiologischen Wirkungen, die gleichzeitig verantwortlich sind für die nicht unwichtigen zweifelhaften Seiten der Institution: Alkoholkonsum, Glücksspiel und Prostitution. Die am Anfang der Oper für den exorbitanten Betrag von 100 Zechinen, also venezianischen Dukaten, geschlossene Wette ist nichts anderes als ein typisches Produkt der Institution Kaffeehaus, in dem sich die adligen Offiziere mit dem in seiner Herkunft etwas zweifelhaften Alfonso ohne größere Umstände ins Benehmen setzen können. Diese dicht verwobenen Ebenen finden ihre Entsprechungen in einem komplexen Motivgeflecht, das die Oper durchzieht und der vordergründig einfachen Handlung eine erhebliche Tiefenschärfe verleiht. Im Mittelpunkt steht das Motiv der Treueprobe. Es entstammt zwar der Antike, war aber im Wien der 1780er Jahre omnipräsent, und zwar in allen Spielarten, also nicht nur im Blick auf die Treulosigkeit der Frauen. In den 1783 publizierten *Wöchentlichen Wahrheiten für und über die Herren in Wien* findet sich etwa die folgende Suada: «Wer nährt in uns den unseligen Trieb zur *Koketterie*? – Wer verderbt unser Gefühl von Ehre und Tugend? – Wer legt unsrer Unschuld die gefährlichen Fallstrikke? – Ich getraue mich zuversichtlich sagen zu können, daß dieses alles, und noch weit mehr das Werk der Männer sei. Diese Herren der Schöpfung (wie sie sich nennen) betrachten uns als lebendige Puppen, die zu ihrem Zeitvertreibe geschaffen sind, wenn sie einige Zeit mit einer Puppe gespielt haben, so werden sie ihrer überdrüssig, und suchen eine andre, an die der Reitz der Neuheit sie auf eben so kurze Zeit fesselt.»[30] Und in der von Christian Gottlob Stephanie nach Marivaux bearbeiteten, ebenfalls 1783 in Wien aufgeführten Komödie *Das vermeinte Kammermädchen* wird eine verruchte Männerwelt geschildert. Einer der Protagonisten, der Baron, etwa läßt sich vernehmen: «Es ist nichts rühmlichers für einen Mann als ein Frauenzimmer zu betrügen.»[31] Und er legt nach: «Aber nicht wahr, die Weiber sind rechte Narren mit ihrer Tugend? Was gewinnen sie wohl damit? Nichts auf der Welt.»[32]

Das Spiel um Treue, Treueprobe und Treuebruch war also sehr geläufig im Wien der 1780er Jahre. Das Thema von *Così fan tutte* mit den als Albaner verkleideten Offizieren besaß überdies sogar tagespolitische Aktualität: In Salzburg erließ Colloredo bereits 1781 eine öffentliche Warnung, es würden «meistens in türkischer Tracht gekleidete unbekannte Fremdlinge» im Land als Betrüger auftreten.[33] Gleichwohl, und hierin unterscheidet sich *Così fan tutte* von solchen Zusammenhängen, radikalisiert Da Ponte das Thema. Indem es zum Gegenstand einer Wette wird, verliert auch der stoische Philosoph seine Rolle als unbeteiligter Beobachter. Er hat den Beweis anzutreten, den Beweis in einer Versuchsanordnung mit lebenden Menschen, in einem neapolitanischen Palazzo, der damit zum Laboratorium wird. Alfonso will ja am Ende nicht Treue und Treulosigkeit beweisen, sondern die Relativität von menschlichen Verhältnissen insgesamt. So weit geht keine Marivaux-Komödie, auch sonst kein Theaterstück in Wien. Das Motiv der Treueprobe wird folglich zum Anlaß, mit dem Experiment am Menschen dessen Beschaffenheit auf physiologische Grundlagen zu reduzieren. Die Affekte – und hier sind die mit besonderem moralischem

Anspruch überwölbten erotischen gemeint – erweisen sich als ihres Anspruchs ledig, als kalkulierbar und der Tageslaune unterworfen. Die Wette als Spiel ist zugleich der nichtigste Anlaß für diese Probe. Indem der Mensch sich aber auf physiologische Reaktionen reduziert, wird das Motiv der Treueprobe in Verbindung gebracht mit mechanistischen Seelenlehren, wie sie vor allem in den Schriften La Mettries begegnen – indizierte Schriften, die im libertinen josephinischen Wien dennoch erhältlich waren.[34] Die vermeintliche Treulosigkeit der Frauen wird also nicht Gegenstand einer moralisierenden Komödie, sondern eines radikalen Experiments.

Vor diesem Hintergrund erhalten freilich fast alle anderen Motive der Handlung ihren Sinn, wie nur ein Beispiel zeigt, die Kostümierungen Despinas. Denn das verkleidete Kammermädchen paßt sich in diesem Augenblick nicht nur den ebenfalls verkleideten Männern an, sie verweist damit vielmehr auf konkrete Details dieser mechanistischen Seelenlehre. Der Auftritt im ersten Akt als Arzt bedarf dafür einer konkreten Voraussetzung, nämlich des vermeintlichen Selbstmordes der beiden Liebhaber. Der Selbstmord allerdings, als Zustand extremster Affektbewegung, war eines der zentralen ästhetischen Themen seit den 1750er Jahren. Dabei ist vor allem seine Darstellung auf der Bühne Gegenstand heftiger Kontroversen um Wahrheit und Wahrscheinlichkeit in den schönen Künsten geworden: Darf das furchtbare und moralisch verwerfliche Geschehen zum Gegenstand eines ästhetischen Vergnügens werden? Da Ponte greift nun dieses Thema auf, doch täuschen die Liebhaber die Tat nur vor. Das entspricht einerseits den Bedingungen eines mechanistischen Experiments, wäre doch unter den Voraussetzungen La Mettries nichts sinnloser als der Freitod. Andererseits wird damit eines der umstrittensten Themen der Aufklärungsästhetik in einem Handstreich der Lächerlichkeit preisgegeben; das, was die Tragik etwa von Goethes *Werther* ausmacht, erfährt in einem einzigen Moment seine Entwertung, in einer Konstellation, die sich in den beiden Selbstmordszenen der *Zauberflöte* fortsetzen soll. Hier nun erhält die als Arzt verkleidete Despina ihre besondere szenische Bedeutung.

Es ist oft darauf hingewiesen worden, daß das Finale des ersten Aktes eine Anspielung auf Franz Anton Mesmer ist, jenen Arzt, den Mozart bei seinem ersten Wien-Aufenthalt kennengelernt hatte und der 1778 die Stadt verlassen mußte.[35] Seine berühmt-berüchtigten Magnettheorien – Despina spricht von der «pietra mesmerica» – zielen jedoch im Kern darauf, menschliches Verhalten zurückzuführen auf die Erschütterungen durch magnetische Wellen. Es ist kein Zufall, daß Mesmer im vorrevolutionären Paris Triumphe feierte – und daß Da Ponte ausgerechnet ihn in sein Spiel bringt, ein Spiel, das das menschliche Affektdispositiv auf die (Mozart wohl vertraute) Mechanik eines Maschinenhaften reduziert.

In der analogen Verkleidungsszene im zweiten Akt wird abermals, in der Figur des Notars mit dem sprechenden Namen Beccavivi, ein Komödienmotiv aufgerufen und auf vertrackte Weise entwertet. Die Ehevereinbarung als Rechtsgeschäft ist eines der ältesten Motive der Buffa, doch hier erhält es einen eigenen Sinn. Durch die Tatsache nämlich, daß der Notar ein verkleidetes Stubenmädchen ist, daß die beiden, wie Despina eigens vermerkt, «dame ferraresi» zwar in ihrer wahren Identität, aber mit absichtsvoll verwirrten Gefühlen handeln, daß hingegen die beiden «nobili albanesi» in falscher Identität auftreten, aber mit wahren, gleichwohl überkreuzten Gefühlen; durch diese Verstrickung wird auch das durch die josephinischen Reformen ganz neu geordnete und aufgewertete Rechtsgeschäft an sich in Frage gestellt. Symptomatisch wollen alle vier Betroffenen den Text des Kontraktes gar nicht erst hören. Auch hier also wird eine der wichtigsten Prämissen des josephinischen Staates, die naturrechtliche Begründung von menschlichen Beziehungen und deren Umformung in gegenseitige, vertraglich gesicherte Rechtsverhältnisse (für die auch Filangieri plädierte) schlagartig entwertet.

Warum aber ist dieses Drama der Relativität, der minimalisierten Aufklärung überhaupt eine Oper? Würde es sich als Schauspiel nicht vollständig genügen? Der Konflikt zwischen erlebten, dargestellten und vorgetäuschten Affekten, ein zentrales Thema der 1780er Jahre, ist hier endgültig zum Grundthema der Komposition selbst geworden. Die Diskussion um das ‹si vis me flere› ist in der hier erreichten Konstellation an ein vorläufiges Ende geführt worden. Ein Beispiel mag das veranschaulichen, eines der berühmtesten Stücke der Oper, das Terzettino *Soave sia il vento*. Tatsächlich ist auch hier wieder vom Schiffbruch die Rede, denn Fiordiligi, Dorabella und Don Alfonso rufen den davongesegelten Soldaten hinterher, daß der Wind sanft wehen möge und ihnen die Elemente wohlgesonnen bleiben sollen. Kaum ein Ensemble Mozarts erreicht in so kurzer Zeit – das Terzettino kennt keine klar abgegrenzten Formteile – eine solche Wirkung. Die drei Protagonisten singen einen fast retrospektiv anmutenden Triosatz mit zwei Oberstimmen über einem Baß, *colla parte* tatsächlich auch begleitet von den Klarinetten und dem Fagott, während die Streicher einen harmonischen Klangteppich entfalten. Die beiden verminderten Akkorde auf «desir» hingegen deuten eine seltsame Unbestimmtheit an, die, in nur zwei Akkorden, die Wahrhaftigkeit des Terzettino immanent in Frage stellt. Im Kontext hingegen beschreitet Mozart auch hier einen irritierenden Weg: Während Dorabella und Fiordiligi im Augenblick des Singens zwar noch von der Wahrhaftigkeit ihrer Affekte überzeugt sind, diese aber wenig später Makulatur geworden sein werden, spielt Alfonso diese von vornherein nur vor. In einem einzigen Terzett führt Mozart folglich die Wirkmächtigkeit der Musik in einem doppelten Sinne vor, indem er sie ‹ausstellt› und zugleich, auf geradezu unheimliche Weise, relativiert (Notenbsp. 4).

Der Schiffbruch erweist sich folglich nicht nur als zentrale Metapher des Stückes, sondern auch und vor allem seiner musikalischen Verfaßtheit. In einem ungeheuerlichen Akt der Reflexion thematisiert die Musik sich selbst – und zerstört, indem sie ihre Wirkmächtigkeit gleichermaßen einsetzt wie entwertet, ihren eigenen Kontext. Der Zuhörer wird zum Schiffbrüchigen, indem ihn eine Musik vorsätzlich in ihren Bann schlägt, von der ihm zugleich bewußt sein muß, daß sie nicht einmal mehr eine konsistente Wirklichkeit auf dem Theater besitzt. Im Augenblick der höchsten affektiven Beseelung durch Musik

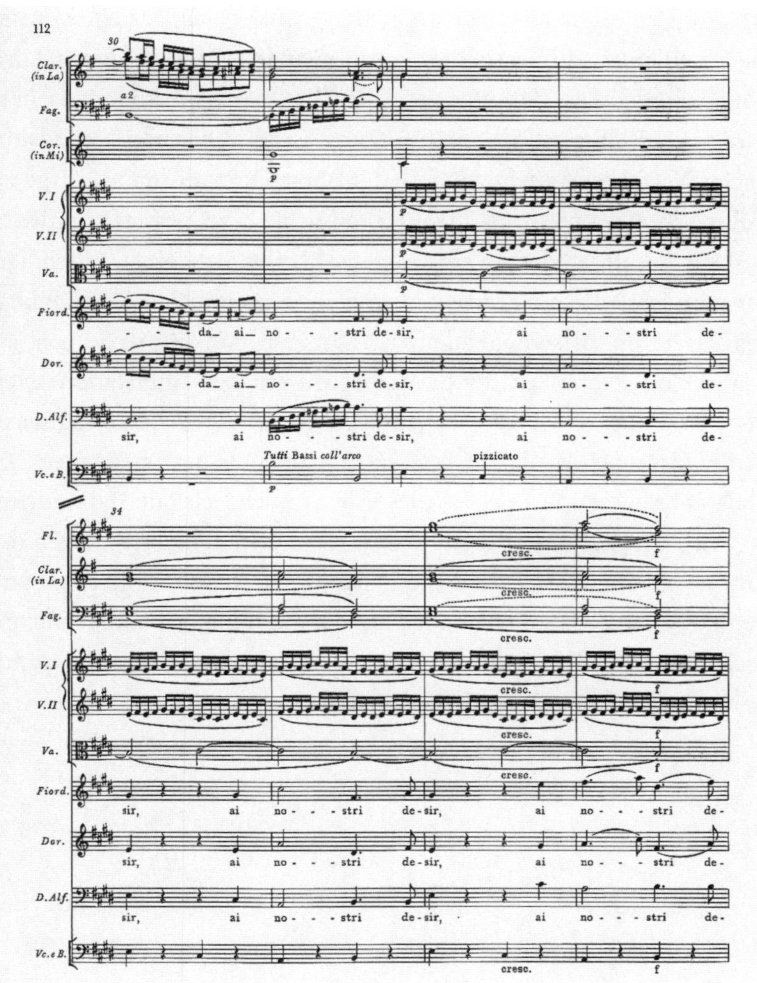

Notenbsp. 4: *W. A. Mozart,* Così fan tutte. *1. Akt, Terzettino. Andante ‹Soave sia il vento›,* T. *30 ff.*

wird ihm vorgeführt, daß diese Musik keine wahre Seele mehr hat. Und damit erhält die Pointe am Schluß ihren Sinn: In einem für Mozarts Verhältnisse eigentümlich blassen und somit die mechanistische *Ouvertura* wieder aufnehmenden Ensemble wird die Vernunft nur noch proklamiert, sie erweist sich als Rettungsanker auch für eine Musik, die nur dann noch funktioniert, wenn man den von ihr aufgerissenen Abgrund pragmatisch hinter sich läßt. Die Oper als vertonte Komödie wird also in einer radikalen Zuspitzung ästhetischer und kompositorischer Verfahrensweisen zum Medium, die Oper an sich in Frage zu stellen, ihre Wahrheit und Wahrscheinlichkeit zu negieren und den Zuschauer und Zuhörer in einen unabsehbaren Strudel zu ziehen. Die Vernunft ist in diesem Konzept nicht mehr die strahlende Möglichkeit, das Dasein im fortschreitenden Erkenntnisgewinn neu zu ordnen, sie ist der bloße Notanker, der die Menschen vor dem Allerschlimmsten bewahrt. Mozart spürte die lebensweltlichen Konsequenzen dieser Radikalisierung offenbar selbst, wie er im Umfeld der Oper gegenüber Constanze bemerkte: «– es ist alles kalt für mich – eiskalt – Ja, wenn du beÿ mir wärest, da würde ich vieleicht an dem artigen betragen der leute gegen mich mehr vergnügen finden, – so ist es aber so leer»; und wenige Monate später, verbunden mit der Mahnung, «nicht Melancholisch» zu sein: «die innerliche Sorge, bekümmernüss, und das damit verbundene laufen mattet einen doch ein wenig ab».[36]

VII. Wahrnehmungen

1. Analyse

Mozart komponierte für die Verständigen, nicht für Fachleute, aber für diejenigen, die seine Ansprüche zu erkennen vermochten, in Salzburg, Paris, Mailand, München und Mannheim ebenso wie in Wien. Es war nicht ausschließlich, aber weitgehend ein aristokratisches Publikum – oder ein patrizisches, das dem aristokratischen Vorbild verpflichtet war. Für den verstehenden Umgang mit Musik hat sich der Begriff der ‹Analyse› herausgebildet, doch ist dieser nicht eine Voraussetzung des 18. Jahrhunderts, sondern eines seiner Resultate. Gerade vor diesem Hintergrund stellt sich die Frage, mit welchen Modi des ‹Verstehens› Mozart bei seinen gebildeten Zeitgenossen rechnen konnte und wollte. Die Konzentration des Verstehens auf Prozesse einer formalen Logik läßt sich, wovon schon die Rede war, im 18. Jahrhundert durchaus nachweisen. Unter dem Eindruck Shaftesburys hat wohl zuerst Charles Avison – kaum zufällig in einem Text, der ursprünglich, wenigstens in weiten Teilen, als Einführung in eine Sammlung eigener Concerti gedacht war –,[1] die mimesistheoretische Aporie der Musik gelöst und den Gedanken entwickelt, die vielseitigen Mannigfaltigkeiten der Erscheinungen der Musik könnten sich als geordnet im Sinne eines übergreifenden, gleichsam abstrakten Plans erweisen. August Friedrich Christopher Kollmann, ein aus Hannover stammender, aber in London wirkender Organist, beschrieb in seinem *Essay on Practical Musical Composition* 1799, fast fünfzig Jahre nach Avison, als Voraussetzung von Komposition eine Art naturgesetzlich begründeter Harmonie.[2] Sie solle zur Geltung gebracht werden durch eine grundlegende Systematik des Komponierens, die er in Verbindung setzt mit einer im Prinzip vergleichbaren naturwissenschaftlichen Praxis, vor allem in der Anatomie. Tatsächlich bildet für ihn, wie in einer Versuchsanordnung, den Grundsatz einer jeden Komposition ein «Plan of the General», den der Komponist festzulegen habe.[3] Damit reiht sich Kollmann in die ästhetischen Entwürfe eines Gesamtplans ein, die seit der zweiten Hälfte des 18. Jahrhunderts das von Empirismus und Sensualismus geprägte englische Schrifttum durchziehen.

Kollmann reduziert den Plan jedoch auf die ‹Natur› und die ‹Qualität› eines Musikwerkes, aus der sich die Mittel der Darstellung herleiten: «the ‹means› by which it can be made to answer its intended nature and purposes». Damit macht er eine formalästhetische Position geltend, die sich als Begründung für eine analytische Tätigkeit verstehen läßt. Komponieren gilt ihm gewissermaßen als logische ‹Auffaltung› eines solchen Plans, und sein Gewährsmann dafür ist Haydn mit seinen Londoner Sinfonien. Auch Mozart benutzte den Begriff des ‹Plans›, doch sein Verständnis war, wie schon dargelegt, offenbar ein grundsätzlich anderes.

Das bedeutet nicht, daß man dieses ‹englische› Verständnis von Komposition nicht auf Mozart anwenden konnte. In der *Analytical Review*, deren Titel diese Prämissen wie eine Signatur trägt, findet sich im September 1789 eine kurze Besprechung der frühen C-Dur-Sonate für Klavier zu vier Händen KV 19d, die konform geht mit Kollmanns Urteil: «In the first movement we discover a pleasing train of ideas, well connected, and somewhat novel.»[4] Nur stellt sich die Frage, ob dies angemessen ist – und ob Mozart damit gerechnet hat. Denn unter der Annahme, Musik, insbesondere Instrumentalmusik ereigne sich eben nicht, jedenfalls nicht primär als eine Verwirklichung solcher Strukturen, sondern als eine über das Drama legitimierte Affektsprache, mußte sich die Wahrnehmung gänzlich verschieben. Ein formaler ‹Plan›, wie ihn Avison und Kollmann annahmen, unterschied sich eben grundlegend von einem ‹dramatischen› (besser: dramaturgischen) Plan, den Mozart zum Beispiel für seine *Entführung aus dem Serail* reklamierte – und den er auf seine Instrumentalmusik übertrug, am deutlichsten in der großen Fülle seiner Klavierkonzerte, aber auch in der Kammermusik, etwa in den Streichquartetten.

Ausgerechnet Kollmanns Gewährsmann Haydn kann für diese andere, diese ‹dramatische› Wahrnehmung der Musik Mozarts als Kronzeuge gelten. In einem berühmt gewordenen Brief an seine Vertraute Marianne von Genzinger (1754–1793) vom 9. Februar 1790 berichtete er von einer merkwürdig szenischen, geradezu körperlichen Erfahrung im Umgang mit Mozarts Musik, die der Vorstellung kompositorischer Autonomie und formaler Ordnung zur Gänze entgegensteht: «ich fande zu Hauß alles verwürt, [...], mein ganzes quartier war in unordnung, mein Forte piano, das ich sonst liebte, war unbeständig, ungehorsam, es reitzte mich mehr zum ärgern, als zur beruhigung, ich konte wenig schlafen, sogar die Traume verfolgten mich, dan, da ich an besten die opera le Nozze di Figaro zu hören traumte, wegte mich der Fatale Nordwind auf, und blies mir fast die schlafhauben von Kopf».[5] Die Verlagerung der Wirklichkeit der *Figaro*-Musik in die Irrealität einer phantastischen, das Problem der Einbildungskraft im Sinne Muratoris reflektierenden Traum-Szenerie, einer nächtlichen Imagination von schöpferischer Unmittelbarkeit, widerspricht auf grundsätzliche Weise einer wie auch immer objektivierbaren, sich in Strukturen erschöpfenden Werkhaftigkeit. Der ‹Plan›, den Haydn hier in Mozarts Musik erspürt hat, ist mit formalen Regularien unvereinbar, er ist also szenisch durch und durch, er ist dramatisch.

Die Tätigkeit des Analysierens, des formalen Zergliederns – die ihre Wurzeln kaum zufällig in der Anatomie hatte – war also im 18. Jahrhundert keineswegs gesetzt, ja sie war als Option nicht einmal unumstritten. Johann George Sulzer hat der ‹Zergliederung› in seiner *Theorie* keinen eigenen Eintrag gewidmet, seine Vorbehalte aber pikanterweise unter dem Lemma ‹Spizfündigkeit› kundgetan: Er warnt vor einer fehlgeleiteten «Scharfsinnigkeit, die die Begriffe über die Nothdurft und über die Natur der Sachen entwikelt, und subtile, schwer zu entdekende Kleinigkeiten bemerkt, die kein Mensch wissen will». Gerade eine solche Suche nach den ‹schwer zu entdeckenden Kleinigkeiten› aber ist für ihn mit der Tätigkeit des Zergliederns verbunden: «Man muß auch hier die Schranken empfinden; weil sie sich nicht zeichnen lassen. Der einzige Rath den man denen, die noch Gefühl haben, geben kann, ist dieser, daß sie, wenn sie sich in Untersuchungen und in Zergliederung der Sachen vertieft haben, den Erfolg, oder die Schlüsse, die sie herausgebracht, wieder gegen das, was sie vor der Untersuchung, durch blos genaue Aufmerksamkeit auf ihr Gefühl, geurtheilet haben, halten, und bey dem geringsten Wiederspruch den sie zwischen beyden entdeken, eher dem Gefühl, als der subtilen Untersuchung trauen.»[6]

Ausgerechnet im Jahrhundert der Aufklärung, in dem man doch bestrebt war, auch die auf die Sinne wirkenden Erscheinungen der Künste auf den Begriff der Vernunft zu bringen, galt die Kategorie der musikalischen ‹Analyse› im später dominierenden strukturellen Sinn keineswegs als Selbstverständlichkeit, ja mehr noch, es sind unüberbrückbare Vorbehalte gegen sie erkennbar – Vorbehalte, die in einer unzulässigen Reduktion auf ‹Technisches› gründen. Auf diese Weise aber wird nicht nur das ästhetische Urteil und damit am Ende das ästhetische Verstehen vom bloß Handwerklichen getrennt, sondern es beansprucht eine weit höhere Bedeutung als der Vorgang des ‹Zergliederns›, der lediglich die Einsicht in die Machart erhöht, nicht aber die in das Wesen selbst.

Es scheint, daß Mozart für seine Idee von kompositorischer Seelenerkundung, von Drama und Dialog mit Hörern rechnete, die zu einem solchen ‹ästhetischen Verstehen› fähig waren. Das bloß Handwerkliche, das Technische galt ihm lediglich als Voraussetzung dazu, nicht als Aufgabe für die Anwendung von ‹Scharfsinnigkeiten›. Der furchtbare Zynismus des *Musikalischen Spaßes* KV 522 von 1787 läßt sich daher auch als Bloßstellung von ästhetischem Wollen verstehen, das keinerlei Grundlage besitzt, weniger ‹technisch› als in der Einbildungskraft selbst. Daß dieser ‹Spaß›, der die beißende Diktion der zweiten Pariser Querelle in eine Partitur zu übertragen scheint, mit dem verständigen Zuhörer rechnete, ist offenkundig – ganz unabhängig davon, in welchem Kontext diese Partitur erklungen ist. So stellt sich die Frage, ob es, neben Haydn, weitere Kronzeugen für ein solches anderes ‹Verstehen› gibt, also für eine ‹Analyse›, die keine ‹Zergliederung› mehr ist. Johann Friedrich Schink, der Kritiker von Stephanies *Entführungs*-Libretto, versammelte 1790 in einer Rezension des *Don Giovanni*, gegen den er ebenfalls deutliche Vorbehalte ins Feld führte, eine ganze Reihe von zentralen ästhetischen Ideen, die hier weiterzuhelfen vermögen: «*Mozart* ist kein gewöhnlicher Komponist. Man hört bei ihm nicht blos leichte, gefällig Melodieen auf's Gerathewohl. Seine Musik ist durchdachtes, tiefempfundnes Werk, den Karakteren, Situazionen und Empfindungen seiner Personen angemessen. Sie ist Studium der Sprache, die er musikalisch behandelt [...]. Diesen Ausdruk hat *Mozart* völlig in seiner Gewalt. Bei ihm kömmt jeder Ton aus Empfindung und geht in Empfindung über. Sein Ausdruk ist glühend, lebhaft und mahlerisch, ohne doch üppig und schwelgerisch zu werden. Er hat die reichste und doch auch die mäßigste [gemeint: maßvollste] Phantasie. Er ist der wahre Virtuos, bey dem nie die Einbildungskraft mit dem Verstande davon läuft. Raisonnement leitet seine Begeistrung, und ruhige Prüfung seine Darstellung.»[7] Die Verknüpfung von Einbildungskraft und Raisonnement, gekoppelt an Charaktere, Situationen und Empfindungen, also an Drama, Dialog und Seelenergründung, sowie die daraus folgende Überwölbung seines Komponierens mit einem Konzept der ‹Darstellung› stehen im Zentrum von Schinks Deutung.[8] Das ‹Malerische› und ‹Maßvolle› verweist auf den geheimen ‹Plan› einer solchen Darstellung, die eben musikalisch behandelte Sprache ist. Nimmt man eine solche Aussage ernst, so erweist sich Mozarts Komponieren als Teil einer ästhetischen Praxis, die unlösbar verbunden ist mit jenen Paradigmen des 18. Jahrhunderts, deren ‹Durchdachtheit› von formal-logischen Erwägungen weit entfernt ist.

Es kann nun nicht darum gehen, Aussagen wie diejenigen Schinks (oder auch Haydns) mit der Partitur im Analogieverfahren unmittelbar kurzzuschließen. Aber der Autor dieses Urteils teilt mit Mozart die

Zeitgenossenschaft des 18. Jahrhunderts, und seine Wahrnehmung dieser Musik steht derjenigen Mozarts zweifellos näher als die unsrige. Die Feststellung etwa der ‹malerischen› Darstellung vereinigt zentrale Topoi der ästhetischen Debatte; es ist daher die Aufgabe eines von der Prämisse der historischen Angemessenheit getragenen Umgangs mit den Werken, diesen Phänomenen Aufmerksamkeit zu schenken. Der solchermaßen generierte ‹Plan› ist jedenfalls ein ganz anderer als derjenige, den Kollmann für Haydn veranschlagen sollte. Um dies an einem Beispiel zu demonstrieren: Das Vaudeville-Finale der *Entführung aus dem Serail* genügt zwar einer Konvention, aber mit bemerkenswerten Brüchen und Querständen. Es ist eingefügt in einen eigentlich gattungsfremden Kontext, es ist zudem, mitten in einem italienisch geprägten Umfeld, ein deutlicher Hinweis auf Frankreich. Seine ‹schöne Unordnung› (und damit das ‹Charaktervolle› der Darstellung) erhält dieses Vaudeville aber durch den unvorhergesehenen Auftritt des Osmin, der sich den «ewigen Grosmuten» entschieden verweigert, der also dramaturgisch und kompositorisch ‹aus der Rolle fällt› (wiewohl er doch ganz in der seinen, die ja ‹motivisch› regelrecht aufgerufen wird, verhaftet bleibt). Der ‹Plan› rundet sich, da sich Osmin musikalisch der Großmut verweigert – während sich die Großmut selbst, also der Bassa, der Musik verweigert (Notenbsp. 5).

Ein solches Denkmodell ließe sich auch auf die Instrumentalmusik übertragen, die, wie dargelegt, unter den Zeichen von Drama und Dialog stand. Dies zeichnet sich bereits deutlich vor den Wiener Jahren ab, also auch vor der *Entführung*. Der Mittelsatz des Jenamy-Konzerts KV 271, ein Andantino, erweist sich, ungewöhnlich genug, als ein großes Instrumentalrezitativ, in dem der Pianist einen großen Bühnenmonolog ohne Worte eröffnet – der zugleich ein Dialog mit dem Orchester und mit den Zuhörern wird (Notenbsp. 6).

Dieses Verfahren entspricht nicht einfach nur einem Willen zur Versprachlichung von Instrumentalmusik, sondern es ist, in seiner Verknüpfung mit der zentralen Figur der Melancholie (die auch Haydn schon nahelegt), eine Reflexion über die Rolle der Einbildungskraft im

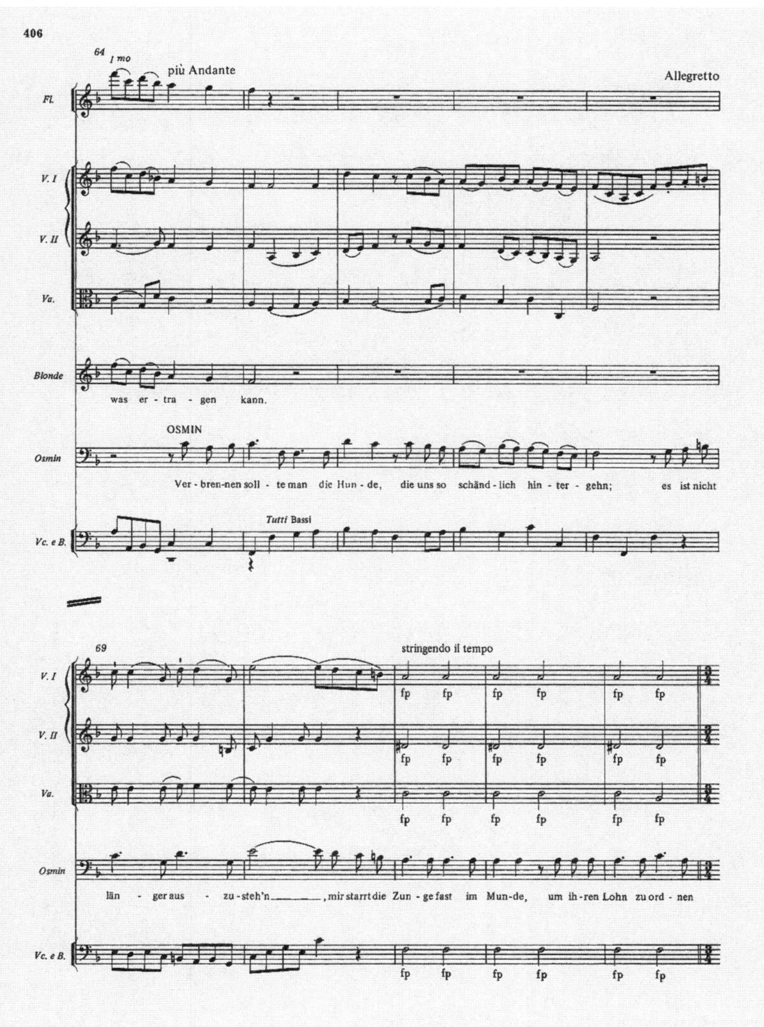

Notenbsp. 5: *W. A. Mozart,* Die Entführung aus dem Serail, *Finale, Einsatz des Osmin (T. 64 ff.)*

musikalischen Kunstwerk.[9] Dies ist aber nicht eine Reflexion neben der Musik, sondern in der Musik selbst, kurzum: Es ist ‹durchdacht› sowie auf Charaktere, Situation und Empfindungen gerichtet, Studium der

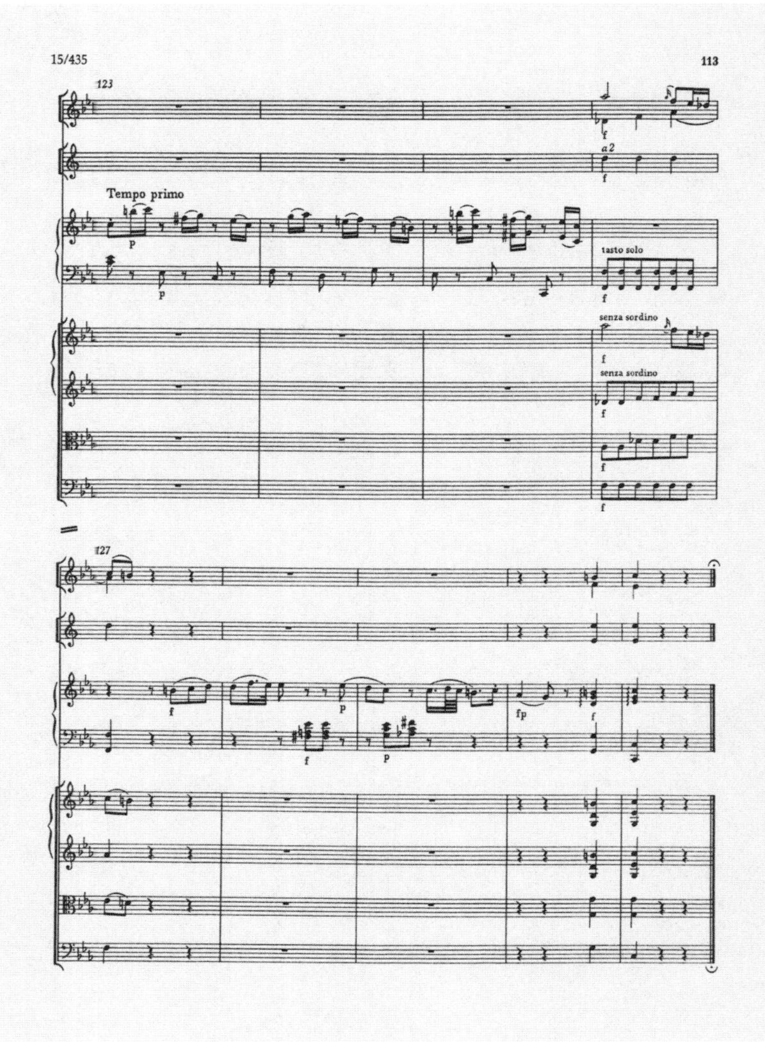

Notenbsp. 6: *W. A. Mozart, Konzert Es-Dur, KV 271,* 2. Andantino, T. 123 *ff.*

Sprache – musikalisch behandelt; es ist folglich eine Inszenierung. Anders als in der Dramatik des frühen 18. Jahrhunderts geht es nun aber nicht um ‹Belehrung›, sondern um Überwältigung. Mozart rechnete offenbar mit einem verständigen Hörer, einem Hörer, der den ‹Plan› solcher Inszenierungen aufzuspüren bereit war – und zugleich willens war, sich ihm zu unterwerfen.

2. Critic

Eine für das 18. Jahrhundert zweifellos angemessene Denkform ist die der ‹Critic›, also der Urteilsbildung, die auch für die Musik von grundlegender Bedeutung war. Doch hat Mozart gerade diese auf eine eigenwillige Weise suspendiert, schon seit seiner Jugend und durch die Verbindung zur Idee eines ‹Wunders›, dessen Wesen – eine der großen Herausforderungen für Menschen wie Muratori oder Colloredo – darin liegt, daß es ‹Critic› nicht duldet und sich ihr entzieht. Spätestens in Wien ist daraus ein bestimmender Habitus Mozarts geworden, nämlich im Willen, die Öffentlichkeit in seinem Sinne zu formen – und dabei gerade die ‹Critic› auszusparen. Es ist oft bemerkt worden, daß es in der Residenzstadt kein ausgeprägtes Musikschrifttum gab. Aber dieses war unter den besonderen Voraussetzungen, die dort herrschten, auch überflüssig. Musik war zwar ein durch und durch öffentlicher Gegenstand, aber Mozarts Foren dafür waren die unentwegten Dialoge eben in jenen Zirkeln, in denen seine Werke präsent waren – informelle, gebildete und spielerische Reaktionen, die offenbar vollständig seiner Kontrolle unterlagen und unterliegen sollten. Wie auch andernorts richteten sich in solchen Zuspitzungen die fundamentalen Voraussetzungen des Aufklärungsjahrhunderts gleichsam gegen sich selbst, denn der ‹gesteuerte› Dialog war am Ende keiner mehr. So stellt sich die Frage, auf welche Weise die Zeitgenossen mit einem derartigen Anspruch umgingen. Wenn sie ihn akzeptierten, verwandelten sie sich Mozarts Denkfigur an. Anton Daniel Breicha, eigentlich Arzt, aber mit großer Theaterleidenschaft auch als Schauspieler tätig, veröffentlichte 1786 in Prag einen Einblattdruck «An Mozart bey Gelegenheit der Vorstellung der Oper le nozze di Figaro», gerichtet an den «Herrscher der Seelen». Dort wird Überwältigung durch Kritiklosigkeit zu einer bestimmenden Figur: «Was soll ich die Musen begeistert von Dir / Um Beystand beschwören! Sey Muse du mir! / Sey du mir des Pindars berauschende Quelle! / Ich hört' dich melodischer Denker, und prieß / Dein Schöpfertalent, und ins Wonnemeer rieß / Mich bald der Empfindungen mächtigste Welle.»[10]

Gleichwohl, die Figur der ‹Critic› ließ sich nicht vollständig aufheben. Adolph von Knigge, weit entfernt von Wien, bemerkte 1789 in seinen *Dramaturgischen Blättern*, die sich in Mozarts Besitz befanden, über die Musik zum *Figaro*: «Sie ist so, wie sie von Mozart zu erwarten war: groß und schön, voll neuer Ideen und unerwarteter Wendungen, voll von Kunst, Feuer und Genie. Bald bezaubert uns schöner, reizender Gesang; bald erwecken uns feiner comischer Witz und Laune zum Lächeln; bald bewundern wir den natürlich angelegten, meisterlich ausgearbeiteten Plan; bald überrascht uns Pracht und Größe der Kunst. Wenn dies alles vereinbart ist; so muß es würken und den erfahrnen und geübten Kenner, sowohl, als den gefühlvollen Zuhörer befriedigen. Mozart ist eins der glücklichen Genien, die Kunst mit Natur, und dabey Gesang mit Grazie zu verweben wissen. Rasch und feuervoll wagt er nun Ausfälle, und ist kühn mit der Harmonie.»[11]

Ob und wie weit Mozart sich mit einer solchen Einschätzung identifiziert hat, wissen wir nicht, aber es ist zumindest nicht unwahrscheinlich. Auch Knigge spricht vom «meisterlich ausgearbeiteten Plan», dessen Kern aber das Erstaunen über die fortwährenden Überraschungen ist. Betrachtet man allerdings derartige Aussagen nicht bloß als ein gleichsam neben der Partitur stehendes Rezeptionszeugnis, sondern als Einsicht eines immerhin selbst kompositorisch tätigen Gelehrten, so müßte es gelingen, über strukturelle und technische Beschreibungen der Partitur so weit hinauszukommen, daß kompositorische und ästhetische Sachverhalte in eine unmittelbare Verbindung miteinander treten. Es wäre vielleicht eine ‹Critic›, auf die der Komponist sich eingelassen hätte – und die vielleicht in den vielen Gesprächszirkeln, an denen er teilhatte, auch geübt wurde. In jedem Fall, und dies ist unstrittig, rechnete Mozarts Musik mit den Wahrnehmungsweisen des 18. Jahrhunderts. Es müßte folglich die Aufgabe des Historikers sein, über derartige Wahrnehmungsweisen näheren Aufschluß zu gewinnen, sie gewissermaßen wenigstens in Umrissen zu rekonstruieren. Nur wenn es gelingt, ihrer habhaft zu werden, wird erkennbar, worauf Mozarts Musik reagieren will und womit sie sich in eine unmittelbare Beziehung setzt.

Um beim Beispiel Knigges, also beim *Figaro* zu bleiben: Wie könnte die Anwendung von Urteilskraft unter diesen Voraussetzungen ausgesehen haben? Bereits die *Ouverture* könnte eine Richtung andeuten. Eine traditionelle Opernsinfonie beginnt mit dem vollen Orchester, gerne auch mit einer Dreiklangsfigur. Auch die *Figaro*-Ouverture beginnt mit einer solchen Dreiklangsfiguration, doch erklingt sie nicht im Forte des vollen Orchesters, sondern im Piano der Streicher. Zudem ist sie aufgelöst in Wechselnoten und Übergänge. Ein solcher Beginn ist nicht nur eine Inversion des üblichen Verfahrens; die Wechselnoten und Übergänge lassen den Topos nurmehr als Erinnerung erscheinen, er ist in Auflösung und Zerfall begriffen – und korrespondiert mit dem Ende, in dem nicht der Graf Gnade walten läßt, sondern selbst zum Empfänger von Gnade wird. Der «giorno di follia», den der Text beschwört, zeichnet sich bereits hier ab. Denn ‹follia› ist auch ein zentraler Begriff in der Auseinandersetzung mit der Einbildungskraft, die den Schöpfer in einen wahnhaften Rausch zu setzen vermag – so, wie es Haydn beim *Figaro* beschreibt. Der ‹Zerfall› zu Beginn reflektiert diese Wirklichkeit (Notenbsp. 7).

Der Modus der Inversion bestimmt auch den weiteren Verlauf. Die kontrastierende Bläserfigur erinnert an eine Weiterführung, die man im traditionellen Habitus eher den Streichern überlassen hätte. Und schließlich verkehrt sich mit dem dann folgenden Forte-Einsatz des Orchesters die traditionelle Forte-Piano-Dramatik in ihr Gegenteil. Mozart hat, etwa in seiner D-Dur-Sinfonie KV 385, gezeigt, daß er diese ‹traditionelle› Kontrastbildung (Forte des vollen Orchesters,

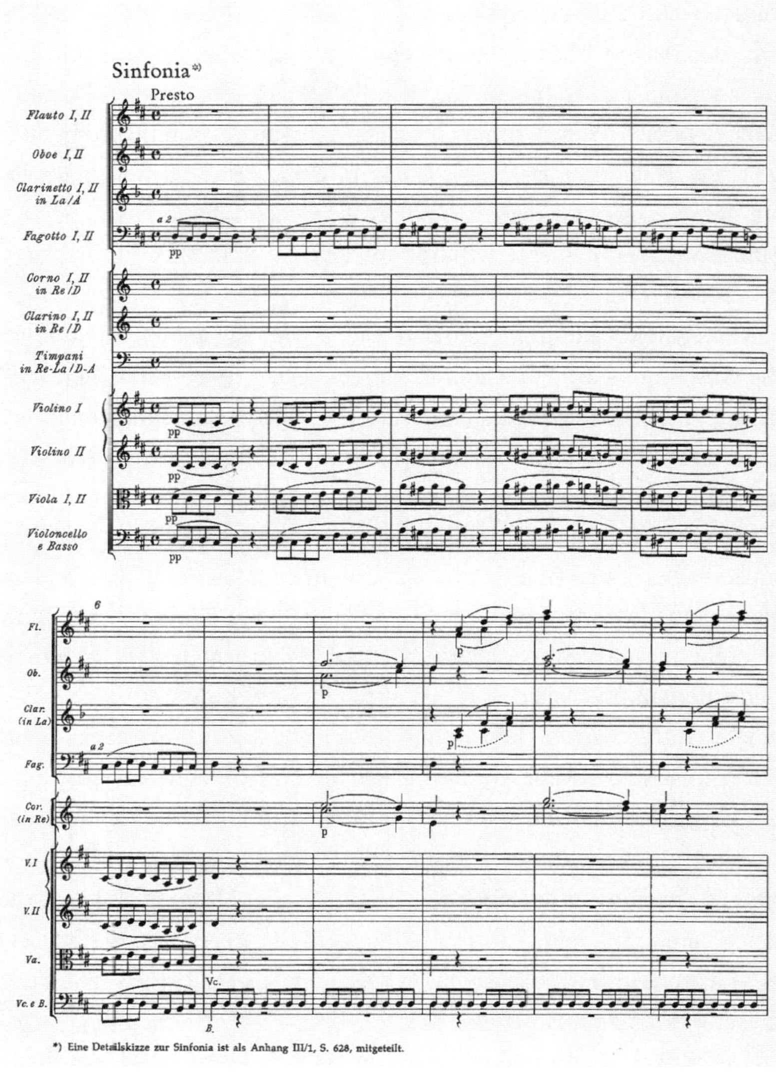

Notenbsp. 7: *W. A. Mozart*, Le nozze di Figaro, *Sinfonia. Presto*, T. 1–11

Piano nur der Streicher) sehr wohl zu bedienen wußte – um so gezielter erscheint das Verfahren hier. Es läßt sich schon für die *Ouverture* weiterverfolgen, in der Differenz zwischen der ersten ‹Themen›-Formulierung und der Wiederholung, in der Aussparung eines Mittelteils im Sinne einer ‹Durchführung› – und so fort.

Vergleichbares läßt sich auch für die *Don Giovanni-Ouvertura* beobachten. Deren Beginn erhält seine eigentliche Begründung ebenfalls am Ende der Oper, wenn auch auf eine ganz andere Weise, in der Szene mit dem Komtur. Gleichwohl unterscheiden sich die ‹Setzung› zu Beginn der Ouvertura und ihre szenische Wirklichkeit am Ende der Oper bedeutend, vor allem in der Hinzufügung von Posaunen und in ihrer harmonischen Öffnung, die gleichsam die Perspektive der Titelfigur anzuzeigen scheint. Nicht nur diese Identität, sondern ebenso die Differenz verleihen dem Stück ‹Rundung› und dem instrumentalen Vorspiel seinen Sinn. Dessen Beginn attackiert, im vollen Orchester und mit den synkopischen Verschiebungen, den Hörer, ist aber, im Vergleich zur szenischen Fassung, in sich geschlossen. E. T. A. Hoffmann sollte wenige Jahrzehnte später, im Bewußtsein der Differenz von harmonischer Geschlossenheit in der *Ouvertura* und Öffnung in der Komturszene, das Ahnungsvolle dieses Beginns benennen, und dies läßt sich durchaus noch mit den ästhetischen Prämissen des späten 18. Jahrhunderts in Beziehung setzen. Das Plötzliche, das Unerwartete und die Weitung ins Unermeßliche sind durchaus Kategorien der späten Aufklärung in der Diskussion über das Erhabene, und dieses Erhabene erhält seine musikalische Plausibilität aus der kompositorischen Differenz zwischen Anfang und Ende. Gerade deswegen kann es nach der langsamen ‹Einleitung› auch einen schnellen zweiten Teil geben, der mit der Komturszene zunächst nichts zu tun zu haben scheint.

In den Beginn dieses schnellen Teils wird jedoch eine heftige, immer wiederkehrende Bläserfanfare eingezogen, die eine Erklärungsmöglichkeit liefert. Im *Musikalischen Lexikon* von Heinrich Christoph Koch wird eine Fanfare als «kleines Tonstück von glänzendem Charakter für Trompeten und Pauken» zur militärischen Signalgebung bestimmt.[12] In diesem Sinne verweist die kleine Fanfare in der *Ouvertura* auf ein Feld von Bedeutungen, das eben doch unmittelbar mit der Oper zu tun hat – zumal es sich dabei ja gar nicht um ein selbständiges ‹Tonstück› handelt, sondern nur um die Erinnerung daran. Im Personenverzeichnis erscheint Don Giovanni als ein «giovane cavaliere estremamente licenzioso». Ein Ritter aber ist nicht nur eine Standesperson, sondern besitzt auch, wie der Commendatore, militärischen Rang, allemal in der im 18. Jahrhundert als Inbegriff des Phantastischen geltenden Landschaft Spaniens. Die Einblendung einer minimalistisch reduzierten musikalischen Signalfigur aus der Militärszenerie in das Thema läßt sich also als eine inhaltliche Andeutung verstehen, die dennoch eine tektonische Bedeutung erhält (ähnlich wie der wirkungsästhetisch begründete Beginn des Finales der Pariser Sinfonie). Sie ist folglich, wie die Komturszene, ein entscheidendes Element in einer semantischen Konstruktion, mit deren Hilfe eine wesentliche Dimension der Titelfigur blitzartig in die thematische Formulierung hereingeholt wird – eine Formulierung, die ansonsten verblüffend eng mit der thematischen Figuration des Andante in Beziehung steht.

Das ‹Unerwartete›, das Staunen-Machende, das Knigge in seiner Rezension beschworen hat und das sich in solchen (und natürlich vielen anderen Details) geradezu systematisch zeigt, jedenfalls in einer erstaunlichen Vielgestaltigkeit, dürfte folglich grundlegender Gegenstand einer ‹Critic› gewesen sein, die sich vor allem im Dialog formierte – und deren Gegenstand derlei Feinheiten, getragen vom Willen zu immer weiter ausgreifenden Beobachtungen, gewesen sein dürften. Das geschah, zumindest in Wien, aber auch in Prag, nicht publizistisch, es bedurfte einer solchen Publizistik dafür auch nicht, im Gegenteil, sie hätte das Informelle einer ‹Urteilsbildung› zerstört. Denn in einem Punkt unterschied sich die von Mozart solchermaßen bediente ‹Critic› tatsächlich grundlegend von den Vorgaben des 18. Jahrhunderts: Sie duldete wohl Ver- und Bewunderung, aber keinen Widerspruch.

3. Prag

Neben Salzburg und Wien gab es zwei Städte, in denen sich im 18. Jahrhundert eine besondere Beziehung zu Mozart ausgeprägt hat, die also auf besondere Weise für die Wahrnehmung des Komponisten bedeutsam waren: Prag und Weimar. Mozart hatte während der 1780er Jahre eine besondere (und besonders enge) Beziehung zu Prag. Darauf ist immer wieder hingewiesen worden, doch ist die Rolle der Stadt Prag in der intellektuellen Topographie des 18. Jahrhunderts noch immer weitgehend unklar. Will man sich der komplizierten und besonderen Eigenart des geistigen Zentrums Prag im 18. Jahrhundert annähern, so sind einige Voraussetzungen zu bedenken.[13] Prag spielte als Reichszentrum im 14. Jahrhundert eine besondere Rolle, doch wurde diese Blüte nach dem Verlust der Macht, nach dem Aussterben der Luxemburger, rasch Vergangenheit. Als die Stadt 1526 unter den Einfluß der Habsburger gelangte, entstand eine vergleichslose Situation, denn die böhmische Residenzstadt, die sie ja immerhin seit 1198 war, mußte seitdem zumindest tendenziell ohne die Anwesenheit eines Herrschers auskommen. Das unterschied sie auch von der ungarischen Residenz Pest, die ja in osmanischer Hand war – so daß die Habsburger aus Not Preßburg mit dieser Würde ausstatteten. Diese Tendenz verfestigte sich nach dem Dreißigjährigen Krieg, nach dem Sieg der kaiserlichen Truppen in der Schlacht auf dem Weißen Berg 1620 und der dramatisch und demütigend verlaufenen Gegenreformation, die den endgültigen Verlust der staatlichen Unabhängigkeit Böhmens nach sich zog, mit dem Abtritt der Lausitz an Kursachsen. Die strukturellen Folgen waren verheerend: Der zur Reformation übergetretene Adel wurde vertrieben, neue Führungseliten wurden implantiert, eben jener Adel, der fortan auch das jesuitisch dominierte intellektuelle Klima bestimmen sollte. Er blieb stets ein gewisser Fremdkörper, residierte auf dem Land – und verbrachte, nach dem Vorbild Wiens, vor allem die Wintermonate in der Stadt.

Diese Konstellation bestimmte auch die Geschichte Prags im 18. Jahrhundert. Prag war eine Residenzstadt ohne Residenten, und darin unterschied sie sich von anderen urbanen Zentren wie Paris, London, Berlin oder eben Wien, in denen Herrscher auf die eine oder andere Weise gegenwärtig waren, aber auch von den bürgerlichen Metropolen, die sich im nord- und mitteldeutschen Raum zu Zentren der Aufklärung entwickelten, also Hamburg, Leipzig oder Halle. Am ehesten stellt sich eine strukturelle Parallele zu einer Stadt her, die aus ganz anderen Gründen ähnliche Strukturen aufwies, nämlich von oligarchischen, feudalen Verhältnissen geprägt war, aber ebenfalls nicht über einen Herrscher verfügte und auch verfügen konnte, nämlich zu Venedig. Zu dieser Stadt gab es vielfältige kulturelle Beziehungen – musikalisch am deutlichsten greifbar in der eigenwilligen Prager Vivaldi-Rezeption –,[14] und kaum zufällig bildete Venedig einen besonderen Referenzpunkt im kulturellen Selbstverständnis der böhmischen ‹Residenzstadt›. Die feudal-oligarchischen Strukturen Prags verfügten gerade nicht über jene Bedingungen, die für die Aufklärung konstitutiv waren: keine Ausprägung von dem, was man vielleicht bürgerliche Öffentlichkeit nennen könnte; keine Opposition bzw. Reibungsflächen zu einem Hof, der nur als gleichsam virtuelle Größe existierte; keine wirklichen Abgrenzungs- und Verselbständigungsbewegungen. Hierin liegt eine besondere Parallele zur Wirklichkeit Venedigs, dessen spezielle Ausprägung von Aufklärung lange unbeachtet blieb, obwohl ihr doch nicht nur Giacomo Casanova, sondern auch Lorenzo Da Ponte entstammte.

Anscheinend gab es in Prag ein starkes Bedürfnis, eine besondere Form von Öffentlichkeit herzustellen, eine Öffentlichkeit der wohlkalkulierten Inszenierung durch öffentliche Plätze, öffentliche Veranstaltungen und vor allem durch das Theater.[15] Das Prager Theater war, anders als in Wien, eben nicht unmittelbar von einem Hof abhängig. Das Modell einer solchen Theaterkultur lieferte zweifellos Venedig, denn auch die venezianischen Theater existierten zwar kommerziell, aber nicht als ‹bürgerliche› Institutionen; sie waren fest verankert im oligarchischen System der Stadt – und wohl deswegen vorbildhaft für Prag. Eine Schlüsselrolle spielte dabei die Aufführung der *Costanza e Fortezza* von Johann Joseph Fux 1723, der monumentalen Krönungsoper, mit der eine genuin höfische Gattung etabliert wurde, das Dramma per musica, obwohl es den eigentlichen Träger dafür gar nicht gab.

In diesem Vorgang zeichnet sich ein Umgang mit dem musikalischen Theater ab, der in einem verblüffenden Sinne von Pragmatismus geprägt war und der deswegen durchaus mit dem ebenfalls von Venedig geprägten Hamburg vergleichbar ist (freilich ohne dessen kommerzielle und im publizistischen Sinne öffentlichkeitsstiftende Komponente). Begleitet wurde dies von einem entschiedenen Interesse an ästhetischen Fragen, wirkte doch Carl Heinrich Seibt (1735–1806) ab 1763 als Professor für ‹schöne Wissenschaften› an der Universität, am ersten Lehrstuhl für Ästhetik in der Habsburgermonarchie. Joseph II. sollte das Fach, das in Prag ‹pragmatisch›, also unter strikter Ausklammerung Kants gelehrt wurde, schließlich zum Pflichtteil des Philosophiestudiums erheben. In diesem Umfeld wurden drei relativ deutlich voneinander zu trennende Modelle des Musiktheaters praktiziert.[16]

Die Opernunternehmungen des Franz Anton Graf Sporck (1662–1738) folgten chronologisch unmittelbar der Fux-Aufführung von 1723. Sporck veranstaltete in der Folge eigener, früherer Bemühungen seit 1724 in seinem Palais, das mit einem eigenen Theatersaal ausgestattet war, Opernproduktionen nach dem Stagione-Prinzip, für die vor allem und kaum zufällig eine venezianische Gesellschaft (des Antonio Denzio) verpflichtet worden war.[17] Das Vorbild Venedigs zeigt sich jedoch weniger in der europaweit verbreiteten Verpflichtung italienischer Sänger als vielmehr – nicht unähnlich dem Hamburger Modell – in der Struktur der Öffentlichkeitsbildung, denn die Aufführungen in Sporcks Palais waren öffentlich zugänglich, was in Wien unvorstellbar gewesen wäre. Der gravierende Unterschied zur kommerziellen Oper in Hamburg lag allerdings in der finanziellen Garantie durch den Mäzen, der zugleich kaum auf die Inhalte Einfluß nahm. In dieser ungewöhnlichen

Verbindung von mäzenatischer Struktur und inhaltlichem Freiraum bildete sich aber eine ganz eigene Form von Öffentlichkeit heraus: Man konnte durch Kauf eines Billets teilhaben an einer Opernaufführung, die doch eigentlich ganz im ständischen Rahmen stattfand.

1739 wurde dann das Theater in den ‹Kotzen› begründet, ebenfalls eine Unternehmung, die sich im Besitz der ‹Altstadt› der erst 1784 zusammengeschlossenen Stadt befand.[18] Anders als Sporcks Oper wurde das Theater kommerziell per Konzession verpachtet, was einerseits an venezianische, vor allem aber hamburgische Gepflogenheiten erinnert. Auch in Venedig waren die kommerziellen Opernhäuser fester Bestandteil der oligarchischen Stadtstruktur und damit, anders etwa als in Hamburg, nicht von vornherein wirtschaftlich orientiert, sondern vom finanziellen Wohlwollen einer aristokratischen Elite abhängig. Wohl deswegen hat sich auch keine publizistische Öffentlichkeit mit einer eigenen Form der ‹Critic› herausgebildet.

Drittens wurde 1782, mitten in der Stadt, am Obstmarkt, das Theater des Franz Anton Graf Nostitz-Rieneck errichtet, geplant durch den Architekten Anton Hafenecker. Das Haus (das spätere ‹Ständetheater›) führt noch einmal die Besonderheiten Prags vor Augen. Zum einen wurde es als ‹Gräflich Nostitz'sches Nationaltheater› bezeichnet, es war also, wie in Wien und andernorts, ein Nationaltheater unter höfischer Protektion. Doch stand es eben nicht unter herrscherlicher Patronage, sondern unter derjenigen des Burggrafen, der freilich von Joseph II. ausdrücklich (und gegen Widerstände in Prag) unterstützt wurde. In einem verblüffenden Pragmatismus wurden hier also unterschiedlichste Traditionen überblendet und verschmolzen, die eigentlich unvereinbar waren. Diese Mischung zeigt sich schon auf dem Widmungsspruch des Giebels, *patriae et musis* (mit dem Datum 1781), in dem die Nationaltheater-Idee und die Herstellung von Öffentlichkeit nach außen getragen werden sollte, obwohl das Prinzip aristokratischer Patronage im Namen des Hauses selbst erkennbar blieb. Am Bühnenportal des Theaters befand sich bemerkenswerterweise ein Bildnis des im Jahr zuvor verstorbenen Gotthold Ephraim Lessing, dessen *Emilia Galotti* 1783 die Eröffnungsvorstellung bildete. Die Wahl eines genuin politischen Dramas zur Einweihung eines Hauses, dessen Patron ein machtvoller Adliger war, läßt sich nicht einfach als Mißverständnis deuten. Vielmehr belegt diese verwirrende Konstellation einmal mehr, daß der pragmatische Begriff von Theater und Öffentlichkeit so etwas wie einen ‹herrschaftsfreien Raum› inmitten eines durch und durch aristokratischen Milieus erzeugen konnte. In diese eigenartige Offenheit fügt sich auch das Repertoire, etwa ein Werk wie Pasquale Anfossis *Il curioso indiscreto* von 1777, das dort mühelos aufgeführt werden konnte, obwohl es doch erhebliche moralische Probleme mit sich bringen mußte – sogar in einem Umfeld, das schon seit den 1750er und 1760er Jahren stark von aus Venedig importierten Galuppi-Opern geprägt war. Ausgerechnet in dieser Oper steht überdies ein zentraler Handlungsort der venezianischen Aufklärung im Mittelpunkt, das Kaffeehaus, das schließlich auch in *Così fan tutte* zum Ausgangspunkt des gesamten Dramas werden sollte.

In einer pragmatisch orientierten urbanen Sonderkultur hat man offenbar nicht so sehr auf Auseinandersetzung gesetzt, auch nicht, wie in Wien, auf Belehrung und Reform, sondern vielmehr auf eine spielerische Selbstverständigung, in der es eben kein Problem war, *Emilia Galotti* in ein aristokratisches Umfeld zu integrieren. Es ist daher kein Zufall, daß in Prag bereits 1772 ein Schlüsselstück der Reformdramatik aufgeführt wurde, nämlich Rousseaus *Pygmalion*, mit der Musik von Franz Asplmayr, der in Wien wirkte. Alles dies ist einer freien, ungebundenen Neugier geschuldet, also einem Klima, das für Intellektuelle wie Casanova besonders attraktiv gewesen sein muß. Gerade dies ist wohl auch der Hintergrund für das hingebungsvolle Verhältnis, das Mozart zu Prag – und die Stadt zu ihm einging. Für die ‹Entpolitisierung› des *Figaro* war man in Prag vielleicht noch empfänglicher als in Wien, weil man das Politische gar nicht für zentral hielt, dafür aber das Seelendrama – und den ostentativen Konventionsverstoß, den die Oper auf so vielen Ebenen bereithielt. So bedeutete die Aufteilung in vier Akte ja auch die Verpflichtung, neben den großen Kettenfinali (in II und IV), die noch irgendwie der Buffa-Tradition genügten, für die Akte I und III zwei völlig neue Finalmodelle zu entwickeln. Offenbar hatte man in Prag einen besonderen Sinn dafür. Der rauschhafte Erfolg, den das «Non più andrai» laut Mozarts eigenem Bericht verursachte, dürfte nicht einfach nur in der Bewunderung für einen bestechenden melodischen Einfall gründen, sondern in der höchsten Sensibilität für die vollkommen neue Art dieses Finales, das sich zudem noch als Parodie eines Militärmarsches erweist. Insofern ist der *Figaro*-Erfolg in Prag nicht unvergleichbar mit der *Emilia Galotti*-Aufführung zur Nationaltheatereröffnung, da man an der politischen Konnotation der Stücke nicht so interessiert war wie an der Konstellation handelnder Menschen.

Gerade deswegen war man wahrscheinlich auch von den neuen Möglichkeiten der Musik zur Seelenerkundung, zum Nicht-mehr-Nachahmenden, zum Changierenden gebannt. Es ist immerhin möglich, den *Figaro* vor diesem Hintergrund zu deuten – und darin auch eine Wurzel für seinen Prager Erfolg zu sehen. Der durch den Affekt bewegte Hörer weiß nie, ob der im Drama dargestellte Affekt wirklich, gespielt oder ganz falsch ist. Ein solches wirkungsästhetisches Kalkül wäre zwei Jahrzehnte früher noch undenkbar gewesen, da mit dem Wahrhaftigkeitspostulat am Ende dessen Relativierung einhergeht.

Wenn man dieses Spiel auch als eine Radikalisierung eines bestimmten aufklärerischen Konzepts von Musik begreifen will, eines Konzepts zudem, das Da Ponte mit Sicherheit gekannt hat, dann liegt das Erstaunliche weniger in der Möglichkeit selbst als in ihrem vollständigen Verzicht auf die Theorie, die verbale Reflexion. Es scheint aber so, daß gerade dieses Defizit für die Prager Gesellschaft von größtem Interesse war, das spielerische Ausloten von Wirklichkeitsmodi bis hin zu ihrer weitgehenden Negation, ohne das Spiel selbst in eine genuin politische Kontroverse zu verwandeln. Von daher erklärt sich möglicherweise auch der Auftrag zu *Don Giovanni*, dessen Grenzüberschreitungen normativ nicht mehr zu verhandeln waren – und dessen Finale, mit der Verlebendigung der Statue, in vielschichtiger Weise auf den in Prag so erfolgreichen *Pygmalion* reagiert; immerhin sollte Mozart daraufhin offenbar längerfristig in Prag bleiben, worauf er sich aber nicht eingelassen hat. Am Ende prägt eine vergleichbare Nonchalance auch *La clemenza di Tito*, ein von den Ständen in Auftrag gegebenes Dramma per musica, in dem gezeigt wird, wie diese Stände sich gegen den (auf Gnade festgelegten) Kaiser verschwören.[19] Offenbar war Prag, die Residenzstadt ohne Residenten, die aufgeklärte Metropole ohne Publizistik, für Mozart ein idealer Ort: in seinem Versuch, das Jahrhundert der Aufklärung an radikale Grenzen zu führen, ohne sich dabei des genuinen Mediums der Aufklärung, also der Debatte, des Streits, der schriftlichen Äußerung, der Theorie auch nur ansatzweise bedienen zu müssen.

4. Weimar

Die Rolle des kleinen Schlosses Tiefurt für die Goethe-Biographie ist hinlänglich bekannt.[20] Vor den Toren Weimars, flußabwärts an der Ilm, befand sich ein Ende des 16. Jahrhunderts errichtetes Gutspächterhaus. Dieses Haus wurde 1775/76 zu einer kleinen Schloßanlage des Landesherrn umgebaut, und zwar als eigene Hofhaltung des zweiten Sohns von Anna Amalia von Sachsen-Weimar, Constantin. Wesentlich gesteuert wurden die Pläne für den Umbau durch Constantins Erzieher Karl Ludwig von Knebel. Im Jahr 1781 zog Constantin jedoch aus Tiefurt aus, und Anna Amalia wählte seither, an Stelle von Ettersberg, das kleine Schloß zu ihrem Sommersitz; er blieb es bis zur Plünderung durch die Franzosen 1806. Insbesondere hier konnte sie ihre musischen Neigungen, zu denen auch das Komponieren gehörte, ausleben, getragen von der Vorliebe Goethes für diesen Ort, an dem er 1779 aus *Iphigenie* und 1781 aus *Tasso* las. Einen Eindruck der Atmosphäre vermittelt das 1781 unter der Federführung Friedrich Hildebrand von Einsiedels ins Leben gerufene, handschriftliche *Journal von Tiefurt*,[21] eine Laune der Beteiligten, eine auf das Maß der Ilm zurechtgestutzte Version des *Journal de Paris*; seine Leser waren, dies die Zuspitzung des Zeitschriftengedankens, zugleich seine Mitarbeiter. Der kleine Park, der das Schloß umgibt, wurde nach Abschluß des Umbaus in den Jahren zwischen 1776 und 1780 unter Knebels Planung als ein früher Landschaftsgarten angelegt, unter tätiger Teilnahme Goethes. Dieser Park wurde mindestens zweimal auch für Theateraufführungen genutzt, einmal, 1781, für *Minervens Geburt Leben und Thaten*, ein Schattenspiel zu Goethes 32. Geburtstag, das zweite Mal am 22. Juli 1782 mit der *Fischerin*, Goethes Singspiel, für das die von ihm an den Weimarer Hof gezogene Corona Schröter (1751–1802) die Musik geschaffen hatte. Die komponierende Sängerin und Schauspielerin verkörperte zugleich die Titelpartie.

Nachdem die Herzogin Anna Amalia Ende 1782 bei einem Besuch des Dessauer Hofes den großen Park in Wörlitz kennengelernt hatte, beschloß sie eine bedeutende Erweiterung ihres eigenen Sommersitzes, umgehend begonnen und 1786 abgeschlossen. Sie veranlaßte zudem die Aufstellung verschiedener Monumente und architektonischer Beigaben, eröffnet 1782 mit den Büsten von Goethe, Herder und Wieland, geschaffen vom Hofbildhauer Martin Gottlieb Klauer. Die lateinischen Verse stammten von Jean-Baptiste-Gapard d'Ansse de Villoison, der sich 1782/83, ursprünglich auf Vermittlung Friedrich Melchior Grimms, in Weimar aufhielt und bei dem die Mutter der Herzogin Altgriechisch lernte. Ebenfalls 1782 wurde auch eine auf die Musik bezogene (deutsche) Inschrift angebracht, die Goethe zur Ehre ‹seiner› Hofsängerin entworfen und deren erste Fassung er, datiert auf den 26. Mai, Charlotte von Stein gesandt hatte: «Der Nachtigall. Dich hat Amor gewiß o Sängerinn fütternd erzogen / Kindisch reichte der Gott dir mit dem Pfeile die Kost / Damals saugtest du schlürpfend den Gifft in die liebliche Kehle / Denn wie Cypriens Sohn trifft Philomele das Herz.»[22] Am 3. Juni 1782 wurde die Tafel hergestellt und am 12. Juni über der Gartenbank am rechten Wasserweg angebracht. Fünf Wochen später konnte Corona Schröter ihr Denkmal mit ihrer Aufführung der *Fischerin* regelrecht einweihen. Zwei Jahre später, also 1784, fügte man der Tafel, die schon 1791 erstmals ersetzt werden mußte, eine kleine, abbildliche Statue hinzu: Amor, der eine Nachtigall füttert. Der Entwurf dazu stammte von Adam Friedrich Oeser, die Ausführung abermals von Klauer. Der Park wurde in den 1780er Jahren mit einer ganzen Reihe von Inschriften geradezu überzogen, unter anderem auch mit zwei Denkmälern; die Planungen auch dazu gingen wesentlich auf Goethe zurück. Personen blieben fortan ausgespart, sie spielten erst nach dem Tod Herders wieder eine Rolle.[23]

Nur einmal zuvor, 1799, kam man noch auf eine Person zurück. Man errichtete überraschenderweise ein Denkmal für Mozart.[24] Es wurde nun, Oeser starb im selben Jahr, entworfen von Goethes Berater in Kunstfragen, dem Schweizer Johann Heinrich Meyer, die Ausführung oblag weiterhin Klauer. Der Gedenkstein, ein einfacher Rundsockel, gewidmet «Mozart und den Musen», ist bekrönt von einer Lyra und den beiden Masken von komischer und tragischer Muse. Es ist nicht das erste Mozart-Denkmal; in Graz hatte der Kaufmann Franz Xaver Deyerkauf, der Mozart noch persönlich gekannt hatte, im Garten seiner Landvilla einen Gedenkpavillon errichtet, von dem man aber in Weimar wohl nichts wußte. Das Tiefurter Mozart-Denkmal ging zudem nicht auf Freunde oder persönliche Verehrer des Komponisten zurück. Wieland und Goethe waren Mozart zwar persönlich begegnet, aber gleichsam beiläufig, jedenfalls ohne die Konsequenz einer anhaltenden Beziehung. Die Werke Mozarts spielten im höfischen Musikleben Weimars zudem eine ganz untergeordnete Rolle. Unter den rekonstruierbaren Programmen der Hofmusik zwischen 1773 und 1805, also den bezeugt aufgeführten Vokal- und Instrumentalstücken, findet sich kein einziges seiner Werke, und im Katalog von Anna Amalias Musikalien lediglich ein bescheidener Bestand von neun Sonaten.[25] Die Rückkehr zu den auf Personen bezogenen Denkmälern im Tiefurter Park 1799 mit dem Mozart-Monument durchbricht sogar die bis dahin vorherrschende, in den beiden Trauermalen deutlich erkennbare Dimen-

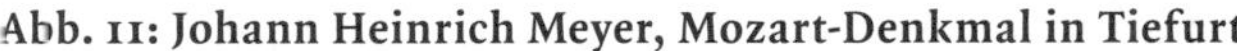

Abb. 11: Johann Heinrich Meyer, Mozart-Denkmal in Tiefurt

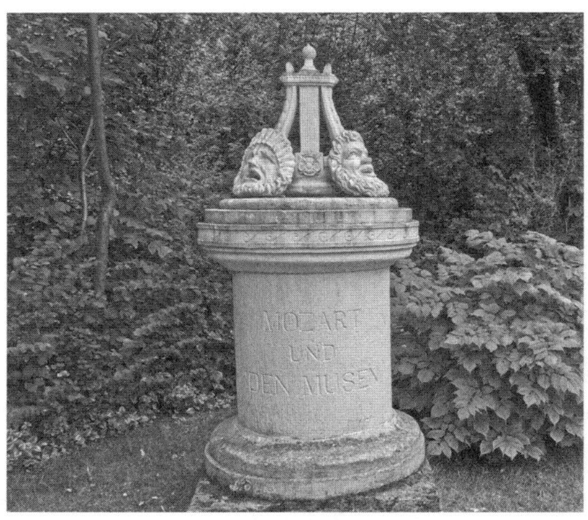

Die Hintergründe für das 1799 auf Veranlassung von Goethe errichtete Monument lassen sich allein aus dem Kontext erschließen. Das Denkmal reagiert auf die Weimarer Mozart-Pflege seit 1791, die erste systematische Auseinandersetzung mit dem Komponisten im 18. Jahrhundert überhaupt. Um so auffälliger ist der Verzicht auf ein Portrait des Komponisten, das auf dem Sockel durch die Leier, das Instrument der poetischen Inspiration, ersetzt wird. Die Unterschrift ‹Mozart und den Musen› reklamiert die Nähe zum Parnaß, die Lyra steht für Apollon Musagetes, den Musenführer. Die neun Töchter des Zeus und der Mnemosyne, die Musen, siedelten, angeführt von Apollon Musagetes, auf der Bergkette Helikon. Als Perseus der Gorgone Medusa den Kopf abschlug, entsprang ihrem Hals das wilde, geflügelte Pferd Pegasus, das durch Bellerophon gezähmt wurde und anschließend durch einen Hufschlag auf dem Gipfel des Helikon die Quelle Hippokrene, den Inspirationsstrom der Musen, entstehen ließ. Die beiden Masken lassen sich sehr konkret zwei der Musen zuordnen: die tragische der Melpomene, die heitere der Thalia. Diese Konstellation bezieht sich auf den Doppelcharakter des Don Giovanni, des zentralen Werkes der Mozart-Rezeption in Weimar.

sion des Familiär-Vertrauten, die doch eigentlich das Wesen des Parks ausmachen sollte. Mozart war in Tiefurt ein Fremder, und er blieb es bis zum Tod der Herzogin. Die Errichtung des Denkmals kann also im eigentlichen Sinne als spektakulär gelten, sie ist nicht nur im Zusammenhang der frühen Mozart-Rezeption beispiellos, sondern auch im Umfeld des Tiefurter Schlosses.

Detaillierte dokumentarische Belege für die Errichtung des Denkmals sind bisher nicht bekannt geworden, man hat das Monument offenbar allzu leicht als Selbstverständlichkeit hingenommen. Das betrifft auch die ungewöhnliche Gestalt. Die Errichtung einer gedrungenen Säule, eines Sockels, entspricht noch einer klassizistischen Konvention. Doch findet sich auf diesem Sockel eben keine Statue, kein Portrait des Komponisten. Das wäre, bei jemandem, der nicht über persönliche Bezüge zu den Betroffenen verfügte, doch immerhin denkbar gewesen: Vergegenwärtigung durch ein Bildnis. Die Reihe von Komponisten-Monumenten im 18. Jahrhundert ist schmal, doch in dem Händel-Monument, das Louis François Roubiliac 1738 für Vauxhall Gardens entworfen hat, stand doch immerhin ein in Deutschland nachdrücklich rezipierter Prototyp zur Verfügung.[26] Dieses Monument mit Händel als Orpheus im Hausrock und in Pantoffeln ist selbstverständlich ein ganzfiguriges Portrait. Zudem existierten Büsten, wie sie für Wieland, Herder und Goethe in Tiefurt errichtet wurden, auch für Musiker reichlich, wie sie etwa Jean-Antoine Houdon von der Sängerin Madeleine-Sophie Arnould und von Christoph Willibald Gluck geschaffen hat. Selbst die Praxis der Memorialbüste läßt sich nachweisen, so im Fall von Carl Heinrich Graun im Königlichen Opernhaus zu Berlin – und abermals von Händel in Westminster Abbey. Gottfried Schadow, der die Tiefurter Wieland-Büste schuf, fertigte 1802, zwei Jahre nach dem Tod des Komponisten, eine Memorialbüste für den Komponisten Christian Friedrich Karl Fasch für die Berliner Akademie der Künste an, was darauf hinweist, daß die Praxis um 1800 eine gewisse Selbstverständlichkeit beanspruchen konnte.[27]

Die Entscheidung in Weimar war absichtsvoll anders, denn ein Mozart-Portrait wäre sicherlich, wäre man daran interessiert gewesen, zu beschaffen gewesen. Auf dem Denkmal findet sich lediglich eine Leier. Die Leier hingegen galt, ungeachtet ihrer Zuordnung zu Apollo, auch im späten 18. Jahrhundert nicht als Instrument der Musiker, sondern der Dichter. In Kochs *Musikalischem Lexikon* von 1802 gilt sie daher als das «erste Saiteninstrument des grauesten Alterthumes», vorbehalten dem begleiteten Gesang der Götter und Helden.[28] Als Instrument des Sängers war es auch ein Symbol der erhabenen Einbildungskraft, so, wie schon Roubiliac 1738 Händel-Orpheus gezeigt hatte: mit einer Leier, also einem Instrument, das in der musikalischen Praxis gar keine Rolle spielte. Anna Amalia, die während ihres Italien-Aufenthaltes das Gitarrenspiel erlernt hatte, ließ sich übrigens 1804 vom späteren weimarischen Hofinstrumentenmacher Jakob August Otto (1789–1857) eine Gitarre in Lyra-Form bauen, also ein Instrument, das in der musikalischen Praxis vor allem einen symbolischen Wert einnehmen sollte.

Die Leier auf dem Sockel des Mozart-Denkmals ersetzt die Person des Komponisten, es reduziert ihn auf das verklungene, verstummte Instrument, das für die poetische Inspiration steht. Sie ist selbstverständlich, wie schon bei Händel, das Attribut von Orpheus, aber auch von Apollo, der sie von seinem Erfinder Merkur eintauschte. Die Unterschrift «Mozart und den Musen» verweist auf die Nähe zum Parnaß, die Lyra steht also für Apollon Musagetes, den Musenführer. Offenbar überschneiden sich hier die Bedeutungsfelder von Orpheus- und Apollo-Symbol, die Unterschrift macht aber unmißverständlich deutlich, daß Apollo im Zentrum steht. Die Hervorhebung des Metaphorischen und die Vermeidung des Physiognomischen auf dem Denkmal finden ihre Fortsetzung in den beiden beigegebenen Masken, rechts der Lyra eine tragische, links eine heitere. Ob diese beiden auf konkrete Vorbilder zielen, ist derzeit noch nicht bekannt; in Goethes eigenen, antikischen Kopfstudien von ungefähr 1787, entstanden in Italien, finden sich immerhin vergleichbare Figurationen.[29] Da sich die Entwürfe Meyers nicht erhalten haben, läßt sich die Genese des Motivs nicht nachverfolgen. Die Masken lassen sich aber sehr konkret zuordnen: Melpomene, der Muse der Tragödie, die tragische, Thalia, der Muse des Schauspiels und der Komödie, die heitere. Auf dem Gipfel des abgebrochenen Säulen-Parnasses begegnen sich die beiden gegensätzlichen Musen des Theaters, so, wie Angelika Kauffmann 1788 die Huldigung der tragischen und der komischen Muse an Goethe (für dessen Werkausgabe) gezeichnet hatte, aber eben mit einer Büste des Dichters.

Abb. 12: Angelika Kauffmann, Titel für Goethes Schriften

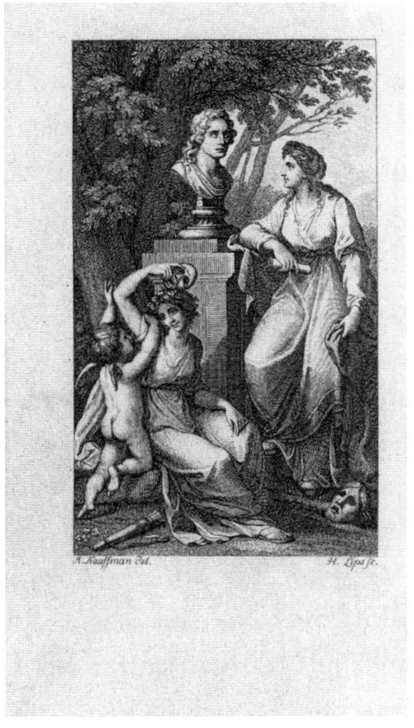

Für die bei Georg Joachim Göschen erscheinende Werkausgabe war Goethe um sorgfältigste Ausstattung bemüht, auch, was die Titelkupfer angeht. So kam es zur Zusammenarbeit mit der von ihm besonders geschätzten Angelika Kauffmann (1741–1807), die bereits in Rom lebte. Im achten Band erschien die Huldigung von heiterer und tragischer Muse vor Goethes Büste, die offenbar die Anregung lieferte für das Mozart-Denkmal. Gerade dort wird der Gedanke, in der Übertragung auf Mozart und seine Stellung im 18. Jahrhundert, entscheidend zugespitzt, da für den Komponisten auf ein Portrait verzichtet worden ist – und überhaupt die Masken sich jenseits aller Personalisierungen bewegen.

Mozarts Präsenz in Weimar hatte wenig mit Anna Amalia zu tun, auch nicht mit Herder oder Wieland, sie war einzig und allein Goethe und der von ihm herbeigeführten Gegenwart Mozarts auf der Weimarer Bühne geschuldet. Das Denkmal verdankt sich wohl mehr als jede andere Beigabe in Tiefurt seiner alleinigen Entscheidung. Im Jahr 1785 hatte er erstmals, aufgeführt durch die Theatercompagnie des Joseph

Bellomo, *Die Entführung aus dem Serail* gesehen. Die Reaktion, in einem Brief an Philipp Christoph Kayser überliefert, war zunächst zurückhaltend: «Neulich ward die ‹Entführung aus dem Serail›, componirt von Mozart gegeben. Jedermann erklärte sich für die Musick. Das erste Mal spielten sie es mittelmäsig, der Text selbst ist sehr schlecht und auch die Musick wollte mir nicht ein. Das zweytemal wurde es schlecht gespielt und ich ging gar heraus. Doch das Stück erhielt sich und iedermann lobte die Musick. Als sie es zum fünftenmal gaben, ging ich wieder hinein. Sie agirten und sangen besser als iemals, ich abstrahirte vom Text und begreiffe nun die Differenz meines Urtheils und des Eindrucks aufs Publikum und weis woran ich bin.»[30] Zu derselben Zeit war Goethe zusammen mit dem bereits in Zürich lebenden Philipp Christoph Kayser um eine deutsche Oper bemüht, in der Nachfolge Metastasios, als deren Probestück *Scherz, List und Rache* galt, eine große Opera buffa in vier Akten mit nur drei Protagonisten. Die Arbeit schritt immer qualvoller voran, und schließlich kam es, nach einer Reihe von Proben in Weimar, doch nicht zur Uraufführung. Auch wenn es sich um eine zweifellos bedeutende Partitur handelt, ist Goethe doch mit ihr ungnädig gewesen und hat das Scheitern in der *Italienischen Reise* eben mit der *Entführung aus dem Serail* in Verbindung gebracht: «Alles unser Bemühen daher, uns im Einfachen und Beschränkten abzuschließen, ging verloren, als Mozart auftrat. Die Entführung aus dem Serail schlug alles nieder, und es ist auf dem Theater von unserm so sorgsam gearbeiteten Stück niemals die Rede gewesen.»[31]

So zögerlich die erste Begegnung mit der *Entführung* verlief, so nachhaltig war sie am Ende. Als Goethe 1791, im Todesjahr Mozarts, die Theaterleitung übernahm, gehörte die *Entführung* zu den ersten produzierten Opern überhaupt. Es folgten, in teilweise weitreichenden Bearbeitungen, *Così fan tutte* und *Figaro* im Jahr 1791, die *Zauberflöte* 1794, die Musik zum *Schauspieldirektor* 1797 als Einlage zu einer Oper Cimarosas und, gleichsam als Schlußstein des weimarischen Mozart-Zyklus, *La clemenza di Tito* 1799.[32] *Die Zauberflöte*, mit 82 Aufführungen in Weimar das am häufigsten gegebene Mozart-Werk in Goethes Intendanz, spielte eine besondere Rolle deswegen, weil schon 1795 die Pläne zu einem zweiten Teil gefaßt wurden. Aufgeführt wurde eine einschneidende Bearbeitung von Christian August Vulpius, und Goethe erhoffte sich von der Bearbeitung einen eigenen Neuansatz in seinen Opernversuchen – ohne einen Komponisten im Auge zu haben. Schiller warnte im Mai 1798 brieflich vor den Risiken eines solchen Unternehmens, Goethe brach die Arbeit schließlich ab.

Eine noch wichtigere Rolle spielte allerdings in Weimar die Aufführung des *Don Giovanni*. Er wurde erstmals am 30. Januar 1792 gegeben, als erste Produktion nach Mozarts Tod, in der deutschen Übersetzung von Friedrich Ludwig Schröder.[33] Der Erfolg muß außerordentlich gewesen sein, Wieland berichtete von der «Gewalt des Mozartischen Genius'».[34] Das Werk wurde insgesamt 68 Mal unter Goethes Direktion gespielt, und anders als etwa in der *Zauberflöte* verzichtete man auf eine grundlegende Bearbeitung, ja sogar, dies eine herausragende Besonderheit, auf gesprochene Dialoge, man verwendete gesungene Rezitative. Es ist offenkundig, daß dieses Stück gleichsam den Kern von Goethes Mozart-Deutung ausmacht. Schiller entwarf in einem Brief vom Dezember 1797 eine Opernästhetik in nuce, weil die «Macht der Musik» das Gemüt gleichsam empfänglich mache für eine edlere Gestalt eines pathetischen Dramas. Goethe replizierte einen Tag später: «Ihre Hoffnung die Sie von der Oper hatten würden Sie neulich in ‹Don Juan› auf einen hohen Grad erfüllt gesehen haben, dafür steht aber auch dieses Stück ganz isolirt und durch Mozarts Tod ist alle Aussicht auf etwas Ähnliches genommen.»[35] Dieses ‹Isolierte› lag für Goethe im undurchdringlichen Doppelcharakter von Komödie und Tragödie begründet, einem Phänomen, das sich einzig dem Privileg der Musik verdankt. Mozarts Oper sei ein Werk, in dem es, so Schopenhauers Erinnerung an Goethes Wort, «nur auf der Oberfläche lustig zugehe, in der Tiefe aber der Ernst walte, und die Musik eben diesen doppelten Charakter trefflich ausdrücke».[36] Dieser tragisch-komische, aus der Musik hervorgehende, nur ihr vorbehaltene Doppelcharakter beschäftigte ihn zeitlebens, und noch das berühmte, Eckermann gegenüber geäußerte

Diktum, Mozart hätte den *Faust* komponieren sollen, bezog sich eben nicht auf die *Zauberflöte*, sondern auf den *Don Giovanni*: «Die Musik müßte im Character des ‹Don Juan› sein; Mozart hätte den ‹Faust› componiren müssen.»[37]

Mozarts Präsenz in Weimar kulminierte gleichsam im *Don Giovanni*, und er galt als Paradigma für das, was Schiller im Blick auf die Oper generell als «eine freiere harmonische Reizung der Sinnlichkeit» bezeichnet hatte. Noch deutlicher wurde Goethe gegenüber Eckermann im Juni 1831: «‹Ebenso ungehörig›, fuhr Goethe fort, ‹gebrauchen die Franzosen, wenn sie von den Erzeugnissen der Natur reden, den Ausdruck ‹Composition›. Ich kann aber wohl die einzelnen Theile einer stückweise gemachten Maschine zusammensetzen und bei einem solchen Gegenstande von Composition reden, aber nicht, wenn ich die einzelnen lebendig sich bildenden und von einer gemeinsamen Seele durchdrungenen Theile eines organischen Ganzen im Sinne habe.› ‹Es will mir sogar scheinen›, versetzte ich, ‹als ob der Ausdruck ‹Composition› auch bei echten Zeugnissen der Kunst und Poesie ungehörig und herabwürdigend wäre.› ‹Es ist ein ganz niederträchtiges Wort›, erwiderte Goethe, ‹das wir den Franzosen zu danken haben, und das wir so bald wie möglich wieder los zu werden versuchen sollten. Wie kann man sagen: Mozart habe seinen ‹Don Juan› *componirt*! Composition – – – als ob es ein Stück Kuchen oder Biscuit wäre, das man aus Eiern, Mehl und Zucker zusammenrührt! Eine geistige Schöpfung ist es, das Einzelne wie das Ganze aus *einem* Geiste und Guß und von dem Hauche *eines* Lebens durchdrungen, wobei der Producirende keineswegs versuchte und stückelte und nach Willkür verfuhr, sondern wobei der dämonische Geist seines Genies ihn in der Gewalt hatte, sodaß er ausführen mußte was jener gebot.»[38]

Dem *Don Giovanni*, den Goethe ins Feld führt, obwohl (oder gerade weil) Eckermann doch eigentlich von Poesie sprach, eignet damit das Paradigmatische eines organischen Kunstschönen, dessen Ganzes nicht mit Produktion, Willkür und Stückwerk zu tun hat, sondern mit der lebendigen, bildenden, gleichsam plastisch formenden Seele. Auch wenn diese späte Stellungnahme nicht mehr ohne den Einfluß Carl Friedrich Zelters und die Musikästhetik des berlinischen Klassizismus vorstellbar ist, so verweist sie doch darauf, daß Goethe an der besonderen Stellung des *Don Giovanni* stets festgehalten hat. Die Kategorie des Numinosen, die für den Schöpfungsvorgang selbst reklamiert wird, bezieht sich jedoch nicht auf einen gleichsam entrückten Genie-Begriff, in dem Produzent und Rezipient, über den Modus der Musik, ineinanderzufließen vermögen – so, wie es E. T. A. Hoffmann in seiner 1813 erstmals veröffentlichten *Don Juan*-Deutung als Wesensmerkmal der Oper herausgestellt hat. Vielmehr hält Goethe nachdrücklich am Begriff des Organischen fest, denn nur dieses sei in der Lage, die Spannung zwischen dem Wahren, dem Wahrscheinlichen, dem Komischen und dem Tragischen in der Ganzheit, in der Plastizität eines Kunstwerks zu bannen. Bereits 1797, im Dialog über *Wahrheit und Wahrscheinlichkeit der Kunstwerke*, wurde die angeblich unwahrscheinliche Oper in diesem Sinne verteidigt. Der Umstand, daß ein vollkommenes Kunstwerk als ‹Naturwerk› zu erscheinen vermöge, liege eben darin begründet, daß Natur und Kunst hier gewissermaßen eine zwanglose Synthese einzugehen imstande seien. Dabei ist beispielhaft vom Opernkunstwerk die Rede, «weil es übernatürlich, aber nicht außernatürlich ist. Ein vollkommenes Kunstwerk ist ein Werk des menschlichen Geistes und in diesem Sinne auch ein Werk der Natur».[39] Das vollendete Kunstwerk stimme mit der «bessern Natur» des Menschen überein, und erst deswegen erscheine es als natürlich. Offenbar galt *Don Giovanni* genau in diesem Sinne als ein vollendetes Kunstwerk.

Angesichts von Goethes Deutungshoheit über den Tiefurter Park und die von ihm praktisch im Alleingang fixierte Mozart-Anschauung in Weimar kann kein Zweifel daran bestehen, daß die Aufstellung des Denkmals auf ihn zurückgeht. Zweifellos sollte zudem der tragischkomische Doppelcharakter des Denkmals nicht allgemein Mozart charakterisieren, sondern sich auf ein einziges Werk, auf den *Don Giovanni* beziehen. Eigentlich also ist das Mozart-Denkmal ein *Don Giovanni*-Denkmal. Damit ist aber noch nicht erklärt, warum es in Tiefurt seinen

Platz fand – und warum erst 1799. Hier kommt aber dem Kontext des Parkes nochmals eine Bedeutung zu. Denn offenbar folgte der Tiefurter Park nicht einfach nur dem Wörlitzer Vorbild. Vielmehr waren etliche der kleinen Monumente beseelt von dem Gedanken, Natur und Kunst zusammenzuführen, und zwar jenseits der von Goethe im *Triumph der Empfindsamkeit* 1778 in Ettersberg verspotteten Gartenmode. Mit dem Mozart-Denkmal ging man noch einen Schritt weiter. Die Einbettung des *Don Giovanni* und seines Schöpfers in die landschaftliche Architektur des Gartens über den Modus einer antikischen Plastizität führte im Rahmen der memorialen Gedenkpraxis vor Augen, daß es sich hier, bei Mozarts *Don Giovanni*, um ein Werk der Natur in eben jenem von Goethe proklamierten Sinne handele. Alle anderen Denkmäler waren geprägt von Freundschaft, Nähe, persönlicher Trauer oder, wie in den Tafeln, allgemeiner Reflexion. Allein das Mozart-Denkmal veranschaulichte programmatisch, mit den mythologisch-archaischen Mitteln des Altertums, einen Kunstbegriff, wie er für Goethe in den 1790er Jahren immer wichtiger werden sollte und wie er ihn idealtypisch im *Don Giovanni*, dann auch in der *Zauberflöte* verwirklicht sah. Als einziges der erhaltenen Denkmäler proklamiert es gleichsam einen ästhetischen Habitus, an einem Ort, der eben von der Wirklichkeit der Musik – dem Theater – denkbar weit entfernt war. Und als einziges der Denkmäler wird eine persönliche Nähe, ja eine Physiognomie oder wenigstens eine Erinnerung daran ausgelöscht: Die Persönlichkeit des Schöpfers tritt im vollendeten Werk hinter seine Schöpfung zurück, sie reduziert sich einzig auf den Namen und die Rückführung auf das ‹Klassische› überzeitlicher Gültigkeit.

1799 ist nicht zufällig das Jahr der Aufstellung. 1798 wurden die ersten Mozart-Gesamtausgaben annonciert, und zwar vom Leipziger Verlag Breitkopf & Härtel sowie vom braunschweigischen Verlag Johann Peter Spehr. Diese Editionen verstanden sich durchaus als Monumente. 1797 erschien in München, verziert mit einem Urnen-Denkmal, ein musikalisches Mozart-Denkmal, die Kantate *Feyert! Feyert! Mozarts Gedaechtnis Feyer seinen Manen gewidmet*, komponiert vom in Frankfurt wirkenden Geiger Carl August Cannabich. 1798 hatte überdies Constanze Mozart den ihr verfügbaren Nachlaß ihres Mannes den Verlagen Breitkopf und André zum Kauf angeboten, am Neujahrstag 1800 kam es dann zur Unterzeichnung. Schon 1794 errichtete man in der Prager Akademie anläßlich eines Memorial-Konzerts ein ephemeres Mozart-Denkmal.[40] Und ebenfalls 1798 erschien nicht nur die erste Mozart-Biographie, das Buch von Franz Xaver Niemetschek, sondern auch die erste Sammlung der für ein klassizistisches Bild ‹plastischer› Größe besonders wichtigen Mozart-Anekdoten von Goethes Protegé Johann Friedrich Rochlitz.[41] Niemetscheks Buch wurde noch im Folgejahr von Johann Joachim Eschenburg für Nicolais *Allgemeine Deutsche Bibliothek* besprochen.[42] Und Christoph Martin Wieland, der doch um die Bemühungen in Tiefurt hätte wissen müssen, notierte im September 1799 im *Neuen Teutschen Merkur*: «Guter Mozart! du errichtetest einem Lieblingsvogel in dem von dir gemietheten Garten ein Grabmal, und setztest ihm selbst eine Inschrift. Wann wird man dir thun, was du an deinem Vogel thatest!»[43] Im *Journal des Luxus und der Moden* wurde die Vollendung des Denkmals hingegen gleichzeitig angezeigt, und es liegt die Vermutung nahe, es handele sich dabei auch um das eigentliche ‹Schlußstück› des weimarischen Mozart-Zyklus.[44]

Die Idee eines Mozart-Denkmals war also in den späten 1790er Jahren keineswegs isoliert, im Gegenteil. Ungeachtet dessen ist jedoch für Goethe ein besonderer, ein persönlicher Beweggrund geltend zu machen. Nach der Vollendung des *Meister*-Romans fand er seine Produktivität wieder, und dies, so glaubte er, sei der Begegnung mit Schiller zu verdanken, dem er seine «zweyte Jugend» schulde.[45] In diese Phase neuer, gesteigerter Produktivität, in die auch der Dialog über Kunst und Natur gehört, fällt der Wiederbeginn der Arbeiten am *Faust*, der auf den Sommer 1797 datiert. Die (auch) opernästhetische Stellungnahme über das Verhältnis von Kunst und Natur steht also in einem konkreten schaffenspsychologischen Kontext, der sich durch eine neue, maßgeblich von Schiller beeinflußte ästhetische Fundierung auszeichnet. An der Schnittstelle dazu liegt der endgültige Verzicht auf eine Fortsetzung der *Zauberflöte*. Offenbar steht das Mozart-Denkmal im Zusammenhang einer solchen persönlichen Neupositionierung, besonders aber der neuen Arbeiten, vor allem am *Faust*. Es ist daher nicht erstaunlich, daß eines der euphorischen Bekenntnisse zum *Don Giovanni*, der 1795 in Weimar als «große tragikomische Oper» angekündigt wurde,[46] brieflich gegenüber Schiller erfolgte. Das Tiefurter Denkmal beschwört die Musen Thalia und Melpomene, es beschwört den *Don Giovanni* und den hinter seinem Werk zurücktretenden Komponisten Mozart im Augenblick einer hohen, fast rauschhaften kreativen Anspannung. In der Verbindung von Kunst und Natur, die doch den gesamten Tiefurter Park prägt, wird ein organischer Kunstbegriff reklamiert, als dessen spektakulärer Vertreter nun Mozart erscheint. Damit ist das Denkmal auch ein Monument der Selbstvergewisserung, aber mit Perspektiven weit darüber hinaus. Schon Anna Amalia hat in ihrem kleinen, ungedruckt gebliebenen Text zur Musik den Verfall der Tonkunst beklagt. Er liege, so führt sie nach ihrer italienischen Reise aus, in der Abkehr vom italienischen Vorbild begründet: «Jetz wird die Tonkunst blos als Mode behandelt».[47]

Tatsächlich ist daher das Mozart-Denkmal nicht nur eine ästhetische Positionierung für die Gegenwart, es weist auf die Zukunft der Tonkunst hin, wie sie Rochlitz sehr kurze Zeit später auch entwickeln sollte, nicht zuletzt in seinem Wahlspruch für das Leipziger Gewandhaus.[48] Es ist die Perspektive für einen klassizistischen, aus der Versöhnung von Kunst und Natur hervorgehenden, von aller ‹Mode› befreiten Musik- und damit Kunstbegriff. Das Mozart-Denkmal ist im Kontext des Tiefurter Parks ein Fremdkörper, im Kontext seines wichtigsten Protagonisten, Goethes, ist es jedoch fest verankert. «Mozart und den Musen» bezeichnet nicht nur eine Erinnerung, nicht nur Memoria, es ist als Motto Teil der Gedankenwelt seines Urhebers. Das Denkmal, ausgelöst vom *Don Giovanni* und gewidmet nicht dem Komponisten, sondern dem ‹Poeten› Mozart im weitesten Sinne, versinnbildlicht in seiner Lyra, sollte, wohl ein einziges Mal in der langen Geschichte der Mozart-Denkmäler, Selbstvergewisserung und Selbstverpflichtung zugleich sein, kurzum: Es ist ein zum plastischen Monument gewordenes ästhetisches Programm. Dieses Programm speist sich aus zentralen Prämissen des 18. Jahrhunderts und faßt sie nochmals, letztmals zusammen. Es bildet gewissermaßen das Schlußstück von Mozarts 18. Jahrhundert. Die Denkfigur des ‹apollinischen› Mozart hingegen sollte für Goethes zweite Lebenshälfte und die Wahrnehmung im 19. Jahrhundert bestimmend werden. Das ist aber nicht mehr Gegenstand dieses Buches.

Dank

Es ist ein Abenteuer eigener Art, ein Buch über Mozart schreiben zu wollen. Die Überlegungen dazu reichen etliche Jahre zurück, im Jahre 2003 verdichteten sie sich erstmals zu einem Plan, der dann jedoch aus den verschiedensten Gründen liegenblieb und 2012 in ganz veränderter Form wieder aufgenommen wurde. Daß es schließlich doch etwas wurde, ist vielen Freunden und Kollegen zu verdanken. Sie haben mit zahllosen Gesprächen sowie durch kritische Lektüre des Textes (oder von Teilen daraus) das Entstehen des Buches begleitet, angeregt und gefördert – und zudem manche Krise überbrücken geholfen. Insbesondere fühle ich mich Inga Mai Groote, Michael Hampe, Michael Meyer, Isabel Mundry, Martina Rebmann, Gerd Schaller, Stefanie Stockhorst, Veronika Weber, Ralf Weikert und Katharina Wiedemann verpflichtet. Der Verlag hat dem Text alle Sorgfalt angedeihen lassen, insbesondere sei hier Stefan von der Lahr genannt, der vor Jahren den entscheidenden Impuls gab, aber auch Stefanie Hölscher sowie Andrea Morgan. Claudia Maria Korsmeier und Ilka Sührig haben das Typoskript mit äußerster, kritischer Gründlichkeit nochmals durchgesehen (und Schlimmeres verhindert). Franziska Marie Sagner und Ruth Konstanciak waren bei den Korrekturen behilflich.

Zahlreiche Institutionen haben bereitwillig Material zur Verfügung gestellt, besonders seien hier genannt die Staatsbibliothek Preußischer Kulturbesitz zu Berlin, die Bibliothek des Wissenschaftskollegs zu Berlin, die Bayerische Staatsbibliothek München, die Universitätsbibliothek Salzburg, die Internationale Stiftung Mozarteum Salzburg, die Österreichische Nationalbibliothek Wien, die Stadtbibliothek Wien, die Herzog August Bibliothek Wolfenbüttel und die Zentralbibliothek Zürich. Auskünfte und Hinweise der unterschiedlichsten Art verdanke ich zudem Otto Biba, Walter Brauneis, Christopher Hogwood (†), Ulrich Leisinger, Reinhart Meyer-Kalkus, Jürgen Oelkers, Wolfgang Proß und Alexander Rosenbaum.

Das Wissenschaftskolleg zu Berlin und sein Rektor Luca Giuliani haben mir im Akademischen Jahr 2013/14 ein Fellowship gewährt. Dort wurden erste Teile des Buches konzipiert. Die Kolleg-Forschergruppe BildEvidenz der Freien Universität Berlin mit ihren Sprechern Peter Geimer und Klaus Krüger hat mich im Wintersemester 2016/17 neuerlich als Gastwissenschaftler nach Berlin eingeladen. Dort konnte der Text unter den zauberhaften Bedingungen des Dahlemer Kollegs abgeschlossen werden, wozu besonders auch Friederike Wille sowie Anna-Louise und Sébastien Rolland beigetragen haben.

Allen Genannten gilt mein herzlicher, tief empfundener Dank.

Berlin, im Januar 2017 Laurenz Lütteken

Anmerkungen

Einleitung

1 Hans Maier: Mozart und die Aufklärung. In: Klaus Hildebrand et al. (Hrsg.): Geschichtswissenschaft und Zeiterkenntnis. Von der Aufklärung bis zur Gegenwart. Festschrift zum 65. Geburtstag von Horst Möller. München 2008, S. 13–20.

2 Nicholas Till: Mozart and the Enlightenment. Truth, Virtue and Beauty in Mozart's Operas. London 1992.

3 Georg Knepler: Wolfgang Amadé Mozart. Annäherungen. Berlin 1991.

4 Vgl. hier z. B. John Rice: Music in the Eighteenth Century. New York, London 2013, S. 200 ff.; Stephen Rumph (Mozart and Enlightenment Semiotics. Berkeley 2012) hingegen bezieht sich ausschließlich auf den englischsprachigen Forschungsstand, was zu manchen Fehleinschätzungen verleitet.

5 Hermann Abert: W. A. Mozart. Hrsg. als fünfte, vollständig neu bearbeitete und erweiterte Ausgabe von Otto Jahns W. A. Mozart. 2. Bde. Leipzig 1919, 1921.

6 Wolfgang Hildesheimer: Mozart. Frankfurt/M. 1977.

7 Vgl. dazu Simon P. Keefe: Beyond Fact and Fiction, Scholarly and Popular: Peter Shaffer and Milos Forman's Amadeus at 25. In: The Musical Times 150, 2009, S. 45–53.

8 Vgl. hier etwa Wolfgang Plath: Beiträge zur Mozart-Autographie II. Schriftchronologie 1770–1780. In: Mozart-Jahrbuch 1976/77, S. 131–173; Alan Tyson: Wasserzeichen-Katalog. 2 Bde. Kassel etc. 1992 (= Wolfgang Amadeus Mozart. Neue Ausgabe sämtlicher Werke X, 33); Ulrich Konrad: Mozarts Schaffensweise. Studien zu den Werkautographen, Skizzen und Entwürfen. Göttingen 1992 (= Abhandlungen der Akademie der Wissenschaften in Göttingen, Philologisch-Historische Klasse 3/201).

9 Vgl. dazu Neal Zaslaw: Bearding Ritter von Köchel in his Lair. In: Min-ad. Israel Studies in Musicology online 5, 2006, S. 1–13 (http://www.biu.ac.il/HU/mu/min-ad/06-2/1_Bearding1–13.pdf; Zugriff am 26. 12. 2016); zu den Dokumenten vgl. etwa die Sammlung von Dexter Edge und David Black (https://sites.google.com/site/mozartdocuments/home; Zugriff am 26. 12. 2016).

10 Vgl. etwa den Überblick bei Peter-André Alt: Aufklärung. Stuttgart, 3. Aufl. 2007.

11 Grundlage dieses Buches bilden auch einige eigene Vorarbeiten, die in unterschiedlichen Zusammenhängen in Aufsatzform veröffentlicht wurden.

I.
Voraussetzungen

1 Max Horkheimer u. Theodor W. Adorno: Dialektik der Aufklärung. Philosophische Fragmente. Frankfurt/M. 1988 (zuerst 1944 bzw. 1947), Zitate S. 9.

2 Rudolf Vierhaus: Was war Aufklärung? Göttingen 1995 (= Kleine Schriften zur Aufklärung 7), S. 7.
3 In diesem Sinne wurde der Begriff erstmals 1697 verwendet; zur Begriffsgeschichte Carsten Zelle: Art. ‹Aufklärung›. In: Klaus Weimar et al. (Hrsg.): Reallexikon der deutschen Literaturwissenschaft. Neubearbeitung des Reallexikons der deutschen Literaturgeschichte. Bd. 1. Berlin, New York 1997, S. 160–165.
4 Vgl. Steffen Martus: Aufklärung. Das deutsche 18. Jahrhundert – ein Epochenbild. Berlin 2015.
5 J[ohann] Mattheson: Das neu-eröffnete Orchestre, Oder Universelle und gründliche Anleitung / Wie ein Galant Homme einen vollkommenen Begriff von der Hoheit und Würde der edlen Music erlangen / seinen Gout darnach formiren / die Terminos technicos verstehen und geschicklich von dieser vortrefflichen Wissenschafft raisonniren möge. Mit beygefügten Anmerckungen Herrn Capell=Meister Keisers. Hamburg 1713; dazu vom Verf.: Matthesons Orchesterschriften und der englische Sensualismus. In: Die Musikforschung 60, 2007, S. 203–213.
6 [Charles] Batteux: Einschränkung der schönen Künste auf Einen einzigen Grundsatz, aus dem Französischen übersetzt [von Johann Adolf Schlegel], und mit einem Anhange einiger eignen Abhandlungen versehen. Leipzig 1751; dazu Wilhelm Seidel: Nachahmung der Natur. Über Modulationen des Prinzips im Blick auf die Musik. In: Helga de la Motte-Haber u. Eckhard Tramsen (Hrsg.): Musikästhetik. Laaber 2004 (= Handbuch der systematischen Musikwissenschaft 1), S. 133–150.
7 Philippe Drieux: Perception et sociabilité. La communication des passions chez Descartes et Spinoza. Paris 2014 (= Les anciens et les modernes 17), S. 34 ff.
8 Lorenz Mizler (Hrsg.): Neu eröffnete Musikalische Bibliothek Oder Gründliche Nachricht nebst unpartheyischem Urtheil von Musikalischen Schriften und Büchern [...]. Zweiter Band. Leipzig 1740.
9 Vgl. dazu vom Verf.: Poesie als Klang: Johann Friedrich von Uffenbachs Gottsched-Replik und Telemanns Opernschaffen. In: Peter Cahn (Hrsg.): Telemann und Frankfurt am Main. Bericht über das Symposium Frankfurt am Main, 26./27. April 1996. Mainz etc. 2000 (= Beiträge zur mittelrheinischen Musikgeschichte 35), S. 248–259.
10 Vgl. dazu Anselm Gerhard: London und der Klassizismus in der Musik. Die Idee der ‹absoluten› Musik und Muzio Clementis Klavierwerk. Stuttgart, Weimar 2002, S. 123 ff.
11 Vgl. Gloria Flaherty: Opera in the Development of German Critical Thought. Princeton 1978, S. 93 ff.; Wilhelm Seidel: Saint-Evremond und der Streit um die Oper in Deutschland. In: Wolfgang Birthel u. Christoph-Hellmut Mahling (Hrsg.): Aufklärungen. Studien zur deutsch-französischen Musikgeschichte im 18. Jahrhundert. Einflüsse und Wirkungen. Heidelberg 1986 (= Annales Universitatis Saraviensis. Reihe Philosophische Fakultät 20), S. 46–54.
12 Vgl. vom Verf.: Moses Mendelssohn und der musikästhetische Diskurs der Aufklärung. In: Michael Albrecht u. Eva J. Engel (Hrsg.): Moses Mendelssohn im Spannungsfeld der Aufklärung. Stuttgart-Bad Canstatt 2000, S. 159–193; sowie ders.: Musikästhetische Reflexion im hugenottischen Berlin um 1760. Yves Marie André, Jean Henri Samuel Formey und Ernst Gottlieb Baron. In: Neues Musikwissenschaftliches Jahrbuch 2000, S. 49–65.

13 Lettre à M. le marquis de B.*** sur la différence entre la musique italienne et françoise. Berlin 1748.

14 Friedrich Wilhelm Marpurg (Hrsg.): Der Critische Musicus an der Spree. Erstes Stück. Berlin, Dienstag, den 4. Martii 1749, Bg. A[1]r.

15 [Johann Friedrich Agricola:] Schreiben eines reisenden Liebhabers der Musik von der Tyber, an den Critischen Musikus an der Spree. Berlin 1749 [datiert: 11. März]; zit. nach Hans-Günter Ottenberg (Hrsg.): Der Critische Musicus an der Spree. Berliner Musikschrifttum von 1748 bis 1799. Eine Dokumentation. Leipzig 1984, S. 89.

16 Dazu auch Reinhard Strohm: Berlin und italienische Oper. Eine historische Begegnung. In: Jahrbuch des Staatlichen Instituts für Musikforschung Preußischer Kulturbesitz 2013, S. 9–30; auch Verf.: Christian Wolff und die Musikästhetik seiner Zeit. In: Jürgen Stolzenberg u. Oliver-Pierre Rudolph (Hrsg.): Christian Wolff und die europäische Aufklärung. Akten des 1. Internationalen Christian-Wolff-Kongresses, Halle (Saale), 4.–8. April 2004. Teil 4. Sektion 8: Mathematik und Naturwissenschaften. Sektion 9: Ästhetik und Poetik. Hildesheim etc. 2008, S. 213–227.

17 Vgl. hier z. B. [Karl Wilhelm Ramler:] Vertheidigung der Oper. In: Critische Nachrichten aus dem Reiche der Gelehrsamkeit 1750, S. 57–60.

18 Johann Joachim Quantz: Versuch einer Anweisung die Flöte traversiere zu spielen. Berlin 1752. – Die Reihe umfaßt Lehrwerke für Cembalo (Carl Philipp Emanuel Bach), für Gesang (Agricola nach Pietro Francesco Tosi), für Kontrapunkt und Komposition (Marpurg) usw.

19 Leopold Mozart: Versuch einer gründlichen Violinschule [...]. Augsburg 1756, Bg. 3v.

20 Der Brief von Marpurg an Spieß (datiert auf den 24. November 1754) ist ediert bei Adolf Goldmann: Meinrad Spieß. Der Musikerprior von Irsee. Weißenhorn 1987, S. 30; zur wichtigen Rolle von Spieß für Mozart vgl. auch Erich Valentin: Leopold Mozart. Porträt einer Persönlichkeit. München 1987, S. 34 ff.

21 Vgl. dazu Ludwig Hammermayer: Die Aufklärung in Salzburg (ca. 1715–1803). In: Heinz Dopsch u. Hans Spatzenegger (Hrsg.): Geschichte Salzburgs. Stadt und Land. Bd. II. Neuzeit und Zeitgeschichte. 1. Teil. Salzburg, 2. Aufl. 1995, S. 375–395, hier S. 382 ff.; auch Sylvaine Reb: L'Aufklärung catholique à Salzbourg. L'œuvre réformatrice (1772–1803) de Hieronymus von Colloredo. 2 Bde. Bern etc. 1995, Bd. 1, S. 70 ff.

22 Ludwig Anton Muratori: Über die Einbildungskraft des Menschen. Mit vielen Zusätzen. Hrsg. von Georg Hermann Richerz, 2 Bde. Leipzig 1785, hier Bd. 2, S. 227. – Zur Rolle Muratoris auch Alfred Noe: Die italienische Literatur in Österreich. Teil I. Von den Anfängen bis 1797. Wien etc. 2011 (= Geschichte der italienischen Literatur in Österreich 1).

23 Vgl. vom Verf.: Das ungeliebte Paradigma. Schwierigkeiten und Perspektiven musikhistorischer Aufklärungsforschung. In: Stefanie Stockhorst (Hrsg.): Epoche und Projekt. Perspektiven der Aufklärungsforschung. Göttingen 2013 (= Das achtzehnte Jahrhundert. Supplementa 17), S. 159–179, hier S. 159 ff.

24 Vgl. Cliff Eisen: The Mozarts' Salzburg Music Library. In: Mozart Studies 2, 1997, S. 85–138; Thomas Irvine: Der belesene Kapellmeister. Leopold Mozart und seine Bibliotheken. In: Acta Mozartiana 55, 2008, S. 6–15.

25 [Christian Gottfried Krause:] Von der musikalischen Poesie. Berlin 1752, Bg. 5v.; der Verweis auf Bodmer S. 150, auf Muratori S. 369 u. S. 386.
26 Krause: Von der musikalischen Poesie (wie Anm. I/25), S. 52 f.
27 Krause: Von der musikalischen Poesie (wie Anm. I/25), S. 54.
28 Augsburg, Universitätsbibliothek, Sonderslg. Oettingen-Wallersteinsche Bibliothek, O2/HR 4½ 4° 528; die beiden Werke ediert bei Cliff Eisen (Hrsg.): Salzburg. Part 1. Leopold Mozart (1719–1787). Three Symphonies. New Grove F. 1, D. 1, D. 13. New York, London 1984 (= The Symphony 1720–1840. A Comprehensive Collection of Full Scores in Sixty Volumes B. 7), S. 291–300 (erstes Werk); Leopold Mozart: Sinfonie in D (D2) und Sinfonie in D (D3). Partitur und kritischer Bericht. Hrsg. von Christian u. Erich Broy unter Mitarbeit von Marianne Danckwardt. Mettenheim 2004 (= Documenta Augustana Musica 1), S. 7–14.
29 Augsburg, Universitätsbibliothek, Sonderslg. Oettingen-Wallersteinsche Bibliothek, O2/HR 4½ 4° 527; zum Gesamtzusammenhang der Überlieferung vgl. Cliff Eisen: The Symphonies of Leopold Mozart and their Relationship to the Early Symphonies of Wolfgang Amadeus Mozart. A Bibliographical and Stylistic Study. Diss. masch. Cornell Univ. 1986.
30 [Carlo Goldoni:] De gustibus non est disputandum. Dramma giocoso per musica. Da rappresentarsi dal Teatro Tron di S. Cassiano. In Carnevale dell'anno 1754. Venedig 1754; vgl. auch Daniel Heartz: Mozart's Operas. Berkeley etc. 1990, S. 196. – Die Oper wurde 1759 auch in München aufgeführt.
31 Goldoni: De gustibus (wie Anm. I/30), Bl. 1r.
32 Wolfgang Amadé Mozart am 13. Oktober 1781 an Leopold Mozart. In: MBA 3 (1963), S. 166–168, hier S. 167 f.; abgeglichen mit der DME (http://dme.mozarteum.at/DME/briefe/letter.php?mid=1199&cat=; Zugriff am 31. 7. 2016).
33 Wolfgang Amadé Mozart am 3. Juli 1778 an Leopold Mozart. In: MBA 2 (1962), S. 387–390, hier S. 388 f.; abgeglichen mit der DME (http://dme.mozarteum.at/DME/briefe/letter.php?mid=1022&cat=; Zugriff am 31. 7. 2016).
34 David Marshall: The Frame of Art. Fictions and Aesthetic Experiences, 1750–1815. Baltimore 2005, S. 40 ff.
35 Dietrich Geyer: Trübsinn und Raserei. Die Anfänge der Psychiatrie in Deutschland. München 2014, S. 21 ff.
36 Mathias Mayer: Pygmalions steinerner Gast. Das Phänomen der Stimme. In: ders. u. Gerhard Neumann (Hrsg.): Pygmalion. Die Geschichte des Mythos in der abendländischen Kunst. Freiburg/Br. 1997 (= Rombach Wissenschaften. Reihe Litterae, 45), S. 253–270. – Die folgenden Ausführungen basieren auf Verf.: «Tempo più non v'è». Mozarts ‹Don Giovanni›, der ‹uom di sasso› und das Problem der lebenden Statue. In: Musiktheorie 16, 2001, S. 99–119.
37 Zur Stoffgeschichte vgl. nach wie vor Annegret Dinter: Der Pygmalion-Stoff in der europäischen Literatur. Rezeptionsgeschichte einer Ovid-Fabel. Heidelberg 1979 (= Studien zum Fortwirken der Antike 11).
38 Étienne Bonnot de Condillac: Abhandlung über die Empfindungen. Aus dem Französischen übersetzt von J[ohann] M[aria] Weissegger [von Weißeneck]. Wien 1791.
39 Vgl. Verf.: «– es müsste nur blos der Musick wegen aufgeführt werden». Text und Kontext in Mozarts ‹Thamos›-Melodrama. In: Ludwig Finscher et al. (Hrsg.):

Mozart und Mannheim. Kongreßbericht Mannheim 1991. Frankfurt/M. etc. 1994 (= Schriften zur Geschichte der Mannheimer Hofkapelle 2), S. 167–186.

40 Johann Gottfried Herder: Kritische Wälder. Oder Betrachtungen über die Wissenschaft und Kunst des Schönen. Viertes Wäldchen. Über Riedels Theorie der schönen Künste. In: ders.: Schriften zur Ästhetik und Literatur. 1767–1781. Hrsg. von Gunter E. Grimm. Frankfurt/M. 1993 (= Bibliothek deutscher Klassiker 95), S. 247–442, hier S. 438; vgl. auch die Edition in: Johann Gottfried Herder: Werke. Hrsg. von Wolfgang Proß. Bd. 2. (Herder und die Anthropologie der Aufklärung). München, Wien 1987, S. 57–240, hier S. 235 f.

41 [Denis] Diderot: Salons. Hrsg. von Jean Seznec und Jean Adhémar. Bd. 1 (1759–1761–1763). Oxford 1957, S. 245; vgl. Guilhem Scherf: Pygmalion und Galatea, Salon 1763 (Kat.-Nr. 73). In: Herbert Beck et al. (Hrsg.): Mehr Licht. Europa um 1770. Die bildende Kunst der Aufklärung. Städelsches Kunstinstitut und Städtische Galerie, Frankfurt am Main. 22. August 1999 bis 9. Januar 2000. München 1999, S. 126 f.

42 Étienne Bonnot de Condillac: Ueber die Musik. Aus dem Essai sur l'origine des connaissances humaines. [Aus dem Französischen übersetzt von Johann Adam Hiller]. In: Wöchentliche Nachrichten und Anmerkungen die Musik betreffend 1, 1767, S. 269–272, 297–300 und 301–303, hier S. 271.

43 Johann Gottfried Herder: Plastik. Einige Wahrnehmungen über Form und Gestalt aus Pygmalions bildendem Traume [1778]. In: ders.: Sämtliche Werke. Hrsg. von Bernhard Suphan. Bd. 8. Berlin 1892. Reprint: Hildesheim, New York [1978], S. 1–87, hier S. 76 f.

44 [Otto Heinrich von Gemmingen:] Pygmalion eine lyrische Handlung aus dem Französischen des Hrn. J[ean] J[acques] Roußeau mit Begleitung der Musik des Hrn. Coignet. übersezt und mit Tänzen vermehrt für die National=Schaubühne zu Mannheim. Mannheim 1778.

45 Gemmingen: Pygmalion (wie Anm. I/44), S. 17 f.

46 Gemmingen: Pygmalion (wie Anm. I/44), S. 18.

47 Wolfgang Amadé Mozart am 13. Oktober 1781 an Leopold Mozart (wie Anm. I/32), hier S. 167 f.

48 Dazu etwa Erika Fischer-Lichte: Der Körper als Zeichen und als Erfahrung. Über die Wirkung von Theateraufführungen. In: dies. u. Jörg Schönert (Hrsg.): Theater im Kulturwandel des 18. Jahrhunderts. Inszenierung und Wahrnehmung von Körper – Musik – Sprache. Göttingen 1999 (= Das achtzehnte Jahrhundert. Supplementa 5), S. 53–68; auch Roman Lach: Characters in Motion. Einbildungskraft und Identität in der empfindsamen Komödie der Spätaufklärung. Heidelberg 2004 (= Germanisch-romanische Monatsschrift. Beiheft 20), S. 36 ff.

49 [Moses Mendelssohn:] Ueber die Empfindungen [1761]. In: ders: Gesammelte Schriften. Bd. 1. Schriften zur Philosophie und Ästhetik 1. Hrsg. von Fritz Bamberger. Berlin 1929. Faksimile Stuttgart-Bad Canstatt 1971 (= Moses Mendelssohn. Jubiläumsausgabe 1), S. 280 f.

50 Dazu Bernfried Nugel: The Just Design. Studien zu architektonischen Vorstellungsweisen in der neoklassischen Literaturtheorie am Beispiel Englands. Berlin 1980 (= Komparatistische Studien 11), S. 244 ff.; Anselm Gerhard: London und der Klassizismus in der Musik (wie Anm. I/10), S. 130 ff.

51 Vgl. auch Peter Wagner et al.: Der Garten im Fokus kultureller Diskurse des

18. Jahrhunderts. In: dies. (Hrsg.): Der Garten im Fokus kultureller Diskurse des 18. Jahrhunderts. Trier 2015, S. 1–14.

52 Manfred Hermann Schmid: Mozart in Salzburg. Ein Ort für sein Talent. Salzburg, München 2006, S. 85 ff.

53 Wolfgang Amadé Mozart am 26. September 1781 an Leopold Mozart. In: MBA 3 (1963), S. 161–164, hier S. 162; abgeglichen mit der DME (http://dme.mozarteum.at/DME/briefe/letter.php?mid=1195&cat=; Zugriff am 5. 12. 2016).

54 Wolfgang Amadé Mozart am 28. Dezember 1782 an Leopold Mozart. In: MBA 3 (1963), S. 245 f.; abgeglichen mit der DME (http://dme.mozarteum.at/DME/briefe/letter.php?mid=1199&cat=; Zugriff am 30. 12. 2016).

55 Johann Friedrich Reichardt: Über die Deutsche comische Oper nebst einem Anhange eines freundschaftlichen Briefes über die musikalische Poesie. Hamburg 1774, S. 22 u. S. 20.

II. Lebenswelten

1 Zu den Englischkenntnissen Leopolds vgl. Valentin: Mozart (wie Anm. I/20), S. 143 ff.

2 Zur 1764 aus Schrattenbachs Privatschatulle finanzierten Italienreise für Adlgasser vgl. Werner Rainer: Art. ‹Adlgasser›. In: MGG Online (1998; letzter Zugriff 3. 1. 2017).

3 Leopold Mozart am 30. Juli 1768 an Lorenz Hagenauer. In: MBA 1 (1962), S. 269–274, hier S. 271 f.

4 Lodovico Antonio Muratori: Della Regolata divozion de' Cristiani. Venedig 1747. Hier zitiert die deutsche Ausgabe: Die wahre Andacht des Christen. Aschaffenburg 1751, S. 297 f., Zitat S. 297. – Eine spätere Ausgabe ist auch heute noch in der Salzburger Universitätsbibliothek nachweisbar.

5 Leopold Mozart am 1. Februar 1764 an Maria Theresia Hagenauer. In: MBA 1 (1962), S. 121–128, hier S. 126; ders. am 22. Februar 1764 an Lorenz Hagenauer. In: ebd., S. 129–132, hier S. 131.

6 Werner Rainer: ‹Es könnte einem nicht närrischer träumen›. Bemerkungen zu Michael Haydns ‹Traum›-Pantomime 1767. In: Maske und Kothurn 38, 1996, S. 155–231, hier S. 175 ff.

7 Lodovico Antonio Muratori: Della pubblica felicità. Oggetto de' buoni principi. Lucca 1749; vgl. dazu den Kommentar in der Edition von Cesare Mozzarelli, Rom 1996; der Text ist ebenfalls in der Salzburger Universitätsbibliothek nachweisbar.

8 Franz Leopold Kaserer: Trauer- und Lobrede auf den am sechszehnten des Christmonaths im Jahre 1771 erfolgten schmerzlichen Hintritt Seiner hochfürstlichen Gnaden des hochwürdigsten Fürsten und Herrn Herrn Siegmund Christoph […] von Schrattenbach bey höchstdero den 23. ermeldten Monaths abgehaltenen Leichbegängniß. Salzburg 1772, Bg. C2r.

9 Kaserer: Trauer- und Lobrede (wie Anm. II/8), Bg. D2r.

10 Mozart: Violinschule (wie Anm. I/19), Bg. 3r.

11 Europäische Zeitung, Salzburg, 19. Juli 1763; zit. nach: Mozart-Dokumente, S. 24.

12 Eine Schlüsselstellung nimmt Adrien Baillet (Des enfans devenus célèbres par leurs études ou par leurs écrits. Traité Historique. Paris 1688) ein.
13 Zur Diskussion vgl. Guido Guerzoni: Il bambino prodigio di Lubecca. La vita straordinaria di Cristiano Enrico Heinecken. Turin etc. 2006.
14 Auf den kleinen Sechsjährigen Clavieristen aus Salzburg. Wien den 25. Decembris 1762. Von Tit. Herrn Grafen von Collalto in seinem Concert ausgetheilt, Bg. 2r. – Das Gedicht (vgl. Mozart-Dokumente, S. 20 f.) wurde wohl früher verfaßt und ist gerahmt von einem Ovid-Zitat und einem Pufendorf-Zitat, weswegen es in der Forschung zu einer mißverständlichen Zuschreibung gekommen ist.
15 Richard Griffith: Something New. In Two Volumes. 2. Aufl. London 1762 [recte: 1772], S. 190.
16 Zu Tissot vgl. Antoinette Emch-Dériaz: Tissot. Physician of the Enlightenment. New York etc. 1992 (= American University Studies 9, 126); zum Text v. a. Alain Cernuschi: Tissot déchiffre Mozart, ou d'un sillage de l'enfant prodige dans la pensée des Lumières. In: Adriano Giardina u. Béatrice Lovis (Hrsg.): Mozart 1766. En passant par Lausanne. Evocation de la vie musicale, lyrique et théâtrale à Lausanne et dans ses environs entre 1766 et la Révolution française. Lausanne 2005, S. 37–45.
17 Hier zitiert die deutsche Übersetzung von Albert Leitzmann in Lucas Staehelin: Die Reise der Familie Mozart durch die Schweiz. Bern 1968, S. 35–42, hier S. 35 f. u. S. 41.
18 Public Advertiser, 6. Februar 1765. Zit. nach: Mozart-Dokumente, S. 40; der Begriff erscheint danach des Öfteren in englischen Zeitungen.
19 Emch-Dériaz: Tissot (wie Anm. II/16), S. 137 ff.
20 Leopold Mozart am 7. Juli 1755 an Johann Jakob Lotter. In: MBA 1 (1962), S. 6–9, hier S. 8.
21 Vgl. Elisabeth Lobenwein et al. (Hrsg.): Herrschaft in Zeiten des Umbruchs. Fürsterzbischof Hieronymus Graf Colloredo (1731–1812) im mitteleuropäischen Kontext. Salzburg, München 2016 (= Schriftenreihe des Archivs der Erzdiözese Salzburg 14); zur Person auch Alfred Stefan Weiß: Hieronymus Graf Colloredo (1772–1803/12). Im Zeichen der Aufklärung. In: ders. u. Peter F. Kramml (Hrsg.): Lebensbilder Salzburger Erzbischöfe aus zwölf Jahrhunderten. 1200 Jahre Erzbistum Salzburg. Salzburg 1998 (= Salzburg-Archiv 24), S. 179–202.
22 Vgl. dazu Rudolf Pranzl: Das Verhältnis von Staat und Kirche/Religion im theresianisch-josephinischen Zeitalter. In: Helmut Reinalter (Hrsg.): Josephinismus als aufgeklärter Absolutismus. Wien etc. 2008, S. 17–52, hier S. 23 ff.
23 Hieronymus von Colloredo: Breve vom 4. Dezember 1772. o. O. [Salzburg] 1772, Bg. A4r.
24 Dazu Harm Klueting: Salzburg und die Aufklärung. In Hans-Jochachim Hinrichsen und Laurenz Lütteken (Hrsg.): Mozarts Lebenswelten, Kassel etc. 2008, S. 31–53, hier S. 47 ff.; sowie insbesondere Klaus Heydemann: Abwehr schädlicher Bücher. Zu Buchhandel und Zensur im Erzstift Salzburg im 18. Jahrhundert. In: Wolfgang Frühwald u. Alberto Martino (Hrsg.): Zwischen Aufklärung und Restauration. Sozialer Wandel in der deutschen Literatur (1700–1848). Festschrift für Wolfgang Martens zum 65. Geburtstag. Tübingen 1989 (= Studien und Texte zur Sozialgeschichte der Literatur 24), S. 131–160, hier S. 150 ff.
25 Hieronymus von Colloredo: Hirtenbrief und warnender Unterricht gegen die

unbefugten Unternehmungen gewisser Exorcisten. Abgelassen den 5. Jenner 1776 [2. Hirtenbrief]. Salzburg 1776, Bg. [6]v.

26 Hieronymus von Colloredo: Erlaß vom 17. August 1772. o. O. [Salzburg] 1772, Bg. 1r.

27 Tagebucheintrag vom 18. März 1780; in: MBA 3 (1963), S. 3.

28 Wolfgang Müller: Die Kirche im Zeitalter von Absolutismus und Aufklärung. Freiburg/Br. etc. 1999 (= Handbuch der Kirchengeschichte 5), S. 568 f.

29 Zur einflußreichen Rolle Hagenauers am Salzburger Hof vgl. Gunda Barth-Scalmani: Eine bürgerliche Familie der Frühen Neuzeit: Die Handelsfamilie Hagenauer in der fürsterzbischöflichen Haupt- und Residenzstadt Salzburg im 18. Jahrhundert. In: Barockberichte 44/45, 2006, S. 821–831; sowie Rudolph Angermüller: Der Mozart-Freund Johann Lorenz Hagenauer. Notizen zur Biographie. In: Mozart-Jahrbuch 17, 2008, S. 359–372.

30 Vgl. hier v. a. Kirill Abrosimov: Aufklärung jenseits der Öffentlichkeit. Friedrich Melchior Grimms ‹Correspondance littéraire› (1753–1773) zwischen der ‹république des lettres› und europäischen Fürstenhöfen. Ostfildern 2014 (= Beihefte der Francia 77), hier v. a. S. 233 ff.

31 Friedrich Melchior Grimm: Correspondance littéraire, philosophique et critique. Bd. 3. 1761–1764. [Eintrag vom 1. Dezember 1763]. Paris 1829, S. 367 ff.

32 Jean-Jacques Rousseau: Œuvres complètes. Bd. 4. Émile. Éducation, Morale, Botanique. Hrsg. von Bernard Gagnebin u. Marcel Raymond. Paris 1969, S. 402 bzw. S. 1398. – Jürgen Oelkers, Zürich, sei für diesen Hinweis herzlich gedankt.

33 Die lateinische Form erscheint in Briefen von 1774 (16. 12.) und 1779 (10. 5.), die deutsche 1777 (31. 10.) und 1778 (14. 2.).

34 Dazu etwa Judith Macheiner: Applaus und Zensur. Werkstätten der Aufklärung. Diderot, Garrick, Lessing. Berlin 2011.

35 Wolfgang Amadé Mozart am 24. März 1781 an Leopold Mozart. In: MBA 3 (1963), S. 97–101, hier S. 98; abgeglichen mit der DME (http://dme.mozarteum.at/DME/briefe/letter.php?mid=1151&cat=3; Zugriff am 28. 9. 2016).

36 Vgl. grundlegend Derek Beales: Joseph II. Bd. 2. Against the World. 1780–1790. Cambridge 2009.

37 Vgl. den neuesten Überblick bei Helmut Reinalter: Einleitung. Der Josephinismus als Variante des aufgeklärten Absolutismus und seine Reformkomplexe. In: ders.: Josephinismus als aufgeklärter Absolutismus (wie Anm. II/22), S. 9–16.

38 Dazu Thomas Olechowski: Zur Zensur am Ende des 18. Jahrhunderts. Dichter als Zensoren. In: Franz M. Eybl et al. (Hrsg.): Aloys Blumauer und seine Zeit. Bochum 2007 (= Jahrbuch der Österreichischen Gesellschaft zur Erforschung des 18. Jahrhunderts 21), S. 135–143; ausführlich auch Beales: Joseph II. (wie Anm. II/36), S. 89 ff.

39 Irmgard Plattner: Josephinismus und Bürokratie. In: Reinalter: Josephinismus als aufgeklärter Absolutismus (wie Anm. II/22), S. 53–96, hier S. 67 f.

40 Zit. nach http://www.univie.ac.at/medienrechtsgeschichte/Zensurordnung1781.pdf (Edition des vollständigen Dokuments; Zugriff am 25. 9. 2016).

41 Vgl. Olechowski: Zur Zensur (wie Anm. II/38).

42 Leslie Bodi: Tauwetter in Wien. Zur Prosa der österreichischen Aufklärung 1781–1795. Frankfurt/M. 1977, S. 51.

43 Verzeichniß aller bis 1sten Jänner 1784 verbottenen Bücher. o. O. [Wien] 1784. – Der vorausgehende Index erschien 1776, mit Nachträgen 1777, 1778 und 1780.

44 Vgl. grundsätzlich Ernst Wangermann: Die Waffen der Publizität. Zum Funktionswandel der politischen Literatur unter Joseph II. Wien, München 2004.

45 Wolfgang Amadé Mozart am 4. April 1781 an Leopold Mozart. In: MBA 3 (1963), S. 101–103, hier S. 102; abgeglichen mit der DME (http://dme.mozarteum.at/DME/briefe/letter.php?mid=1152&cat=; Zugriff am 25. 9. 2016).

46 Friedrich Nicolai: Beschreibung einer Reise durch Deutschland und die Schweiz, im Jahre 1781. Nebst Bemerkungen über Gelehrsamkeit, Industrie, Religion und Sitten. Bd. 2. Mit einem Grundrisse der Stadt Wien, und der Vorstädte. Berlin, Stettin 1783, S. 614 f.

47 Zum Kontext hier v. a. Mary K. Hunter: The Culture of Opera Buffa in Mozart's Vienna. A Poetics of Entertainment. Princeton 1999.

48 Zu Rautenstrauch vgl. in diesem Zusammenhang Wangermann: Die Waffen der Publizität (wie Anm. II/44), S. 43 ff.

49 [Pierre-Augustin Caron de Beaumarchais]: Der närrische Tag oder die Hochzeit des Figaro. Ein Lustspiel in 5 Aufzügen. Übersetzt von Johann Rautenstrauch. Wien 1785.

50 Bei der in seinem Besitz befindlichen Ausgabe handelte es sich um [Pierre-Augustin] Caron de Beaumarchais: Der lustige Tag oder Figaro's Hochzeit. Ein Lustspiel in fünf Aufzügen. Aus dem Französischen übersezt. Aechte, vom Herrn Verfasser einzig und allein genehmigte, vollständige Ausgabe. Kehl 1785.

51 Johann Pezzl: Faustin oder das philosophische Jahrhundert. o. O. [Zürich] 1783. Reprint mit Erläuterungen, Dokumenten und einem Nachwort von Wolfgang Griep. Hildesheim etc. 1982 (= Texte zum literarischen Leben um 1800 10).

52 Helmut Reinalter: Joseph II. Reformer auf dem Kaiserthron. München 2011, S. 40.

53 Dazu Beales: Joseph II. (wie Anm. II/36), S. 555 ff.

III.
Lebenspraxis

1 Wolfgang Amadé Mozart am 24. März 1781 an Leopold Mozart. In: MBA 3 (1963), S. 97–101, hier S. 97; abgeglichen mit der DME (http://dme.mozarteum.at/DME/briefe/letter.php?mid=1151&cat=3; Zugriff am 28. 9. 2016).

2 Wolfgang Amadé Mozart am 21. Oktober 1781 an Maria Anna Thekla Mozart. In: MBA 3 (1963), S. 168–170, hier S. 169; abgeglichen mit der DME (http://dme.mozarteum.at/DME/briefe/letter.php?mid=1201&cat=3; Zugriff am 8. 10. 2016).

3 Wolfgang Amadé Mozart am 9. Mai 1781 an Leopold Mozart. In: MBA 3 (1963), S. 110–112, hier S. 111; abgeglichen DME (http://dme.mozarteum.at/DME/briefe/letter.php?mid=1158&cat=3; Zugriff am 28. 9. 2016).

4 Pezzl: Faustin (wie Anm. II/51), S. 378; die nachfolgenden Zitate auf den drei folgenden Seiten.

5 [Joseph Richter]: Warum wird Kaiser Joseph von seinem Volke nicht geliebt? Wien 1787; mit der anonymen Gegenschrift: Kaiser Joseph wird doch geliebt. Eine kleine Antwort [...]. o. O. [Wien] o. J. [1787].

6 Samuel Penker: Die der Furie Intoleranz abgerissene Larve, oder: wie haben sich unter Kaiser Joseph II. die Zeiten geändert? Wien 1782, Bg. A2r.f.

7 Wolfgang Amadé Mozart am 19. Mai 1781 an Leopold Mozart. In: MBA 3 (1963), S. 117–120, hier S. 119; abgeglichen mit der DME (http://dme.mozarteum.at/DME/briefe/letter.php?mid=1164&cat=, Zugriff am 30. 9. 2016).

8 Wolfgang Amadé Mozart am 12. Mai 1781 an Leopold Mozart. In: MBA 3 (1963), S. 114 f., hier S. 115; abgeglichen mit der DME (http://dme.mozarteum.at/DME/briefe/letter.php?mid=1160&cat=, Zugriff am 31. 10. 2015); die spitzen Klammern sind in der von den Mozarts gepflegten Geheimschrift notiert; die eckige Klammer ist ein Lesartvorschlag.

9 Wolfgang Amadé Mozart am 16. Januar 1782 an Leopold Mozart. In: MBA 3 (1963), S. 191–193, hier S. 193; abgeglichen mit der DME (http://dme.mozarteum.at/DME/briefe/letter.php?mid=1225&cat=, Zugriff am 30. 9. 2016).

10 Joseph von Retzer (Hrsg.): Herrn Hofrath von Sonnenfels erste Vorlesung in diesem akademischen Jahrgange. Wien 1782, S. 18.

11 Wolfgang Amadé Mozart am 5. Dezember 1781 an Leopold Mozart. In: MBA 3 (1963), S. 177–179, hier S. 178; abgeglichen mit der DME (http://dme.mozarteum.at/DME/briefe/letter.php?mid=1212&cat=3, Zugriff am 8. 10. 2016).

12 Franz Kinsky: Die große Uhr der Welt. o. O. [Wien] 1782, S. 4 f.

13 Anon.: Ueber die Nachahmung. In: Provinzialnachrichten aus den Kaiserl. Königl. Staaten und Erbländern, 10. Mai 1783, S. 600–602, hier S. 602.

14 Vgl. dazu Mary Hunter: Bourgeois Values and Opera buffa in 1780s Vienna. In: dies. u. James Webster (Hrsg.): Opera buffa in Mozart's Vienna. Cambridge 1997, S. 165–196.

15 Johann Friedrich Schink: Die Entführung aus dem Serail, komische Oper in drei Aufzügen von Brezner, die Musik von Mozard. In: ders: Dramaturgische Fragmente. Vierter Band. Graz 1782, S. 1001–1025, hier S. 1002.

16 Wolfgang Amadé Mozart am 9. Mai 1781 an Leopold Mozart. In: MBA 3 (1963), S. 110–122, hier S. 111; abgeglichen mit der DME (http://dme.mozarteum.at/DME/briefe/letter.php?mid=1158&cat=, Zugriff am 30. 9. 2016).

17 Vgl. hier etwa Gerrit Walczak: Bürgerkünstler. Künstler, Staat und Öffentlichkeit im Paris der Aufklärung und Revolution. Berlin, München 2015 (= Passagen 45).

18 Zu Mozarts Wohnungen in Wien vgl. Helmut Kretschmer: Mozarts Spuren in Wien. Wien 1990; außerdem Walther Brauneis: Mozart in Wien. Seine Wohnungen und Stätten öffentlicher Aufführungen seiner Werke. In: Herbert Werner u. Rudolph Angermüller (Hrsg.): Mozart. Bilder und Klänge. 6. Salzburger Landesausstellung, Schloß Kleßheim, Salzburg. 23. März bis 3. November 1991. Salzburg 1991, S. 324–327.

19 Wolfgang Amadé Mozart am 17. November 1781 an Leopold Mozart. In: MBA 3 (1963), S. 174 f., hier S. 174; abgeglichen mit der DME (http://dme.mozarteum.at/DME/briefe/letter.php?mid=1207&cat=3; Zugriff am 8. 10. 2016).

20 Wolfgang Amadé Mozart am 21. Mai 1783 an Leopold Mozart. In: MBA 3 (1963), S. 269 f., hier S. 269; abgeglichen mit DME (http://dme.mozarteum.at/DME/briefe/letter.php?mid=1315&cat=3; Zugriff am 8. 10. 2016).

21 Art. ‹Berühmte Leute›. In: Grosses vollständiges Universal Lexicon aller Wissenschafften und Künste [...]. Bd. 3. Halle, Leipzig 1733, Sp. 1449.

22 Reise-Journal des Erzherzogs Maximilian Franz, Wien, Österreichische Nationalbibliothek, Familien-Akten Kart. 87, Nr. 15; Eintrag vom 24. April 1775; Edition in Mozart-Dokumente, S. 137.

23 Wolfgang Amadé Mozart am 17. November 1781 an Leopold Mozart. In: MBA 3 (1963), S. 174 f., hier S. 175; abgeglichen mit der DME (http://dme.mozarteum.at/DME/briefe/letter.php?mid=1207&cat=, Zugriff am 13. 10. 2016).

24 Anhang zur Wiener Zeitung 98, 8. Dezember 1781, S. [7]; vgl. Mozart-Dokumente, S. 175.

25 Wiener Zeitung, 10. Juli 1784, S. 1593; Mozart-Dokumente, S. 200 (dort fälschlich auf den 7. Juli datiert).

26 Wiener Zeitung, 6. Mai 1786, S. 1054.

27 Wiener Zeitung, 28. August 1784, S. 1973.

28 Anon.: Ausführlicher Bericht von der Gegenwart der Erzherzoginn Maria Theresia und des Erzherzogs Franz [...] in Prag. In: Provinzialnachrichten aus den Kaiserl. Königl. Staaten und Erbländern, 24. 10. 1787, S. 102 f., hier S. 103; der frühere Beleg aus der *Prager Oberpostamtszeitung* vom 16. Oktober 1787 in Mozart-Dokumente, S. 264 f.

29 Wiener Zeitung, 24. Dezember 1785, S. 2967; vgl. Mozart-Dokumente, S. 227 f.

30 Anon.: Theater-Nachricht. Anhang zur Wiener Zeitung 91, 14. November 1787, S. 2749; die Notiz aus der *Prager Oberpostamtszeitung* vom 3. November 1787 in Mozart-Dokumente, S. 267.

31 Wolfgang Amadé Mozart am 17. August 1782 an Leopold Mozart. In: MBA 3 (1963), S. 220–222, hier S. 221; abgeglichen mit der DME (http://dme.mozarteum.at/DME/briefe/letter.php?mid=1253&cat=; Zugriff am 13. 10. 2016).

32 Zum naturrechtlich veränderten Gnadenbegriff v. a. Wolfgang Proß: Neulateinische Tradition und Aufklärung in Mazzolà/Mozarts ‹La clemenza di Tito›. In: Herbert Zeman (Hrsg.): Die Österreichische Literatur. Ihr Profil an der Wende vom 18. zum 19. Jahrhundert (1750–1830). Teil 1. Graz 1979 (= Die Österreichische Literatur), S. 379–401.

33 Hier insbesondere Walther Brauneis: Mozarts Anstellung am kaiserlichen Hof in Wien. Fakten und Fragen. In: Herbert Lachmayer (Hrsg.): Mozart. Experiment Aufklärung im Wien des ausgehenden 18. Jahrhunderts. Essayband zur Mozart-Ausstellung. Ostfildern 2006, S. 559–571, mit hilfreichen Vergleichsdaten; sowie die Zusammenstellung bei Rudolph Angermüller: ‹Auf Ehre und Credit›. Die Finanzen des W. A. Mozart. Katalog zur Ausstellung Salzburg, München 1983. München 1983.

34 [Johann Jacob Fezer]: Wahrscheinlichkeiten, von einem unpartheyischen Beobachter entworfen. Philadelphia [recte: Wien] 1785, S. 174.

35 Dazu Beales: Joseph II. (wie Anm. II/36), S. 555 ff.

36 Wolfgang Amadé Mozart am 30. September 1790 an Constanze Mozart. In: MBA 4 (1964), S. 114; abgeglichen mit der DME (http://dme.mozarteum.at/DME/briefe/letter.php?mid=1706&cat=; Zugriff am 13. 10. 2016).

37 Wolfgang Amadé Mozart am 4. April 1781 an Leopold Mozart (wie Anm. II/45), S. 102.

38 [Johann Friedrich Reichardt:] Leben des berühmten Tonkünstlers Heinrich Wilhelm Gulden, nachher genannt Guglielmo Enrico Fiorino. Erster Theil. Berlin 1779, S. 234 u. S. 235.

39 Wolfgang Amadé Mozart am 15. Dezember 1781 an Leopold Mozart. In: MBA 3 (1963), S. 179–182, hier S. 180; abgeglichen mit der DME (http://dme.mozarteum.at/DME/briefe/letter.php?mid=1214&cat=; Zugriff am 23. 10. 2016).

40 Vgl. hier v. a. Anna Margaretha Sturm: Das josephinische Leitbild der Frau in Ehe und Familie. Wien 1988 (= Dissertationen der Johannes Kepler-Universität 75), insbes. S. 16 ff.

41 Andreas Weigl: Frühneuzeitliches Bevölkerungswachstum. In: Karl Vocelka u. Anita Traninger (Hrsg.): Wien. Geschichte einer Stadt. Bd. 2. Die frühneuzeitliche Residenz (16.–18. Jahrhundert). Wien etc. 2003, S. 109–132, hier S. 113 ff.

IV.
Horizonte

1 Dazu Ulrich Konrad u. Martin Staehelin: allzeit ein buch. Die Bibliothek Wolfgang Amadeus Mozarts. Weinheim 1991 (= Ausstellungskataloge der Herzog August Bibliothek 66).

2 Mozart-Dokumente, S. 494 ff.

3 Salzburg, Stiftung Mozarteum, Bibliothek, Rara Lit 117–1/4 (Standort: TR67).

4 Wolfgang Amadé Mozart am 20. Dezember 1777 an Leopold Mozart. In: MBA 2 (1962), S. 199; abgeglichen mit der DME (http://dme.mozarteum.at/DME/briefe/letter.php?mid=958&cat=; Zugriff am 31. 10. 2015); der Hinweis auf die geliehenen Bücher in einem Brief von Constanze Mozart an Benedikt Schack vom 16. Februar 1826. In: MBA 4 (1963), S. 475–479, hier S. 477.

5 Vgl. dazu Ingrid Schubert u. Rudolf Flotzinger: Art. ‹Sammlung›. In: Österreichisches Musiklexikon online (http://www.musiklexikon.ac.at/ml/musik_S/Sammlung.xml; Zugriff am 9. 9. 2016).

6 Wolfgang Amadé Mozart am 7. Mai 1783 an Leopold Mozart. In: MBA 3 (1963), S. 267–269, hier S. 268; abgeglichen mit der DME (http://dme.mozarteum.at/DME/briefe/letter.php?mid=1313&cat=; Zugriff am 28. 11. 2016).

7 Mindestens zwei weitere Pläne sind noch erkennbar, eine Vertonung von Goldonis *Servitore di due Padroni* (in einer deutschen Übersetzung von Johann Nepomuk Binder von Krieglstein) sowie eine Faschingspantomime nach Motiven der Commedia dell'arte (März 1783, fragmentarisch erhalten, KV 446). Die Musik zum *Schauspieldirektor* gehört hingegen nur bedingt in diesen Zusammenhang.

8 Wolfgang Amadé Mozart am 26. September 1781 an Leopold Mozart (wie Anm. I/53), S. 164.

9 Dazu immer noch Volkmar Braunbehrens: Mozart in Wien. München, Mainz 1988.

10 Vgl. Nikola Rossbach: «Und wie kann ich aus einem halben Leben ein ganzes machen?». Brief, Buch, Bibliothek. Zur Grundlage von Gelehrtengeschichte(n) im 18. Jahrhundert. In: Claudia Brinker-von der Heyde (Hrsg.): Frühneuzeitliche Bibliotheken als Zentren des europäischen Kulturtransfers. Stuttgart 2014, S. 249–263.

11 Wolfgang Amadé Mozart am 13. Oktober 1781 an Leopold Mozart (wie Anm. I/32), S. 168

12 Wolfgang Amadé Mozart am 26. September 1781 an Leopold Mozart (wie Anm. I/53), S. 164.

13 Wolfgang Amadé Mozart am 26. September 1781 an Leopold Mozart (wie Anm. I/53), S. 163.

14 Wolfgang Amadé Mozart am 6. Oktober 1781 an Leopold Mozart; in BMA 3

(1963), S. 164–166, hier S. 165; abgeglichen mit der DME (http://dme.mozarteum.at/DME/briefe/letter.php?mid=1197&cat=; Zugriff am 28. 11. 2016).

15 Vgl. etwa Robert Vellusig: Schriftliche Gespräche. Briefkultur im 18. Jahrhundert. Wien etc. 2000 (= Literatur und Leben 54), S. 56 ff.

16 Wolfgang Amadé Mozart an Maria Anna Mozart am 19. September 1781. In: MBA 3 (1963), S. 158 f., hier S. 158; abgeglichen mit der DME (http://dme.mozarteum.at/DME/briefe/letter.php?mid=1191&cat=; Zugriff am 29. 11. 2016).

17 Wolfgang Amadé Mozart an Leopold Mozart am 4. Januar 1783. In: MBA 3 (1963), S. 249 f., hier S. 249.

18 Wolfgang Amadé Mozart an Leopold Mozart am 21. Juni 1783. In: MBA 3 (1963), S. 275 f., hier S. 275; abgeglichen mit der DME (http://dme.mozarteum.at/DME/briefe/letter.php?mid=1322&cat=; Zugriff am 29. 11. 2016).

19 Vgl. dazu Miriam Grau Tanner: L'Ape musicale oder die Selbstständigkeit Lorenzo da Pontes in Wien. In: Werner Hanak (Hrsg.): Lorenzo Da Ponte. Aufbruch in die neue Welt. Ostfildern 2006, S. 87–97.

20 Zur Chronologie Daniel Heartz: Constructing ‹Le nozze di Figaro›. In: Journal of the Royal Musical Association 112, 1986/87, S. 77–98.

21 Vgl. dazu Franz Hadamowsky: Ein Jahrhundert Literatur- und Theaterzensur in Österreich. In: Herbert Zeman (Hrsg.): Die österreichische Literatur. Ihr Profil an der Wende vom 18. zum 19. Jahrhundert (1750–1830). Bd. 1. Graz 1979, S. 289–305; sowie Norbert Christian Wolf: Von ‹eingeschränkt und erzbigott› bis ‹ziemlich inquisitionsmäßig›: Die Rolle der Zensur im Wiener literarischen Feld des 18. Jahrhunderts. In: Wilhelm Haefs u. York-Gothart Mix (Hrsg.): Zensur im Jahrhundert der Aufklärung. Geschichte – Theorie – Praxis. Göttingen 2007 (= Das achtzehnte Jahrhundert. Supplementa 12), S. 305–330, hier S. 320 ff.

22 Sae-Hwan Kim: Analyse d'un succès. ‹Le mariage de Figaro› de Beaumarchais. 1778–1793. Diss. Univ. François Rabelais Tours 1996, S. 162 ff.

23 Anke Sonnek: Emanuel Schikaneder. Theaterprinzipal, Schauspieler und Stückeschreiber. Kassel etc. 1999 (= Schriftenreihe der Internationalen Stiftung Mozarteum Salzburg 11), S. 60 ff.

24 Sonnek: Schikaneder (wie Anm. IV/23), S. 27, 33 u. 47.

25 Das Wienerblättchen, Mittwoch, 2. Januar [recte: Februar] 1785, S. 15 f.

26 Das Wienerblättchen, Freitag, 4. Februar 1785, S. 34 f.

27 Das Wienerblättchen, Montag, 28. Februar 1785, S. 235 f.

28 [Pierre-Augustin Caron de Beaumarchais]: Der närrische Tag oder die Hochzeit des Figaro. Ein Lustspiel in 5 Aufzügen. Übersetzt von Johann Rautenstrauch. Wien 1785.

29 [Pierre-Augustin] Caron de Beaumarchais: Der lustige Tag oder Figaro's Hochzeit. Ein Lustspiel in fünf Aufzügen. Aus dem Französischen übersezt. Aechte, vom Herrn Verfasser einzig und allein genehmigte, vollständige Ausgabe. Kehl 1785. – Da im Nachlaßverzeichnis dieser Titel angegeben wird (*Der lustige Tag*), kann es sich nur um diese Textausgabe gehandelt haben (vgl. Anm. II/50).

30 Kim: Analyse (wie Anm. IV/22), S. 26 ff.

31 Gregory S. Brown: Literary Sociability and Literary Property in France, 1775–1793. Beaumarchais, the Société des auteurs dramatiques and the Comédie Française. Aldershot, Burlington 2006 (= Studies in European Cultural Transition 33), S. 107 f.

32 Vgl. Kim: Analyse (wie Anm. IV/22), S. 266 ff.
33 Der gesamte Vorgang bei Alfred Ritter von Arneth: Beaumarchais und Sonnenfels. Wien 1868, hier insbes. S. 18 ff.
34 La folle journée, ou, Le mariage de Figaro. Comédie en cinq actes et en Prose. Straßburg, Wien 1785.
35 Joseph II. an Johann Anton von Pergen am 31. Januar 1785; zit. nach Rudolf Payer von Thurn: Joseph II. als Theaterdirektor. Ungedruckte Briefe und Aktenstücke aus den Kinderjahren des Burgtheaters. Wien, Leipzig 1920, S. 60.
36 Art. ‹Anstößig. (Schöne Künste.)›. In: Johann George Sulzer: Allgemeine Theorie der Schönen Künste in einzeln, nach alphabetischer Ordnung der Kunstwörter auf einander folgenden, Artikeln abgehandelt. 2 Bde. Leipzig 1771 u. 1774, Bd. 1, S. 73 f., hier S. 74.
37 Zum Kontext hier auch Rudolph Angermüller: Die entpolitisierte Oper am Wiener und am Fürstlich Esterházyschen Hof. In: Haydn-Jahrbuch 1978, S. 5–22.
38 MBA 4 (1964), S. 154; vgl. auch das Faksimile der Handschrift (http://www.bl.uk/onlinegallery/ttp/mozart/accessible/page29lge.html; Zugriff am 20. 1. 2017).
39 Wolfgang Amadé Mozart an Leopold Mozart am 7. August 1782. In: MBA 3 (1963), S. 218 f., hier S. 219; abgeglichen mit der DME (http://dme.mozarteum.at/DME/briefe/letter.php?mid=1251&cat=; Zugriff am 15. 11. 2016), dort auch das folgende Zitat.
40 Leopold Mozart an Elisabeth von Waldstätten am 23. August 1782. In: MBA 3 (1963), S. 222 f., hier S. 222; abgeglichen mit der DME (http://dme.mozarteum.at/DME/briefe/letter.php?mid=1254&cat=; Zugriff am 15. 11. 2016), dort auch die folgenden Zitate.
41 Vgl. hier grundsätzlich Jean Clair (Hrsg.): Melancholie. Genie und Wahnsinn in der Kunst. Katalog zur Ausstellung in den Galeries nationales du Grand Palais Paris und in der Neuen Nationalgalerie Berlin. Ostfildern 2006; sowie Giorgio Cortenova (Hrsg.): Il settimo splendore. La modernità della malinconia. Katalog zur Ausstellung im Palazzo della ragione Verona. Venedig 2007, S. 208 ff.
42 Zu den musikalischen Folgerungen auch Anne Amend: ‹Un bien qu'un autre appelleroit douleur›. Melancholie und Musik zwischen Aufklärung und Romantik. In: Albert Gier u. Gerold W. Gruber (Hrsg.): Musik und Literatur. Komparatistische Studien zur Strukturverwandtschaft. Frankfurt/M. 1995 (= Europäische Hochschulschriften 36, 127), S. 95–120.
43 Dazu grundlegend Melanie Wald-Fuhrmann: «Ein Mittel wider sich selbst». Melancholie in der Instrumentalmusik um 1800. Kassel etc. 2010; auch Katia Battenfeld: Göttliches Empfinden. Sanfte Melancholie in der englischen und deutschen Literatur der Aufklärung. Berlin, Boston 2013 (= Hallesche Beiträge zur Europäischen Aufklärung 49).
44 Immanuel Kant: Beobachtungen über das Gefühl des Schönen und Erhabenen. In: ders.: Vorkritische Schriften. 1757–1777. Hrsg. von Paul Gedan et al. Berlin, 2. Aufl. 1912, S. 205–256, hier S. 219 f. (dort auch die weiteren Zitate); zum Kontext hier v. a. Hans-Joachim Schings: Melancholie und Aufklärung. Melancholiker und ihre Kritiker in Erfahrungsseelenkunde und Literatur der Aufklärung. Stuttgart 1977.
45 Leopold Mozart am 23. Februar 1778 an Wolfgang Amadé Mozart. In: MBA 2

(1962), S. 296 f.; abgeglichen mit der DME (http://dme.mozarteum.at/DME/briefe/letter.php?mid=993&cat=; Zugriff am 29. 11. 2016).

46 Kant: Beobachtungen (wie Anm. IV/44), S. 221.

47 Joseph Lange: Biographie des Joseph Lange K. K. Hofschauspieler. Wien 1808, S. 172.

48 Alexander Wilfing: Die frühe österreichische Kant-Rezeption. – Von Joseph II. bis Franz II. In: Violetta L. Waibel (Hrsg.): Umwege. Annäherungen an Immanuel Kant in Wien, in Österreich und in Osteuropa. Göttingen 2015, S. 27–31.

V.
Haltungen

1 Der Tagebucheintrag Schiedenhofens vom 25. Juli 1777 in: Mozart-Dokumente, S. 144.

2 Johann Christoph von Zabuesnig: Etwas für Kunst- und Musikliebende. In: Augsburger Staats- und Gelehrten-Zeitung vom 21. Oktober 1777; Mozart-Dokumente, S. 149; zum Huldigungsgedicht von 1769 (dort die Zitate) vgl. DME (http://dme.mozarteum.at/DME/briefe/letter.php?mid=8&cat=; Zugriff am 27. 1. 2017).

3 Ankündigung vom 3. April 1781; Mozart-Dokumente, S. 173.

4 Das *Verzeichnüss aller meiner Werke* (heute London, British Library) wurde faksimiliert, liegt aber auch digital zugänglich vor (http://www.bl.uk/manuscripts/Viewer.aspx?ref=zweig_ms_63_fs001r; Zugriff am 27. 1. 2017).

5 Vgl. hier etwa Heinz Schuler: Mozarts Akademien im Trattner-Saal. Ein Kommentar zum Mozart-Brief – Wien, 20. März 1784. In: Mitteilungen der Internationalen Stiftung Mozarteum 38, 1990, S. 1–47.

6 Wolfgang Amadé Mozart am 29. März 1783 an Leopold Mozart. In: MBA 3 (1963), S. 261 f.; abgeglichen mit der DME (http://dme.mozarteum.at/DME/briefe/letter.php?mid=1302&cat=; Zugriff am 27. 10. 2016).

7 Vgl. dazu vom Verf.: Mozart im Zentrum? Anmerkungen zum Solo-Lied im Wien der 1780er Jahre. In: Acta Mozartiana 56, 2009, S. 29–42.

8 Friedrich Hegrad: Rede bey der Aufnahme der Herren ** und M...t. Den 14. Dezember 1784. In: ders.: Vermischte Schriften. Zweyter Band. Frankfurt, Leipzig 1785, S. 201–204, hier S. 203; vgl. auch Wilgert te Lindert: Friedrich Hegrad, ein Logenbruder Mozarts. In: Österreichische Musikzeitschrift 48, 1993, S. 3–11.

9 Friedrich Hegrad: Ankündigung. In: Wiener Zeitung, 21. Mai 1785, S. 1208 f.

10 Vgl. hier etwa Roland Würtz: Dialogué. Vorrevolutionäre Kammermusik in Mannheim und Paris. Wilhelmshaven 1990; zum Kontext Cynthia Verba: Music in the French Enlightenment. Reconstruction of a Dialogue. Oxford 1993.

11 Johann Friedrich Löwen: Einladung im Winter, an Herrn Hertel. In: ders.: Schriften. Zweeter Teil. Oden und Lieder. Erstes Buch. Hamburg 1765, S. 45 f., hier S. 45.

12 Wolfgang Amadé Mozart am 26. September 1781 an Leopold Mozart (wie Anm. I/53), hier S. 163.

13 [Otto Heinrich von Gemmingen:] Vom Händeklatschen (Applaudiren). In: Der Weltmann 2, 1782, S. 275–278, hier S. 275.

14 Vgl. hier auch den Sammelband von Neal Zaslaw (Hrsg.): Mozart's Piano Concertos. Text, Context, Interpretation. Ann Arbor 1996; sowie Simon P. Keefe:

Mozart's Piano Concertos. Dramatic Dialogue in the Age of Enlightenment. Rochester 2001.

15 Art. ‹Gespräch›. In: Sulzer: Allgemeine Theorie (wie Anm. IV/36), Bd. 1, S. 473–476, hier S. 473 f.

16 Johann Jakob Engel: Fragmente über Gespräch, Handlung und Erzählung. 1774. In: ders.: Schriften. Vierter Band. Reden. Ästhetische Versuche. Berlin 1802, S. 101–265, hier S. 164.

17 Karl Philipp Moritz: Anton Reiser. Ein psychologischer Roman. Bd. 2. Berlin 1786, S. 34.

18 Wolfgang Amadé Mozart am 19. (?) August 1789 an Constanze Mozart. In: MBA 4 (1963), S. 97; abgeglichen mit der DME (http://dme.mozarteum.at/DME/briefe/letter.php?mid=1681&cat=; Zugriff am 2. 11. 2016).

19 Zum generellen Zusammenhang der Gattungsdiskussion vgl. hier Werner Michler: Kulturen der Gattung. Göttingen 2015, S. 119 ff.

20 Georg Friedrich Wolf: Kurzgefaßtes Musikalisches Lexikon. Halle 1787, S. 59.

21 Zur Genese vgl. Rudolph Angermüller: La finta semplice. Goldoni/Coltellinis Libretto zu Mozarts erster Opera buffa. In: Mitteilungen der Internationalen Stiftung Mozarteum 30, 1982, S. 15–72.

22 Zu diesem Kontext auch Eva-Maria Ernst: Zwischen Lustigmacher und Spielmacher. Die komische Zentralfigur auf dem Wiener Volkstheater im 18. Jahrhundert. Münster etc. 2003, S. 187 ff.

23 Vgl. hier auch H. C. Robbins Landon: 1791. Mozarts letztes Jahr. Mit 38 Schwarzweißabbildungen. Aus dem Englischen von Ken W. Bartlett. München, Kassel 1991.

24 Vgl. Ulrich Konrad: Mozarts Schaffensweise. Studien zu Werkautographen, Skizzen und Entwürfen. Mit 21 Abbildungen, 75 Schaubildern und zahlreichen Notenbeispielen. Göttingen 1992 (= Abhandlungen der Akademie der Wissenschaften in Göttingen III/201); die Zählung folgt dems.: Art. ‹Mozart›. In: MGG Online (2004; Zugriff am 13. 11. 2016).

25 Dazu vom Verf.: Mozart im Zentrum? (wie Anm. V/7), S. 41 f.

26 Dazu nach wie vor Nicole Schwindt: Drama und Diskurs. Zur Beziehung zwischen Satztechnik und motivischem Prozess am Beispiel der durchbrochenen Arbeit in den Streichquartetten Mozarts und Haydns. Laaber 1989 (= Neue Heidelberger Studien zur Musikwissenschaft 15).

27 Dazu Ludwig Finscher: Mozarts Violinsonaten. Winterthur 2003 (= Neujahrsblätter der Allgemeinen Musikgesellschaft in Zürich 188).

28 Dazu Cliff Eisen: Mozart and the Viennese String Quintet. In: ders. u. Wolf-Dieter Seiffert (Hrsg.): Mozarts Streichquintette. Beiträge zum musikalischen Satz, zum Gattungskontext und zu Quellenfragen. Stuttgart 1994, S. 127–151.

29 Zur Datierung auf 1784 Daniel N. Leeson: A Revisit. Mozart's Serenade for 13 Instruments, K 361 (370a), the ‹Gran Partitta›. In: Mozart-Jahrbuch 1997, S. 181–223; zur Beibehaltung der älteren Datierung von 1781 Roger Hellyer: Mozart's ‹Gran Partita› and the Summer of 1781. In: Eighteenth Century Music 8, 2011, S. 93–104.

VI.
Inszenierungen

1 Vgl. grundlegend Jürgen Stenzel: «Si vis me flere ...» – «Musa iocosa mea». Zwei poetologische Argumente in der deutschen Diskussion des 17. und 18. Jahrhunderts. In: Deutsche Vierteljahrsschrift für Literaturwissenschaft und Geistesgeschichte 48, 1974, S. 650–671; dazu auch Robert Vellusig: Si vis me flere ... revisited. Anthropologische und medienästhetische Reflexionen zur Geschichte eines Stilprogramms. In: Literatur für Leser 34, 2011, S. 23–40.

2 Leopold Mozart am 10. April 1755 an Johann Jakob Lotter. In: MBA 1 (1962), S. 3 f., hier S. 3.

3 Dazu Wolfgang Proß: Mozart in Mailand. Winterthur 2006 (= Neujahrsblätter der Allgemeinen Musikgesellschaft in Zürich 191), v. a. S. 14 ff.

4 Zu den Grundlagen einer solchen Deutung der Zauberflöte auch Karol Berger: Bach's Cycle, Mozart's Arrow. An Essay on the Origins of Musical Modernity. Berkeley 2008, S. 280 ff.

5 Tadeusz Kreszowiak: Freihaustheater in Wien. Wirkungsstätte von W. A. Mozart und E. Schikaneder. Sammlung der Dokumente. Wien etc. 2009, S. 88.

6 Anon.: Kurze Geschichte des gegenwärtigen Theaters zu Breslau. In: Neues Theater-Journal für Deutschland 1, 1788, S. 33–59, hier S. 51; der Text in Auszügen auch bei Rainer W. Schwob: W. A. Mozart im Spiegel des Musikjournalismus. Deutschsprachiger Raum, 1782–1800. Stuttgart 2015 (= Beiträge zur Mozart-Dokumentation 1), S. 57.

7 [Pierre-Augustin] Caron de Beaumarchais: Vorrede zu: Der lustige Tag (wie Anm. IV/29), S. 5–54, hier S. 6.

8 Beaumarchais: Vorrede (wie Anm. VI/7), S. 9.

9 Beaumarchais: Vorrede (wie Anm. VI/7), S. 12.

10 [Lorenzo Da Ponte:] Vorrede. Zu: Hochzeit des Figaro. Ein Schauspiel in Musik in 4. Aufzügen aus dem Französischen herausgezogen. Aufgeführet in dem k. k. Nationaltheater. Im Jahre 1786. Wien o. J. [1786], S. [1] f., hier S. [2].

11 Vgl. vom Verf.: Mozart, Prag und die Aufklärung. Eine Problemskizze. In: Acta Mozartiana 51, 2004, S. 59–68; zum Hintergrund der Prager Version auch Alan Tyson: The 1786 Prague Version of Mozart's Le Nozze di Figaro. In: Music and Letters 69, 1988, S. 83–96.

12 Fr. In: Realzeitung der Wissenschaften und Künste, Dienstag, 11. Juli 1786; Mozart-Dokumente, S. 243 f.

13 Zu Hoffmann vgl. Ingrid Fuchs: Leopold Alois Hoffmann. Seine Ideen u. seine Bedeutung als Konfident Kaiser Leopold II. Diss. Wien 1963; Bernhard M. Hoppe: Wöchentliche Wahrheiten für und über die Prediger in Wien. Ein Periodikum des Josephinischen Zeitalters. Diss. München 1989.

14 Vgl. hier Richard Bletschacher: Mozart und Da Ponte. Chronik einer Begegnung. Salzburg 2004, S. 163 ff.; sowie Hanak (Hrsg.): Lorenzo Da Ponte (wie Anm. IV/19).

15 Vgl. Tomislav Volek: Über den Ursprung von Mozarts Oper ‹La clemenza di Tito›. In: Mozart-Jahrbuch 1959, S. 274–286; auch ders.: Die Bedeutung der Prager Operntradition für die Entstehung von Mozarts Oper Don Giovanni. In: Mozarts Opern für Prag. Prag 1991, S. 21–100; das Dokument befindet sich im National-

archiv in Prag; vgl. auch Herbert Lachmayer: Mozart. Experiment Aufklärung. Katalogbuch zur Ausstellung des Da-Ponte-Instituts. Ostfildern 2006, S. 346 f., Kat.-Nr. 738.

16 Dazu Wolfgang Proß: Neulateinische Tradition (wie Anm. III/32); sowie Jaroslav Bužga: Einige Gedanken über die Uraufführung und über die Rezeptionsgeschichte der Oper ‹La clemenza di Tito›. In: Mozart-Jahrbuch 1991, S. 773–776.

17 Da Ponte hat überdies zeitlebens am vorbildlichen Charakter von Metastasios Dichtung festgehalten.

18 Dazu Proß: Neulateinische Tradition (wie Anm. III/32), S. 379 f.

19 Wolfgang Amadé Mozart am 7. Juli 1791 an Constanze Mozart; MBA 4 (1963), S. 149 f., hier S. 150; abgeglichen mit der DME (http://dme.mozarteum.at/DME/briefe/letter.php?mid=1755&cat=; Zugriff am 12. 11. 2016).

20 [Michel Torcia:] Relazione dell'ultima eruzione del Vesuvio. Accaduta nel mese di Agosto de questo anno 1779. Rélation de la dernière éruption du Vésuve arrivée au mois d'août. De cette année 1779. Neapel o. J. [1779], S. 24.

21 Anon.: Phisikalische Briefe über den Vesuv und die Gegend von Neapel. Leipzig 1785, S. 18; die weiteren Zitate S. [45] u. S. 97.

22 Phisikalische Briefe (wie Anm. VI/21), S. 93.

23 Phisikalische Briefe (wie Anm. VI/21), S. 141.

24 Alle Textzitate beziehen sich auf die GA in der NMA und werden im Folgenden nicht einzeln nachgewiesen.

25 Hans Blumenberg: Schiffbruch mit Zuschauer. Paradigma einer Daseinsmetapher. Frankfurt/M. 1979.

26 Dazu auch Isabel Matthes: «Der allgemeinen Vereinigung gewidmet». Öffentlicher Theaterbau in Deutschland zwischen Aufklärung und Vormärz. Tübingen 1995 (= Theatron 16), S. 183 ff.

27 Lorenzo Da Ponte: L'uomo non puo vivendo essere intieramente felice, ma solo desiderare di esserlo. Sciolti. In: ders.: Saggi Poetici. Bd. 2. Dedicato all'illustrissimo Signor Conte Francesco Kohary. Wien 1788, S. 17–25, hier S. 20.

28 Vgl. Paolo Becchi u. Kurt Seelmann: Gaetano Filangieri und die europäische Aufklärung. Frankfurt/M. etc. 2000.

29 Gaetano Filangieri: Die Wissenschaft der Gesetzgebung. Aus dem Italienischen übersetzt von A[nton] W[ilhelm] Gustermann. Erstes Buch. Wien 1784.

30 Emilie Grünthal (Hrsg.): Wöchentliche Wahrheiten für und über die Herren in Wien. Bearbeitet von einer Gesellschaft belesener Frauenzimmer. Wien, Prag 1783, S. 79 f. (5. Stück, 5. 4. 1783).

31 [Gottlieb Stephanie d. J.:] Das vermeinte Kammermädchen. Ein Lustspiel in drey Aufzügen. Nach dem französischen des Herrn Mariveaux. Wien 1783, S. 19.

32 Stephanie: Das vermeinte Kammermädchen (wie Anm. VI/31), S. 20.

33 Hieronymus von Colloredo: Erlaß vom 3. Februar 1782. Salzburg 1781, Bg. [1]r.

34 Dazu Dieter Borchmeyer: ‹Così fan tutte›. Ein erotisches Experiment zwischen Materialismus und Empfindsamkeit. In: Annegrit Laubenthal (Hrsg.): Studien zur Musikgeschichte. Eine Festschrift für Ludwig Finscher. Kassel etc. 1995, S. 353–364.

35 Vgl. Andrew Steptoe: Mozart, Mesmer and ‹Così fan tutte›. In: Music and Letters 67, 1987, S. 248–255.

36 Wolfgang Amadé Mozart am 30. September 1790 an Constanze Mozart (wie

Anm. III/36), S. 114; und am 5. Dezember 1791 an Constanze Mozart. In: MBA 4 (1963), S. 147; abgeglichen mit der DME (http://dme.mozarteum.at/DME/briefe/letter.php?mid=1751&cat=; Zugriff am 10. 12. 2016).

VII. *Wahrnehmungen*

1 Charles Avison: An Essay on Musical Expression. London 1752; 2. Aufl. 1753. Reprint New York 1967; deutsche Ausgabe: Versuch über den musikalischen Ausdruck, aus dem Englischen übersetzt [von Johann Joachim Eschenburg]. Leipzig 1775. Die erste Fassung des Textes erschien als Vorwort zu *Six Concertos in Seven Parts* op. 3, London 1751.

2 Augustus Frederic Christopher Kollmann: An Essay on Musical Composition, According to the Nature of that Science and the Principles of the Greatest Musical Authors. London 1799. Reprint hrsg. von Imogene Horsley. New York 1973 (= Da Capo Press Music Reprint Series); ihm ging voraus Augustus Frederic Christopher Kollmann: An Essay on Musical Harmony. London 1796. – Der bescheidene Forschungsstand zu Kollman derzeit am besten bei Ulrich Leisinger: Art. ‹Kollmann›. In: MGG Online (2003; Zugriff am 9. 11. 2016).

3 Kollmann: Essay (wie Anm. VII/2), S. 1; dort auch das folgende Zitat.

4 Analytical Review, or History of Literature, Domestic and Foreign, on an Enlarged Plan. London, September 1789, S. 111; zit. nach Mozart-Dokumente, S. 309.

5 Joseph Haydn: Gesammelte Briefe und Aufzeichnungen. Unter Benützung der Quellensammlung von H. C. Robbins Landon hrsg. von Dénes Bartha. Kassel etc. 1965, S. 228 f. (Nr. 142), hier S. 228.

6 Art. ‹Spizfündigkeit›. In: Sulzer: Allgemeine Theorie (wie Anm. IV/36). Bd. 2, S. 114–118, hier S. 117.

7 Johann Friedrich Schink: Am siebenundzwanzigsten Oktober. Don Juan, oder der steinerne Gast, Singspiel in vier Aufzügen, aus dem Italiänischen, die Musik von Mozart. In: ders.: Dramaturgische Monate. Zweyter Band. Schwerin 1790, S. 320–330, hier S. 325 f.; vgl. auch Mozart-Dokumente, S. 310–313, hier S. 312.

8 Zum Konzept der Darstellung vgl. Inka Mülder-Bach: Im Zeichen Pygmalions. Das Modell der Statue und die Entdeckung der ‹Darstellung› im 18. Jahrhundert. München 1998.

9 Dazu Melanie Wald: Melancholie in Mozarts Instrumentalmusik. Biographische Legende oder ästhetische Praxis? In: Acta Mozartiana 54, 2007, S. 31–53.

10 [Anton Daniel] B[reich]a: An Mozart bey Gelegenheit der Vorstellung der Oper le nozze di Figaro. Im Namen einer zahlreichen Gesellschaft der Musikfreunde gesungen. o. O. [Prag] o. J. [1786]; vgl. auch Mozart-Dokumente, S. 248 f.

11 A[dolph] von Knigge: Dramaturgische Blätter. Drittes Vierteljahr. April May und Junius 1789. Hannover 1789, hier 31, 23. 5. 1789, u. 32, 30. 5. 1789, S. 492–501, hier S. 498 f.; vgl. Mozart-Dokumente, S. 302.

12 Heinrich Christoph Koch: Musikalisches Lexikon [...]. Frankfurt/M. 1802, S. 554.

13 Zur Rolle des urbanen Raums in diesem Zusammenhang auch James Raven: The Representation of the City in the Age of Mozart. In: Moritz Csáky u. Walter Pass (Hrsg.): Europa im Zeitalter Mozarts. Wien 1995 (= Schriftenreihe der österreichischen Gesellschaft zur Erforschung des 18. Jahrhunderts 5), S. 72–76; vgl.

hier zudem Petr Vít: Die Aufklärung in Prag und Mozart. Zu den ‹oberen› und ‹unteren› Schichten in Philosophie und Ästhetik. In: Herbert Zeman (Hrsg.): Wege zu Mozart. Bd. 2. W. A. Mozart in Wien und Prag. Wien 1993, S. 71–78.

14 Vgl. Tomislav Volek u. Marie Skalická: Vivaldis Beziehungen zu den böhmischen Ländern. In: Acta musicologica 39, 1967, S. 64–72; sowie Karl Heller: Antonio Vivaldi. Leipzig 1991, S. 209 ff.

15 Vgl. hier vor allem den umfassenden Überblick bei Volek: Die Bedeutung der Prager Operntradition (wie Anm. VI/15); zum Prager Musikleben vgl. den Überblick von Jaroslav Bužga: Art. ‹Prag›. In: MGG Online (1997; Zugriff 3. 11. 2016).

16 Vgl. Tomáš Hlobil: Geschmacksbildung im Nationalinteresse. Die Anfänge der Prager Universitätsästhetik im mitteldeutschen Kulturraum 1763–1805. Aus dem Tschechischen übersetzt von Jürgen Ostermeyer u. Michael Wögerbauer. Hannover 2012 (= Bochumer Quellen und Forschungen zum 18. Jahrhundert 2); zum Theater nach wie vor Oscar Teuber: Geschichte des Prager Theaters. Von den Anfängen des Schauspielwesens bis auf die neueste Zeit. Zweiter Theil. Von der Brunian-Bergopzoom'schen Bühnenreform bis zum Tode Liebichs, des größten Prager Bühnenleiters (1771–1817). Prag 1885, hier v. a. S. 92 ff.

17 David Evan Freeman: The Opera Theatre of Count Franz Anton von Sporck in Prague. Stuyvesant, New York 1992 (= Studies in Czech Music 2); Marie Skalická: Die Sänger der italienischen Oper in Prag 1724–1735. In: De Musica Disputationes Pragenses 2, 1974, S. 147–169; Tomislav Volek: Italienische Oper in Prag im 18. Jahrhundert. In: Europa im Zeitalter Mozarts (wie Anm. VII/13), S. 222–225.

18 Vgl. auch Stanislav Jares: Prazské Mestské divadlo v Kotcích 1783–1783. Budova a provozní podmínky. In: Hudební Veda 21, 1984, S. 155–164.

19 Dazu Jaroslav Bužga: Einige Gedanken über die Uraufführung und über die Rezeptionsgeschichte der Oper ‹La clemenza di Tito›. In: Mozart-Jahrbuch 1991, S. 773–776, v. a. S. 775.

20 Joachim Berger: Anna Amalia von Sachsen-Weimar-Eisenach (1739–1807). Denk- und Handlungsräume einer ‹aufgeklärten› Herzogin. Heidelberg 2003 (= Ereignis Weimar-Jena. Kultur um 1800. Ästhetische Forschungen 4), S. 459; vgl. auch Gert-Dieter Ulferts: Auf den Spuren der Herzogin Anna Amalia in Weimar. Weimar 2014; Sigrid Anger: Schloss Tiefurt. Weimar 1955 (= Die Gedenkstätten der deutschen Klassik).

21 Jutta Heinz u. Jochen Golz (Hrsg.): «Es ward als ein Wochenblatt zum Scherze angefangen». Das Journal von Tiefurt. Göttingen 2013 (= Schriften der Goethe-Gesellschaft 74).

22 Johann Wolfgang von Goethe am 26. Mai 1782 an Charlotte von Stein; in: Weimarer Ausgabe IV, Bd. 5 (1889), S. 334 (http://glc.chadwyck.com/framesets/goethe_frameset.htm; Zugriff am 31. 7. 2016).

23 Leicht zugängliche Abbildungen sowie ein Lageplan bei Angelika Schneider: Schlosspark Tiefurt. Klassik Stiftung Weimar. Weimar 1999.

24 Alle Informationen nach Mende: In steinerne Tafeln eingegraben. Parkinschriften in Tiefurt und Weimar aus denkmalpflegerischer Sicht. In: Hellmut Th. Seemann (Hrsg.): Anna Amalia, Carl August und das Ereignis Weimar. Göttingen [2007] (= Klassik Stiftung Weimar. Jahrbuch 2007), S. 311–325, hier 318 ff.

25 Cornelia Brockmann: ‹Abends Cour und Concert›. Zur Weimarer Hofmusik im

späten 18. Jahrhundert. In: Ereignis Weimar (wie Anm. VII/24), S. 79–99, hier insbes. die Übersicht S. 91 ff. sowie S. 97.

26 Vgl. dazu Günther Heeg: Gedächtnistheater: Plastische Verlebendigung und monumentale Mortifzierung in der Denkmalsidee des späten 18. Jahrhunderts. Zu den inszenatorischen Voraussetzungen der englischen Händel-Feiern. In: Verf. (Hrsg.): Händel-Rezeption der frühen Goethe-Zeit. Kolloquium Goethe-Museum Düsseldorf 1997. Kassel etc. 2000 (= Marburger Beiträge zur Musikwissenschaft 9), S. 41–64.

27 Die Büste wurde schließlich auf dem Grab von Fasch aufgestellt und dort gestohlen; sie gilt seit 2005 als verschollen.

28 Art. ‹Lyra›. In: Musikalisches Lexikon (wie Anm. VII/12) S. 918 f., hier S. 918.

29 Sabine Schulze: Goethe und die Kunst. Schirn Kunsthalle Frankfurt. Kunstsammlungen zu Weimar. Stiftung Weimarer Klassik. Ostfildern 1994, S. 136 (Kat.-Nr. 94).

30 Johann Wolfgang von Goethe am 22. u. 23. Dezember 1785 an Philipp Christoph Kayser. In: Weimarer Ausgabe IV, Bd. 7 (1891), S. 142–148, hier S. 143 (http://glc.chadwyck.com/framesets/goethe_frameset.htm; Zugriff am 26. 2. 2016).

31 Johann Wolfgang von Goethe: Italiänische Reise III. Zweiter Römischer Aufenthalt vom Juni 1787 bis April 1788. In: Weimarer Ausgabe I, 32 (1906), S. 145 (http://glc.chadwyck.com/framesets/goethe_frameset.htm; Zugriff am 15. 4. 2016).

32 Vgl. Carl August Hugo Burkhardt: Das Repertoire des Weimarischen Theaters unter Goethes Leitung 1791– 1817. Hamburg, Leipzig 1891 (= Theatergeschichtliche Forschungen 1); Klaus Manger: Weimar um 1800 in der Gewalt des Mozartischen Genius. In: Mozarts Lebenswelten (wie Anm. II/24), S. 252–273; Alfred Orel: Mozart auf Goethes Bühne. In: Mozart-Jahrbuch 1953, S. 85–94.

33 Die 1792 kopierten Materialien zum *Don Giovanni* haben sich erhalten (Weimar, Thüringisches Landesmusikarchiv, DNT 40).

34 Christian Martin Wieland am 10. Februar 1792 an Karl Leonhard Reinhold. In: Uta Motschmann (Hrsg.): Wielands Briefwechsel. Elfter Band. (Januar 1791–Juni 1793). Erster Teil: Text. Berlin 2001, S. 205.

35 Johann Wolfgang von Goethe am 30. Dezember 1797 an Friedrich von Schiller. In: Weimarer Ausgabe IV, Bd. 12 (1893), S. 388 f., hier S. 389 (http://glc.chadwyck.com/framesets/goethe_frameset.htm; Zugriff am 15. 4. 2016; gilt auch für die folgenden Nachweise).

36 Arthur Schopenhauer: Gespräche. Neue, stark erweiterte Ausgabe. Hrsg. von Arthur Hübscher. Stuttgart-Bad Cannstatt 1971, S. 33.

37 Gespräch mit Johann Peter Eckermann am 12. Februar 1829. In: Weimarer Ausgabe. Anhang. Gespräche Bd. 7 (1890), S. 11–13, hier S. 13.

38 Gespräch mit Johann Peter Eckermann am 20. Juni 1831. In: Weimarer Ausgabe. Anhang. Gespräche Bd. 8 (1890), S. 95–98, hier S. 97 f.

39 Johann Wolfgang von Goethe: Über Wahrheit und Wahrscheinlichkeit der Kunstwerke. Ein Gespräch (1797). In: Weimarer Ausgabe I, Bd. 47 (1896), S. 257–266, hier 265.

40 Prager Zeitung, Februar 1794, Mozart-Dokumente, S. 411.

41 Franz Xaver Niemetschek: Ich kannte Mozart. Leben des k. k. Kapellmeisters Wolfgang Gottlieb Mozart nach Original-Quellen beschrieben. Prag 1798; Jo-

hann Friedrich Rochlitz: Verbürgte Anekdoten aus Wolfgang Gottlieb Mozarts Leben. In: Allgemeine Musikalische Zeitung 1, 1798/99, Sp. 17–24, 49–55, 81–86, 113–117 145–152, 177–183, 290 f., 854–856. In den beiden Folgejahrgängen erschienen weitere Teile.

42 Allgemeine Deutsche Bibliothek 46, 1799, S. 322–324.

43 Anon.: Anfrage Mozart betreffend. In: Neuer Teutscher Merkur 3, 1799, S. 90 f., hier S. 91.

44 Br: Mozarts Denkmal. In: Journal des Luxus und der Moden 14, 1799, S. 582–585.

45 Johann Wolfgang von Goethe am 6. Januar 1798 an Friedrich von Schiller. In: Weimarer Ausgabe IV, Bd. 13 (1893), S. 7–11, hier S. 7 (http://gec.chadwyck.com/framesets/goethe_frameset.htm; Zugriff am 31. 7. 2016).

46 Dazu Karl-Heinz Köhler: Mozarts Da Ponte-Vertonungen in den Inszenierungen Goethes auf der Weimarer Hofbühne im Jahrzehnt nach Mozarts Tod. In: Wolfgang Osthoff u. Reinhard Wiesend (Hrsg.): Mozart e la Drammaturgia Veneta. Mozart und die Dramatik des Veneto. Bericht über das Colloquium Venedig 1991. Tutzing 1996 (= Mozart-Studien 6), S. 205–220.

47 Sandra Dreise-Beckmann: Herzogin Anna Amalia von Sachsen-Weimar-Eisenach (1739–1807). Musikliebhaberin und Mäzenin. Schneverdingen 2004 (= Schriften zur Mitteldeutschen Musikgeschichte 9), S. 189–191, hier S. 190.

48 Vgl. Wilhelm Seidel: ‹Res severa gaudium›. Über den Wahlspruch des Leipziger Gewandhauses. In: Die Musikforschung 50, 1997, S. 1–9.

Biographischer Index

Agricola, Johann Friedrich (1720–1774) Agricola stammte aus Thüringen und ging 1738 zum Studium der Philosophie und der Jurisprudenz nach Leipzig; während dieser Zeit erhielt er auch Unterricht bei Johann Sebastian Bach. Auf Vermittlung Carl Philipp Emanuel Bachs wechselte er nach Berlin, wurde dort aber erst 1751 zum königlichen Kammermusiker ernannt. Nach dem Tod Carl Heinrich Grauns 1759 trat er an die Spitze der Hofkapelle, ohne jedoch den Titel eines Hofkapellmeisters zu führen. Agricola war sowohl mit den musikalischen als auch den literarisch-gelehrten Kreisen Berlins bestens vertraut; in der Kontroverse mit Marpurg, die den Auftakt des berlinischen Musikschrifttums bildete, vertrat er die Position der italienischen Musik. Agricola veröffentlichte 1771 eine positive Rezension der zweiten Auflage von Leopold Mozarts Violinschule, in der die Materie «richtig, vollständig und gründlich» abgehandelt worden sei, in Friedrich Nicolais *Allgemeiner Deutscher Bibliothek* (ADB 15, 1771, S. 239 f.).

Alxinger, Johann Baptist von (1755–1797) Als Sohn eines vermögenden Juristen studierte Alxinger ebenfalls Rechtswissenschaft in seiner Heimatstadt Wien. Er schloß sein Studium 1780 ab, widmete sich aber fortan, als ein Parteigänger des Josephinismus, seinen literarischen Neigungen. 1793, nach dem Tod Josephs II., gab er zur Verteidigung der früheren Ideale die *Österreichische Monathsschrift* heraus, die jedoch bald verboten wurde. Dennoch wurde er 1794 geadelt und in den Theaterausschuß des Burgtheaters berufen. Nach der Neuordnung des Freimaurerwesens trat er 1785 zur Loge *Zur wahren Eintracht* über, der auch Haydn angehörte. Alxinger, der Glucks *Iphigénie en Tauride* übersetzte, vertrat eher eine klassizistische Ästhetik und meinte, mit Blick auf Mozart, die Poesie müsse «der großen Musik Haltung und Bedeutung geben» (Österreichische Monathsschrift 2, 1793, S. 263).

Arnstein, Fanny von (1758–1818) Franziska Itzig wurde 1758 in Berlin als Tochter des vermögenden Bankiers Daniel Itzig, der zugleich Oberlandesältester der preußischen Juden war, und seiner aus Dessau stammenden Frau Mirjam geboren. Im Jahr 1777 heiratete sie in Wien den zehn Jahre älteren Nathan Adam Arnstein, den reichen Bankier und Erben des k. k. Hoffaktors Adam Isaak Arnsteiner (1721–1785). Bereits in den ersten Jahren ihres Wiener Aufenthaltes baute sie, die in Berlin unter dem Einfluß Moses Mendelssohns erzogen worden war, ihren Haushalt zu einem bedeutenden Salon aus; nach dem josephinischen ‹Judenpatent› von 1782 konnte dies in einer veränderten gesellschaftlichen Stellung geschehen. Fanny Arnstein, die, wie ihre Schwester Sarah Levy, in Berlin auch Gottfried van Swieten kennenlernte, war eine bedeutende Förderin der Musik, unter anderem Carl Philipp Emanuel Bachs. Die Arnsteins gehörten zu den Gönnern Mozarts, der 1781/82 am Graben im selben Haus wohnte. Mozart dürfte regelmäßig im Salon von Fanny Arnstein, die als Subskribentin von Mozarts Akademien bezeugt ist, verkehrt haben. Ihre Tochter Henriette heiratete 1802 Heinrich Freiherr von Pereira-Arnstein. Fanny, die Großtante Felix Mendelssohns, gehörte 1812 zu den Mitbegründern der Gesellschaft der Musikfreunde; ihr Gatte Nathan Adam wurde 1798 als erster ungetaufter Jude in den Freiherrenstand erhoben.

Artaria, Carlo (1747–1808) und sein Cousin *Francesco (1744–1808)* Die beiden Vettern einer aus Blevio am Comer See stammenden Familie begründeten 1765 mit ihrem Onkel Giovanni Casimiro in Mainz eine Kunsthandlung mit Verlag, die jedoch schon 1768 nach Wien übersiedelte. Ab 1775 residierte ‹Artaria & Co.› am Kohlmarkt. Zu dieser Zeit trat der Druck und Vertrieb von Musikalien in den Vordergrund, ab 1779 bereits durch die Zusammenarbeit mit Haydn. Mit Mozarts Wiener Einstandsdruck der Violinsonaten op. 2 (1781) begann die geschäftliche Beziehung zwischen Verlag und Komponist, die bis zu Mozarts Tod andauerte. Bis 1800 verlegte das Haus Artaria 83 Werke Mozarts im Erstdruck und 36 in frühen Nachdrucken; erst durch den Verkauf des Nachlasses durch Constanze Mozart an das Haus André in Offenbach änderte sich diese Beziehung.

Avison, Charles (1709–1770) Avison stammte aus Newcastle, wo er auch sein ganzes Leben als Organist verbrachte, erst an St. John's, dann an St. Nicholas. Trotz seines immensen Ruhms schlug er alle Angebote auf andere Stellen, etwa in London, aus. Im Jahr 1752 erschien sein *Essay on Musical Expression*, in dem es vor allem darum ging, die Gesetzmäßigkeiten der Instrumentalmusik nicht über den Modus der Nachahmung, sondern der eigenen formalen Architektur zu beschreiben. Der einflußreiche, Shaftesbury voraussetzende Text wurde 1775 von Johann Joachim Eschenburg ins Deutsche übersetzt, die englische Ausgabe läßt sich auch in Wien nachweisen. Mit Avisons Text könnte Mozart auch über den gleichaltrigen Komponisten Thomas Linley (1756–1781), den er 1770 in Florenz kennenlernte, in Berührung gekommen sein.

Bach, Carl Philipp Emanuel (1714–1788) Bach wurde in Weimar geboren und zog mit der Familie erst nach Köthen, danach nach Leipzig, wo er auf die Thomasschule ging und an der Universität Jurisprudenz studierte. Von dort wechselte er 1734 an die Universität Frankfurt/O., von wo er 1738 in die Kapelle des Kronprinzen Friedrich nach Ruppin engagiert wurde. Er folgte ihm nach der Krönung nach Berlin, wo er bis 1768 als Cembalist in der Hofkapelle wirkte, bis er als Nachfolger seines Taufpaten Telemann als Musikdirektor nach Hamburg wechselte. Bach hatte in seiner Berliner Zeit enge Kontakte zur Familie Itzig, die auch nach seinem Wechsel nach Hamburg bestehen blieben; besonders intensive Verbindungen bestanden überdies zum kaiserlichen Gesandten Gottfried van Swieten, für den er seine sechs Streicher-Sinfonien schrieb. Durch van Swieten erlangten Bachs Werke eine bemerkenswerte Präsenz in Wien, wo zudem auch das in Berlin stets gegenwärtige Schaffen seines Vaters Johann Sebastian bekannt gemacht wurde; Mozart leitete in Wien 1788 Aufführungen der *Auferstehung und Himmelfahrt Christi*. Möglicherweise handelte es sich bei jenem Buch, das Friedrich Carl von Bose Mozart 1764 in Paris geschenkt hat, um Bachs *Geistliche Lieder und Oden* nach Christian Fürchtegott Gellert.

Batteux, Charles (1713–1780) Batteux stammte aus Vouziers, studierte Theologie in Reims, wo er ein Kanonikat an der Kathedrale erhielt. Ab 1750 lehrte er am Collège Royal in Paris, 1754 wurde er Mitglied der Académie Royale des Inscriptions et Belles-lettres und 1761 der Académie Française. 1747 erschien seine bahnbrechende Abhandlung *Les beaux-arts réduits à un même principe*, in der – in Abgrenzung zum Klassizismus – die Nachahmung der Natur als einigendes Band der Künste definiert wurde. Musikästhetisch war Batteux' Abhandlung besonders brisant, weil in Ermangelung einer äußeren die ‹innere› Natur der Affekte als Maßstab der Musik festgelegt wurde. Die Resonanz in Frankreich selbst war eher begrenzt, während vor allem durch die beiden Übersetzungen von Johann Adolf Schlegel und Karl Wilhelm Ramler die Wirkung im deutschen Sprachraum außerordentlich war. Auszüge von musikästhetischen Teilen wurden (in der Übersetzung Ramlers) von Friedrich Wilhelm Marpurg in seinen *Historisch-Kritischen Beyträgen zur Aufnahme der Musik* publiziert, in einem Periodikum, das Leopold Mozart gelesen hat. Ob Mozart Batteux in Paris begegnet ist, läßt sich nicht nachweisen.

Beaumarchais, Pierre Augustin Caron de (1732–1799) Von Hause aus war Caron, der Sohn eines Uhrmachers, im Handwerk seines Vaters ausgebildet, bei einer starken Neigung zur Musik. Als er zum Hofuhrmacher Ludwigs XV. aufstieg, wählte er, noch vor seiner Erhebung in den Adelsstand, den Namenszusatz ‹de Beaumarchais› – und wirkte auch als Harfenlehrer der königlichen Töchter. Sein Leben verlief jedoch abenteuerlich, in den verschiedensten Funktionen. So gelangte er 1773 nach Wien, erwirkte eine Audienz bei Maria Theresia, wurde aber verhaftet – und erst durch die Vermittlung von Sonnenfels wieder freigelassen. Seine ambitionierte literarische Tätigkeit entzündete sich anfangs an der Diskussion um das bürgerliche Trauerspiel, konzentrierte sich dann aber auf die Komödie – mit der Figaro-Trilogie. *Le barbier de Séville ou La précaution inutile* war 1775 erst ein Mißerfolg, wurde in der revidierten Fassung jedoch zu einem Triumph. Der zweite Teil, *La folle journée ou Le mariage de Figaro*, war 1778 vollendet, die geplante Aufführung entwickelte sich zu einer wirkungsvoll inszenierten Machtprobe mit der Zensur. Mozart muß während seines Pariser Aufenthaltes davon erfahren haben, hat möglicherweise das durch Lesungen publik gemachte Stück auch dort schon kennengelernt. Eine persönliche Begegnung mit dem Dichter ist, schon durch seinen Mittler Baron Grimm, wahrscheinlich. Die 1784 endlich erfolgte Uraufführung wurde zu einem triumphalen Erfolg, die anschließend in Wien geplante Aufführung wurde verboten. Mozart hat dies aus nächster Nähe mitverfolgt, er hat zudem die von Beaumarchais selbst autorisierte deutsche Textausgabe besessen.

Blumauer, Aloys (1755–1798) Blumauer stammte aus Steyr und sollte eigentlich in den Jesuitenorden eintreten, weswegen er 1772 nach Wien zog. Nach dem Verbot des Ordens durch Papst Clemens XIV. war Blumauer jedoch mittellos, bis sich Sonnenfels seiner annahm. So geriet er auch mit Gottfried van Swieten in Kontakt, der ihm zunächst eine Tätigkeit in der Hofbibliothek vermittelte, dann, nach der josephinischen Zensurreform, die Stellung als Bücher-Censor (die er bis 1793 ausgeübt hat). Zudem war Blumauer von 1781 bis 1794 zusammen mit Joseph Franz von Ratschky Herausgeber des *Wiener Musenalmanachs*. Er gehörte, wie auch Sonnenfels, Haydn oder Pezzl, der Freimaurer-Loge *Zur wahren Eintracht* an. Mozart, eigentlich Mitglied der Loge *Zur Wohltätigkeit*, war dort oft zu Gast und wurde dort auch zum Gesellen befördert. Blumauer, ein engagierter Parteigänger des Josephinismus, muß zu Mozarts engerem Freundeskreis in Wien gehört haben. Er hat zudem Leopold Mozart kennengelernt und ihn 1785 sogar in Salzburg besucht. Mozart, der auch seine Gedichtsammlung von 1784 (vermutlich als Widmungsexemplar) besaß, vertonte sein *Lied der Freiheit* (KV 506), das (als ein für den Komponisten nahezu einmaliges Privileg) dem *Wiener Musenalmanach* beigefügt war.

Bodmer, Johann Jakob (1698–1783) Bodmer, der aus Greifensee stammte, studierte zunächst Theologie, ließ sich dann aber zum Kaufmann ausbilden. Die meiste Zeit verbrachte er als Professor für helvetische Geschichte am Collegium Carolinum in Zürich. Er pflegte eine weit ausgreifende Korrespondenz, war ein wichtiger Entdecker der mittelalterlichen und Vermittler der englischen Literatur. In der Auseinandersetzung mit Gottsched setzte er sich vom Klassizismus der französischen Tragödie ab, mit seinem Plädoyer für die Wirkungsmacht der Einbildungskraft im Wunderbaren und Erhabenen. Bodmers Argumente spielten eine zentrale Rolle in der opernästhetischen Diskussion der zweiten Jahrhunderthälfte, beginnend mit den kritischen Reaktionen auf Gottscheds Ablehnung der Oper. Die wichtigsten Beiträge zu dieser Diskussion wurden in Lorenz Christoph Mizlers *Musikalische Bibliothek* aufgenommen und waren folglich Leopold Mozart bekannt, eine persönliche Begegnung mit Bodmer während des Zürcher Aufenthaltes 1763 kann als sicher gelten.

Bretzner, Christoph Friedrich (1746(?)–1807) Der aus Leipzig stammende Autor war hauptberuflich Kaufmann und betrachtete seine literarische Tätigkeit nur als Nebenbeschäftigung. Sie begann 1769 und endete 1796, in dieser Zeit sind vor allem Lustspiele entstanden, unter dem prägenden Eindruck von Lessings *Minna von Barnhelm*. Bretzners Texte waren in Wien ausgesprochen präsent und wohl auch beliebt. Sein 1781 für Johann André entstandenes Singspiel *Belmont und Constanze oder die Entführung aus dem Serail* bildete die Grundlage für die Version Mozarts und Stephanies. Bretzner protestierte aus Leipzig gegen die weitreichende Bearbeitung seines Stückes; ob sich der Autor und der Komponist je begegnet sind (etwa während Mozarts Leipziger Aufenthalt), läßt sich nicht sicher sagen. Unwahrscheinlich ist dies deswegen nicht, weil Bretzner 1794 eine hoch ambitionierte und paßgenaue deutsche Übersetzung von *Così fan tutte* herausbrachte, in der er zu Mozarts Musik überdies bemerkte, daß «man sich nicht satt daran hören» könne (Weibertreue, oder die Mädchen sind von Flandern. Ein komisches Singspiel in zwey Akten mit Musik von Mozart. Nach Così fan tutte frey bearbeitet, von C. F. Bretzner. Leipzig 1794, Bg. [4]r.)

Brunetti, Antonio (gest. 1786) Der aus Neapel stammende Musiker wurde 1776 Hofmusikdirektor und Hofgeiger in Salzburg, wo er die Schwägerin Michael Haydns heiratete. Mozart hat mehrere kleinere Werke für ihn geschrieben (u. a. Ersatzstücke für Violinkonzerte), als größere Komposition die Sonate KV 379. Daß Brunetti in irgendeiner weitergehenden Form an den Salzburger musikalischen Aktivitäten der Mozarts beteiligt war, ist eher unwahrscheinlich. In der ersten Wiener Zeit ist eine deutliche Distanz zwischen Mozart und dem Geiger auszumachen.

Bussani, Francesco (1743–1807) Der aus Rom gebürtige Tenor und Bariton gelangte 1770 erstmals nach Wien (wo er bis 1772 blieb), dann wieder 1783 als Mitglied des von Salieri aufgebauten Buffa-Ensembles. Er wurde zu einem wichtigen Interpreten Mozarts und war an allen großen Opern ab dem *Figaro* beteiligt, mit Ausnahme von *Tito* und *Zauberflöte*. In der Wiener Wiederholung des *Don Giovanni* sang er den Commendatore und den Masetto, womit die Grenzüberschreitung dieser Oper sogar in die Besetzungspraxis eingezogen ist. Er heiratete 1786 Dorothea von Sardi (1763–1810?), für die der Typus der Hosenrolle in der Figur des Cherubino neuerlich erfunden wurde. Lorenzo Da Ponte berichtet in seinen Memoiren von Intrigen des Ehepaars Bussani gegen die Wiener *Figaro*-Produktion; da dies die einzige Quelle ist, lassen sich die Vorgänge kaum bewerten. Einige Jahre nach dem Tod Josephs II. hat das Ehepaar Wien wieder verlassen.

Cavalieri, Caterina (1755–1801) Katharina Magdalena Josepha Kavalier stammte aus Wien und erhielt ihre Ausbildung bei ihrem Vater sowie bei Antonio Salieri; seit ihrem Debüt 1775 nannte sie sich italianisierend Cavalieri. Ab 1778 wirkte sie ausschließlich in Wien, als wichtigste Primadonna vor Ankunft der Adriana Ferrarese. Sie war die erste Konstanze in der *Entführung aus dem Serail* (1782) sowie Mademoiselle Silberklang im *Schauspieldirektor* (1786). Mozart schwärmte von ihrer «geläufigen gurgel» (sie muß, bei einem völligen Ebenmaß der Register, außerordentlich koloraturensicher gewesen sein) und ging ihretwegen sogar dramaturgische Kompromisse ein. Er komponierte für sie 1788 die große Elvira-Szene («Mi tradì quell'alma ingrata») des *Don Giovanni* nach, mußte aber, offenbar wegen sich abzeichnender technischer Probleme, die Arie von Es- nach D-Dur transponieren. 1793 gab sie ihre Karriere auf.

Ceccarelli, Francesco (1752–1814) Der aus Foligno stammende Sopran-Kastrat (der später ins Altfach wechselte) wirkte von 1777 bis 1788 als Sänger in der fürsterzbischöflichen Kapelle in Salzburg. Trotz eines offenbar geringen Stimmumfangs galt er als koloraturensicher und ausdrucksstark. Mit Beginn seiner Ankunft in Salzburg entfaltete sich eine enge Verbindung zu den Mozarts. Als Mitglied der Hofkapelle hielt er sich 1781 ebenfalls in Wien auf, Mozart komponierte dort für ihn «A questo seno deh vieni – Or che il cielo a me ti rende» (KV 374); er konnte den vom Komponisten hervorgerufenen Konflikt mit dem Fürsterzbischof unmittelbar beobachten. Offenbar war Mozart später darum bemüht, dem Sänger ein Engagement in Wien zu verschaffen, was aber nicht geglückt ist. Wahrscheinlich sang er bei der Aufführung der c-Moll-Messe in Salzburg 1782, sicher aber in Mozarts Frankfurter Konzert im Oktober 1790. Von 1788 bis 1792 wirkte er als Mitglied in der Mainzer Hofkapelle, danach wieder in Italien.

Colloredo, Hieronymus von (1732–1812) Hieronymus Franz de Paula Joseph Graf Colloredo von Waldsee und Mels stammte aus Wien, aus einer 1763 von Kaiser Franz I. in den Reichsfürstenstand erhobenen Adelsfamilie. Zu der eigentlich vorgesehenen militärischen Laufbahn kam es wegen gesundheitlicher Probleme nicht, stattdessen studierte er in Wien und Rom Philosophie und Theologie. Obwohl schon 1756 zum Domkapitular in Salzburg ernannt, ging er dennoch 1759 für einige Jahre in die kuriale Verwaltung. Aus Rom kehrte er endgültig 1762 zurück, um sich zum Bischof von Gurk weihen zu lassen. Nach dem Tod des Fürsterzbischofs Schrattenbach 1771 kam es zu einer langen Sedisvakanz in Salzburg, da sich sowohl das Haus Wittelsbach als auch das Haus Habsburg den Einfluß auf das Fürsterzbistum sichern wollten. Nach etlichen Wahlgängen siegte 1772 überraschend Colloredo als Protégé Habsburgs, während Ferdinand Christoph von Waldburg-Zeil, der Günstling der Wittelsbacher, unterlag. Colloredo, der in Salzburg auf offene Ablehnung stieß, radikalisierte sofort den Umbau des geistlichen Staates unter den Auspizien der französischen Aufklärung, in der Regel auf dem Verordnungswege. Das betraf ökonomische, politische und rituelle Aspekte gleichermaßen, bei weitestgehender Aufhebung der Zensur. Seinen Hofbediensteten, auch den Mozarts, gewährte er beträchtliche Freiheiten, zumal Wolfgang nach der Rückkehr aus Paris neu eingestellt werden mußte (als Hoforganist ab Januar 1779); der von Mozart 1781 heraufbeschworene Konflikt entbehrte also jeglicher Grundlage. Nach der Schlacht von Hohenlinden floh Colloredo 1800 nach Wien, wo er die Auflösung des geistlichen Staates erleben mußte. Formell blieb er bis zu seinem Tod 1812 Erzbischof von Salzburg.

Condillac, Étienne Bonnot de (1714–1780) Der aus Grenoble stammende Geistliche und Philosoph litt seit seiner Jugend an einer schweren Augenkrankheit. Durch diesen Umstand sensibilisiert, arbeitete er intensiv an einer Neubewertung der sinnlichen Erfahrung des Menschen. In seinem *Traité des sensations* von 1754 führte er alle seelischen Regungen auf die Empfindungen zurück, wobei insbesondere dem Tast- und dem Gehörsinn eine neue Bedeutung zukam. Condillac spielte in der musikästhetischen Diskussion, insbesondere in der Kontroverse zwischen Rameau und Rousseau, eine bedeutende Rolle; sein *Traité* erschien 1791 in einer deutschen Ausgabe in Wien, übersetzt von Joseph Maria Weissegger von Weißeneck, der wie Mozart zu den Freimaurern gehörte. Als die Mozarts 1763 in Paris eintrafen, befand sich Condillac in Parma, von wo er wieder abgereist war, als die Mozarts dort 1769 Station machten, und als Wolfgang 1778 erneut nach Paris kam, hatte er sich bereits nach Flux zurückgezogen.

Da Ponte, Lorenzo (1749–1838) Emanuele Conegliano wurde im jüdischen Ghetto von Ceneda im Veneto geboren, sein Vater konvertierte aber mit den Söhnen 1763 zum Christentum; die Taufe nahm der Bischof Lorenzo Da Ponte vor, dessen Namen Emanuele annahm. Nach Ordensgelübde und Priesterweihe (1773) ging er zunächst nach Venedig, dann als Rhetoriklehrer nach Treviso, wo seine schriftstellerische Tätigkeit einsetzte. Nach dem Lehrverbot kehrte er nach Venedig zurück, geriet aber wegen erotischer Eskapaden mit der Justiz in Konflikt und floh schließlich 1779 nach Görz; die Verurteilung erfolgte in Abwesenheit. Von Görz ging er nach Dresden, wo er von dem mit ihm eng befreundeten kursächsischen Hofdichter Caterino Mazzolà aufgenommen wurde. Ende 1781 vermittelte ihn Mazzolà nach Wien, zunächst zu Salieri, er stieg dann aber zum Hoftheaterdichter auf. Durch Da Ponte wurde die Opera buffa im Sinne der josephinischen Aufklärung umgestaltet, zu einem großen Format, befreit von der Typenkomik und ständischen Klischees. In Wien sind neben zahlreichen Dichtungen über 20 Libretti entstanden, die Verbindung zu Mozart kam sofort zustande. Da Ponte, der sich auf Goldoni und Marivaux berufen hat, war mit der italienischen und französischen Dichtung und Literatur bestens vertraut. Nach dem Tod Josephs II. wurde seine Stellung prekär, der Ausweisung aus Wien 1792 folgten unruhige Reisen, die ihn auch nach London führten. Von dort wanderte er 1805 erst nach Philadelphia aus, ließ sich schließlich aber in New York nieder, wo er bis zu seinem Tod 1838 als Professor am Columbia College der Columbia University, als Buchhändler und immer wieder auch als Theaterunternehmer gewirkt hat.

Deyerkauf, Franz Xaver (1750–1826) Der aus Stein bei Krems stammende Tuchhändler und Freimaurer ging 1770 nach Graz und engagierte sich dort auch, u. a. durch einen nebenberuflichen Musikalienhandel, für das Musikleben. In Mozarts Korrespondenz mit Michael von Puchberg begegnet sein Name, so daß eine Bekanntschaft, wohl auch eine persönliche Begegnung naheliegt. In der Seufzerallee in Graz (heute Schubertstraße) befindet sich eine Reihe von repräsentativen Villen aus der Zeit um 1900, die vergessen lassen, daß der einstmals außerhalb der 1784 aufgehobenen Befestigungswerke gelegene Bereich um 1800 vor allem mit Gartenvillen bebaut war. Im Park des heutigen, 1889 von Georg Hönel im Neorenaissance-Stil errichteten Hauses Nr. 35 findet sich ein oktogonaler Pavillon, den Deyerkauf 1792 zum Andenken an Mozart errichten ließ; der Architekt ist unbekannt. Der Gedenktempel wurde mit Fresken des Grazer Malers Matthias Schiffer (1744–1827) ausgestattet (vernichtet 1911). Deyerkauf ließ dort jährlich an Mozarts Todestag Gedenkkonzerte abhalten.

Diderot, Denis (1713–1784) Der aus Langres stammende Jesuitenschüler Diderot studierte in Paris anfangs Theologie, dann Jurisprudenz. Seine schriftstellerische Tätigkeit begann in den 1740er Jahren, sein *Lettre sur les aveugles* von 1749, eine erste Grundlegung der sinnlichen Wahrnehmung, führte zum Konflikt mit der Zensur und brachte ihm eine Gefängnisstrafe ein. Kurz danach entstand der Plan zur monumentalen *Encyclopédie*, die er anfangs gemeinsam mit d'Alembert, dann im Alleingang herausgebracht hat. Die Vorstellung einer enzyklopädischen Zusammenführung aller Wissensbereiche verband er mit einer erfahrungsseelenkundlichen Begründung der menschlichen Wahrnehmung. Daraus resultierte sein Interesse an der Musik, nicht zuletzt erkennbar in seinem Engagement im Buffonistenstreit. Es ist wahrscheinlich, daß Mozart Diderot mehrfach in Paris begegnet ist. Sowohl durch Grimm als auch durch van Swieten, zudem durch Da Ponte wird Mozart mit den Schriften Diderots, von denen etliche in Wien auch in deutscher Übersetzung gedruckt wurden, anhaltend in Berührung gekommen sein.

Dietrichstein(-Nikolsburg), Andreas Jakob von (1689–1753) Der Reichsgraf Andreas Jakob, dem weitverzweigten Geschlecht der Dietrichstein und dem Hochadel entstammend, wurde zwar in Mähren geboren, verbrachte aber fast sein ganzes Leben in Salzburg, als Student, Domherr, Domdechant und schließlich (ab 1730) als Dompropst. 1747 wurde er zum Fürsterzbischof gewählt, er galt als Wunschkandidat zumindest der Stadt. Dietrichstein, zu dessen Hofkapelle Leopold Mozart gehörte (der von Marpurg erwähnte Titel eines ‹Hofkomponisten› ist nicht gesichert), entfaltete einerseits eine opulente, auf Repräsentation ausgerichtete Hofhaltung, war aber zugleich der frühen Aufklärung verpflichtet. Muratori widmete ihm 1749 demonstrativ sein letztes Werk, *Della pubblica felicità*.

Duschek, Josepha (1754–1824) Josepha Hambacher wurde in Prag geboren, ihre Mutter stammte aus Salzburg. Sie erhielt Unterricht beim gut 22 Jahre älteren Komponisten Franz Xaver Duschek, den sie 1776 heiratete. Ein anschließender Familienbesuch in Salzburg führte zur ersten Bekanntschaft mit den Mozarts. Wolfgang schrieb für sie die Szene *Ah, lo previdi* (KV 272). Ihre Tätigkeit beschränkte sich vor allem auf Konzert und Kirche. Das Ehepaar Duschek war wohlhabend und erwarb 1784 vor den Toren Prags das Landhaus des Franz von Bertram, die luxuriöse Villa Bertramka, wo auch Giacomo Casanova verkehrte. Es wird mit guten Gründen angenommen, daß Mozart die Bertramka während seiner Prag-Aufenthalte 1787 und 1791 besucht hat – auch wenn es dafür keine Beweise gibt. Im November 1787 vollendete er in Prag die Szene *Bella mia fiamma* (KV 528), wohl als ein besonderes Zeichen seiner Freundschaft mit Josepha Duschek. Er trat mehrmals mit ihr auf, so 1786 vor Kaiser Joseph II. in Wien und bei seinen Reisen nach Dresden und Leipzig 1789. Mozarts Söhne, im Dezember 1791 zu Halbwaisen geworden, verbrachten einen Teil ihrer Kindheit in der Bertramka.

Ferrarese del Bene, Adriana (1759–nach 1804) Adriana Ferrarese wurde 1759 im Friaul geboren und erhielt ihre Ausbildung in einem der berühmten venezianischen *ospedali*. In Venedig heiratete sie 1782 Luigi del Bene. Ihre ersten Erfolge als Seria-Sängerin feierte sie in London, von wo aus sie zurück nach Italien ging, 1788 dann nach Wien. Während ihrer gut zwei Jahre am Theater an der Burg stieg sie zur wichtigsten Primadonna auf, zumal Caterina Cavalieri immer größere Krisensymptome zeigte. Ihre Stimme muß über einen bemerkenswerten Ambitus, eine strahlende Leuchtkraft und eine stupende Intonationssicherheit verfügt haben, von ihrer Koloraturtechnik ganz abgesehen. Das Genre der Opera buffa blieb ihr dennoch eher fremd. In der Wiederaufnahme des *Figaro* 1789 sang sie die Susanna, und Mozart komponierte eigens für sie zwei neue Arien. Die Partie der Fiordiligi in *Così fan tutte* war ihr stimmtechnisch und konzeptionell auf den Leib geschrieben, da hier systematisch eine Seria-Partie in die Buffa eingefügt worden ist. Die Sängerin, mit der Lorenzo Da Ponte ein Verhältnis hatte, ist wohl 1804 oder kurz danach verstorben.

Fezer, Johann Jacob (1760–1844) Fezer stammte aus Reutlingen und studierte erst Theologie, dann Jurisprudenz in Tübingen. 1784 veröffentlichte er eine Reformschrift zum Steuerwesen und bewarb sich in seiner Geburtsstadt um die Stelle eines Syndikus; er wurde jedoch abgewiesen, und es kam wegen seiner Veröffentlichung sogar zu einem Prozeß. Da Reutlingen freie Reichsstadt war, wandte sich Fezer direkt nach Wien, wo er, angezogen von den josephinischen Reformen, seine Interessen beim Reichshofrat zu vertreten suchte. Fezer blieb von 1784 bis 1788 in Wien, wo er sich mit zahlreichen Streitschriften und dem *Damen-Kalender* als strenger Parteigänger der josephinischen Reformen engagierte. Er kehrte dann nach Reutlingen zurück.

Filangieri, Gaetano (1752–1788) Der in der Nähe von Neapel geborene Philosoph entstammte einer alten Adelsfamilie und sollte folglich eine militärische Laufbahn einschlagen. Als Günstling König Ferdinands IV. machte er jedoch Karriere als Jurist, zog sich aber 1783 zurück, um sein Hauptwerk zu vollenden, die mehrbändige *Scienza della legislazione*, eine Grundlegung des aufgeklärten Staates aus den Voraussetzungen des Naturrechts, die von der Kirche indiziert worden ist. Das Werk blieb wegen des unerwartet frühen Todes des Verfassers unvollendet. Es wurde in Wien begeistert propagiert, unter anderem durch eine deutsche Übersetzung des Wiener Juristen Anton Wilhelm Gustermann (1750–1823), und bildet auch einen Hintergrund für *Così fan tutte*, möglicherweise spielt die Figur des Don Alfonso auf Filangieri an. Da Ponte erwähnt den Gelehrten, dem die Mozarts 1770 in Neapel begegnen konnten, in seinen *Memorie* ausdrücklich.

Firmian, Carl Joseph von (1716–1782) Der aus Tirol stammende Adlige, Neffe des Salzburger Fürsterzbischofs Leopold Anton von Firmian, erhielt seine Ausbildung an verschiedenen europäischen Universitäten, darunter auch in Salzburg, und ging 1753 als österreichischer Gesandter nach Neapel. Drei Jahre später wurde er Generalgouverneur der Lombardei und siedelte nach Mailand über. Die von ihm auf Drängen Josephs II. und im Zusammenspiel mit Joseph von Sperges und Wenzel Anton von Kaunitz-Rietberg verwirklichte Verwaltungsreform wollte aus der Lombardei einen modernen Staat im Sinne der Aufklärung machen. Firmian war ein bedeutender Patron der Wissenschaften, Literatur und Künste, Förderer Winckelmanns, Angelika Kauffmanns und Mozarts, den er sowohl bei der ersten Reise als auch bei den Mailänder Aufträgen maßgeblich unterstützt hat. Er besaß u. a. Partituren Händels, aber auch ein Exemplar von Mozarts Violinschule. Firmian war zudem Förderer und Protektor des bedrohten Radikal-Aufklärers Giuseppe Parini, der für Mozart als Librettist tätig war. Sein Bruder Franz Lactanz von Firmian (1712–1786) war Obersthofmeister in Salzburg und der direkte Dienstherr der Mozarts; auf ihn geht die Wiedereinstellung Mozarts in Salzburg 1779 zurück.

Friedel, Johann (1755–1789) Friedel stammte aus Temesvar und schloß sich früh der Theatergesellschaft von Emanuel Schikaneder an. Mit ihr reiste er durch den deutschsprachigen Raum, auch nach Salzburg. Als Schikaneder und Kumpf in Preßburg Konkurs machten, zog ein Teil der Gesellschaft (mit Friedel) nach Wien, wo man u. a. Mozarts *Entführung* herausbrachte – und 1784 *La folle journée* von Beaumarchais spielen wollte, was zu einem der ganz wenigen Fälle ausgeübter Zensurpraxis in Wien geführt hat. In Wien trennte sich Schikaneder von seiner Frau Eleonore, die mit Friedel eine eigene Gesellschaft begründete, erst nach Klagenfurt ging, aber 1788 nach Wien (ins neu gegründete Freihaustheater, das Theater auf der Wieden) zurückkehrte.

Gay, Jean (Johann, ca. 1762–nach 1800) und *Jacques (Jakob, gest. um 1800)* Die französischen Gebrüder Gay, die wohl in Norddeutschland geboren wurden, erlangten kurz nach der josephinischen Zensurlockerung, im Jahr 1783, eine Erlaubnis zum Handel mit französischen Büchern in Wien. Zudem durften sie eine Druckerei und eine Papiermühle betreiben, außerdem ein Lektürekabinett. Neben einer französischen Beaumarchais-Ausgabe druckten sie auch Libretti (Castis *Prima la musica, poi le parole*, 1786) und verlegten das Zeitschriften-Projekt von Mozarts Freund aus Mannheimer Zeiten, Otto von Gemmingen (*Wiener Ephemeriden*, 1786). Die Gebrüder Gay vertrieben zudem in Wien noch indizierte Literatur. 1789 flohen sie wegen Vermögensdelikten, die Druckerei wurde geschlossen.

Gebler, Tobias Philipp von (1726–1786) Der aus dem vogtländischen Zeulenroda stammende Jurist, der in Jena, Göttingen und Halle studiert hatte, wechselte 1753 in österreichische Dienste, wo er 1768 zum Staatsrat, unter Joseph II. zum Vizekanzler aufstieg. Gebler war ein begeisterter Parteigänger der josephinischen Reformen und gilt als Architekt des Toleranzpatents. Er betätigte sich auch, unter dem Eindruck von Lessing, Mendelssohn und Nicolai, als Schriftsteller, Mozart schrieb in mehreren Schichten eine Schauspielmusik zu seinem Drama *Thamos, König in Egypten*. Gebler spielte eine wichtige Rolle bei Lessings Wien-Reise und vermittelte offenbar dessen Audienz bei Joseph II. Als Freimaurer und Meister vom Stuhl der Loge *Zur neugekrönten Hoffnung*, der auch Mozart angehörte, muß er mit dem Komponisten weiterhin in engem Kontakt gewesen sein.

Gemmingen-Hornberg, Otto Heinrich von (1755–1836) Der in Heilbronn geborene Jurist wirkte ab 1777 am Mannheimer Hof als kurpfälzischer Kämmerer. Nebenher engagierte er sich als Dramaturg am Nationaltheater. Nach dem Umzug des Hofes nach München blieb er in Mannheim, trennte sich aber 1781 vom Hof und wandte sich, begeistert von den josephinischen Reformen, nach Wien, wo er sich publizistisch in mehreren wichtigen Zeitschriftenprojekten engagierte. Wohl 1787 hat er Wien verlassen, kehrte aber 1799 als badischer Gesandter zurück. Er blieb dort bis zur Reichsauflösung, anschließend zog er sich in die Pfalz zurück und starb 1836 verarmt in Heidelberg. Gemmingen war in Mannheim ein Parteigänger des Sturm und Drang und plante mit Mozart ein hochambitioniertes *Semiramis*-Melodrama, von dem sich möglicherweise Spuren in den instrumentalen Zwischenaktmusiken des *Thamos* erhalten haben. Die Verbindung zwischen Gemmingen, der in seiner *Mannheimer Dramaturgie* auch für den Komponisten wichtige theaterästhetische Positionen vertrat, und Mozart war offenbar eng, spätestens in Wien 1781 muß sie wieder aufgelebt sein. Gemmingen war Freimaurer und sorgte als Meister vom Stuhl der Loge *Zur Wohltätigkeit* 1784 für die Aufnahme Mozarts.

Gilowsky von Urazowa, Franz Xaver Wenzel (1757–1816) Die Familie Gilowsky stammte aus Mähren und gelangte in die Hofdienste nach Salzburg. Zwischen der Familie des Hofchirurgen Wenzel Andreas Gilowsky und den Mozarts bestanden freundschaftliche Beziehungen, besonders zu dessen Tochter Maria Anna Katharina (‹Katherl›, 1750–1802). Ihr Bruder Franz Xaver Wenzel trat in die Fußstapfen des Vaters und wurde Chirurg. Etwa gleichzeitig mit Mozart ging er nach Wien, und zwischen beiden müssen enge Kontakte bestanden haben, denn Gilowsky war einer von Mozarts Trauzeugen, später dann einer seiner Gläubiger. Er partizipierte an der gelehrten Kultur und gehörte etwa auch zu den Subskribenten Gemmingens. Er scheint ebenfalls ein Opfer der wirtschaftlichen Krise geworden zu sein und floh 1787 verschuldet aus Wien nach Salzburg, wo er als Chirurg tätig war und 1816 starb.

Gluck, Christoph Willibald (1714–1787) Gluck stammte aus der Oberpfalz, wuchs aber in Böhmen auf. Nach einem Studium an der Prager Universität gelangte er erst nach Wien, dann nach Italien. Es folgten Reisen durch Europa, u. a. auch nach London. Kurz nach seiner Hochzeit mit der vermögenden Anna Maria Pergin 1750 ließ er sich in Wien nieder; dort komponierte er für den kaiserlichen Hof, ließ sich aber von Literaten zu neuen opernästhetischen Überlegungen inspirieren. Sie mündeten in so unterschiedliche Bühnenwerke wie den *Orfeo* (Azione teatrale) oder die *Semiramis* (Ballett). In den 1770er Jahren folgte eine spektakuläre Auftragsserie für Paris, die eine intensive musikästhetische Auseinandersetzung auslöste, von der Mozart in Paris unmittelbare Kenntnis erlangt haben muß. Ab 1779 lebte er ausschließlich in Wien. Gluck und Mozart, der zweimal Variationen über Vokalstücke Glucks schrieb, sind sich immer wieder begegnet, seit Mozarts Kindertagen (erstmals 1762), und in Gluck stand das Vorbild eines literarisch ebenso gebildeten wie ambitionierten Musikers zur Verfügung. In der Beschäftigung mit der opernästhetischen Diskussion begegnet Mozart nochmals die Auseinandersetzung zwischen französischen und italienischen Einflüssen. Gluck war ein Bewunderer der *Entführung* und hat Mozart mindestens zweimal zu sich eingeladen (1782 und 1783).

Goethe, Johann Wolfgang von (1749–1832) Goethe, aus Frankfurt stammend, wirkte ab 1775 in Weimar. Auch wenn er Mozart während dessen erstem Frankfurt-Aufenthalt 1763 persönlich begegnet war, ist es zu einer Kontaktaufnahme nie gekommen. Spätestens ab den 1780er Jahren war Goethe mit eigenen, höchst ambitionierten Opernplänen (gemeinsam mit Philipp Christoph Kayser) befaßt, die jedoch, nach eigenem späteren Bekunden, durch den Eindruck der *Entführung* beendet wurden. Mit der förmlichen Begründung des Weimarer Hoftheaters unter Goethes Direktion 1791 rückte jedoch Mozart ins Zentrum seines opernästhetischen Programms. In einer beispiellosen Serie, die noch zu Mozarts Lebzeiten einsetzte, wurden alle großen Bühnenwerke der Wiener Zeit auf den Spielplan gesetzt, in deutschen Fassungen (also, ausgenommen den *Don Giovanni*, ohne Rezitative). Die Beschäftigung mit der *Zauberflöte*, die Goethe fortzusetzen gedachte, führte zur Überwindung seiner eigenen Produktivitätskrise. Am Weimarer Hoftheater fand die einzige systematisch-programmatische Auseinandersetzung mit Mozart im 18. Jahrhundert statt, kulminierend in der 1799 erfolgten Errichtung eines Mozart-Denkmals im Park von Schloß Tiefurt.

Goldoni, Carlo (1707–1793) Goldoni, ausgebildet in Rimini und Perugia, wirkte erst als Jurist in der Republik Venedig, zuletzt als Advokat in Padua. Ab 1734 widmete er sich aber dem Theater, ab 1748 endgültig in Venedig. Doch 1761 verpflichtete ihn das italienische Theater nach Paris, wo er unter luxuriösen (und durch die Revolution kaum beeinträchtigten) Bedingungen wirken konnte. Seine Komödien und Libretti machten ihn in ganz Europa berühmt, Lorenzo Da Ponte betrachtete ihn als sein wichtigstes Vorbild, das er für die Literarisierung und psychologische Ausdifferenzierung der Opera buffa verantwortlich machte. Auch wenn Dokumente darüber fehlen, kann es als sicher gelten, daß sich Goldoni und Mozart, der Schriften des Dichters (vielleicht sogar als Widmungsexemplar) besessen und auch einen seiner Texte («Voi avete», KV 217) vertont hat, in Paris begegnet sind.

Gottsched, Johann Christoph (1700–1766) Der gebürtige Ostpreuße studierte in Königsberg, flüchtete dann aber vor den preußischen Militärwerbern ins sächsische Leipzig. Er habilitierte sich an der Universität und stieg 1734 zum Ordinarius für Logik und Metaphysik auf, mehrfach war er Rektor. Schon früh geriet er unter den Einfluß Christian Wolffs und war vor diesem Hintergrund um eine Neuordnung der deutschen Poesie bemüht. Seine Ablehnung der Oper, die, anders als die französische Tragödie, gegen die Vernunft verstoße, entfachte eine opernästhetische Auseinandersetzung, die auch in die Sammelwerke von Mizler und Marpurg Eingang fand.

Zudem wirkte seine *Critische Dichtkunst* (erstmals 1730) vorbildhaft für ähnliche Versuche in der Musik. Gottscheds Schriften waren an der Salzburger Universität präsent, Leopold Mozart hat sie studiert und sich mehrfach auf sie berufen, Wolfgang dürften sie in den Grundzügen vertraut gewesen sein.

Gräffer, Rudolf (1734–1817) Der Protestant Rudolf Gräffer stammte aus Schlesien, gelangte aber in den 1760er Jahren nach Wien. Dort eröffnete er 1768 eine Buchhandlung (als Übernahme der Friedrich Bernardischen Buchhandlung), die während der 1780er Jahre zu einem Zentrum des intellektuellen Wien aufstieg; die Stadt verfügte zu der Zeit über etliche Buchhandlungen und Verlage, die zum Teil aber nur kurzlebig waren. Gräffers persönliche Bekanntschaft mit Mozart und Ignaz Joseph Pleyel (1757–1831) ist durch seinen Neffen Anton bezeugt, gelegentlich, etwa im Falle Pleyel, veröffentlichte er auch Musikalien (die Mozart allerdings bei Artaria zum Druck brachte).

Grimm, Friedrich Melchior (1723–1807) Der aus einem protestantischen Pastorenhaushalt stammende Grimm wandte sich zunächst nach Leipzig, wo er bei Gottsched studierte, geriet aber als Sekretär des Grafen Friese nach Paris, wo er sich systematisch eine diplomatische Karriere aufbaute, erst als Mitglied des Kabinetts des Herzogs von Orléans, dann als Gesandter der Stadt Frankfurt sowie, ab 1776, als Gesandter des Herzogs von Sachsen-Gotha; zudem war er als Diplomat für den preußischen und den russischen Hof tätig. Rasch knüpfte er Kontakte zu den Enzyklopädisten, aber auch zu Rousseau – und betätigte sich ab den 1750er Jahren selbst journalistisch, durch eine dezidierte Stellungnahme im Buffonistenstreit zudem als entschiedener Befürworter der italienischen Opera buffa. Seine handschriftlich verbreitete *Correspondance littéraire* (1753–1773) ist eines der wichtigsten Dokumente zum Pariser Geistesleben jener Zeit. 1763 nahm er sich der reisenden Mozarts an und war einer der entscheidenden Verfechter des auf Mozart angewandten ‹Wunder›-Begriffs. Er vermittelte Leopold und seine Kinder in die intellektuellen und musikalischen Zentren der französischen Aufklärung. Als Mozart nach langem Zögern mit seiner Mutter im März 1778 in Paris eintraf, verschaffte Grimms Geliebte Louise d'Épinay den beiden eine Wohnung. Grimm nahm sich abermals der Karriere Mozarts und der Vermittlung in die Pariser Zentren an, es kam aber im Herbst aus unbekannten Ursachen zu einem Zerwürfnis, in dessen Folge Mozart abreiste. 1795 ging Grimm nach Gotha.

Guardasoni, Domenico (1731–1806) Der Tenor Guardasoni stammte aus Modena, gelangte aber 1765 nach Prag und sang auch in Wien. 1776 war er gemeinsam mit Pasquale Bondini (1731–1789) Direktor einer italienischen Theatergesellschaft, die an den kursächsischen Hof verpflichtet wurde. Ab 1782 befand er sich wieder in Prag. Gemeinsam mit Bondini wurde die dortige Produktion des *Figaro* verwirklicht, dem der Auftrag zum *Don Giovanni* folgte. Die 1787 uraufgeführte Oper wurde von Bondinis Gesellschaft auch in Leipzig und Warschau gespielt. Nach dem Tod Bondinis übernahm Guardasoni allein die Direktion. Er erteilte den Auftrag zu *Le clemenza di Tito.*

Händel, Georg Friedrich (1685–1759) Händel reiste 1710 erstmals nach London und blieb ab 1712 endgültig dort. Während dieser Zeit stieg er, obwohl ohne wirkliche amtliche Bindung, zum zentralen Komponisten Englands, schließlich zu einer Art von Staatskomponist auf – was auch im monumentalen Grabmal in Westminster Abbey zum Ausdruck kommt. Händel war Mitglied von Mizlers Societät, in die auch Leopold Mozart berufen wurde. Noch zu seinen Lebzeiten setzten aber Bestrebungen ein, den Komponisten in einem patriotischen Sinne für Deutschland zu reklamieren. Dabei spielten die Kategorien des Erhabenen und des Herzrührenden eine zentrale Rolle, immer wieder auch die Überwältigung durch die großen Chöre. Unmittelbar nach Händels Tod kam es zu programmatischen Aufführungen, mit den wichtigsten Zentren in Braunschweig, Hamburg und Berlin. In die Berliner Vorgänge war Gottfried van Swieten involviert; er etablierte, unterstützt von vielen Literaten und Musikern, eine systematisch-programmatische Händel-Pflege auch in Wien, wo man von der monumentalen Londoner Händel-Feier 1784 genauestens Notiz genommen hatte. Abgesehen von einer 1782 instrumentierten Fuge bearbeitete Mozart in den späten 1780er Jahren vier, vielleicht sogar fünf große Vokalwerke Händels für Aufführungen, wobei *Acis und Galatea* und die *Cäcilienode* etwas außerhalb des in den 1780er Jahren üblichen Werkkanons liegen. Die großen Chorszenen von Mozarts letzten beiden Opern sowie des *Requiem* sind ohne diese Auseinandersetzung nicht vorstellbar.

Hagenauer, Johann Lorenz (1712–1792) Der erfolglose Handelsmann Josef Martin Hagenauer floh nach dem Tod seiner Frau aus Salzburg, weswegen seine vier Kinder, darunter auch Johann Lorenz, bei den wohlhabenden Großeltern aufwuchsen. Er, der einzige männliche Erbe, übernahm das Handelshaus, aber auch den Immobilienbesitz in der Salzburger Getreidegasse. Durch den Ausbau des Gewürzhandels stieg er zu den wohlhabendsten Bürgern in Salzburg auf, was durch seine Hochzeit mit der ebenfalls äußerst begüterten Maria Theresia Schuster 1738 noch gesteigert wurde; aus der Ehe gingen 16 Kinder hervor. Im Jahr seiner Hochzeit (1747) bezog Leopold Mozart eine Wohnung in einem der Häuser Hagenauers, und die Familie blieb dort für über 25 Jahre wohnen, wenn auch unterbrochen durch die großen Reisen. Ungeachtet der sozialen Differenz zwischen dem reichen Patrizier und dem Hofmusiker war die Beziehung zwischen Hagenauer und Leopold Mozart geradezu freundschaftlich, Hagenauer förderte zudem die Reisen durch Geld und durch seine verzweigten Handelskontakte; seine Kinder wurden von Leopold unterrichtet und hatten auch Kontakt zu Wolfgang und seiner Schwester.

Haydn, Franz Joseph (1732–1809) Wann Haydn und Mozart sich erstmals persönlich begegnet sind, läßt sich nicht eindeutig sagen. Sicher bezeugt ist das nur für Mozarts Wiener Jahre, wo sich beide mehrfach getroffen haben, zu gemeinsamem Quartettspiel und anderen Gelegenheiten. Dennoch erschließt sich der Austausch nur ungenau und fragmentarisch, zumal es erstaunlicherweise keinen Briefwechsel gibt. Das bedeutendste Dokument der Beziehung sind die sechs Quartette Mozarts, die 1785 bei Artaria als op. 10 gedruckt wurden. Die außerordentlich persönliche Widmung «al mio caro amico Haydn» ist ein Unikum bei Mozart, auch in der Verlagsanzeige sowie in Leopolds Korrespondenz wird Haydn ausdrücklich als «Freund» Mozarts bezeichnet. Mozart selbst hat für Haydn die Metapher des Vaters ins Spiel gebracht, zudem die ausdrückliche Vorstellung eines musikalischen Dialogs im Medium der Gattung Streichquartett. Bei einem Musikabend in Mozarts Wohnung 1785 wurden die jüngeren drei Quartette der Serie Haydn nochmals vorgespielt (mit Leopold Mozart an der Violine), worauf Haydns berühmt gewordener Ausspruch erfolgte, Mozart sei der «größte Componist». Zum Zeitpunkt von Mozarts Tod weilte Haydn in England.

Haydn, Johann Michael (1737–1806) Joseph Haydns jüngerer Bruder stammte ebenfalls aus Rohrau und gelangte nach verschiedenen Stationen 1763 als ‹Concertmeister› an die Hofkapelle des Fürsterzbischofs von Salzburg (zu einem Zeitpunkt, als die Mozarts auf Reisen waren). Nach der Rückkehr der Mozarts waren die Beziehungen zu Michael Haydn eng, Mozart komponierte für Haydns Frau ein *Regina coeli* (KV 172). Haydn selbst engagierte sich in allen Genres, insbesondere auch in der Theatermusik, u. a. mit einer Schauspielmusik zu Voltaires *Zaire*. Er muß ein virtuoser Geiger gewesen sein, und es ist anzunehmen, daß er eine wichtige Rolle in den musikalischen Anlässen spielte, die nach dem Umzug der Mozarts an den Hannibalplatz stattgefunden haben.

Hegrad, Friedrich (1757–1809) Hegrad stammte aus Niederösterreich und studierte Philosophie. Angezogen von den Reformen in Wien suchte er, dort Karriere zu machen. Er erlangte 1784 eine Anstellung in der Hofkammerbuchhalterei und publizierte als engagierter Parteigänger des Josephinismus eine Reihe von Titeln, insbesondere seinen *Komischen Roman* (1786). Von Wien zog er 1788 nach Prag, muß aber kurz vor seinem Tode verarmt zurückgekehrt sein. Hegrad hielt 1784 eine Rede zur Aufnahme Mozarts in die Freimaurerloge *Zur Wohltätigkeit*; der Text wurde im Folgejahr gedruckt. Dieser Umstand legt eine enge persönliche Beziehung nahe, die sich möglicherweise in Prag fortgesetzt hat.

Heineken, Christian Heinrich (1721–1725) Der in Lübeck geborene Junge konnte im Alter von zehn Monaten sprechen, rezitierte mit etwas über einem Jahr auswendig Bibel-Passagen und beherrschte mit zwei Jahren das Schreiben und Lesen, auch Latein und Französisch. Im Alter von drei Jahren verfaßte er seinen ersten Text, gerade vierjährig erlag er einer Krankheit. Heineken wurde von den Zeitgenossen, u. a. von Telemann, als ‹miraculum› wahrgenommen und kann als Archetyp des ‹Wunderkindes› gelten. Leopold Mozart muß der weithin Aufsehen erregende Fall bekannt gewesen sein. In einem 1762 auf den jungen Mozart verfaßten Huldigungsgedicht von Thomas Vinciguerra Graf Collalto (1710–1769) wurde ausdrücklich eine Parallele zu Heineken gezogen.

Hoffmann, Leopold Alois (1760–1806) Hoffmann stammte aus Böhmen, wurde in Breslau und Wien ausgebildet und ging 1778 nach Prag. Gebannt von den Veränderungen in Wien zog er 1782 in die Residenzstadt und beteiligte sich mit radikalen Projekten an der Publizistik, anfangs gemeinsam mit Otto Heinrich von Gemmingen, mit dem es jedoch zum Zerwürfnis kam. 1785 ging er, vermittelt durch Gottfried van Swieten, an die Universität Pest, 1790 zurück nach Wien. Nach dem Tod des Kaisers entwickelte er sich jedoch zu einem erbitterten Kritiker des Josephinismus und betätigte sich auch als Polizeispitzel, was Gegenreaktionen von Alxinger und Knigge hervorrief. Als Freimaurer gehörte er der Loge *Zur Wohltätigkeit* an, nach der Reorganisation des Freimaurerwesens der Loge *Zur neugekrönten Hoffnung*. Spätestens hier, aber auch im Umfeld Gemmingens und van Swietens muß es zu Kontakten mit Mozart gekommen sein.

Joseph II. von Habsburg (1741–1790) Joseph entstammte dem Haus Österreich-Lothringen und wurde 1764 zum Römischen König gewählt, im Folgejahr in Frankfurt zum Kaiser des Heiligen Römischen Reiches gekrönt. Im selben Jahr wurde er zum Mitregenten seiner Mutter Maria Theresia über die österreichischen Erblande, die nach ihrem Tod 1780 an ihn fielen, verbunden mit den Königswürden von Ungarn und Böhmen. Das ebenfalls habsburgische Großherzogtum Toskana wurde ab 1765 von seinem Bruder Leopold regiert. Leopold folgte ihm 1790 als Kaiser nach, da aus seiner ersten Ehe allein zwei im Kindesalter verstorbene Töchter hervorgegangen waren. Joseph setzte als Alleinregent einerseits die Reformen seiner Mutter fort, radikalisierte sie aber in einer für das 18. Jahrhundert beispiellosen Weise. Das betraf die Administration ebenso wie das Bildungswesen, die Justiz ebenso wie die Wirtschaftspolitik. Die auf dem Verordnungswege erreichten Neuerungen, die von einem starken Antiklerikalismus getragen wurden und in eine Säkularisation weiter Teile des kirchlichen Besitzes mündeten, zogen zahllose Intellektuelle aus dem deutschsprachigen Raum an. Dennoch wurde die Situation ab der Mitte der 1780er Jahre zunehmend unübersichtlich, zumal sich der Kaiser 1787 in das militärische Abenteuer eines Kriegs gegen das Osmanische Reich stürzte – mit verheerenden wirtschaftlichen Folgen und einer weitgehenden Abwesenheit des Monarchen, der 1790 der Tuberkulose erlag. Schon ab den 1760er Jahren gehörte Joseph, der selbst regelmäßig musizierte, zu den Gönnern Mozarts (erste Begegnung 1762), und die Beziehung ab 1781 kann als eng bezeichnet werden. Mozarts eigenwilliger Wiener Existenzentwurf basierte nicht nur auf den josephinischen Reformen, sondern war ohne das Wohlwollen des Kaisers nicht denkbar.

Kant, Immanuel (1724–1804) Das Denken Kants, der sein ganzes Leben in Königsberg verbrachte, wurde im Wien der 1780er Jahre systematisch bekannt gemacht, insbesondere durch Gottfried van Swieten, der Anhänger des Gelehrten protegiert hat, vor allem den Philosophen Anton Kreil (1757–1833), der persönlich mit Mozart gut bekannt war. Die Umorientierung der universitären Philosophie durch die Rezeption von Kants Schriften wurde zudem von Joseph von Sonnenfels betrieben. 1786 waren alle gedruckten Werke Kants in Wiener Buchhandlungen erhältlich, und sie spielten für das Denken der Parteigänger des Josephinismus eine entscheidende Rolle. Erst nach dem Tod Josephs wurde der Einfluß von Kants Schriften wieder zurückgedrängt.

Kelly, Michael (1762–1826) Der aus Dublin stammende Sohn eines Weinhändlers ließ sich in Italien musikalisch ausbilden und kam 1784 an das Wiener Burgtheater. Dort begegnete er Mozart, in dessen *Figaro* er 1786 Basilio und Don Curzio sang. Im Folgejahr ging er wieder nach England. In seinen *Reminiscences*, die 1826 erschienen sind, finden sich auch Erinnerungen an seine Wiener Zeit und Mozart, die jedoch oft nicht überprüfbar sind.

Klopstock, Friedrich Gottlieb (1724–1803) Klopstock, der in Jena und Leipzig studiert hatte, verbrachte, nach einem Zürich-Aufenthalt, ab 1751 sein weiteres Leben in Kopenhagen, wo ihm der dänische König eine Pension zur Vollendung des *Messias* ausgesetzt hatte. Nach dem Sturz des Ministers Bernstorff zog er 1770 nach Altona. Neben seinem Epos spielten seine Oden eine zentrale Rolle bei der Veränderung der poetischen Sprache. Obwohl Klopstock, der gemeinsam mit Carl Philipp Emanuel Bach Händels *Messiah* bearbeitete, ausgesprochen musikalisch war, galten seine freirhythmischen Verse lange Zeit als unkomponierbar. Durch sorgsam hergestellte Kontakte konnte jedoch Gluck in Wien zur Vertonung einiger Oden bewegt werden, eine Komposition der *Hermannsschlacht* blieb Fragment. Die einzeln publizierten Lieder wurden als Sensation wahrgenommen; Gluck bearbeitete sie nochmals und brachte sie 1785 bei Artaria, sozusagen unter Mozarts Augen, gesammelt heraus. Die Werke von Klopstock, der Joseph II. feierlich in einer Ode gepriesen hat, wurden in Wien nachgedruckt und waren dort mühelos erhältlich. Aber auch Michael Haydn hatte im Salzburg der 1770er Jahre nachweislich Klopstock-Texte zur Verfügung gehabt. In seinen Memoiren berichtet Carl Ditters von Dittersdorf (1739–1799) von einem 1786 geführten Gespräch mit Joseph II., in dem dieser Mozart mit Klopstock verglichen habe.

Knigge, Adolph Franz Friedrich Ludwig von (1752–1796) Der aus dem Hannoverschen stammende Freiherr studierte Jura in Göttingen und ging nach Tätigkeiten in Frankfurt und Heidelberg 1787 nach Hannover zurück, von wo aus er 1790 nach Bremen zog. Knigge verfügte über eine hohe musikalische Bildung und hat auch selbst komponiert. In seinen *Dramaturgischen Blättern*, die 1788/89 aus der Tätigkeit des Prinzipals Gustav Friedrich Wilhelm Großmann hervorgegangen waren, setzte er sich mit den Möglichkeiten von Opernkomposition auseinander. Die Werke Mozarts galten ihm dabei durchaus als Muster; den *Figaro* übersetzte er 1789 ins Deutsche. Als Mozart 1790 in Mannheim eine *Figaro*-Aufführung geleitet hat, handelte es sich möglicherweise um diese Version. Die *Dramaturgischen Blätter* befanden sich in seinem Besitz.

Kollmann, Augustus Frederick Christopher (1756–1829) Der Organist stammte aus Engelbostel bei Hannover, ging aber 1782 nach London. Als Folge der dortigen Aufenthalte Haydns veröffentlichte er 1796 einen *Essay on Harmony* sowie 1799 einen *Essay on Practical Musical Composition*. Vor dem Hintergrund der Schriften Marpurgs und Johann Philipp Kirnbergers einerseits, Avisons andererseits entwickelte Kollmann einen formalanalytischen Zugang zur Musik, als deren Musterfall ihm Haydn galt.

La Mettrie, Julien Offray de (1709–1751) La Mettrie stammte aus der Bretagne und studierte Medizin in Paris und Rennes. Nach einigen Jahren in Leiden kehrte er nach Frankreich zurück, zuerst nach Saint Malo (1735), dann nach Paris (1742). 1748 erhielt er die Einladung Friedrichs II. nach Potsdam, wo er als Leibarzt und Vorleser des Königs wirken sollte. In seinen radikalen, zum Teil erotischen Schriften vertrat er eine mechanistische Seelenlehre, die mit allen Instanzen in Konflikt geriet. Die meisten seiner Werke erschienen anonym und mit fingierten Orten, in Frankreich wurden seine Bücher öffentlich verbrannt, und auch in Potsdam unterlagen sie der Zensur. La Mettrie spielte spätestens in der Konzeption von *Così fan tutte* eine wichtige Rolle für Mozart und Da Ponte, viele seiner Schriften waren in Wien mühelos erhältlich. Auf dem Titelblatt der *Wiener Zeitung* vom 3. Juli 1782 wurde La Mettrie demonstrativ als Symbol der veränderten Zeiten erwähnt.

Maria Theresia von Habsburg (1717–1780) Nach dem Aussterben der männlichen Linie der Habsburger verloren diese zunächst die Kaiserwürde an das Haus Wittelsbach. Nach dem Tod Kaiser Karls VII. 1745 konnte Maria Theresia jedoch Wahl und Krönung ihres Mannes Franz I. von Lothringen zum Kaiser erreichen. Sie regierte von 1740 bis 1780, ab 1745 mit Franz I., nach dessen Tod 1765 mit ihrem Sohn Joseph II. Mit der entschiedenen Reformtätigkeit, durchaus unter dem Einfluß der katholischen Aufklärung, war auch eine bedeutende Veränderung (vor allem Reduktion) der musikalischen Repräsentationsaufgaben verbunden, mündend in die Verpachtung der Hoftheater 1752 – dies, obwohl Maria Theresia eine ausgezeichnete Sopranistin gewesen sein muß. Sie betrieb die Musikförderung in immer stärkerem Maße privat, wozu auch die Auftritte der Mozart-Kinder vor ihr 1762 (in Schönbrunn) und 1768 gehörten. Trotz des gezeigten Wohlwollens lehnte sie die von Erzherzog Ferdinand von Österreich-Este in Mailand erwogene Anstellung Mozarts 1771 entschieden ab.

Marivaux, Pierre Carlet de (1688–1763) Carlet, der den Beinamen ‹de Marivaux› erst später verwendete, war der Sohn eines Beamten und studierte eigentlich Jurisprudenz in Paris. Sein Vermögen verspekulierte er, in der Folge betätigte er sich als Autor für die Comédiens italiens. Als Vertreter der Aufklärung entwickelte er den Typus der empfindsamen Komödie, der ihn berühmt machte. Als Mitglied und Secrétaire perpétuel der Académie française (ab 1742) war er finanziell unabhängig. Marivaux starb im Februar 1763, ein Dreivierteljahr vor der Ankunft der Mozarts. Schikaneder führte einige seiner Werke auf, auch Stephanie trat als sein Übersetzer hervor. Die Werke waren in Wien problemlos erhältlich, Mozart dürfte sie aber auch in Paris kennengelernt haben.

Marpurg, Friedrich Wilhelm (1718–1795) Marpurg stammte aus dem Brandenburgischen, verbrachte aber Anfang der 1740er Jahre prägende Jahre in Paris. Um 1746 kam er nach Berlin, wo er, nach dem Pariser Vorbild, gemeinsam mit Johann Friedrich Agricola eine musikästhetische Debatte entfachte. Ausgangspunkt dieser Debatte, in der erstmals nicht Literaten, sondern Musiker über Musik stritten, war die Differenz zwischen französischer und italienischer Musik. Obwohl Marpurg schnell in den Berliner Kreis um Mendelssohn, Nicolai und Lessing Eingang fand, war seine materielle Situation erst nach dem Eintritt in die Königliche Lotterie (1763, Direktor 1766) unabhängig. Die Anregung zu den berlinischen Instrumentalschulen ging wesentlich von ihm aus, Leopold Mozart hat sich ausdrücklich auf ihn berufen. Marpurg, der auch mit Gottfried van Swieten bekannt war, veröffentlichte in seinen *Historisch-Kritischen Beyträgen* 1757 eine enthusiastische Rezension der Violinschule (S. 160–163), Mozart sei «der gründliche und geschickte Virtuose, der vernünftige und methodische Lehrmeister, der gelehrte Musicus» (S. 160). Er widmete zudem der salzburgischen Kapelle ein Portrait und eröffnete seine fingierten *Kritischen Briefe über die Tonkunst* 1759 mit einem Schreiben an Leopold Mozart. Zudem korrespondierte er mit dem auch Mozart vertrauten Meinrad Spieß.

Martín y Soler, Vicente (1754–1806) Der aus Valencia stammende Komponist wurde erst in Madrid ausgebildet und ging dann nach Italien. Von Venedig aus zog er 1785 nach Wien, wo er, wie Mozart, ohne Anstellung wirkte. Er komponierte drei Opern für das Hoftheater, die Libretti stammten sämtlich von Lorenzo Da Ponte. Im Umfeld der Premiere von *L'arbore di Diana* (1787) erhielt er den Ruf als Hofkapellmeister nach St. Petersburg, wo er fast ohne Ausnahme zeitlebens blieb. Neben Salieri war Martín y Soler für Mozart der bedeutendste literarisch-musikalische Konkurrent im Genre der Wiener Opera buffa. Mozart gewährte ihm das Privileg einer Zitation im *Don Giovanni*; ob die Komponisten aber über die wenigen Wiener Jahre hinaus Kontakt hatten, ist unsicher.

Maximilian Franz von Habsburg, Erzherzog von Österreich (1756–1801) Der jüngste Sohn von Franz und Maria Theresia war ursprünglich zu einer militärischen Karriere bestimmt und unternahm aus diesem Grund auch eine Kavalierstour durch Europa, als Koadjutor des Hochmeisters des Deutschen Ordens. Bei seiner Reise durch Salzburg verfaßte Mozart 1775 die Serenata *Il re pastore* auf eine Vorlage des Hofdichters Metastasio. Maximilian Franz kam auf seiner Reise mit den wichtigsten geistigen Zentren der Aufklärung in Berührung. Eine schwere Erkrankung vereitelte aber die Militärlaufbahn. Gegen seinen Willen bestimmte ihn Maria Theresia 1784 zum Erzbischof und Kurfürsten von Köln sowie zum Fürstbischof von Münster. Zwischen 1781 und 1784 sind sich Maximilian Franz und Mozart offenbar regelmäßig begegnet. Der Fürstbischof war ein entschiedener Vertreter eines naturrechtlich geprägten Staates mit starken Akzenten in der Wirtschafts- und der Bildungspolitik sowie in der Kunstförderung. Auf seine Initiative sollte das junge Bonner Kapellmitglied Ludwig van Beethoven zur Ausbildung nach Wien und insbesondere zu Mozart geschickt werden.

Mazzolà, Caterino Tommaso (1745–1806) Die Familie Mazzolàs stammte eigentlich aus Murano, siedelte aber nach Longarone über. Ursprünglich für die geistliche Laufbahn vorgesehen, wandte sich Mazzolà jedoch der Literatur zu. In Venedig übersetzte er Voltaire, zudem begründete er dort enge Freundschaften mit Melchiorre Cesarotti (um 1770), Giacomo Casanova (1774) und Lorenzo Da Ponte (1777). Aus politischen Gründen verließ der Dichter jedoch 1780 Venedig und begab sich durch Vermittlung von Antonio Salieri und Joseph Schuster nach Dresden, wo er zum kurfürstlich-sächsischen Hofdichter aufstieg. Als Da Ponte ebenfalls aus Venedig fliehen mußte, vermittelte er ihn mit Hilfe Salieris nach Wien. Nach Da Pontes Ausweisung aus Wien verwaltete Mazzolà kurzzeitig das kaiserliche Amt und hielt sich auch in Wien auf, wo er am 13. März 1791 eingetroffen war. Er kehrte aber schon im Juli nach Dresden, 1796 dann endgültig nach Venedig zurück.

Mendelssohn, Moses (1729–1786) Moshe ben Mendel wurde als Sohn eines Synagogendieners in Dessau geboren und folgte seinem Lehrer Benjamin Fränkel 1743 nach Berlin. Dort lernte er, der bisher nur Hebräisch und Jiddisch gesprochen hatte, Deutsch, Französisch, Englisch, Latein und Altgriechisch – und nannte sich schließlich Moses Mendelssohn. Zeitlebens in einer Seidenmanufaktur tätig, blieb die publizistische Tätigkeit auf wenige Mußestunden beschränkt. Seit den 1750er Jahren beschäftigte er sich auch mit der Ästhetik, ausgehend von der Überzeugung, die Empfindung des Schönen habe unmittelbare Auswirkungen auf die Erkenntnis der Seele. Mendelssohn, die Schlüsselfigur in der jüdischen Akkulturation, hatte zahlreiche Kontakte zu Musikern, insbesondere zu Johann Philipp Kirnberger, dessen *Kunst des reinen Satzes in der*

Musik unter seinem direkten Einfluß entstand. Über den intensiven Kontakt von Mendelssohn zur Familie Itzig muß Mozart spätestens in Wien mit dessen Schriften, von denen sich eine in seinem Nachlaß befand, in Berührung gekommen sein. Die *Kunst des reinen Satzes* spielte nachweislich eine Rolle für ihn, etwa in der *Zauberflöte*; deren erste zusammenhängende Ausgabe erschien 1793 in Wien.

Mesmer, Franz Anton (1734–1815) Mesmer stammte vom Bodensee und studierte an den Jesuitenkollegien in Dillingen und Ingolstadt. 1759 ging er zum Medizinstudium nach Wien, wo Gerard van Swieten, der Vater von Gottfried, die Universitätsmedizin nachhaltig reformierte. Er praktizierte als Arzt, und es kam 1768 zu ersten Kontakten mit der Familie Mozart (die vermeintliche Uraufführung von *Bastien und Bastienne* im Haus Mesmers ist aber nicht belegt). Ab den 1770er Jahren entwickelte Mesmer seine Vorstellung, der Mensch sei durch magnetische Strahlung beeinfluß- und heilbar. Nach einem schweren Konflikt mit der medizinischen Fakultät floh er 1778 nach Paris. Nach längeren Aufenthalten in Karlsruhe, wieder in Wien und im Thurgau kehrte er an den Bodensee zurück. Mesmer war ausgesprochen musikalisch, seine Methoden wurden schließlich (wenn auch erfolglos) an der blinden Pianistin Maria Theresia Paradies erprobt. In *Così fan tutte* wird seine Theorie scharf parodiert.

Metastasio, Pietro (1698–1782) Pietro Antonio Domenico Bonaventura Trapassi stammte aus Rom und wurde durch die Gunst des auch für Händel wichtigen Kardinals Pietro Ottoboni maßgeblich gefördert. Sein Mentor, der Gelehrte Gian Vincenzo Gravina, adoptierte den Jungen und gräzisierte dessen Namen 1715 in ‹Metastasio›. Dieser wandte sich nach Neapel, als dieses noch habsburgisch war, und wurde von dort 1729 zum Nachfolger Apostolo Zenos als poeta caesareo nach Wien berufen. Mit seinen musikdramatischen Werken ist die Rationalisierung des Dramas (unter dem Einfluß Gravinas) verbunden, sein bevorzugter Komponist war schließlich Johann Adolf Hasse. Bei den Wien-Aufenthalten begegneten die Mozarts Metastasio, sein *Ruggiero* (komponiert von Hasse) entstand 1771 für denselben Anlaß in Mailand wie Mozarts *Ascanio in Alba* (die Hochzeit Erzherzog Ferdinands von Habsburg und der Prinzessin Maria Beatrice d'Este). Während der ersten Wiener Zeit müssen sich Mozart und Metastasio regelmäßig begegnet sein, die Ankunft Da Pontes wurde vom Dichter öffentlich begrüßt; neben einzelnen Arien vertonte Mozart *La Betulia liberata* und *Il sogno di Scipione*, während *La clemenza di Tito* bereits gravierend verändert wurde.

Mizler von Kolof, Lorenz Christoph (1711–1778) Mizler, der später vom polnischen König geadelt wurde, stammte aus Franken, gelangte aber nach Leipzig, wo er einerseits an der Universität studierte, andererseits Unterricht bei Johann Sebastian Bach erhielt. Er verstand sich als von Christian Wolff geprägter Parteigänger seines Lehrers Gottsched; in diesem Sinne sollten seine zahlreichen musikpublizistischen Unternehmungen einerseits die musikästhetischen Debatten spiegeln, andererseits einer vom Rationalismus geprägten Musikauffassung zum Durchbruch verhelfen. Neben seinem ambitionierten Sammlungsprojekt der *Musikalischen Bibliothek* (die in vier Bänden zwischen 1736 und 1754 erschien) gründete er 1738 seine (bis etwa 1760 bestehende) korrespondierende *Societät der Musikalischen Wissenschaften*, der u. a. Telemann, Händel, Graun und Johann Sebastian Bach angehörten. Leopold Mozart sollte bereits 1755, also noch vor Erscheinen seiner Violinschule, in diese *Societät* aufgenommen werden, es ist jedoch unklar, warum dieser Schritt nie vollzogen wurde.

Mozart, Maria Anna Thekla (1758–1841) Maria Anna (Marianne) Mozart war die fünfte Tochter von Leopold Mozarts jüngerem Bruder Franz Aloys. Sie war offenbar eine gebildete Frau; die erste Begegnung mit Wolfgang fand 1763 statt. 1777 kam es zu einer engen Beziehung, die dazu führte, daß Anna Maria mit Wolfgang 1779 von München aus nach Salzburg reiste und dort für zweieinhalb Monate blieb, möglicherweise bestanden Heiratsabsichten. Der erotisch-obszöne Briefwechsel ist in Fragmenten erhalten, erstreckte sich aber nur bis 1779, der letzte Brief von 1781 ist bereits äußerst distanziert. Mozart hat die Korrespondenz danach offenbar nicht weitergeführt und den Kontakt abgebrochen. Anna Maria Mozart brachte 1784 die uneheliche Tochter (vermutlich) des Augsburger Dom- und Freiherrn Franz von Reibeld zur Welt und starb 1841; in ihrem Nachlaß befanden sich Briefe und ein Portrait Mozarts.

Mozart, Maria Constanze (1762–1842) Constanze Weber entstammte einem Musikerhaushalt, ihr Vater Fridolin war Sänger am Mannheimer Hoftheater und betätigte sich dort auch als Kopist. Mozart lernte die Familie Weber 1777 bei seinem Mannheim-Aufenthalt kennen, interessierte sich aber zunächst für die ältere Schwester Aloysia (ca. 1760–1839). Nach der Auflösung des Mannheimer Hofes zog die Familie Weber 1779 nach Wien, noch im selben Jahr starb Fridolin. Nach seiner Ankunft in Wien intensivierte Mozart schnell wieder den Kontakt und heiratete 1782, offenbar befördert von einer ganzen Reihe von Gönnern, Constanze – in einer Ehe, die zunächst auf Leopold Mozarts entschiedene Ablehnung stieß. Von den sechs gemeinsamen Kindern überlebten nur zwei. Nur wenig läßt sich von Constanzes Bildungshintergrund und ihren musikalischen Aktivitäten erkennen. 1809 heiratete sie den hochrangigen dänischen Diplomaten Georg Nikolaus Nissen, der 1826 eine Biographie Mozarts vollendete (1828 postum von Constanze herausgegeben).

Muratori, Lodovico Antonio (1672–1750) Der aus bäuerlichen Verhältnissen stammende Muratori wurde bei den Jesuiten ausgebildet, anschließend studierte er in Modena. Nach wenigen Jahren als Direktor der Biblioteca Ambrosiana wurde er 1700 herzoglicher Archivar und Bibliothekar am Este-Hof in Modena. Muratori betätigte sich als Historiker mit Dokumentensammlungen und historischen Darstellungen, als Mitglied der Accademia dell'Arcadia (und Freund Vincenzo Gravinas und Apostolo Zenos) mit Werken zur Poetik, insbesondere einer Literaturgeschichte Italiens und einer Abhandlung über die Einbildungskraft. Als ein zentraler Vertreter der katholischen Aufklärung beeinflußte er maßgeblich das Reformprogramm katholischer Staaten auch nördlich der Alpen. Mit dem Fürsterzbistum Salzburg bestanden enge Beziehungen; die Benediktiner-Universität war stark geprägt von Muratoris Schriften, deren letzte über den idealen Staat sogar dem Fürsterzbischof gewidmet war. Leopold Mozart hat die Schriften Muratoris, die auch für Schrattenbach und Colloredo bedeutsam waren, noch in seinen späten Jahren gelesen.

Nostitz-Rieneck, *Franz de Paula Anton von (1725–1794)* Der Graf entstammte einem Lausitzer Geschlecht und stieg als Burggraf zum wichtigsten Beamten in Prag auf.

Da Joseph II. sich in Prag nicht krönen ließ und die Stadt nicht besuchte, kam dieser Stellung eine maßgebliche Bedeutung zu. Neben den vielen gesellschaftlichen Aktivitäten spielte das Theater für Nostitz eine entscheidende Rolle. 1781 ließ er durch seinen bevorzugten Architekten Anton Hafenecker ein Nationaltheater errichten, das 1783 programmatisch mit Lessings *Emilia Galotti* eröffnet wurde. Eine Begegnung zwischen Mozart und dem Grafen ist nicht belegt, sie kann aber als höchst wahrscheinlich gelten.

Parini, Giuseppe (1729–1799) Parini, Sohn eines Seidenhändlers, sollte eigentlich Priester werden, wirkte dann aber als Lehrer in Mailand. Der begeisterte Anhänger Voltaires und der Enzyklopädisten betätigte sich ab den 1750er Jahren als Autor und erregte mit seiner Satire *Il giorno* (1763) den Zorn der Aristokratie, wurde aber von Carl Joseph von Firmian demonstrativ geschützt und gefördert. Er gab die *Gazzetta di Milano* heraus und war ab 1769 Lehrer an der Brera. Seine elegante, oft satirische Dichtung nimmt eine Schlüsselstellung in der oberitalienischen Aufklärung ein. Er schrieb für Mozart das Libretto zu *Ascanio in Alba* – und geriet damit unmittelbar in Konkurrenz zu Pietro Metastasio.

Pezzl, Johann (1756–1823) Pezzl stammte aus Niederbayern und wurde 1775 Novize im Benediktinerkloster Oberalteich. Doch schon im Folgejahr trat er aus dem Orden aus und wechselte an die Salzburger Benediktiner-Universität. 1780 geriet er jedoch mit den Salzburger Behörden in Konflikt und wechselte nach Zürich, wo 1783 sein Erfolgsroman *Faustin* als Apologie des josephinischen Zeitalters veröffentlicht wurde. Im Folgejahr zog er nach Wien, wo er 1791 zum Hofbeamten aufstieg und später ein vehementer Kritiker des Josephinismus wurde. Mozart und Pezzl müssen sich begegnet sein und gekannt haben, da beide demselben freimaurerischen Umfeld angehörten; Mozart besaß den *Faustin*, möglicherweise sogar als Widmungsexemplar des Autors. Ob sich beide schon in Salzburg begegnet sind, läßt sich nicht eruieren, erscheint aber nicht unwahrscheinlich.

Puchberg, Johann Michael von (1741–1822) Der Sohn eines Stadtschreibers stammte aus Zwettl und hielt sich ab 1768 in Wien auf. Er heiratete in den Tuchhandel von Michael Salliet ein und übernahm dessen Firma 1785 ganz, geriet aber während der Revolutionskriege in wirtschaftliche Schwierigkeiten und schließlich in den Konkurs. Puchberg, der 1793 in den Adelsstand erhoben wurde, gehörte zu den vermögenden Unterstützern Mozarts in Wien und war ebenfalls Freimaurer. In den Zeiten der immer größer werdenden Verschuldung scheint er Mozart regelmäßig beliehen zu haben, wobei unklar ist, ob er hierin der einzige war. Puchberg, wahrscheinlich Widmungsträger des Divertimento KV 563, war 1792 vorübergehend Vormund der beiden Söhne Mozarts.

Ratschky, Joseph Franz von (1757–1810) Der gebürtige Wiener besuchte erst das Jesuitengymnasium und studierte dann an der Universität seiner Geburtsstadt, gefördert von Joseph von Sonnenfels. Ab 1776 im Staatsdienst nahm seine Karriere in den 1780er Jahren großen Aufschwung, 1787 wechselte er aber ins oberösterreichische Regierungspräsidium nach Linz, von wo aus er 1795 nach Wien zurückkehrte. Von 1782 bis zu seinem Wegzug war er Mitglied der Freimaurerloge *Zur wahren Eintracht*, zu der auch Sonnenfels und Haydn gehörten und zu der Mozart enge Beziehungen unterhielt. Schon 1777 begründete er mit Gottlieb von Leon den *Wiener Musenalmanach*, den er ab 1781 mit Aloys Blumauer herausgab. Sein *Lied zur Gesellenreise* wurde zunächst von Johann Holzer vertont, dann, 1785, von Mozart (KV 468). In seinem ‹heroischepischen Gedicht› *Melchior Striegel* (1795) erweist er sich als Parteigänger des Josephinismus, die französische Revolution wird dort in das österreichische Dörflein Schöpsenheim verlegt. Ob Mozart und Ratschky auch nach 1787 noch in Kontakt standen, ist fraglich.

Rautenstrauch, Johann (1746–1801) Rautenstrauch stammte aus Erlangen, ging erst nach Straßburg, kam aber schon 1770 zum Studium nach Wien, wo er zum Katholizismus konvertierte. Nach seinem Studium wandte er sich jedoch seiner literarischen Tätigkeit zu, er band sich ab 1773 vor allem an das Theater. Durch Vermittlung Gottfried van Swietens arbeitete er in der Universitätsbibliothek. 1789 übernahm er sogar die Direktion des Landstraßer Theaters, das aber kurze Zeit später in Konkurs ging. Schon 1775 begründete er die *k. k. Realzeitung*, die schnell zur wichtigsten literarischen Zeitschrift Wiens aufstieg. Nach der alleinigen Machtübernahme Josephs II. wurde Rautenstrauch zu einem immer fanatischeren, äußerst streitbaren Anhänger der Reformen und der radikalen französischen Aufklärung. In zahllosen Publikationen mischte er sich in die Tagespolitik ein, die provokanteste von ihnen ist seine Zeitschrift *Scheißereyen* (1785). 1785 übersetzte er *Le mariage de Figaro* von Beaumarchais für Emanuel Schikaneder, der Text konnte gedruckt werden, die Aufführung wurde jedoch verboten.

Reichardt, Johann Friedrich (1752–1814) Reichardt hat seine musikalische Laufbahn in seiner Geburtsstadt Königsberg begonnen. Nach mehreren Reisejahren kam er nach Berlin, wo er 1775 zum preußischen Hofkapellmeister berufen wurde. Nach seiner fristlosen Entlassung wurde er 1796 mit einer Pension rehabilitiert und privatisierte letztlich in Giebichenstein. Reichardt, der später zum glühenden Anhänger der Französischen Revolution werden sollte, weilte 1783 erstmals in Wien, er erhielt auch eine Audienz bei Joseph II.; 1808 kehrte er nochmals (und nun durch die Zeitereignisse ernüchtert) dorthin zurück. Die Begegnung mit Mozart dürfte für Reichardt prägend gewesen sein; seinem Roman über das Leben des Tonkünstlers Gulden (1779) kommt eine Schlüsselstellung für das Selbstverständnis von Musikern zu.

Retzer, Joseph von (1754–1824) Der aus Niederösterreich stammende Beamtensohn wurde in Wien ausgebildet und trat 1776 in den Staatsdienst ein. 1782 wurde er Hofkonzipist, danach Mitglied der Zensurkommission, 1787 Hofsekretär. Retzer wurde 1782 Mitglied der Freimaurerloge *Zur wahren Eintracht*, er gehörte zum Umfeld von Gottfried van Swieten und Ignaz von Born, der Mozart zum Gesellen befördert und Leopold Mozart aufgenommen hat. Retzer betätigte sich als Literat und Herausgeber und veröffentlichte 1782 eine Metastasio-Biographie. Er muß engeren Kontakt zu Mozart gehabt haben, Friedrich Schlichtegroll konsultierte ihn für seinen Nekrolog.

Richter, Joseph (1749–1813) Richter stammte aus Wien und betätigte sich als ungemein produktiver Autor mit Pamphleten, Abhandlungen, Zeitschriften und Theaterstücken, auch Libretti. Er ist wahrscheinlich der unermüdlichste schriftstellerische Anwalt des Josephinismus gewesen, auch wenn er keine höfische Karriere gemacht hat. Seine satirischen *Briefe eines Eipeldauers* enthalten zahlreiche Details zu den Wiener Verhältnissen der 1780er Jahre; in ihnen ist gelegentlich auch von der Musik, manchmal auch von Werken Mozarts (wie dem *Figaro*) die Rede. Der Pianist Joseph Woelfl galt ihm als «Hexenmeister», der «auch aus der Mozartischen Schule ist» (Briefe eines Eipeldauers 25, Wien 1796, S. 20).

Rousseau, Jean-Jacques (1712–1778) Rousseau stammte aus Genf, lebte aber ab 1742 in Paris, unterbrochen allerdings von zahlreichen Reisen. Unter dem Eindruck des Buffonistenstreits ergriff er nachdrücklich Partei für die italienische Opera buffa. Zudem grenzte er sich harsch von Rameau ab, unter anderem durch das auch in seiner Theorie vom Ursprung der Sprache behauptete Primat der Melodie (gegenüber der Harmonie, die er als zivilisatorischen Verfall betrachtete). In seinem *Pygmalion* begründete er die neue Form des gesprochenen Dramas nur mit Instrumentalmusik, das Melodrama, das sich gewissermaßen als Paradigma einer veränderten ästhetischen Haltung verstand. Das Werk und das Genre waren Mozart, der selbst ein Melodrama geplant hatte, bekannt; Mozart vertonte in *Bastien und Bastienne* auch einen Text, der auf Rousseau (*Le devin du village*) zurückging. Die Mozarts begegneten Rousseau 1763/64 in Paris; der Philosoph äußerte sich jedoch ausgesprochen skeptisch im Hinblick auf den von Grimm propagierten ‹Wunder›-Begriff.

Salieri, Antonio (1750–1825) Der Komponist wurde ab 1765 in Venedig ausgebildet, was ihn nachdrücklich geprägt hat. 1774 wurde er als Nachfolger Florian Leopold Gaßmanns zum kaiserlichen Kammerkomponisten berufen; kurz danach übernahm er auch die Stelle als Kapellmeister der italienischen Oper. Nach der Eröffnung des Nationaltheaters 1776 hatte der Komponist nur noch wenige Verpflichtungen, es begann die Zusammenarbeit mit Caterino Mazzolà, den er noch aus Venedig kannte. Mit der Errichtung einer Buffa-Gesellschaft durch den Kaiser kamen jedoch bedeutende neue Aufgaben, auch wenn Salieri, ein Günstling Josephs II., mehrfach in Paris weilte. 1788 wurde er als Nachfolger Giuseppe Bonnos zum Hofkapellmeister in Wien ernannt. Während Salieri stets über ein offizielles Amt verfügt hat, gilt dies für Mozart anfangs gar nicht, später nur in sehr begrenzter Form. Da Pontes Libretto zu *Così fan tutte* entstand zunächst für Salieri.

Schikaneder, Emanuel (1751–1812) Der gebürtige Straubinger wurde auf dem Jesuitengymnasium in Regensburg ausgebildet. 1773 trat er in die Theatergesellschaft Franz Joseph Mosers ein, deren Prinzipal er 1778 wurde. Mit dieser Gesellschaft gastierte er 1780/81 in Salzburg, wo es zu sehr engen Kontakten mit der Familie Mozart kam. Nach vielen weiteren Stationen kam er 1783 erstmals, 1784 wieder von Preßburg als Pächter des Kärntnertortheaters nach Wien. Nach dem Aufführungsverbot für Beaumarchais' *Figaro* (1785, in der Übersetzung Rautenstrauchs) löste er seine Gesellschaft auf, erlangte aber 1786 ein kaiserliches Privileg zur Errichtung eines eigenen Theaters in der Vorstadt. Dieses nahm er jedoch nicht in Anspruch, nach weiteren Reisen übernahm er das von seinem ehemaligen Schauspieler Johann Friedel und seiner früheren Ehefrau Maria Magdalena (Eleonore) geleitete Freihaustheater. Dort kam es 1791 zur Uraufführung der *Zauberflöte*. Schikaneder war ein Vermittler der europäischen Dramatik, zugleich Verfechter eines auf spektakuläre optische Wahrnehmungen gerichteten Theaters.

Schink, Johann Friedrich (1755–1835) Schink stammte aus Magdeburg und studierte an der Universität Halle Theologie, wandte sich aber schon vor dem Abschluß des Studiums dem Theater zu. Auf seinen Reisen gelangte er auch nach Graz und Wien, wo er Zeuge der dortigen Theaterkultur wurde; er hat sie in seinem erotischen Roman *Das Theater zu Abdera* parodiert. 1789 ging er nach Hamburg, nach verschiedenen weiteren Stationen schließlich als Bibliothekar nach Sagan. Neben seinen Dramen hat Schink eine Reihe von theaterästhetischen Schriften publiziert, unter denen die *Dramaturgischen Fragmente* (1781–1784, veröffentlicht in Graz) die bedeutendsten sind. In seinen Publikationen finden sich ausführliche Auseinandersetzungen mit Mozarts Werken.

Schrattenbach, Sigismund Christoph von (1698–1771) Der Abkömmling eines steirischen Adelsgeschlechts studierte erst in Salzburg, dann in Rom. Ab 1733 war der Graf Mitglied des Salzburger Domkapitels und schließlich Domdechant. 1753 wurde er nach langer Sedisvakanz und nach Auseinandersetzungen im 50. Wahlgang zum neuen Fürsterzbischof von Salzburg gewählt. Der Regent fühlte sich den Reformbestrebungen seines Vorgängers verpflichtet und versuchte, seinen Staat sowohl administrativ als auch rechtlich neu zu ordnen. In der Förderung des jungen Mozart erblickte er offenbar eine staatspolitische Aufgabe, deren Umsetzung der Familie eine für Hofbedienstete ungewöhnliche Fülle an Freiheiten gewährte.

Sonnenfels, Joseph von (1732/33–1817) Der Vater Lipman Perlin stammte aus Brandenburg, ging aber nach Mähren. 1734 zog er nach Wien und konvertierte mit seinen Söhnen zum Katholizismus, er nahm den Namen Alois Wiener an und wurde 1746 zum Freiherrn von Sonnenfels geadelt. Sein Sohn Joseph lernte zunächst Hebräisch, wollte dann Soldat werden – gab aber 1754 seine militärische Laufbahn auf. Nach seinem Jurastudium in Wien wurde er schließlich 1763 auf eine eigens für ihn geschaffene Professur berufen. Sonnenfels engagierte sich einerseits für Reformen in Recht und Verwaltung (auf ihn geht die Abschaffung der Folter 1776 zurück, wohl auch die Einschränkung der Todesstrafe), andererseits auch in der literarischen Diskussion. Bereits in den 1770er Jahren stieg er zu einem der wichtigsten Intellektuellen in Wien auf, eine Position, die unter Joseph II. eher wieder zurückgedrängt wurde (er verlor seine Universitätsprofessur). Unter seinen zahlreichen Schriften waren für Mozart die dramaturgischen besonders wichtig, sie hat er auch selbst besessen. Wie Mozart war Sonnenfels Mitglied in der Freimaurerloge *Zur wahren Eintracht* und gehörte ebenfalls zum Kreis von Mozarts Förderern in Wien.

Spieß, Meinrad (1683–1761) 1701 trat Spieß als Novize in die Benediktinerabtei Irsee ein, die er nur kurz, wegen seiner musikalischen Ausbildung in München, wieder verlassen hat. Spieß strebte in seinen zahlreichen musiktheoretischen Schriften eine satztechnische Begründung an, die derjenigen Kirnbergers nicht fern ist. Er war Mitglied von Mizlers *Societät*, in die auch Leopold Mozart berufen wurde. Mit diesem stand er auch persönlich in Kontakt, möglicherweise geht die Verbindung zwischen Marpurg und Spieß auf ihn zurück.

Stephanie, Johann Gottlieb (1741–1800) Johann Gottlieb Stephan wurde in Breslau geboren und studierte zunächst Jurisprudenz. Vor Ende des Studiums ging er zur preußischen Armee, geriet aber in österreichische Gefangenschaft. Sein älterer Halbbruder Christian Gottlob wirkte zu diesem Zeitpunkt bereits in Wien und vermittelte ihn ans Theater. Er übernahm den Künstlernamen ‹Stephanie›, fügte ihm aber zur Unterscheidung von seinem Bruder ‹d. J.› an. Erstmals trat er 1768 im Landhaus von Anton Mesmer auf, möglicherweise ist er hier den Mozarts schon begegnet. Ein Jahr darauf wechselte er ans Hoftheater und gehörte schließlich zum Nationaltheater, dem er, unter besonderer Gunst des Kaisers, als Schauspieler und Dramaturg diente. Damit begann auch die intensive eigene literarische Tätigkeit. Stephanie orientierte sich zunächst an französischen Autoren der Opéra comique, dann auch an italienischen und deutschen Vorbildern. Mozart arbeitete mit dem, so die *Wiener Zeitung* 1781, «berühmten Verfasser» Stephanie für die *Entführung aus dem Serail* und den *Schauspieldirektor* zusammen.

Sulzer, Johann George (1720–1779) Der aus Winterthur stammende Sulzer ging 1743 nach Magdeburg, danach nach Berlin, wo er schließlich Professor am Joachimsthalschen Gymnasium wurde. 1749 war er einer der Gründer des Montagsclubs, im Jahr darauf begleitete er Klopstock auf seiner Reise nach Zürich. 1763 wollte er endgültig in die Schweiz zurückkehren, doch hat ihn Friedrich II. zur Rückkehr nach Berlin bewogen. Seine wichtigste Schrift ist die *Allgemeine Theorie der Schönen Künste*, die 1771 zu erscheinen begann, also zu einem Zeitpunkt, als Gottfried van Swieten in Berlin weilte. Sulzer vergewisserte sich dabei der Hilfe vieler Spezialisten, für die Artikel zur Musik war es zunächst Johann Philipp Kirnberger. Das Nachschlagewerk war äußerst weit verbreitet, Leopold Mozart wird es ebenso gekannt haben wie sein Sohn.

Swieten, Gottfried van (1733–1803) Der in Leiden geborene van Swieten kam 1745 mit seinem Vater, der zum Leibarzt Maria Theresias berufen worden war, nach Wien. Nach seinem Jurastudium trat er in den diplomatischen Dienst ein und gelangte über verschiedene Stationen 1770 als Gesandter an den Hof Friedrichs II. nach Berlin, wo er u. a. an den Verhandlungen über die erste polnische Teilung mitwirkte. 1777 ging er zurück nach Wien, wo er unter Joseph II. nochmals eine steile Karriere machte. Er wurde zunächst Präfekt der kaiserlichen Bibliothek und präsidierte ab 1781 die neue Hofkommission, die nun für die Zensur, aber auch für die Studien (also die Universitäten und Schulen) zuständig war. In dieser Funktion war er maßgeblich für die Umsetzung der josephinischen Bildungsreform zuständig. Am 5. Dezember 1791 (am Todestag Mozarts) wurde er seiner Ämter enthoben. Van Swieten war ausgesprochen musikkundig und komponierte auch selbst. In Berlin hatte er Kontakt vor allem zu Carl Philipp Emanuel Bach, der für ihn sechs Sinfonien komponierte, sowie zu den Verehrern der Musik Johann Sebastian Bachs. Der enzyklopädisch gebildete Diplomat verfügte über eine große Bibliothek, veranstaltete Konzerte und Matineen – und gehörte zu den wichtigsten und einflußreichsten Förderern Mozarts in Wien, er vermittelte ihn an alle bedeutenden Zentren. Nach dem Tod des Komponisten organisierte und bezahlte er die strikt nach josephinischem Reglement durchgeführte Beisetzung. Van Swieten hinterließ kein Testament, sein Besitz (inkl. seiner bedeutenden Bibliothek) wurde 1803 und 1804 versteigert und verstreut.

Telemann, Georg Philipp (1681–1767) Telemann, ab 1721 Musikdirektor in Hamburg, war Mitglied in Mizlers *Societät*, in die auch Leopold Mozart berufen wurde. Bei den beiden Frankfurt-Besuchen Mozarts bestand die Gelegenheit, Werke Telemanns noch kennenzulernen; ob dies auch über van Swieten in Wien ebenfalls geschehen ist, läßt sich nicht beantworten.

Tissot, Samuel-Auguste (1728–1797) Der streng calvinistisch erzogene Arzt stammte aus Grancy, verbrachte aber die meiste Zeit seines Lebens in Lausanne. 1758 erregte er mit seiner Schrift gegen die Onanie (*L'Onanisme*) großes Aufsehen. Allerdings vertrat Tissot generell eher ein mechanistisches medizinisches Weltbild, was ihn ins Zentrum der Aufklärungsmedizin nach 1750 rückte. Joseph II. hat den Arzt 1777 eigens in Lausanne besucht und war von seinem Plan der Pockenbekämpfung so begeistert, daß er ihn unmittelbar nach der alleinigen Regierungsübernahme (1781) mit der Leitung des Universitätsspitals in Pavia betraute. Tissot kehrte aber 1783 nach Lausanne zurück. Während des Aufenthalts der Mozarts in Lausanne 1766 ist es zu mehreren Begegnungen gekommen, die Tissot zu einem bedeutenden erfahrungsseelenkundlichen Text veranlaßten. Dieser Aufsatz wurde später von einem Unbekannten übersetzt und Mozart zugesandt.

Trattner, Johann Thomas von (1717–1798) Trattner stammte aus Ungarn, wuchs aber in Wiener Neustadt auf. Nach der Buchhändlerlehre übernahm er die Jahnsche Buchdruckerei in Wien und betrieb neben dem Verlag eine Reihe von Buchhandlungen auch außerhalb Wiens. Durch seine Verlagspolitik (vor allem der Nachdrucke) war Trattner außerordentlich erfolgreich, er stieg zum Hofbuchhändler auf, in den 1780er Jahren war sein Verlag der führende in Wien. Der Kontakt zu den Mozarts kam schon in den 1760er Jahren zustande, Leopold hielt seine Buchhandlung zum Zeitpunkt des zweiten Wien-Aufenthalts für die bedeutendste am Ort. In den 1770er Jahren baute sich Trattner ein luxuriöses Stadthaus am Graben (den ‹Trattnerhof›, geplant von Peter Mollner, 1911 abgerissen). Die Familie Mozart bezog dort 1784 Wohnung, im Saal fanden auch mindestens drei Akademien Mozarts statt. Die Beziehungen waren freundschaftlich; Trattner, der 1764 durch Joseph II. in den Adelsstand erhoben wurde, war Taufpate von vier Kindern Mozarts, der wiederum Trattners zweiter Frau, Maria Theresia (1758–1793), die Sonate KV 457 und die Fantasie KV 475 widmete.

Umlauff, Ignaz (1746–1796) Umlauff, der aus Niederösterreich stammte, wirkte schon ab 1765 in der Kapelle Josephs II. als Bratschist, daneben war er als Organist tätig. Er war Kapellmeister am Wiener Nationaltheater (bis zur Auflösung 1783), Substitut im italienischen Opernensemble und, ab 1782, zweiter Hofkapellmeister. Umlauff, der auch zum musikalischen Kreis um Gottfried van Swieten gehörte, war an zahlreichen Aufführungen Mozarts beteiligt, er selbst erlebte mit seinem *Irrlicht* (auf einen Text Bretzners) seinen wohl größten Erfolg als Bühnenkomponist. Er hielt sich 1790 wie Mozart zur Kaiserkrönung in Frankfurt auf.

Varesco, Giambattista (1735–1805) Varesco war Sohn eines Musikers und stammte aus Trient, wo er seine Ausbildung im Jesuitenkolleg erhalten hatte. 1766 gelangte er als Hofkaplan, aber auch als Hofmusiker an den fürsterzbischöflichen Hof in Salzburg. Über Varescos literarische Bildung ist fast nichts bekannt; er arbeitete für Mozart das *Idomeneo*-Libretto um, schrieb aber auch (wenige) Texte für andere Komponisten. Mozart bediente sich seiner von Wien aus nochmals für seine Opera buffa *L'Oca del Cairo*, die jedoch Fragment blieb.

Waldstätten, Elisabeth von (1744–1811) Über Elisabeth von Schäffer, die 1762 den Truchseß Hugo Joseph Dominik von Waldstätten (1737–1800) heiratete, ist wenig bekannt. Offenbar war sie vermögend und, als gute Pianistin, ausgesprochen musikliebend. Von Beginn an gehörte sie zu den Förderern Mozarts in Wien, es ist aber denkbar, daß der Kontakt schon bei einem der früheren Aufenthalte entstand. Auch wenn Mozart gegenüber Constanze eine zweideutige Anspielung auf ihren Lebenswandel machte, war sie es doch, welche die Hochzeit des Paars beförderte und schließlich auch finanzierte. Mehrfach hat das Ehepaar Mozart den Landsitz der Gräfin in Klosterneuburg, den sie kurz nach der Trennung von ihrem Mann 1783 bezog, besucht. Mozarts Schülerin Josepha Auernhammer (1758–1820) hat nach 1782 eine Zeit lang bei der Baronin gewohnt.

Wetzlar von Plankenstern, Raimund (1752–1810) Die jüdische Familie Wetzlar stammte aus Frankfurt und gelangte 1761 endgültig nach Wien. Der Ahnherr Karl Abraham Wetzlar (1715/16–1799) betätigte sich in Wien in vielen Bereichen des Geldverleihs und erwirtschaftete ein beträchtliches Vermögen; 1777 konvertierte er zum Katholizismus und wurde in den Reichsfreiherrenstand, danach in den Ritterstand erhoben. Die Familie Wetzlar gehörte von Beginn an zu den Förderern Mozarts in Wien, Karl Abraham, der auch eine bedeutende Kunstsammlung zusammentrug, zählte ebenso zu den Subskribenten von Mozarts Akademien wie sein Sohn Raimund. Raimund (eigentlich Naphtali Herz Wetzlar) war 1779 konvertiert. Nach seiner Hochzeit bezog das Ehepaar Mozart eine Wohnung in einem Haus Raimunds, der auch keine Miete verlangte. In dem Salon, den die Wetzlars unterhielten, kam es zur ersten Begegnung mit Da Ponte. Raimund war Taufpate vom ersten Sohn der Mozarts, Raimund Leopold, der aber nur knapp drei Monate alt wurde.

Zabuesnig, Johann Christoph von (1747–1827) Der Sohn eines Kaufmanns und Absolvent des Augsburger Jesuitenkollegs engagierte sich auch literarisch, durch Schauspiele, Libretti sowie durch eine zweibändige Portraitsammlung der wichtigsten (vor allem französischen) Philosophen (1777), mit Voltaire im Zentrum. Nach der Auflösung des Alten Reichs war Zabuesnig Bürgermeister in Augsburg, nach dem Tod seiner Frau ließ er sich 1817 zum Priester weihen. Die Verbindungen zwischen Zabuesnig und der Familie Mozart scheinen eng gewesen zu sein, schon 1769 verfaßte er, offenbar anläßlich eines Besuchs in Salzburg, ein Huldigungsgedicht auf Mozart, in dem er sich als Freund bezeichnet; 1777 organisierte er für Mozart eine Akademie in Augsburg, die nochmals unter dem Begriff des ‹Wunders› stand.

Literaturhinweise

Angesichts der Fülle von Literatur über Mozart und sein Umfeld beschränkt sich dieses Verzeichnis notgedrungen auf jene Arbeiten, die für dieses Buch von besonderer Bedeutung waren. Bei den Nummern des Köchel-Verzeichnisses wird ausdrücklich nicht die neue Zählung der sechsten Auflage angegeben, da das in Vorbereitung befindliche neue Verzeichnis zu der alten Zählung zurückkehren wird.

Abgekürzt zitierte Titel:

KV	Köchel, Ludwig von: Chronologisch-thematisches Verzeichnis sämtlicher Tonwerke Wolfgang Amadé Mozarts [...]. Sechste Auflage bearb. v. Franz Giegling et al. Wiesbaden 1964.
Mozart-Dokumente	Deutsch, Otto Erich: Mozart. Die Dokumente seines Lebens. Leipzig 1961 (= Wolfgang Amadeus Mozart. Neue Ausgabe sämtlicher Werke 10, 34).
MBA	Bauer, Wilhelm A. u. Otto Erich Deutsch (Hrsg.): Mozart. Briefe und Aufzeichnungen. Gesamtausgabe. 7 Bde. Kassel etc. 1962–1975; dazu Bd. 8 (Einführung und Ergänzung, 2005).
NMA	Mozart. Neue Ausgabe sämtlicher Werke. Kassel etc. 1955 ff.

Quellensammlungen und -editionen sowie Nachschlagewerke:

Angermüller, Rudolph: W. A. Mozarts musikalische Umwelt in Paris (1778). Eine Dokumentation. München, Salzburg 1982 (= Musikwissenschaftliche Schriften 17).

Dimond, Peter: A Mozart Diary. A Chronological Reconstruction of the Composer's Life, 1761–1791. Westport 1997.

Eisen, Cliff u. Simon P. Keefe (Hrsg.): The Cambridge Mozart Encyclopedia. Cambridge 2006.

Frank, Peter R. u. Johannes Frimmel: Buchwesen in Wien 1750–1850. Kommentiertes Verzeichnis der Buchdrucker, Buchhändler und Verleger. Mit einer um Informationen zur Verteilung der Befugnisse, Adressen und Biographien wesentlich erweiterten Fassung im PDF-Format auf CD-ROM. Wiesbaden 2008 (= Buchforschung 4).

Gruber, Gernot u. Dieter Borchmeyer (Hrsg.): Das Mozart-Handbuch. 7 Bde. Laaber 2005–2012.

Maaß, Ferdinand: Der Josephinismus. Quellen zu seiner Geschichte in Österreich 1760–1790. Amtliche Dokumente aus dem Wiener Haus-, Hof- und Staatsarchiv. II. Band. Entfaltung und Krise des Josephinismus. Wien 1953 (= Fontes rerum Austriacarum II, 72).

Pezzl, Johann: Faustin oder das philosophische Jahrhundert. o. O. [Zürich] 1783. Mit

Erläuterungen, Dokumenten und einem Nachwort von Wolfgang Griep. Hildesheim 1982 (= Texte zum literarischen Leben um 1800 10).
Schwob, Rainer W.: W. A. Mozart im Spiegel des Musikjournalismus. Deutschsprachiger Raum, 1782–1800. Stuttgart 2015 (= Beiträge zur Mozart-Dokumentation 1).
Tysen, Allen u. Albi Rosenthal (Hrsg.): Mozart's Thematic Catalogue. A Facsimile. London 1990.

Biographien:

Abert, Hermann: W. A. Mozart. Herausgegeben als fünfte, vollständig neu bearbeitete und erweiterte Ausgabe von Otto Jahns Mozart. Zwei Bde. Leipzig 1919 u. 1921.
Braunbehrens, Volkmar u. Karl-Heinz Jürgens: Mozart. Lebensbilder. Bergisch Gladbach 1990.
Hildesheimer, Wolfgang: Mozart. Frankfurt/M. 1977.
Konrad, Ulrich: Wolfgang Amadé Mozart. Leben – Musik – Werkbestand. Kassel etc. 2005 (überarbeitete Fassung des Mozart-Artikels im Personenteil von MGG2).
Paumgartner, Bernhard: Mozart. Zürich 1940.
Sadie, Stanley: Mozart. The Early Years. 1756–1781. Foreword by Neal Zaslaw. New York, London 2006.
Solomon, Maynard: Mozart. Ein Leben. Aus dem Amerikanischen von Max Wichtl. Kassel, Stuttgart 2005 (zuerst 1995).

Bücher:

Assmann, Jan: Die Zauberflöte. Oper und Mysterium. München, Wien 2005.
Baur, Eva Gesine: Mozarts Salzburg. Auf den Spuren des Genies. München 2005.
Baur, Eva Gesine: Emanuel Schikaneder. Der Mann für Mozart. München 2012.
Beales, Derek: Joseph II. 2 Bde. Cambridge 1987, 2009.
Berger, Karol: Bach's Cycle, Mozart's Arrow. Berkeley etc. 2007.
Blanning, T. C. W.: Joseph II. London 1994.
Bletschacher, Richard: Mozart und Da Ponte. Chronik einer Begegnung. Salzburg 2004.
Bodie, Leslie: Tauwetter in Wien. Zur Prosa der österreichischen Aufklärung 1781–1795. Frankfurt/M. 1977.
Borgstedt, Angela: Das Zeitalter der Aufklärung. Darmstadt 2004.
Braunbehrens, Volkmar: Mozart in Wien. München 1986.
Finscher, Ludwig: Mozarts Violinsonaten. Winterthur 2003 (= Neujahrsblätter der Allgemeinen Musikgesellschaft Zürich 188).
Gruber, Gernot: Mozart verstehen. Ein Versuch. Salzburg 1990.
Gülke, Peter: «Triumph der neuen Tonkunst». Mozarts späte Sinfonien und ihr Umfeld. Kassel, Stuttgart 1998.
Hunter, Mary: The Culture of Opera Buffa in Mozart's Vienna. A Poetics of Entertainment. Princeton 1999.
Keefe, Simon P.: Mozart's Piano Concertos. Dramatic Dialogue in the Age of Enlightenment. Rochester 2001.
Knepler, Georg: Wolfgang Amadeus Mozart. Annäherungen. Berlin 1991.

Konrad, Ulrich: Mozarts Schaffensweise. Studien zu Werkautographen, Skizzen und Entwürfen. Mit 21 Abbildungen, 75 Schaubildern und zahlreichen Notenbeispielen. Göttingen 1992 (= Abhandlungen der Akademie der Wissenschaften in Göttingen III/201).

Kunze, Stefan: Mozarts Opern. Mit 175 Abbildungen und 38 Notenbeispielen. Stuttgart 1984.

Lettner, Gerda: Das Spannungsfeld zwischen Aufklärung und Absolutismus. Die Ära Kaunitz (1749–1794). Göttingen 2016 (= Forschungen zur Kirchen- und Dogmengeschichte 105).

Lubkoll, Christine: Mythos Musik. Poetische Entwürfe des Musikalischen in der Literatur um 1800. Freiburg/Br. 1995.

Mattern, Volker: Das Dramma giocoso ‹La Finta giardiniera›. Ein Vergleich der Vertonungen von Pasquale Anfossi und Wolfgang Amadeus Mozart. Laaber 1989 (= Neue Heidelberger Studien zur Musikwissenschaft 13).

Nagel, Ivan: Autonomie und Gnade. Mozarts Opern. Ein Essay. München, Wien 1985.

Ogris, Werner: Mozart im Familien- und Erbrecht seiner Zeit. Verlöbnis. Heirat. Verlassenschaft. Wien etc. 1999.

Proß, Wolfgang: Mozart in Mailand. Winterthur 2006 (= Neujahrsblätter der Allgemeinen Musikgesellschaft Zürich 191).

Reb, Sylvaine: L'Aufklärung catholique à Salzburg. L'œuvre réformatrice (1772–1803) de Hieronymus von Colloredo. 2 Bde. Bern etc. 1995.

Rescigno, Eduardo: Da Ponte. Poeta e libertino tra Mozart e il nuovo mondo. Con una Postfazione di Giovanni Carli Ballola. Mailand 1989.

Rice, John A.: Salieri and Viennese Opera. Chicago 1998.

Robbins Landon, H. C.: 1791. Mozarts letztes Jahr. Mit 38 Schwarzweißabbildungen. Aus dem Englischen von Ken W. Bartlett. München, Kassel 1991.

Ruf, Wolfgang: Die Rezeption von Mozarts ‹Le nozze di Figaro› bei den Zeitgenossen. Mit 21 Notenbeispielen. Wiesbaden 1977 (= Beihefte zum Archiv für Musikwissenschaft 16).

Rumph, Stephen: Mozart and Enlightenment Semiotics. Berkeley etc. 2012.

Schmid, Manfred Hermann: Mozart in Salzburg. Ein Ort für sein Talent. Salzburg, München 2006.

Schroeder, David P.: Mozart in Revolt. Strategies of Resistance, Mischief and Deception. New Haven, London 1999.

Schuler, Heinz: Mozart und die Freimaurerei. Daten, Fakten, Biographien. Wilhelmshaven, 2. Aufl. 2003 (= Taschenbücher zur Musikwissenschaft 113).

Spedicato, Paolo: La sindroma di Sheherazade. Intertestualità e verità in Lorenzo da Ponte. Neapel 2000.

Splitt, Gerhard: Mozarts Musiktheater als Ort der Aufklärung. Die Auseinandersetzung des Komponisten mit der Oper im josephinischen Wien. Freiburg/Br. 1998 (= Rombach Wissenschaften. Reihe Litterae 57).

Steptoe, Andrew: The Mozart-Da Ponte-Operas. The Cultural and Musical Background to Le Nozze di Figaro, Don Giovanni, and Così fan tutte. Oxford 1988.

Till, Nicholas: Mozart and the Enlightenment. Truth, Virtue and Beauty in Mozart's Operas. London 1992.

Tyson, Allan: Mozart. Studies of the Autograph Scores. Cambridge/Mass., London 1987.

Valentin, Erich: Leopold Mozart. Porträt einer Persönlichkeit. München 1987.
Wangermann, Ernst: Die Waffen der Publizität. Zum Funktionswandel der politischen Literatur unter Joseph II. Wien, München 1994 (= Schriftenreihe des Instituts für Österreichkunde).
Wunderlich, Werner: Mozarts ‹Così fan tutte›. Wahlverwandtschaft und Liebesspiele. Bern etc. 1996 (= Facetten der Literatur 6).
Wunderlich, Werner: Canta et impera. Mozarts Herrscherfiguren. Mythos und Politik auf der Opernbühne. Göttingen, Bern 2009.

Kataloge und Sammelbände:

Angermüller, Rudolph (Hrsg.): Wolfgang Amadeus Mozart. Idomeneo. 1781–1981. München, Zürich 1981.
Angermüller, Rudolph: Vom Kaiser zum Sklaven. Personen in Mozarts Opern. Mit bibliographischen Notizen über die Mozart-Sänger der Uraufführungen und Mozarts Librettisten. München, Salzburg 1989.
Eybl, Franz M. et al. (Hrsg.): Aloys Blumauer und seine Zeit. Bochum 2007 (= Jahrbuch der Österreichischen Gesellschaft zur Erforschung des 18. Jahrhunderts 21).
Hanak, Werner (Hrsg.): Lorenzo Da Ponte. Aufbruch in die neue Welt. Ostfildern 2006.
Hinrichsen, Hans Joachim u. Laurenz Lütteken (Hrsg.): Mozarts Lebenswelten. Eine Zürcher Ringvorlesung 2006. Kassel etc. 2008.
Keller, Peter u. Armin Kircher (Hrsg.): Zwischen Himmel & Erde. Mozarts geistliche Musik. Regensburg 2006.
Klueting, Harm (Hrsg.): Katholische Aufklärung – Aufklärung im katholischen Deutschland. Hamburg 1993 (= Studien zum Achtzehnten Jahrhundert 15).
Konrad, Ulrich u. Martin Staehelin: Allzeit ein buch. Die Bibliothek Wolfgang Amadeus Mozarts. Weinheim 1991 (= Ausstellungskataloge der Herzog August Bibliothek 66).
Kreimendahl, Lothar (Hrsg.): Mozart und die europäische Spätaufklärung. Stuttgart-Bad Canstatt 2011 (= problemata 148).
Lachmeyer, Herbert (Hrsg.): Mozart. Experiment Aufklärung im Wien des ausgehenden 18. Jahrhunderts. Ostfildern 2006.
Lachmeyer, Herbert (Hrsg.): Mozart. Experiment Aufklärung im Wien des ausgehenden 18. Jahrhunderts. Essayband zur Mozart-Ausstellung. Ostfildern 2006.
Münster, Robert: «ich würde München gewis Ehre machen». Mozart und der Kurfürstliche Hof zu München. Mit einleitenden Gedanken von Heinz Friedrich ‹Mozart in seiner Zeit›. Weißenhorn 2002.
Pelker, Bärbel (Hrsg.): Theater um Mozart. Heidelberg 2006.
Reinalter, Helmut (Hrsg.): Josephinismus als aufgeklärter Absolutismus. Wien etc. 2008.
Schmale, Wolfgang et al. (Hrsg.): Josephinismus – eine Bilanz. Échecs et réussites du Joséphinisme. Bochum 2008 (= Jahrbuch der Österreichischen Gesellschaft zur Erforschung des achtzehnten Jahrhunderts 22).
Stockhorst, Stefanie (Hrsg.): Epoche und Projekt. Perspektiven der Aufklärungsforschung. Göttingen 2013 (= Das achtzehnte Jahrhundert. Supplementa 17).
Vigié, Éric (Hrsg.): Mozart 1766. En passant par Lausanne. Lausanne 2005.

Welck, Karin v. u. Liselotte Homering (Hrsg.): 176 Tage Mozart in Mannheim. Mannheim 1991.

Aufsätze:

Black, David: Mozarts Anstellung am Stephansdom. In: Acta Mozartiana 53, 2006, S. 109–126.

Edge, Dexter: Mozart's Reception in Vienna, 1787–1791. In: Stanley Sadie (Hrsg.): Wolfgang Amadé Mozart. Essays on his Life and his Music. Oxford 1996, S. 66–117.

Fontius, Martin: Mozart im Hause Grimm. In: Sitzungsberichte der Akademie der Wissenschaften der DDR 1988, S. 46–59.

Hammermayer, Ludwig: Die Aufklärung in Salzburg. In: Heinz Dopsch u. Hans Spatzenegger (Hrsg.): Geschichte Salzburgs. Band II. Neuzeit und Zeitgeschichte. 1. Teil. Salzburg, 2. Aufl. 1995, S. 375–452.

Irving, John: ‹Das Concert hat viele Aenlichkeit mit der Tragedie der Alten›. Mozart's Piano Concertos and Heinrich Christoph Koch's 1787 Description. In: Mozart-Jahrbuch 1998, S. 103–118.

Knepler, Georg: Mozart und die Ästhetik der Aufklärung. In: Sitzungsberichte der Akademie der Wissenschaften der DDR 1988, S. 7–19.

Kreimendahl, Lothar: Philosophie auf der Opernbühne. Aufklärung, Materialismus und Atheismus in ‹Così fan tutte›. In: Acta Mozartiana 57, 2010, S. 16–42.

Kunze, Stefan: ‹Unvergleichlich komponiert, aber nicht theatralisch›. Komödienstruktur, Rollentypologie und Situation in Mozarts Finta semplice. In: Wolfgang Osthoff u. Reinhard Wiesend (Hrsg.): Mozart e la drammaturgia Veneta. Bericht über das Kolloquium Venedig 1991. Tutzing 1996 (= Mozart-Studien 6), S. 257–275.

Lütteken, Laurenz: «Tempo più non v'è». Mozarts ‹Don Giovanni›, der ‹uom di sasso› und das Problem der lebenden Statue. In: Musiktheorie 16, 2001, S. 99–119.

Lütteken, Laurenz: Mozart und das 18. Jahrhundert. Deutungsprobleme und Forschungsperspektiven. In: Das achtzehnte Jahrhundert 30, 2006, S. 13–29.

Lütteken, Laurenz: Negating Opera through Opera: ‹Così fan tutte› and the Reverse of Enlightenment. In: Eighteenth Century Music 6, 2009, S. 229–242.

Maier, Hans: Mozart und die Aufklärung. In: Klaus Hildebrand et al. (Hrsg.): Geschichtswissenschaft und Zeiterkenntnis. Von der Aufklärung bis zur Gegenwart. Festschrift zum 65. Geburtstag von Horst Möller. München 2008, S. 13–20.

Moore, Julia: Mozart in the Market-Place. In: Journal of the Royal Musical Association 114, 1989, S. 18–42.

Osterkamp, Ernst: ‹Idomeneo› oder die Beruhigung des Meeres. Mozarts Oper im Zeichen der Aufklärung. In: Hanspeter Krellmann (Hrsg.): «Der moderne Komponist baut auf der Wahrheit auf». Opern des Barock von Monteverdi bis Mozart. Stuttgart 2003, S. 186–195.

Overhoff, Jürgen: Die Katholische Aufklärung als bleibende Forschungsaufgabe. Grundlagen, neue Fragestellungen, globale Perspektiven. In: Das achtzehnte Jahrhundert 41.1 (2017), 11–27.

Plath, Wolfgang: Beiträge zur Mozart-Autographie II. Schriftchronologie 1770–1780. In: Mozart-Jahrbuch 1976/77, S. 131–173.

Proß, Wolfgang: Neulateinische Tradition und Aufklärung in Mazzolà/Mozarts ‹La clemenza di Tito›. In: Herbert Zeman (Hrsg.): Die Österreichische Literatur. Ihr Profil an der Wende vom 18. zum 19. Jahrhundert (1750–1830). Teil 1. Graz 1979 (= Die Österreichische Literatur), S. 379–401.

Pollak-Schlaffenberg, Irene: Die Wiener Liedmusik von 1779–1789. In: Studien zur Musikwissenschaft 5, 1918, S. 97–151.

Wald, Melanie: Melancholie in Mozarts Instrumentalmusik. Biographische Legende oder ästhetische Praxis? In: Acta Mozartiana 54, 2007, S. 31–53.

Wald-Fuhrmann, Melanie: Der Rückzug der Aufklärung in die Musik. Gottfried van Swieten in Wien. In: Das achtzehnte Jahrhundert 33, 2009, S. 303–320.

Weiß, Alfred Stefan: Hieronymus Graf Colloredo (1772–1803/12). Im Zeichen der Aufklärung. In: ders. u. Peter F. Kramml (Hrsg.): Lebensbilder Salzburger Erzbischöfe aus zwölf Jahrhunderten. 1200 Jahre Erzbistum Salzburg. Salzburg 1998 (= Salzburg Archiv 24), S. 179–202.

Die Briefe Mozarts wurden nach Möglichkeit mit der Digitalen Mozart-Edition (DME) abgeglichen.

Nachweis der Abbildungen und Notenbeispiele

Abb. 1	Bayerische Staatsbibliothek München, Musikabt., Signatur B. Sandb. 473–3
Abb. 2	akg-images/Erich Lessing
Abb. 3	Bayerische Staatsbibliothek München, Abt. Benutzungsdienste, Signatur Ph.pr. 35–1/2
Abb. 4	bpk/The Trustees of the British Museum
Abb. 5	Landesbibliothek Coburg, Signatur W II 12/45
Abb.6, 7a	bpk
Abb. 7b	Nach einem Grundriß der Internationalen Stiftung Mozarteum, Mozart-Museen und Archiv, Salzburg
Abb. 8	Universitätsbibliothek Heidelberg, Signatur T 355 RES: 1, S. 213
Abb. 9	akg-images
Abb. 10	ÖNB Wien, Signatur 603.681-A.1784, AprilAlt, S. 56
Abb. 11	akg-images/Jürgen Raible
Abb. 12	Bayerische Staatsbibliothek München, Abt. für Handschriften und Alte Drucke, Signatur Res/P.o.germ. 483 se-8, Frontispiz

Verwendung aller Notenbeispiele mit freundlicher Genehmigung des Bärenreiter-Verlags, Kassel. Für die Vorlagen der Notenbeispiele 1, 2 und 6 danken wir NMA Online auf http://dme.mozarteum.at; die Notenbeispiele 3, 4, 5 und 7 stellte uns der Bärenreiter-Verlag zur Verfügung.

Personenregister